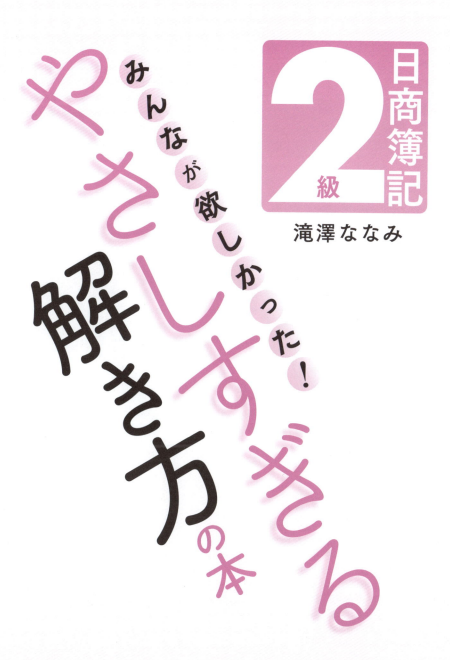

みんなが欲しかった！
やさしすぎる
解き方の本

日商簿記 2級
滝澤ななみ

はじめに

知識はあるのに合格点がとれない？！

　テキストの内容は理解しているし、論点ごとの個別問題も解けるけれど、いざ過去問題を解いてみると、どのように解き始めればいいかわからない、時間内に解き終わらない…という方が多くいらっしゃいます。つまり、「知識はあるのに合格点がとれない」のです。

　本試験問題が難しいのでしょうか？

　実はそうではありません。本試験問題は基本がしっかりとわかっていれば、たとえ多少のケアレスミスをしたとしても、十分に合格点をとることができます。

　基礎知識があっても本試験問題（過去問）が解けなかったり、難しく感じてしまうのは、問題の資料が多く、また複数の内容がひとつの問題になって出題されるからです。

　そこで、このようなテキストレベルの基礎知識から本試験問題に対応できる力（解く力）をつけるため、本書は次のようなくふうをしました。

道しるべにしたがって解けば、自然に解き方が身につく！

　本書は、本試験の各出題パターンについて、例題を使って、問題文の読み方や解く手順を「道しるべ」として示し、「道しるべ」にしたがって、みなさんが順を追って解いていけるようにしています。この「道しるべ」にしたがって、一緒に例題を解いていただくことで、自然と問題の解き方、つまり「解く力」が身につくようになっています。

　そして、例題で身につけた解き方は、実践問題で試してみてください。

　実践問題の答案用紙には、解く手順のガイドを示した下書きシートをつけていますので、解き方が十分に身についていない方は、1度目は下書きシートを活用してみてください。そして、2度目は下書きシートを使わないで、本試験と同様の条件で解いてみましょう。

効率的に合格点をとるために…㊙合格テクニック

　本試験問題を解くとき、ちょっとしたテクニックを使うことによって、スピーディーに問題が解け、効率的に合格点をとることができます。そのような本試験問題を解く際の、ちょっとしたテクニックを㊙合格テクニックとして、ふんだんに盛り込みました。

基礎知識もしっかり確認…フィードバック問題

　本試験レベルの問題を解くうえで必要な基礎知識を確認できるように、テキストの基本問題レベルの問題をフィードバック問題として収載しています。したがって、本試験レベルの問題を解きながら、関連する基礎知識をしっかり定着させることができるのです。

　以上より、本書を活用することによって、簿記2級の基礎知識が定着し、本試験レベルの問題を解く力が身につくことと確信しています。

　本書を活用して、みなさまが日商簿記検定に合格され、新たなビジネスの世界へと踏み出すことを心よりお祈り申し上げます。

2020年2月

滝澤ななみ

※　本書は『みんなが欲しかった！　やさしすぎる解き方の本　第2版』につき、消費税率の改正および最近の出題傾向をふまえて内容を改訂しています。

本書の効果的な使い方

　日商簿記検定合格に必要なのは「基礎知識」+「合格点獲得力」です。以下の使い方を参考に演習を進めていただければ、どちらもしっかり身につけることができます。

STEP 1 例題を解く

　第1問から第5問まで、本試験で頻出の代表的な問題です。まずは問題を一読して、どのように解くべきか、頭の中でシミュレーションしてみてください。実際に解くことができたら 解答 で答え合わせをし、問題がなければ次の例題へ進んでください。

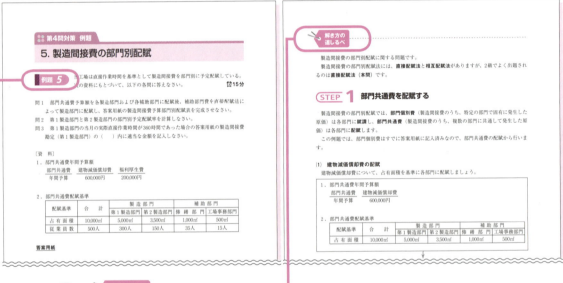

STEP 2 解き方の道しるべ で解き方をマスター

　例題が解けなかった人、解き方に不安があった人は、解答の道しるべで解き方を確認しましょう。問題文の読み方や解く手順について、順を追って説明していますので、この道しるべにしたがって問題を解き進めていけば、最後は自然に解答へとたどりつけるようになっています。「途中でつまずいてしまった人」は自分の解き方のどこがまちがっていたのかな？　と考えながら、「解く手がかりをみつけられなかった人」はここで徹底的に解き方を身につけてください。

◇ワンポイントチェック
出題パターン別・解き方の総まとめです。問題を解く前に確認したり、本試験に行く途中で解き方の最終チェックをしたり、活用してください。

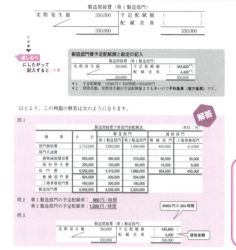

◇マル秘合格テクニック
ミスなく速く解くために、本試験で役立つ情報が詰まっています。このテクニックをマスターして、ほかの受験生の一歩も二歩も先をいきましょう！

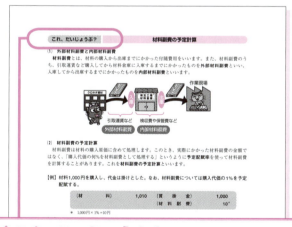

◇これ、だいじょうぶ？
本試験レベルの問題を解くうえで、必要な基礎知識をまとめています。問題の前提となっている知識がわかりにくい方は、ここを読んで確認してください。

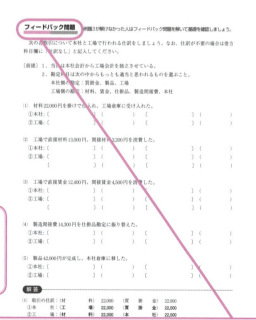

◇フィードバック問題
関連する基礎知識についての問題です。フィードバック問題を解いて体系的に論点を理解しましょう。

STEP 3 　実践問題 にチャレンジ！

例題で身につけた解き方を確認するために実践問題にチャレンジしてください。まだ解き方に不安があるときは解く手順のガイドを示した「下書きシート」を使って解き、次に下書きシートは使用せず、本試験と同様の条件で問題にチャレンジしてみてください。

TAC出版ホームページ「サイバーブックストア」では答案用紙のダウンロードサービスを行っていますので、繰り返し演習してください。

サイバーブックストア：https://bookstore.tac-school.co.jp/

◇制限時間
本試験では、すべての問題を2時間という制限時間内で解答しなくてはなりません。問題別に想定される解答時間を示しましたので、時間を意識して演習してみましょう。

◇下書きシート
問題の解答手順、考え方を下書きシートとして示しています。はじめは下書きシートを使って解き方を確認し、最後は下書きシートがなくても解けるようになるまで演習を繰り返してください。
※本試験では何も書いてない下書き用紙（計算用紙）が配付されます。

日商簿記２級 出題傾向と対策

配点

日商簿記２級は、第１問から第５問の５問で構成されており、通常、次のような配点で出題されます（試験によって多少異なります）。なお、合格基準は100点満点中70点以上です。

第１問	第２問	第３問	第４問	第５問	合計
20点	20点	20点	20点	20点	100点

商業簿記60点　　　　　　　　　　工業簿記40点

試験時間、標準解答時間

日商簿記２級の試験時間は２時間です。また、第１問から第５問の標準解答時間は次のとおりです。

第１問	第２問	第３問	第４問	第５問	合計
約20分	15分〜25分	20分〜25分	15分〜20分	約20分	2時間

出題傾向と対策

第１問から第５問の出題傾向と対策は次のとおりです（詳細は本書の例題で確認してください）。

試験では第１問から順番に解く必要はありませんので、試験開始後、全体の問題を見渡し、解きやすそうな問題から解くようにしましょう。

	出題傾向	対策
第1問	第１問は**仕訳問題が５題**出題（１題４点）されます。	仕訳はわかるところからうめるようにしましょう。また、試験では、使用できる勘定科目が問題文中に指定されますので、これをしっかり見て答えを記入しましょう。
第2問	第２問は**勘定記入、その他個別問題や理論問題**が出題されます。	勘定記入や個別問題は仕訳ができれば解けるので、仕訳ができるようにしておきましょう。
第3問	第３問は**決算関係**（精算表や**財務諸表の作成**など）や**本支店会計、連結会計**が出題されます。また、**製造業会計**も出題範囲となっています。	第３問に共通するのは決算整理仕訳なので、まずは決算整理仕訳をしっかりおさえましょう。また、精算表の作り方は３級と同じなので、速く、正確に解けるように練習し、得点源にしましょう。
第4問	第４問は主に**費目別計算や本社工場会計、個別原価計算**が出題されます。	仕訳問題では通常、使用できる勘定科目が指定されますので、これをしっかり見て答えを記入しましょう。また、工業簿記の勘定の流れをしっかり確認しておいてください。
第5問	第５問は主に**総合原価計算、標準原価計算、直接原価計算**が出題されます。	総合原価計算や標準原価計算ではボックス図を作って解答しましょう。直接原価計算では全部原価計算との違いをしっかり理解してから問題を解くようにしてください。

※日商簿記２級の試験日は６月（第２日曜）、11月（第３日曜）、２月（第４日曜）です。試験の詳細については検定試験ホームページ（https://www.kentei.ne.jp/）で確認してください。

目　次

●第 1 問対策 —————————————————— *1*

例題

1. 当座預金の修正　*2*
2. 手形の不渡り　*5*
3. 減価償却（生産高比例法）　*7*
4. 固定資産の売却　*11*
5. 改良と修繕　*15*
6. 固定資産の滅失　*17*
7. 固定資産の除却・廃棄　*20*
8. 有価証券の売却　*22*
9. 端数利息の処理　*26*
10. 株式の発行　*29*
11. 剰余金の配当・処分　*31*
12. 当期純利益（当期純損失）の振り替え　*34*
13. 仕入割引・売上割引　*36*
14. 消費税の処理　*39*
15. 法人税等の処理　*42*
16. 給料の支払いと預り金　*44*
17. クレジット売掛金　*47*
18. 電子記録債権（債務）　*49*
19. 売上原価対立法　*52*
20. 固定資産の割賦購入　*55*
21. 有価証券の分類と処理　*58*
22. ソフトウェア　*62*
23. 貸倒引当金（個別評価、一括評価）　*64*
24. 返品調整引当金　*66*
25. 賞与引当金　*69*
26. サービス業の処理　*71*
27. 株主資本の計数変動　*74*
28. 課税所得の計算　*76*
29. 圧縮記帳　*78*
30. リース取引　*81*
31. 外貨建て取引　*84*
32. 連結会計　*87*
33. 税効果会計　*90*

実践問題 *93*

    問題1　問題2　問題3　問題4　問題5　問題6

●第2問対策 ——————————————————————— *99*

例題

    1.　勘定記入等（個別問題）　*100*

    2.　銀行勘定調整表　*110*

    3.　株主資本等変動計算書　*126*

    4.　理論問題（穴埋め問題、正誤問題）　*139*

実践問題 *141*

    問題1　問題2　問題3　問題4　問題5　問題6　問題7

●第3問対策 ——————————————————————— *151*

例題

    1.　精算表の作成　*152*

    2.　財務諸表の作成　*168*

    3.　本支店合併財務諸表の作成　*180*

    4.　本支店会計における損益勘定　*186*

    5.　連結財務諸表の作成　*194*

    6.　製造業を営む会社の決算処理　*232*

実践問題 *243*

    問題1　問題2　問題3　問題4　問題5　問題6　問題7　問題8　問題9　問題10

●第4問対策 ——————————————————————— *261*

例題

    1.　工業簿記の勘定の流れ　*262*

    2.　仕訳問題（費目別計算）　*274*

    3.　仕訳問題（本社工場会計）　*281*

    4.　個別原価計算の勘定記入　*286*

    5.　製造間接費の部門別配賦　*294*

実践問題 *304*

    問題1　問題2　問題3　問題4　問題5　問題6

●第5問対策 ——————————————————————— *309*

例題

    1.　単純総合原価計算（仕損の処理）　*310*

    2.　単純総合原価計算（材料の追加投入）　*320*

    3.　工程別総合原価計算　*326*

    4.　組別総合原価計算　*334*

5. 等級別総合原価計算　*340*

6. 標準原価計算　*344*

7. 直接原価計算（損益計算書の作成）　*358*

8. 直接原価計算（CVP分析）　*369*

実践問題　*378*

問題1　問題2　問題3　問題4　問題5　問題6　問題7　問題8　問題9

●実践問題　解答解説────────────────*387*

第1問対策　*388*

第2問対策　*393*

第3問対策　*407*

第4問対策　*444*

第5問対策　*452*

●実践問題　答案用紙　別冊

第1問対策

第1問では、仕訳問題が5題出題されます。
使用できる勘定科目が指定されますので、必ず最初に勘定科目を確認してください。
なお、第1問でよく出題される内容は次の33題ですので、この33題について例題を使って確認しておきましょう。

……第1問でよく出題される問題……

①当座預金の修正、②手形の不渡り、③減価償却（生産高比例法）、④固定資産の売却、⑤改良と修繕、⑥固定資産の滅失、⑦固定資産の除却・廃棄、⑧有価証券の売却、⑨端数利息の処理、⑩株式の発行、⑪剰余金の配当・処分、⑫当期純利益（当期純損失）の振り替え、⑬仕入割引・売上割引、⑭消費税の処理、⑮法人税等の処理、⑯給料の支払いと預り金、⑰クレジット売掛金、⑱電子記録債権（債務）、⑲売上原価対立法、⑳固定資産の割賦購入、㉑有価証券の分類と処理、㉒ソフトウェア、㉓貸倒引当金（個別評価、一括評価）、㉔返品調整引当金、㉕賞与引当金、㉖サービス業の処理、㉗株主資本の計数変動、㉘課税所得の計算、㉙圧縮記帳、㉚リース取引、㉛外貨建て取引、㉜連結会計、㉝税効果会計

第1問対策 例題

1. 当座預金の修正

例題 1 次の取引について仕訳しなさい。ただし、勘定科目は次の中からもっとも適当と思われるものを選ぶこと。

当 座 預 金　売 掛 金　買 掛 金　広 告 宣 伝 費
未 払 金

　決算において、取引銀行から受け取った当座預金残高証明書の残高と、当社の当座預金勘定の残高に不一致が生じていたため確認したところ、決算日に得意先から売掛金¥20,000が当座預金口座に振り込まれていたが、当社にその連絡が未達であったことと、広告宣伝費の支払いのために振り出していた小切手¥30,000（当社で処理済み）が先方に未渡しであったことが判明した。

借方科目	金　額	貸方科目	金　額

解き方の道しるべ

　決算において銀行の当座預金残高証明書の残高と当社の当座預金の残高が一致していない場合、その差異の原因を調査します。そして調査の結果、差異の原因が、**誤記入、連絡未達、未渡小切手**の場合は修正仕訳をします。

(1) 得意先からの入金（¥20,000）があったにもかかわらず、連絡が未達だったため、当社で処理をしていません。そこで、売掛金回収の処理をします。

(2) 広告宣伝費支払のために振り出していた小切手が未渡し（未渡小切手）であるため、すでに当社の帳簿上では当座預金を減少させる処理をしていますが、まだ小切手が手許にあるため銀行の当座預金は減っていません。そのため、当座預金の減少を取り消す処理をします。なお、未渡小切手が買掛金の支払いのために作成されたものであるときは、買掛金の減少を取り消す処理をしますが、この例題のように未渡小切手が広告宣伝費など費用の支払いのために作成されたものであるときは、**未払金（負債）**で処理します。

（当 座 預 金）	50,000	（売　掛　金）(1)	20,000
		（未　払　金）(2)	30,000

当座預金の修正

1. 銀行の当座預金残高証明書の残高と当社の当座預金勘定の残高が不一致の場合、その差異の原因が誤記入、連絡未達、未渡小切手のときは修正仕訳が必要。

修正仕訳が必要なもの	誤記入、連絡未達、未渡小切手[*1]
修正仕訳が不要なもの	時間外預入、未取立小切手[*2]、未取付小切手[*3]

   *1 未渡小切手……すでに小切手を作成し、当座預金の減少として処理しているが、取引先にまだ渡していない小切手
   *2 未取立小切手…銀行に代金の取り立てを依頼したにもかかわらず、銀行がまだ取り立てていない小切手
   *3 未取付小切手…取引先に振り出した小切手のうち、取引先がまだ銀行に持ち込んでいない小切手

2. 未渡小切手はなんのために振り出した小切手であるかによって処理が違う！
   ・買掛金の支払いのために振り出したもの…買掛金の減少を取り消す。
   ・費用（広告宣伝費など）の支払いのために振り出したもの…未払金（負債）で処理する。

フィードバック問題 例題1が解けなかった人はフィードバック問題を解いて基礎を確認しましょう。

　次の〔資料〕にもとづいて、修正仕訳をしましょう。仕訳が不要の場合は借方科目欄に「仕訳なし」と記入してください。

〔資料〕　当社の当座預金残高と銀行残高証明書の残高が一致していなかったので、その原因を調べたところ、次のことが判明した。

⑴　得意先から売掛金¥10,000が当座預金口座に振り込まれていたが、当社に連絡が未達であった。
　　〔　　　　　　　〕（　　　　　　　）〔　　　　　　　　〕（　　　　　　　）

⑵　仕入先に対する買掛金¥20,000の当座預金による支払いを、¥2,000と記帳していた。
　　〔　　　　　　　〕（　　　　　　　）〔　　　　　　　　〕（　　　　　　　）

⑶　現金¥30,000を当座預金口座に預け入れたが、銀行では翌日入金としていた。
　　〔　　　　　　　〕（　　　　　　　）〔　　　　　　　　〕（　　　　　　　）

⑷　仕入先に対する買掛金¥40,000の支払いのために作成した小切手が、未渡しであった。
　　〔　　　　　　　〕（　　　　　　　）〔　　　　　　　　〕（　　　　　　　）

⑸　得意先から受け入れた小切手¥50,000について、銀行がまだ取り立てていなかった。
　　〔　　　　　　　〕（　　　　　　　）〔　　　　　　　　〕（　　　　　　　）

⑹　広告宣伝費¥35,000の支払いのために作成した小切手が、未渡しであった。
　　〔　　　　　　　〕（　　　　　　　）〔　　　　　　　　〕（　　　　　　　）

⑺　仕入先に対する買掛金を支払うために振り出した小切手¥15,000が、まだ銀行に呈示されていなかった。
　　〔　　　　　　　〕（　　　　　　　）〔　　　　　　　　〕（　　　　　　　）

解答

⑴　（当　座　預　金）　10,000　（売　　掛　　金）　10,000

⑵　（買　　掛　　金）　18,000　（当　座　預　金）　18,000*

　　　＊　①誤　っ　た　仕　訳：（買　掛　金）2,000　（当座預金）2,000
　　　　　②誤った仕訳の逆仕訳：（当座預金）2,000　（買　掛　金）2,000
　　　　　③正　し　い　仕　訳：（買　掛　金）20,000　（当座預金）20,000
　　　　　④修正仕訳（②＋③）：（買　掛　金）18,000　（当座預金）18,000

⑶　仕訳なし

⑷　（当　座　預　金）　40,000　（買　　掛　　金）　40,000

⑸　仕訳なし

⑹　（当　座　預　金）　35,000　（未　　払　　金）　35,000

⑺　仕訳なし

※　不一致の原因
⑴　連絡未達
⑵　誤記入
⑶　時間外預入
⑷　未渡小切手（買掛金）
⑸　未取立小切手
⑹　未渡小切手（広告宣伝費）
⑺　未取付小切手

第1問対策 例題

2. 手形の不渡り

例題 2 次の取引について仕訳しなさい。ただし、勘定科目は次の中からもっとも適当と思われるものを選ぶこと。

現　　　金　　当座預金　　受取手形　　不渡手形
支　払　利　息

　得意先神田川商店より受け取っていた同店振出、当店宛の約束手形￥50,000を銀行で割り引いていたが、満期日に支払いを拒絶され、銀行より償還請求を受けたため、小切手を振り出して支払った。また、期限後利息￥300は現金で支払い、手形金額とともに神田川商店に対して支払請求した。

借方科目	金　　額	貸方科目	金　　額

答案用紙に記入したら、**解答**で答えを **CHECK!**
・解けた人 ➡ 次の **例題** へ
・解けなかった人 ➡ 解き方の道しるべ へ！

解き方の道しるべ

　銀行で割り引いていた約束手形が不渡りとなり、償還請求を受けたときの処理を答える問題です。
　割り引いていた手形が不渡りとなったときは、銀行からその手形代金を支払うように請求（償還請求）されます。このとき、手形代金のほか、期限後利息などの諸費用もあわせて支払うことになりますが、手形代金と諸費用はあとで神田川商店に請求することができます。この代金請求権は**不渡手形（資産）**として処理します。

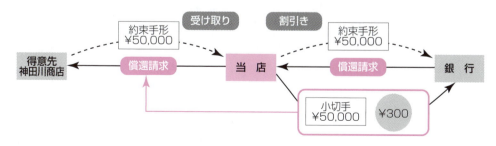

（不 渡 手 形）	50,300	（当 座 預 金）	50,000
		（現　　　金）	300

手形の不渡り

1. 割り引いていた（または裏書きしていた）手形が不渡りとなったときは、手形金額に償還請求に係る諸費用を加算して不渡手形（資産）で処理する。
2. 受け取っていた手形が不渡りとなったときは、受取手形（資産）から不渡手形（資産）に振り替える。

フィードバック問題　　例題2が解けなかった人はフィードバック問題を解いて基礎を確認しましょう。

次の各取引の仕訳をしましょう。

(1) 得意先に対する売掛金¥1,000を得意先振出、当店宛の約束手形で受け取った。
　　〔　　　　　　〕（　　　　　）〔　　　　　　　　〕（　　　　　）

(2) (1)の約束手形が不渡りとなった。
　　〔　　　　　　〕（　　　　　）〔　　　　　　　　〕（　　　　　）

(3) 買掛金¥2,000の支払いのため、得意先振出の約束手形を裏書譲渡した。
　　〔　　　　　　〕（　　　　　）〔　　　　　　　　〕（　　　　　）

(4) (3)で裏書譲渡した約束手形¥2,000が満期日に支払いを拒絶され、仕入先より償還請求を受けたため、期限後利息¥100とともに小切手を振り出して支払い、得意先に支払額を請求した。
　　〔　　　　　　〕（　　　　　）〔　　　　　　　　〕（　　　　　）

(5) (4)で得意先に請求していた支払額について、得意先振出の小切手で受け取った。
　　〔　　　　　　〕（　　　　　）〔　　　　　　　　〕（　　　　　）

解答

(1) （受 取 手 形）　1,000　（売　掛　　金）　1,000
(2) （不 渡 手 形）　1,000　（受 取 手 形）　1,000
(3) （買　掛　　金）　2,000　（受 取 手 形）　2,000
(4) （不 渡 手 形）　2,100　（当 座 預 金）　2,100
(5) （現　　　　金）　2,100　（不 渡 手 形）　2,100

第1問対策 例題

3. 減価償却（生産高比例法）

例題 3 次の取引について仕訳しなさい。ただし、勘定科目は次の中からもっとも適当と思われるものを選ぶこと。

航　空　機　　建　　物　　減 価 償 却 費　　減価償却累計額

　決算（年1回3月末）において、取得原価￥4,000,000の航空機について生産高比例法により減価償却を行った。なお、残存価額は取得原価の10%、当期の飛行距離は10,000km、見積総可能飛行距離は200,000kmであり、直接法によって記帳する。

借方科目	金　額	貸方科目	金　額

答案用紙に記入したら、**解答**で答えをCHECK!
・解けた人 ➡ 次の **例題** へ
・解けなかった人 ➡ **解き方の道しるべ** へ!

解き方の道しるべ

生産高比例法（当期の飛行距離や使用時間など、利用量に応じて減価償却費を計上する方法）による減価償却の問題です。

$$減価償却費（生産高比例法）=（取得原価-残存価額）\times \frac{当期利用量}{総利用可能量}$$

減価償却費：$(￥4,000,000 - \underbrace{￥400,000}_{\substack{残存価額 \\ (￥4,000,000 \times 10\%)}}) \times \dfrac{10,000km}{200,000km} = ￥180,000$

　なお、残存価額が取得原価の10%ということは、取得原価の90%（0.9）を最終的に償却するということです。したがって、上記の減価償却費は次のように計算することもできます。

減価償却費：$￥4,000,000 \times 0.9 \times \dfrac{10,000km}{200,000km} = ￥180,000$

　また、この例題は**直接法**によって記帳しているので、減価償却費の分だけ、航空機の取得原価を直接減少させます。

(減価償却費)　180,000　(航　空　機)　180,000

減価償却

1. 減価償却方法（計算式）

定　額　法	取得原価－残存価額 / 耐用年数
定　率　法	（取得原価－期首減価償却累計額）×償却率
生産高比例法	（取得原価－残存価額）× 当期利用量 / 総利用可能量

2. 記帳方法

　　直接法…固定資産の取得原価を直接減額する方法。

　　間接法…固定資産の取得原価を直接減額しないで、「減価償却累計額」を用いて処理する方法。

これ、だいじょうぶ？　　建設仮勘定と減価償却

　決算日において保有する固定資産については、減価償却費を計上しますが、建設中の固定資産（建物）を表す建設仮勘定については減価償却費を計上しません。

　建設仮勘定は、建物が完成し、引き渡しを受けたときに建物勘定に振り替えます。したがって、期中に建物が完成し、引き渡しを受けたときは、引き渡しを受けた日（使用を開始した日）から決算日までの月数に応じて月割りで減価償却費を計上することになります。

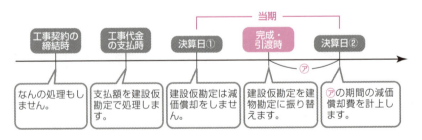

フィードバック問題　　例題3が解けなかった人はフィードバック問題を解いて基礎を確認しましょう。

次の各取引について仕訳しましょう。なお、(2)から(5)は、①直接法で記帳した場合と②間接法で記帳した場合の仕訳をしてください。

(1) ×2年6月1日　かねてより建設を依頼していた建物が完成し、引き渡しを受けた（同日より使用している）ため、請負金額のうち未払分¥260,000を小切手を振り出して支払った。なお、建設仮勘定の残高が¥100,000ある。

〔　　　　　　　　〕（　　　　　　）〔　　　　　　　　〕（　　　　　　）
〔　　　　　　　　〕（　　　　　　）〔　　　　　　　　〕（　　　　　　）

(2) 決算につき、(1)の建物を定額法（残存価額：ゼロ、耐用年数：30年）によって償却する（月割計算）。なお、当期の会計期間は×2年4月1日から×3年3月31日までである。

①直接法〔　　　　　　　〕（　　　　　　）〔　　　　　　　　〕（　　　　　　）
②間接法〔　　　　　　　〕（　　　　　　）〔　　　　　　　　〕（　　　　　　）

(3) 第1期の決算につき、当期首に購入した備品（取得原価¥200,000）を定率法（償却率：20％）によって償却する。

①直接法〔　　　　　　　〕（　　　　　　）〔　　　　　　　　〕（　　　　　　）
②間接法〔　　　　　　　〕（　　　　　　）〔　　　　　　　　〕（　　　　　　）

(4) 第2期の決算につき、上記(3)の備品を定率法（償却率：20％）によって償却する。

①直接法〔　　　　　　　〕（　　　　　　）〔　　　　　　　　〕（　　　　　　）
②間接法〔　　　　　　　〕（　　　　　　）〔　　　　　　　　〕（　　　　　　）

(5) 決算につき、車両（取得原価¥300,000）を生産高比例法によって償却する。なお、残存価額は取得原価の10％とし、見積総可能走行距離は1,000km、当期の総走行距離は250kmである。

①直接法〔　　　　　　　〕（　　　　　　）〔　　　　　　　　〕（　　　　　　）
②間接法〔　　　　　　　〕（　　　　　　）〔　　　　　　　　〕（　　　　　　）

解 答

(1) （建　　　　物）360,000　（建 設 仮 勘 定）100,000
　　　　　　　　　　　　　　　（当 座 預 金）260,000

(2)①直接法：
　　（減 価 償 却 費）10,000*1　（建　　　　物）10,000
　　②間接法：
　　（減 価 償 却 費）10,000　（建物減価償却累計額）10,000

(3)①直接法：
　　（減 価 償 却 費）40,000*2　（備　　　　品）40,000
　　②間接法：
　　（減 価 償 却 費）40,000　（備品減価償却累計額）40,000

(4)①直接法：
　　（減 価 償 却 費）32,000*3　（備　　　　品）32,000
　　②間接法：
　　（減 価 償 却 費）32,000　（備品減価償却累計額）32,000

(5)①直接法：
　　（減 価 償 却 費）67,500*4　（車　　　　両）67,500
　　②間接法：
　　（減 価 償 却 費）67,500　（車両減価償却累計額）67,500

＊1　$¥360,000 \times \dfrac{1年}{30年}$
　　　$\times \dfrac{10か月（×2年6/1～×3年3/31）}{12か月}$
　　　$= ¥10,000$

＊2　¥200,000 × 20% = ¥40,000

＊3　（¥200,000 － ¥40,000）× 20%
　　　= ¥32,000

＊4　$¥300,000 \times 0.9 \times \dfrac{250km}{1,000km}$
　　　$= ¥67,500$

第1問対策 例題

4. 固定資産の売却

例題 4 次の取引について仕訳しなさい。ただし、勘定科目は次の中からもっとも適当と思われるものを選ぶこと。

現　　　　金　　　当　座　預　金　　　売　　掛　　金　　　未　収　入　金
備　　　　品　　　未　　払　　金　　　減　価　償　却　費　　備品減価償却累計額
固定資産売却益　　固定資産売却損

　織田商店（当期：×9年4月1日～×10年3月31日）は、×4年8月1日に購入した備品（購入代価￥380,000、付随費用￥20,000）を×9年10月31日に￥180,000で売却し、代金のうち￥50,000は現金で受け取り、残額は翌月末日に受け取ることとした。なお、この備品は定額法（耐用年数8年、残存価額は取得原価の10％）によって減価償却しており、間接法で記帳している。また、当期分の減価償却費も月割計算によってあわせて計上すること。

借方科目	金　　額	貸方科目	金　　額

解き方の道しるべ

　×4年8月1日に購入した備品（固定資産）を×9年10月31日に売却したときの売却時の処理を答える問題です。

　固定資産の売却時には、固定資産の帳簿価額（取得原価－減価償却累計額）を減らし、売却価額と帳簿価額との差額は**固定資産売却損（費用）**または**固定資産売却益（収益）**で処理します。

　なお、この例題では期中売却のため、当期首から売却時までの減価償却費も計上します。

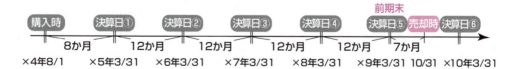

(1) 記帳方法が**間接法**なので、備品の取得原価（¥380,000 ＋ ¥20,000 ＝ ¥400,000）を減らします。
(2) 前期末における減価償却累計額を計算し、これを減らします（借方に記入します）。

　①１年分の減価償却費：$¥400,000 × 0.9 × \dfrac{1年}{8年} = ¥45,000$

　②×４年８/１～×５年３/31の減価償却費：$¥45,000 × \dfrac{8か月}{12か月} = ¥30,000$

　③×５年４/１～×９年３/31の減価償却費：$¥45,000 × 4年 = ¥180,000$
　④前期末における減価償却累計額：¥30,000 ＋ ¥180,000 ＝ ¥210,000
(3) 当期分の減価償却費を計上します。

　当期分の減価償却費：$¥45,000 × \dfrac{7か月}{12か月} = ¥26,250$

(4) 貸借差額が**貸方**に生じるので、**固定資産売却益（収益）**で処理します。

（現　　　　金）	50,000	（備　　　　品）(1)	400,000
（未　収　入　金）	130,000	（固定資産売却益）(4)	16,250
（備品減価償却累計額）(2)	210,000		
（減 価 償 却 費）(3)	26,250		

固定資産の売却

1. 固定資産の帳簿価額（取得原価－減価償却累計額）と売却価額との差額は固定資産売却損（費用）または固定資産売却益（収益）で処理する。
2. 期中で売却したときは、当期分の減価償却費を計上する（問題文の指示にしたがうこと）。

フィードバック問題　　例題4が解けなかった人はフィードバック問題を解いて基礎を確認しましょう。

次の各取引について、①直接法で記帳した場合と②間接法で記帳した場合の仕訳をしましょう。

(1)　期首において、備品￥19,000を購入し、代金は引取運賃￥1,000とともに現金で支払った。
①直接法：〔　　　　　　　　　〕（　　　　　　　）〔　　　　　　　　　　〕（　　　　　　　）
②間接法：〔　　　　　　　　　〕（　　　　　　　）〔　　　　　　　　　　〕（　　　　　　　）

(2)　決算につき、上記(1)の備品について定額法（残存価額：ゼロ、耐用年数：5年）により減価
　　償却を行う。
①直接法：〔　　　　　　　　　〕（　　　　　　　）〔　　　　　　　　　　〕（　　　　　　　）
②間接法：〔　　　　　　　　　〕（　　　　　　　）〔　　　　　　　　　　〕（　　　　　　　）

(3)　期首において、備品（取得原価：￥20,000、残存価額：取得原価の10%、耐用年数：5年、
　　前期末までに3期分の減価償却を定額法でしている）を￥9,500で売却し、代金は月末に受け
　　取ることとした。
①直接法：〔　　　　　　　　　〕（　　　　　　　）〔　　　　　　　　　　〕（　　　　　　　）
　　　　　〔　　　　　　　　　〕（　　　　　　　）〔　　　　　　　　　　〕（　　　　　　　）
②間接法：〔　　　　　　　　　〕（　　　　　　　）〔　　　　　　　　　　〕（　　　　　　　）
　　　　　〔　　　　　　　　　〕（　　　　　　　）〔　　　　　　　　　　〕（　　　　　　　）

(4)　期末において、備品（取得原価：￥80,000、前期末までに4期分の減価償却をしている）を
　　￥15,000で売却し、代金は月末に受け取ることとした。なお、この備品は定額法（残存価額：
　　取得原価の10%、耐用年数：6年）で減価償却している。また、当期の減価償却費も計上す
　　ること。
①直接法：〔　　　　　　　　　〕（　　　　　　　）〔　　　　　　　　　　〕（　　　　　　　）
　　　　　〔　　　　　　　　　〕（　　　　　　　）〔　　　　　　　　　　〕（　　　　　　　）
　　　　　〔　　　　　　　　　〕（　　　　　　　）〔　　　　　　　　　　〕（　　　　　　　）
②間接法：〔　　　　　　　　　〕（　　　　　　　）〔　　　　　　　　　　〕（　　　　　　　）
　　　　　〔　　　　　　　　　〕（　　　　　　　）〔　　　　　　　　　　〕（　　　　　　　）
　　　　　〔　　　　　　　　　〕（　　　　　　　）〔　　　　　　　　　　〕（　　　　　　　）
　　　　　〔　　　　　　　　　〕（　　　　　　　）〔　　　　　　　　　　〕（　　　　　　　）

解答

(1)①直接法：
　　（備　　　　品）20,000 *¹ （現　　　　金）20,000
　②間接法：
　　（備　　　　品）20,000 （現　　　　金）20,000

(2)①直接法：
　　（減 価 償 却 費）4,000 *² （備　　　　品）4,000
　②間接法：
　　（減 価 償 却 費）4,000 （備品減価償却累計額）4,000

(3)①直接法：
　　（未 収 入 金）9,500 （備　　　　品）9,200 *⁴
　　　　　　　　　　　　　（固定資産売却益）300
　②間接法：
　　（備品減価償却累計額）10,800 *³ （備　　　　品）20,000
　　（未 収 入 金）9,500 （固定資産売却益）300

* 1　¥19,000 + ¥1,000 = ¥20,000
* 2　¥20,000 × $\frac{1年}{5年}$ = ¥4,000
* 3　3期分の減価償却累計額：
　　¥20,000 × 0.9 × $\frac{3年}{5年}$ = ¥10,800
* 4　¥20,000 − ¥10,800 = ¥9,200

(4)①直接法：
　　（未 収 入 金）15,000 （備　　　　品）32,000 *⁷
　　（減 価 償 却 費）12,000 *⁵
　　（固定資産売却損）5,000
　②間接法：
　　（未 収 入 金）15,000 （備　　　　品）80,000
　　（備品減価償却累計額）48,000 *⁶
　　（減 価 償 却 費）12,000 *⁵
　　（固定資産売却損）5,000

* 5　1期分の減価償却費：
　　¥80,000 × 0.9 × $\frac{1年}{6年}$ = ¥12,000
* 6　4期分の減価償却累計額：
　　¥12,000 × 4年 = ¥48,000
* 7　¥80,000 − ¥48,000 = ¥32,000

第1問対策 例題

5. 改良と修繕

例題 5 次の取引について仕訳しなさい。ただし、勘定科目は次の中からもっとも適当と思われるものを選ぶこと。

| 現　　　　金 | 当　座　預　金 | 建　　　　物 | 修　　繕　　費 |
| 修 繕 引 当 金 | 修繕引当金繰入 | 減 価 償 却 費 | 建物減価償却累計額 |

建物の改修工事を行い、工事代金¥500,000（¥300,000は耐用年数延長のための支出であり、残額は定期的な修繕のための支出）について小切手を振り出して支払った。なお、この修繕については前期末に修繕引当金¥100,000を設定している。

借方科目	金　　額	貸方科目	金　　額

答案用紙に記入したら、で答えを **CHECK!**

資本的支出と収益的支出の処理を答える問題です。
固定資産の価値を高めるための支出（資本的支出） は、固定資産の**取得原価**として処理し、**固定資産の価値を維持するための支出（収益的支出）** は**修繕費（費用）** として処理します。

この例題では、耐用年数延長のための支出である¥300,000は資本的支出なので、**建物（資産）** で処理し、定期的な修繕のための支出である¥200,000は**修繕費（費用）** で処理します。ただし、前期末に修繕引当金が設定されているので、修繕引当金を控除した残額を修繕費（費用）として処理します。

（建　　　　物）	300,000	（当　座　預　金）	500,000
（修 繕 引 当 金）	100,000		
（修　繕　費）	100,000		

改良と修繕

1. 固定資産の価値を高めるための支出（資本的支出）
    →固定資産の取得原価として処理する。
2. 固定資産の価値を維持するための支出（収益的支出）
    →修繕費（費用）として処理する。
3. 修繕引当金が設定されていたときは、修繕費から修繕引当金を控除する。

フィードバック問題　例題5が解けなかった人はフィードバック問題を解いて基礎を確認しましょう。

次の各取引の仕訳をしましょう。

(1) 決算において、修繕引当金￥10,000を計上する。
　　〔　　　　　　　〕（　　　　　　）〔　　　　　　　〕（　　　　　　）
(2) 建物の修繕を行い、修繕費￥70,000を現金で支払った。なお、このうち￥40,000は建物の価値を高めるための支出である。また、前期末において修繕引当金￥10,000を設定している。
　　〔　　　　　　　〕（　　　　　　）〔　　　　　　　〕（　　　　　　）
　　〔　　　　　　　〕（　　　　　　）〔　　　　　　　〕（　　　　　　）
　　〔　　　　　　　〕（　　　　　　）〔　　　　　　　〕（　　　　　　）

解答

(1) （修繕引当金繰入）　10,000　（修　繕　引　当　金）　10,000
(2) （建　　　　物）　40,000　（現　　　　　金）　70,000
　　（修 繕 引 当 金）　10,000
　　（修　繕　費）　20,000

6. 固定資産の滅失

例題 6 次の取引について仕訳しなさい。ただし、勘定科目は次の中からもっとも適当と思われるものを選ぶこと。

現　　　　金	当 座 預 金	未 収 入 金	建　　　　物
建物減価償却累計額	減 価 償 却 費	未 決 算	保 険 差 益
火 災 損 失	固定資産除却損		

火災（当期首に発生）によって焼失した建物について、保険金￥300,000を保険会社に請求していたところ、本日、全額を支払う旨の連絡を保険会社より受けた。なお、この建物の取得原価は￥600,000であり、取得日から前期末までの12年間、残存価額￥60,000、耐用年数20年の定額法により償却している（間接法により記帳）。

借方科目	金　　額	貸方科目	金　　額

答案用紙に記入したら、**解答**で答えを **CHECK!**
・解けた人 ➡ 次の 例題 へ
・解けなかった人 ➡ 解き方の道しるべ へ！

解き方の道しるべ

焼失（滅失）した固定資産について、保険金が確定したときの処理を答える問題です。

固定資産が焼失したとき、固定資産に保険が付されていない場合には固定資産の帳簿価額を**火災損失（費用）**で処理しますが、固定資産に保険が付されている場合には、保険金額が確定するまで固定資産の帳簿価額を**未決算**で処理しておきます。

この例題の固定資産には保険が付されている（保険会社に保険金を請求している）ため、焼失時に次の処理をしています。

焼失時：（建物減価償却累計額）　324,000*1　（建　　　物）　600,000
　　　　（未　決　算）　　　　　276,000*2

*1　前期末における減価償却累計額：$\dfrac{¥600,000-¥60,000}{20年}×12年=¥324,000$

*2　貸借差額

> 連絡があっただけで、支払いはまだなので、未収入金（資産）で処理します。

したがって、保険金額が確定したときにその金額を**未収入金（資産）**で処理するとともに、未決算を減らします。なお、保険金額と未決算との差額は**火災損失（費用）**または**保険差益（収益）**で処理します。

> 「火災未決算」で処理することもあります。勘定科目一覧に注意！

解答　（未　収　入　金）　300,000　（未　決　算）　276,000
　　　　　　　　　　　　　　　　　（保　険　差　益）　 24,000

固定資産の滅失

	保険が付されていない場合	保険が付されている場合
1. 滅失時	固定資産の帳簿価額 →火災損失（費用）	固定資産の帳簿価額 →（火災）未決算
2. 保険金額の確定時	処理なし	①保険金額 　→未収入金（資産） ②未収入金と（火災）未決算の差額 　→火災損失（費用） 　　または 　　保険差益（収益）

18

フィードバック問題

例題6が解けなかった人はフィードバック問題を解いて基礎を確認しましょう。

次の一連の取引の仕訳をしましょう。

使用できる勘定科目：当座預金、未収入金、建物、未払金、未決算、保険差益、火災損失

(1) 本日（当期首）、火災が発生し、建物（取得原価：¥80,000、前期末における減価償却費の累計額：¥36,000、直接法で記帳）が焼失した。この建物には¥50,000の保険が付されているため、ただちに保険会社に請求をした。
〔　　　　　　〕（　　　　　　）〔　　　　　　〕（　　　　　　）

(2) (1)の保険金について、保険会社より¥45,000を支払う旨の連絡を受けた。
〔　　　　　　〕（　　　　　　）〔　　　　　　〕（　　　　　　）
〔　　　　　　〕（　　　　　　）〔　　　　　　〕（　　　　　　）

(3) (2)の保険金が保険会社より当座預金口座に入金された。
〔　　　　　　〕（　　　　　　）〔　　　　　　〕（　　　　　　）

解答

(1)（未　決　算）44,000　（建　　　　物）44,000 ＊　　＊ 直接法で記帳しているため、帳簿価額（¥80,000 − ¥36,000 = ¥44,000）を減らします。
(2)（未 収 入 金）45,000　（未　決　算）44,000
　　　　　　　　　　　　　（保 険 差 益）1,000
(3)（当 座 預 金）45,000　（未 収 入 金）45,000

第1問対策 例題

7. 固定資産の除却・廃棄

例題 7 次の取引について仕訳しなさい。ただし、勘定科目は次の中からもっとも適当と思われるものを選ぶこと。

備　　　品　　　備品減価償却累計額　　　減価償却費　　　貯　蔵　品
未　収　入　金　　固定資産除却損　　　固定資産売却益　　　固定資産売却損

×4年4月1日（期首）に購入した商品陳列棚を当期末（×8年3月31日）に除却した（処分するまで倉庫に保管する）。なお、この商品陳列棚の見積処分価値は¥50,000である。当該商品陳列棚の取得原価は¥300,000で、定額法（耐用年数5年、残存価額は取得原価の10％）で償却し、直接法で記帳している。当期分の減価償却費も計上すること。

借方科目	金　　額	貸方科目	金　　額

答案用紙に記入したら、で答えを

解き方の道しるべ

固定資産を除却した（固定資産を業務用として使うのをやめた）ときの処理を答える問題です。

固定資産を除却したときは、処分価値を見積り、この固定資産が売却または処分されるまで、**貯蔵品（資産）**として処理します。なお、処分価値と除却時の帳簿価額の差額は、**固定資産除却損（費用）**で処理します。

（貯　蔵　品）	50,000	（備　　　品）	138,000*1
（減 価 償 却 費）	54,000*2		
（固 定 資 産 除 却 損）	34,000*3		

*1 ①購入時から前期末までの減価償却費の累計額：¥300,000 × 0.9 × $\frac{3 年}{5 年}$ = ¥162,000

②前期末における備品の帳簿価額：¥300,000 − ¥162,000 = ¥138,000

*2 当期の減価償却費：¥300,000 × 0.9 × $\frac{1 年}{5 年}$ = ¥54,000

*3 貸借差額

固定資産の除却

1. 除却資産の処分価値は貯蔵品（資産）で処理
2. 帳簿価額と処分価値の差額は固定資産除却損（費用）で処理

これ、だいじょうぶ？　　　　固定資産の廃棄

除却とは固定資産を業務用として使うのをやめることをいい、**廃棄**とは固定資産を捨てることをいいます。

除却の場合は処分価値がある場合がありますが、廃棄の場合は処分価値はありません。そこで、廃棄の場合は固定資産の帳簿価額を全額、**固定資産廃棄損（費用）**として処理します。また、廃棄時にかかる**廃棄費用は固定資産廃棄損に含めて処理**します。

フィードバック問題　　例題7が解けなかった人はフィードバック問題を解いて基礎を確認しましょう。

次の取引について、直接法で記帳している場合の仕訳をしましょう。

当期末において、備品（取得原価：¥80,000）を廃棄し、廃棄費用¥100は現金で支払った。この備品は定額法（残存価額：取得原価の10％、耐用年数：5年）で償却しており、前期末までに3年分の減価償却をしている。なお、当期分の減価償却費も計上すること。

〔　　　　　　　〕（　　　　　　　）〔　　　　　　　〕（　　　　　　　）
〔　　　　　　　〕（　　　　　　　）〔　　　　　　　〕（　　　　　　　）

解答

（減 価 償 却 費）	14,400*1	（備　　　品）	36,800*2
（固 定 資 産 廃 棄 損）	22,500*3	（現　　　金）	100

*1　¥80,000 × 0.9 × $\frac{1 年}{5 年}$ = ¥14,400

*2　¥80,000 − ¥14,400 × 3年
　　= ¥36,800

*3　貸借差額

第1問対策 例題

8. 有価証券の売却

例題 8 次の取引について仕訳しなさい。ただし、勘定科目は次の中からもっとも適当と思われるものを選ぶこと。

現　　　　金	未　収　入　金	売買目的有価証券	支　払　手　数　料
未　　払　　金	有価証券売却益	有価証券売却損	有価証券評価益
有価証券評価損			

桜小路株式会社は、2回に分けて売買目的で取得していた東西商事株式会社株式のうち1,500株を@¥465で売却し、代金は4営業日後に受け取ることとした。なお、第1回目は前期に1,000株（取得原価@¥430）を取得しており、前期末において@¥445に評価替えしているが、当期首において取得原価に振り戻している（洗替法）。第2回目は当期に2,000株（取得原価@¥460）で取得している。株式の払出単価の計算は移動平均法によること。

借方科目	金　　額	貸方科目	金　　額

答案用紙に記入したら、**解答** で答えを **CHECK!**
・解けた人 ➡ 次の 例題 へ
・解けなかった人 ➡ 解き方の道しるべ へ！

解き方の道しるべ

複数回に分けて購入した売買目的有価証券の売却時の処理を答える問題です。

複数回に分けて株式を購入したときの売却株式の帳簿価額は、移動平均法等（問題文の指示にしたがってください）によって平均単価を計算し、平均単価に売却株式数を掛けて計算します。

$$平均単価 = \frac{1回目の取得原価 + 2回目の取得原価}{1回目の取得株式数 + 2回目の取得株式数}$$

売却株式の帳簿価額 = 平均単価 × 売却株式数

この例題では、前期に第1回目の取得をし、決算日をまたいで当期に第2回目の取得をしています。売買目的有価証券は、決算において時価に評価替えしますが、問題文の指示より当期首に取得原価に振り戻しています（**洗替法**といいます）ので、売却時の払出単価は第1回目の取得原価と第2回目の取得原価によって計算することになります。

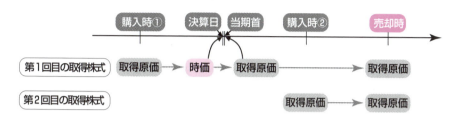

（未　収　入　金）　697,500*1　（売買目的有価証券）　675,000*2
　　　　　　　　　　　　　　　（有価証券売却益）　　　22,500

＊1　売却価額：@¥465 × 1,500株 ＝ ¥697,500

＊2　①払出単価：$\dfrac{@¥430 × 1,000株 + @¥460 × 2,000株}{1,000株 + 2,000株} ＝ @¥450$
（第1回目（取得原価）　第2回目（取得原価））

　　　②売却株式の帳簿価額：@¥450 × 1,500株 ＝ ¥675,000

　なお、前期末において時価に評価替えしたあと、翌期首に取得原価に振り戻さない方法（**切放法**といいます）で処理しているときの売却時の払出単価は、評価替えされた前期末の時価と第2回目の取得原価によって計算することになります。

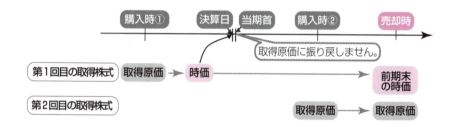

　したがって、仮にこの例題を切放法で処理していた場合の売却時の払出単価は次のようになります。

払出単価：$\dfrac{@¥445 × 1,000株 + @¥460 × 2,000株}{1,000株 + 2,000株} ＝ @¥455$
（第1回目（前期末の時価）　第2回目（取得原価））

有価証券の売却

1. 複数回に分けて購入した有価証券の払出単価は移動平均法等によって計算する。
2. 売買目的有価証券は決算において時価に評価替えする。
   → 翌期首に取得原価に振り戻す方法（洗替法）と、翌期首に取得原価に振り戻さない方法（切放法）があるので、決算日をまたいで購入している場合は問題文の指示に注意！

フィードバック問題　例題8が解けなかった人はフィードバック問題を解いて基礎を確認しましょう。

次の一連の取引の仕訳をしましょう。
使用できる勘定科目：現金、未収入金、売買目的有価証券、未払金、有価証券売却益、
　　　　　　　　　　有価証券売却損、有価証券評価益、有価証券評価損

(1) 売買目的で田村株式会社株式100株を@¥100で購入し、代金は売買手数料¥100とあわせて月末に支払うこととした。
　　〔　　　　　　　　　〕（　　　　　　　　）〔　　　　　　　　　　〕（　　　　　　　　）

(2) 決算において、(1)の株式を時価@¥105に評価替えする。
　　〔　　　　　　　　　〕（　　　　　　　　）〔　　　　　　　　　　〕（　　　　　　　　）

(3) 期首において、(2)の株式の帳簿価額を取得原価に振り戻す。
　　〔　　　　　　　　　〕（　　　　　　　　）〔　　　　　　　　　　〕（　　　　　　　　）

(4) 売買目的で田村株式会社株式100株を@¥104で購入し、代金は売買手数料¥100とあわせて月末に支払うこととした。
　　〔　　　　　　　　　〕（　　　　　　　　）〔　　　　　　　　　　〕（　　　　　　　　）

(5) 田村株式会社株式200株のうち、150株を@¥110で売却し、代金は月末に受け取ることとした。
　　〔　　　　　　　　　〕（　　　　　　　　）〔　　　　　　　　　　〕（　　　　　　　　）
　　〔　　　　　　　　　〕（　　　　　　　　）〔　　　　　　　　　　〕（　　　　　　　　）

解答

(1)	(売買目的有価証券)	10,100 [*1]	(未　払　金)	10,100
(2)	(売買目的有価証券)	400	(有価証券評価益)	400 [*2]
(3)	(有価証券評価益)	400	(売買目的有価証券)	400 [*3]
(4)	(売買目的有価証券)	10,500 [*4]	(未　払　金)	10,500
(5)	(未　収　入　金)	16,500 [*6]	(売買目的有価証券)	15,450 [*5]
			(有価証券売却益)	1,050

[*1] @¥100×100株＋¥100＝¥10,100

[*2] $\underset{時価　＞　取得原価}{@¥105×100株－¥10,100＝¥400}$
∴有価証券評価益

[*3] 決算時の仕訳の逆仕訳

[*4] @¥104×100株＋¥100＝¥10,500

[*5] 払出単価：$\dfrac{¥10,100＋¥10,500}{100株＋100株}$
＝@¥103
売却株式の帳簿価額：
@¥103×150株＝¥15,450

[*6] @¥110×150株＝¥16,500

```
  購入時①    決算日 当期首   購入時②        売却時
────┼───────┼┼────────┼─────────┼────────→
   (1)      (2)(3)       (4)           (5)
```

25

第1問対策 例題

9. 端数利息の処理

例題 9 次の取引について仕訳しなさい。ただし、勘定科目は次の中からもっとも適当と思われるものを選ぶこと。

現　　　　金	当 座 預 金	売買目的有価証券	有 価 証 券 利 息
支 払 利 息	有価証券売却益	有価証券売却損	未 収 入 金
未 　 払 　 金			

谷垣商店は、×6年9月11日に、額面総額¥800,000の伊藤商事株式会社社債（年利率2％、利払日は6月末と12月末）のうち額面¥400,000を額面¥100につき¥98.7で売却し、代金は端数利息とあわせて当座預金口座に振り込まれた。なお、この社債は×6年7月1日に額面¥100につき、@¥98で購入（売買目的）したものである。端数利息は売却日までの日割りで計算すること。

借方科目	金　　額	貸方科目	金　　額

答案用紙に記入したら、で答えを

利払日以外の日に社債（売買目的有価証券）を売却したときの処理を答える問題です。

　利払日以外の日に社債を売買したときは、買主は売主に前回の利払日の翌日から売買日までの利息（端数利息）を支払います。

> この期間の利息は前の所有者である売主のものです。

　この例題では利払日が6月末と12月末で、売却日は×6年9月11日なので、売主は×6年7月1日（前回の利払日の翌日）から×6年9月11日（売却日）までの73日分（31日＋31日＋11日）の端数利息を買主から受け取ります。

(当　座　預　金)	396,400*3	(売買目的有価証券)	392,000*1
		(有 価 証 券 利 息)	1,600*2
		(有価証券売却益)	2,800*4

* 1　売却社債の帳簿価額：¥400,000 × $\dfrac{¥98}{¥100}$ ＝ ¥392,000

* 2　端数利息：¥400,000 × 2 ％ × $\dfrac{73日}{365日}$ ＝ ¥1,600

* 3　売却価額＋端数利息：¥400,000 × $\dfrac{¥98.7}{¥100}$ ＋ ¥1,600 ＝ ¥396,400

* 4　貸借差額

端数利息

利払日以外の日に社債を売買したときは、買主は売主に前回の利払日の翌日から売買日までの利息（端数利息）を支払う。
　→売主の処理…端数利息分の有価証券利息を貸方に計上する。
　→買主の処理…端数利息分の有価証券利息を借方に計上する。

フィードバック問題

例題9が解けなかった人はフィードバック問題を解いて基礎を確認しましょう。

次の一連の取引の仕訳をしましょう。

使用できる勘定科目：現金、当座預金、未収入金、売買目的有価証券、未払金、
　　　　　　　　　有価証券利息、有価証券売却損、有価証券売却益

(1) 売買目的で、×6年5月29日に額面総額￥300,000の社債（年利率7.3％、利払日は3月末と9月末）を額面￥100につき￥96.5で購入し、代金は端数利息とあわせて月末に支払うこととした。

　　〔　　　　　〕（　　　　　）〔　　　　　〕（　　　　　）
　　〔　　　　　〕（　　　　　）〔　　　　　〕（　　　　　）

(2) ×6年9月30日、(1)の社債につき社債利札の期限が到来した。

　　〔　　　　　〕（　　　　　）〔　　　　　〕（　　　　　）

(3) ×6年11月15日、(1)の社債のすべてを額面￥100につき￥98で売却し、代金は端数利息とあわせて月末に受け取ることとした。

　　〔　　　　　〕（　　　　　）〔　　　　　〕（　　　　　）
　　〔　　　　　〕（　　　　　）〔　　　　　〕（　　　　　）
　　〔　　　　　〕（　　　　　）〔　　　　　〕（　　　　　）

解答

(1) （売買目的有価証券）289,500 *1　（未　払　金）293,040
　　（有価証券利息）　　3,540 *2

(2) （現　　　　　金）10,950 *3　（有価証券利息）10,950

(3) （未　収　入　金）296,760 *5　（売買目的有価証券）289,500
　　　　　　　　　　　　　　　　　（有価証券利息）　　2,760 *4
　　　　　　　　　　　　　　　　　（有価証券売却益）　4,500 *6

* 1　￥300,000 × $\frac{￥96.5}{￥100}$ = ￥289,500
* 2　￥300,000 × 7.3％ × $\frac{59日}{365日}$ = ￥3,540
* 3　期限到来後の社債利札は現金（資産）で処理します。
　　￥300,000 × 7.3％ × $\frac{6か月}{12か月}$ = ￥10,950
* 4　￥300,000 × 7.3％ × $\frac{46日}{365日}$ = ￥2,760
* 5　￥300,000 × $\frac{￥98}{￥100}$ + ￥2,760
　　= ￥296,760
* 6　貸借差額

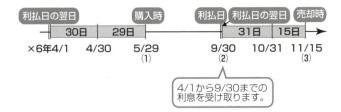

第1問対策 例題

10. 株式の発行

例題 10 次の取引について仕訳しなさい。ただし、勘定科目は次の中からもっとも適当と思われるものを選ぶこと。

現　　　金　　当　座　預　金　　株式申込証拠金　　資　本　金
資　本　準　備　金

新株400株を1株につき@¥2,000で発行し、その全額を申込期日までに当座預金口座に振り込まれていた株式申込証拠金により充当した。なお、払込金額のうち会社法規定の最低額を資本金とする。

借方科目	金　額	貸方科目	金　額

答案用紙に記入したら、解答で答えをCHECK!
・解けた人 ➡ 次の 例題 へ
・解けなかった人 ➡ 解き方の道しるべ へ！

解き方の道しるべ

株式会社が株式を発行したときの処理を答える問題です。

募集開始　　申し込み　　株式発行時

株式を発行したときの払込金額は、原則として全額を資本金として処理しますが、払込金額のうち最低2分の1を資本金として処理することも認められています。

この例題では、「払込金額のうち会社法規定の最低額を資本金とする」とあるので、**払込金額の2分の1を資本金として処理し、残額を資本準備金として処理**します。

解答
（株式申込証拠金）　800,000　（資　本　金）　400,000*
　　　　　　　　　　　　　　（資 本 準 備 金）　400,000*

＊　資本金・資本準備金：@¥2,000 × 400株 × $\frac{1}{2}$ = ¥400,000

株式の発行

1. 原則…払込金額は全額、資本金で処理する。
   容認…払込金額の2分の1以上を資本金として処理し、残額は資本準備金で処理する。
2. 株式発行時にかかった費用は株式交付費として処理する。

フィードバック問題　例題10が解けなかった人はフィードバック問題を解いて基礎を確認しましょう。

次の一連の取引の仕訳をしましょう。
使用できる勘定科目：現金、当座預金、別段預金、株式交付費、資本金、資本準備金、株式申込証拠金

(1) 増資にあたり、株式200株を1株￥500で募集し、申込期日までに全株式の申し込みがあり、払込金額の全額を申込証拠金として受け入れ、別段預金とした。
　　〔　　　　　　〕（　　　　　）〔　　　　　　〕（　　　　　）

(2) 株式200株を1株￥500で発行し、その全額を(1)の申込証拠金により充当した（払込金額の全額を資本金とする）。なお、同時に別段預金を当座預金とし、株式発行のための費用￥200は現金で支払った。
　　〔　　　　　　〕（　　　　　）〔　　　　　　〕（　　　　　）
　　〔　　　　　　〕（　　　　　）〔　　　　　　〕（　　　　　）
　　〔　　　　　　〕（　　　　　）〔　　　　　　〕（　　　　　）

解答

(1) （別　段　預　金）100,000* （株式申込証拠金）100,000　　＊ ＠￥500×200株＝￥100,000
(2) （株式申込証拠金）100,000 （資　　本　　金）100,000
　　（当　座　預　金）100,000 （別　段　預　金）100,000
　　（株　式　交　付　費）　　200 （現　　　　　金）　　200

第1問対策 例題

11. 剰余金の配当・処分

例題 11 次の取引について仕訳しなさい。ただし、勘定科目は次の中からもっとも適当と思われるものを選ぶこと。

| 現　　　　金 | 当 座 預 金 | 未 払 配 当 金 | 利 益 準 備 金 |
| 資 本 準 備 金 | 資　本　金 | 損　　　益 | 繰越利益剰余金 |
| 別 途 積 立 金 |

株主総会において、繰越利益剰余金を次のとおり処分した。
　株主配当金　¥200,000　　別途積立金　¥80,000
　利益準備金　会社法が規定する額
なお、この会社の資本金は¥1,000,000、資本準備金と利益準備金の合計額は¥120,000である。

借方科目	金　　額	貸方科目	金　　額

答案用紙に記入したら、で答えを CHECK! ・解けた人 ➡ 次の 例題 へ
・解けなかった人 ➡ 解き方の道しるべ へ！

解き方の道しるべ

剰余金を配当・処分したときの処理を答える問題です。

(1) 会社法の規定する利益準備金積立額は、**配当金の10分の1（資本準備金と利益準備金の合計額が資本金の4分の1に達するまで）** です。したがって、次の金額のうち小さいほうの金額が利益準備金積立額となります。

あと¥130,000まで積み立てられます。

① $¥1,000,000 × \dfrac{1}{4}$ − ¥120,000 = ¥130,000
　　資本金　　　　　　　資本準備金＋利益準備金

② $¥200,000 × \dfrac{1}{10}$ = ¥20,000
　　株主配当金

本来、積み立てるべき金額は¥20,000です。

いずれか小さいほうの金額
➡ ②¥20,000

(2) 株主配当金は、株主総会時には金額が決定するだけで、支払いは後日となります。したがって、この時点では**未払配当金（負債）**で処理します。

（繰越利益剰余金）	300,000	（利　益　準　備　金）(1)	20,000
	貸方合計	（未　払　配　当　金）(2)	200,000
		（別　途　積　立　金）	80,000

剰余金の配当・処分

1. 準備金（利益準備金、資本準備金）積立額

   ① 資本金 × $\dfrac{1}{4}$ －（資本準備金＋利益準備金）

   ② 株主配当金 × $\dfrac{1}{10}$

   いずれか小さいほうの金額

2. 株主総会の決定時には、株主配当金は未払配当金（負債）で処理する。

これ、だいじょうぶ？　　剰余金の配当と準備金の積み立て

剰余金の配当において、配当財源が**利益剰余金（繰越利益剰余金）**である場合には、**利益準備金**を積み立てます。また、配当財源が**資本剰余金（その他資本剰余金）**である場合には、**資本準備金**を積み立てます。

フィードバック問題
例題11が解けなかった人はフィードバック問題を解いて基礎を確認しましょう。

次の各取引について仕訳しましょう。
　使用できる勘定科目：資本金、資本準備金、利益準備金、新築積立金、未払配当金、
　　　　　　　　　　　繰越利益剰余金、その他資本剰余金

(1) 株主総会の決議により、繰越利益剰余金の配当および処分を次のように決定した。なお、この会社の資本金は¥200,000、資本準備金は¥12,000、利益準備金は¥10,000である。

　　株主配当金　¥80,000　　新築積立金　¥5,000　　利益準備金　会社法が規定する額

　　〔　　　　　〕（　　　　　）〔　　　　　〕（　　　　　）
　　〔　　　　　〕（　　　　　）〔　　　　　〕（　　　　　）
　　〔　　　　　〕（　　　　　）〔　　　　　〕（　　　　　）

(2) 株主総会の決議により、現金による配当￥500,000（その他資本剰余金￥200,000、繰越利益剰余金￥300,000）を決定した。配当金の10分の1の金額を準備金として積み立てた。

〔　　　　　　〕（　　　　　　）〔　　　　　　　　〕（　　　　　　）
〔　　　　　　〕（　　　　　　）〔　　　　　　　　〕（　　　　　　）
〔　　　　　　〕（　　　　　　）〔　　　　　　　　〕（　　　　　　）

解答

(1)　（繰越利益剰余金）　93,000 　　（利　益　準　備　金）　8,000[*1]
　　　　　　　　　　　　　　　　　（未　払　配　当　金）80,000
　　　　　　　　　　　　　　　　　（新　築　積　立　金）　5,000

(2)　（その他資本剰余金）220,000 　（未　払　配　当　金）500,000
　　　（繰越利益剰余金）330,000 　（資　本　準　備　金）20,000[*2]
　　　　　　　　　　　　　　　　　（利　益　準　備　金）30,000[*3]

* 1　① $¥200,000 \times \dfrac{1}{4} - (¥12,000 + ¥10,000) = ¥28,000$

　　　② $¥80,000 \times \dfrac{1}{10} = ¥8,000$

　　　③①と②のいずれか小さいほうの金額 → ②￥8,000

* 2　$¥200,000 \times \dfrac{1}{10} = ¥20,000$

* 3　$¥300,000 \times \dfrac{1}{10} = ¥30,000$

第1問対策 例題

12. 当期純利益（当期純損失）の振り替え

例題 12　次の取引について仕訳しなさい。ただし、勘定科目は次の中からもっとも適当と思われるものを選ぶこと。

繰越利益剰余金　資　本　金　利益準備金　損　　益
資本準備金

山根産業株式会社は、決算において当期純利益¥400,000を計上した。

借方科目	金　額	貸方科目	金　額

答案用紙に記入したら、**解答**で答えを **CHECK!**
・解けた人 ➡ 次の 例題 へ
・解けなかった人 ➡ 解き方の道しるべ へ！

解き方の道しるべ

株式会社では、決算において損益勘定で計算された当期純利益（または当期純損失）は、繰越利益剰余金勘定の貸方（または借方）に振り替えます。

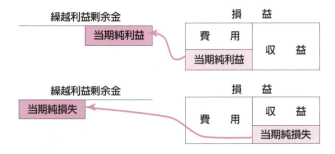

この例題は当期純利益なので、損益勘定から繰越利益剰余金勘定の貸方に振り替えます。

解答　（損　　益）　400,000　（繰越利益剰余金）　400,000

当期純利益（当期純損失）の振り替え

1. 当期純利益は損益勘定から繰越利益剰余金勘定の貸方に振り替える。
2. 当期純損失は損益勘定から繰越利益剰余金勘定の借方に振り替える。

フィードバック問題　例題12が解けなかった人はフィードバック問題を解いて基礎を確認しましょう。

次の各取引の仕訳をしましょう。

(1) 清水商事株式会社は、決算において当期純利益￥20,000を計上した。
　〔　　　　　　　〕（　　　　　　）〔　　　　　　　〕（　　　　　　）

(2) 山彦産業株式会社は、決算において当期純損失￥10,000を計上した。
　〔　　　　　　　〕（　　　　　　）〔　　　　　　　〕（　　　　　　）

解答

(1) （損　　　益）　20,000　　（繰越利益剰余金）　20,000
(2) （繰越利益剰余金）　10,000　　（損　　　益）　10,000

第1問対策 例題

13. 仕入割引・売上割引

例題 13 次の取引について仕訳しなさい。ただし、勘定科目は次の中からもっとも適当と思われるものを選ぶこと。

| 現 | 金 | 当 座 預 金 | 売 掛 金 | 買 掛 金 |
| 売 | 上 | 仕 　　　　入 | 売 上 割 引 | 仕 入 割 引 |

山口商事株式会社は、本日（6月24日）、仕入先森口商店に対する買掛金¥60,000を小切手を振り出して支払った。なお、この買掛金は6月10日に商品を仕入れた際に生じたもので、6月25日までに支払えば、代金の1.5%を割り引く旨の条件がついている。

借方科目	金　額	貸方科目	金　額

答案用紙に記入したら、で答えを **CHECK!**

- 解けた人 ➡ 次の 例題 へ
- 解けなかった人 ➡ 解き方の道しるべ へ！

仕入割引が適用される場合の処理を答える問題です。

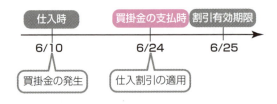

割引有効期間内に買掛金を支払うと、買掛金に含まれる利息相当分を免除してもらえることがあります。この利息相当分の免除を**割引き**といい、仕入側からすると**仕入割引**（**収益**）、売上側からすると**売上割引**（**費用**）となります。

（買　掛　金）	60,000	（仕　入　割　引）	900[*1]
		（当　座　預　金）	59,100[*2]

*1　￥60,000 × 1.5% = ￥900
*2　貸借差額

仕入割引・売上割引と返品・割戻し

1. 割引き…仕入割引（収益）、売上割引（費用）で処理する。
2. 返品・割戻し…仕入または売上を取り消す（三分法の場合）。

これ、だいじょうぶ？　　　　　　　　　　　　返品・割戻し

　割戻しとは、一定期間に大量の商品を仕入れた取引先に対して、リベートとして代金の一部を返すことをいい、**割戻しがあったときは仕入または売上を取り消す処理**をします。
　また、**返品をした（受けた）ときも仕入または売上を取り消す処理**をします。

仕入時：

| （仕　　　　　入） | ×× | （買　　掛　　金） | ×× |

返品・割戻時：

| （買　　掛　　金） | ×× | （仕　　　　　入） | ×× |

売上時：

| （売　　掛　　金） | ×× | （売　　　　　上） | ×× |

返品・割戻時：

| （売　　　　　上） | ×× | （売　　掛　　金） | ×× |

フィードバック問題 　例題13が解けなかった人はフィードバック問題を解いて基礎を確認しましょう。

次の各取引の仕訳をしましょう。

使用できる勘定科目：現金、売掛金、買掛金、売上、仕入、売上割引、仕入割引

⑴　先に掛けで売り上げた商品に汚損があったため、¥100分の商品を返品した。

〔　　　　　　　〕（　　　　　　　）〔　　　　　　　〕（　　　　　　　）

⑵　先に売り上げた商品につき、売上高¥8,000につき2％の割戻しを行い、売掛金と相殺した。

〔　　　　　　　〕（　　　　　　　）〔　　　　　　　〕（　　　　　　　）

⑶　商品¥10,000を「20日後払い、ただし15日以内に支払うときは2％引き」の条件で売り上げた。

〔　　　　　　　〕（　　　　　　　）〔　　　　　　　〕（　　　　　　　）

⑷　⑶の売上日から14日目に売掛金¥10,000を回収したため、2％の割引きを行い、残額を小切手で受け取った。

〔　　　　　　　〕（　　　　　　　）〔　　　　　　　〕（　　　　　　　）

〔　　　　　　　〕（　　　　　　　）〔　　　　　　　〕（　　　　　　　）

解答

⑴	（売　　　　上）	100	（売　掛　金）	100	
⑵	（売　　　　上）	160*1	（売　掛　金）	160	
⑶	（売　掛　金）	10,000	（売　　　　上）	10,000	
⑷	（売　上　割　引）	200*2	（売　掛　金）	10,000	
	（現　　　　金）	9,800			

＊1　¥8,000 × 2％ = ¥160
＊2　¥10,000 × 2％ = ¥200

38

第1問対策 例題

14. 消費税の処理

例題 14 次の取引について仕訳しなさい。ただし、勘定科目は次の中からもっとも適当と思われるものを選ぶこと。

| 売　掛　金 | 未収還付消費税 | 仮 払 消 費 税 | 買　掛　金 |
| 未 払 消 費 税 | 仮 受 消 費 税 | 租 税 公 課 | 雑　　　益 |

決算において消費税の納付額を計算し、確定した。なお、当期の消費税の仮払分は¥70,000、仮受分は¥90,000であり、当社は税抜方式によって処理している。

借方科目	金　額	貸方科目	金　額

答案用紙に記入したら、解答 で答えを CHECK!
・解けた人 ➡ 次の 例題 へ
・解けなかった人 ➡ 解き方の道しるべ へ！

解き方の道しるべ

決算において消費税の納付額が確定したときの処理を答える問題です。

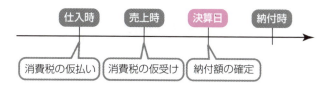

消費税の処理には、**税抜方式**と**税込方式**がありますが、この例題は税抜方式によって処理しています。

税抜方式の場合、仕入時に支払った消費税は仕入価額に含めず、**仮払消費税（資産）**として処理します。また、売上時に受け取った消費税は売上価額に含めず、**仮受消費税（負債）**として処理します。

この例題では、「当期の消費税の仮払分は¥70,000、仮受分は¥90,000」とあるので、次の仕訳が行われていることがわかります。

仕 入 時：	（仕 入）	××	（買 掛 金 な ど）	××
	（仮 払 消 費 税）	70,000		
売 上 時：	（売 掛 金 な ど）	××	（売 上）	××
			（仮 受 消 費 税）	90,000

　税抜方式によって処理している場合、決算において仮払消費税と仮受消費税を相殺し、差額を**未払消費税（負債）**または**未収還付消費税（資産）**で処理します。したがって、この例題の仕訳は次のようになります。

（仮 受 消 費 税）	90,000	（仮 払 消 費 税）	70,000
		（未 払 消 費 税）	20,000

　一方、税込方式の場合、仕入時に支払った消費税、売上時に受け取った消費税は、それぞれ仕入価額、売上価額に含めて処理します。そして、決算において仮受額と仮払額の差額を**未払消費税（負債）**または**未収還付消費税（資産）**で処理します。なお、このときの相手科目は**租税公課（費用）**または**雑益（収益）**で処理します。
　したがって、仮にこの例題が税込方式で処理されていた場合、決算時には次の処理をします。

〔例題14が税込方式で処理されていた場合の仕訳〕

（租 税 公 課）	20,000	（未 払 消 費 税）	20,000*

* ¥90,000 － ¥70,000 ＝ ¥20,000
　　仮受額 ＞ 仮払額　→　受け取っている（預った）消費税のほうが多い　→　未払消費税（負債）

消費税の処理

1. 税抜方式の場合
    (1) 仕入時…消費税額を仮払消費税（資産）で処理する。
    (2) 売上時…消費税額を仮受消費税（負債）で処理する。
    (3) 決算時…仮払消費税（資産）と仮受消費税（負債）を相殺し、差額は未払消費税（負債）または未収還付消費税（資産）で処理する。
2. 税込方式の場合
    (1) 仕入時…消費税額を仕入価額に含めて処理する。
    (2) 売上時…消費税額を売上価額に含めて処理する。
    (3) 決算時…消費税の仮払額と仮受額の差額を未払消費税（負債）または未収還付消費税（資産）で処理する。相手科目は租税公課（費用）または雑益（収益）。

フィードバック問題　例題14が解けなかった人はフィードバック問題を解いて基礎を確認しましょう。

次の一連の取引について、①税抜方式と②税込方式によって仕訳しましょう。
使用できる勘定科目：現金、売掛金、買掛金、仕入、売上、仮払消費税、仮受消費税、
　　　　　　　　　　未払消費税、未収還付消費税、租税公課、雑益

(1)　商品¥20,000を仕入れ、代金は消費税¥2,000とともに掛けとした。

①税抜方式：〔　　　　　　　　〕（　　　　　　）〔　　　　　　　　　　〕（　　　　　　）
　　　　　　〔　　　　　　　　〕（　　　　　　）〔　　　　　　　　　　〕（　　　　　　）
②税込方式：〔　　　　　　　　〕（　　　　　　）〔　　　　　　　　　　〕（　　　　　　）

(2)　商品¥50,000を売り上げ、代金は消費税¥5,000とともに掛けとした。

①税抜方式：〔　　　　　　　　〕（　　　　　　）〔　　　　　　　　　　〕（　　　　　　）
　　　　　　〔　　　　　　　　〕（　　　　　　）〔　　　　　　　　　　〕（　　　　　　）
②税込方式：〔　　　　　　　　〕（　　　　　　）〔　　　　　　　　　　〕（　　　　　　）

(3)　決算につき、消費税の仮払額と仮受額を相殺し、納付額を計算した。

①税抜方式：〔　　　　　　　　〕（　　　　　　）〔　　　　　　　　　　〕（　　　　　　）
　　　　　　〔　　　　　　　　〕（　　　　　　）〔　　　　　　　　　　〕（　　　　　　）
②税込方式：〔　　　　　　　　〕（　　　　　　）〔　　　　　　　　　　〕（　　　　　　）

(4)　上記(3)の消費税の納付額を現金で納付した。

①税抜方式：〔　　　　　　　　〕（　　　　　　）〔　　　　　　　　　　〕（　　　　　　）
②税込方式：〔　　　　　　　　〕（　　　　　　）〔　　　　　　　　　　〕（　　　　　　）

解 答

(1)①税抜方式：(仕　　　　　　入)　20,000　　(買　　掛　　金)　22,000
　　　　　　　 (仮 払 消 費 税)　 2,000
　　②税込方式：(仕　　　　　　入)　22,000　　(買　　掛　　金)　22,000
(2)①税抜方式：(売　　掛　　金)　55,000　　(売　　　　　　上)　50,000
　　　　　　　　　　　　　　　　　　　　　　 (仮 受 消 費 税)　 5,000
　　②税込方式：(売　　掛　　金)　55,000　　(売　　　　　　上)　55,000
(3)①税抜方式：(仮 受 消 費 税)　 5,000　　(仮 払 消 費 税)　 2,000
　　　　　　　　　　　　　　　　　　　　　　 (未 払 消 費 税)　 3,000
　　②税込方式：(租 税 公 課)　 3,000　　(未 払 消 費 税)　 3,000
(4)①税抜方式：(未 払 消 費 税)　 3,000　　(現　　　　　　金)　 3,000
　　②税込方式：(未 払 消 費 税)　 3,000　　(現　　　　　　金)　 3,000

```
        仕入時    売上時    決算日    納付時
   ─────┼────────┼────────┼────────┼─────────▶
        (1)      (2)      (3)      (4)
```

41

15. 法人税等の処理

例題 15 次の取引について仕訳しなさい。ただし、勘定科目は次の中からもっとも適当と思われるものを選ぶこと。

法人税,住民税及び事業税　　未払法人税等　　仮払法人税等　　当座預金
租税公課

決算において、本年度の法人税￥400,000、住民税￥80,000、事業税￥60,000が確定した。なお、期中に中間納付した法人税、住民税、事業税はそれぞれ￥150,000、￥36,000、￥30,000であり、仮払処理している。

借方科目	金　　額	貸方科目	金　　額

解き方の道しるべ

決算において、法人税、住民税、事業税の金額が確定したときの処理を答える問題です。

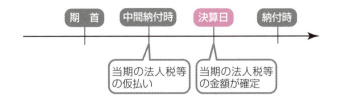

(1) 法人税、住民税、事業税は確定額を**法人税、住民税及び事業税**（または**法人税等**）として計上します。
　　法人税、住民税及び事業税：￥400,000 + ￥80,000 + ￥60,000 = ￥540,000
(2) 中間納付をしたときに中間納付額を**仮払法人税等（資産）**として処理しているため、法人税等の金額が確定したら、**仮払法人税等（資産）**を取り消します。
　　仮払法人税等：￥150,000 + ￥36,000 + ￥30,000 = ￥216,000
(3) 法人税等の確定額と仮払法人税等との差額は**未払法人税等（負債）**で処理します。
　　未払法人税等：￥540,000 − ￥216,000 = ￥324,000

解答	（法人税、住民税及び事業税）	(1)	540,000	（仮払法人税等） (2)	216,000
				（未払法人税等） (3)	324,000

法人税等の処理

1. 中間納付をしたとき→仮払法人税等（資産）で処理する。
2. 決算において金額が確定したとき
   →(1) 法人税、住民税及び事業税（または法人税等）を計上する。
   　(2) 仮払法人税等（資産）を取り消す。
   　(3) 確定額と仮払法人税等の差額を未払法人税等（負債）で処理する。

フィードバック問題
例題15が解けなかった人はフィードバック問題を解いて基礎を確認しましょう。

次の一連の取引の仕訳をしましょう。

(1) 法人税等の中間申告を行い、法人税￥50,000、住民税￥10,000、事業税￥15,000を小切手を振り出して中間納付した。
   〔　　　　　〕（　　　　）〔　　　　　〕（　　　　）

(2) 決算につき、当期の法人税等が￥170,000と確定した。
   〔　　　　　〕（　　　　）〔　　　　　〕（　　　　）
   〔　　　　　〕（　　　　）〔　　　　　〕（　　　　）

(3) 確定申告を行い、上記(2)の未払法人税等を小切手を振り出して納付した。
   〔　　　　　〕（　　　　）〔　　　　　〕（　　　　）

解答

(1)	（仮払法人税等）	75,000	（当 座 預 金）	75,000
(2)	（法人税、住民税及び事業税）	170,000	（仮払法人税等）	75,000
			（未払法人税等）	95,000
(3)	（未払法人税等）	95,000	（当 座 預 金）	95,000

第1問対策 例題

16. 給料の支払いと預り金

例題 16 次の取引について仕訳しなさい。ただし、勘定科目は次の中からもっとも適当と思われるものを選ぶこと。

現　　　　金　　当　座　預　金　　立　替　金　　仮　払　金
前　　払　　金　　仮　　受　　金　　前　受　金　　社会保険料預り金
法　定　福　利　費

従業員の社会保険料¥50,000を現金で支払った。なお、このうちの半分が当社負担分で、残りの半分が従業員負担分である。従業員負担分については給料の支給時に支給総額から差し引いている。

借方科目	金　　額	貸方科目	金　　額

答案用紙に記入したら、**解答**で答えを **CHECK!**
・解けた人 ➡ 次の 例題 へ
・解けなかった人 ➡ 解き方の道しるべ へ！

解き方の道しるべ

会社が社会保険料を支払ったときの処理を答える問題です。

　会社は給料の支給時に、給料総額から従業員負担分の社会保険料を差し引いた金額を従業員に支払っています。給料総額から差し引いた従業員負担分の社会保険料は、あとで従業員に代わって会社が支払うため、給料の支給時には**社会保険料預り金（負債）**として処理しています。

給料支給時：

　　勘定科目一覧より、「社会保険料預り金」で処理されていることがわかります。

（給　　料）　　××　　（社会保険料預り金）　25,000*
　　　　　　　総額　　（当 座 預 金 な ど）　　××
　　　　　　　　　　　　　　　　　　　　　　差額

＊　¥50,000 × $\frac{1}{2}$ ＝ ¥25,000

44

したがって、社会保険料の支払時には、従業員負担分は**社会保険料預り金（負債）の減少**として処理します。また、会社負担分については、**法定福利費（費用）**または**福利厚生費（費用）**で処理します。

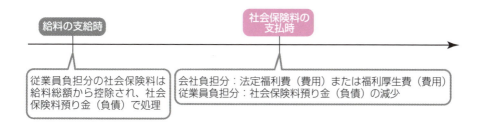

（社会保険料預り金）	25,000	（現　　　　金）	50,000
（法 定 福 利 費）	25,000		

給料の支払いと預り金

1. 給料支給時→源泉所得税や従業員負担分の社会保険料は所得税預り金（負債）や社会保険料預り金（負債）で処理する（預り金で処理することもある）。

2. 源泉所得税、社会保険料の支払時→所得税預り金（負債）や社会保険料預り金（負債）の減少として処理する。

3. 会社負担の社会保険料→法定福利費（費用）または福利厚生費（費用）で処理する。

フィードバック問題　例題16が解けなかった人はフィードバック問題を解いて基礎を確認しましょう。

次の一連の取引の仕訳をしましょう。

使用できる勘定科目：現金、当座預金、給料、所得税預り金、社会保険料預り金、立替金、
　　　　　　　　　　法定福利費

(1)　給料総額￥50,000のうち、従業員負担の社会保険料￥1,000と源泉所得税額￥4,000を控除した残額を、当座預金口座から支払った。

　　〔　　　　　　　　〕（　　　　　　　）〔　　　　　　　　　　〕（　　　　　　　）
　　〔　　　　　　　　〕（　　　　　　　）〔　　　　　　　　　　〕（　　　　　　　）
　　〔　　　　　　　　〕（　　　　　　　）〔　　　　　　　　　　〕（　　　　　　　）

(2)　社会保険料￥2,000を、小切手を振り出して支払った。なお、このうち￥1,000は従業員負担分で、残りの￥1,000は会社負担分である。

　　〔　　　　　　　　〕（　　　　　　　）〔　　　　　　　　　　〕（　　　　　　　）
　　〔　　　　　　　　〕（　　　　　　　）〔　　　　　　　　　　〕（　　　　　　　）

(3)　源泉所得税額￥4,000を小切手を振り出して納付した。

　　〔　　　　　　　　〕（　　　　　　　）〔　　　　　　　　　　〕（　　　　　　　）

解答

(1) （給　　　　料）	50,000	（社会保険料預り金）	1,000*	
		（所 得 税 預 り 金）	4,000*	
		（当 座 預 金）	45,000	
(2) （社会保険料預り金）	1,000	（当 座 預 金）	2,000	
（法 定 福 利 費）	1,000			
(3) （所 得 税 預 り 金）	4,000	（当 座 預 金）	4,000	

＊　従業員負担分の社会保険料も源泉所得税も、あとで会社が従業員に代わって支払うため、**預り金（負債）** で処理します。

第1問対策 例題

17. クレジット売掛金

例題 17 次の取引について仕訳しなさい。ただし、勘定科目は次の中からもっとも適当なものを選ぶこと。

現　　　金　　　クレジット売掛金　　　売　　　上　　　支　払　手　数　料

青森商店は、商品¥20,000をクレジット払いの条件で販売した。なお、信販会社への手数料（販売代金の4％）は販売時に計上する。

借方科目	金　額	貸方科目	金　額

答案用紙に記入したら、で答えを

クレジット払いで商品を売り上げたときの処理を答える問題です。
クレジット払いの条件で商品を販売したときの、あとで代金を受け取る権利は**クレジット売掛金（資産）**で処理します。また、信販会社に支払う手数料は**支払手数料（費用）**で処理します。

（支払手数料）	800*1	（売　　上）	20,000
（クレジット売掛金）	19,200*2		

*1　¥20,000 × 4％ ＝ ¥800
*2　¥20,000 － ¥800 ＝ ¥19,200

クレジット売掛金

1. クレジット払いの条件で商品を販売したときの、あとで代金を受け取る権利→クレジット売掛金（資産）で処理する。
2. 信販会社に支払う手数料→支払手数料（費用）で処理する。

フィードバック問題
例題17が解けなかった人はフィードバック問題を解いて基礎を確認しましょう。

次の取引の仕訳をしましょう。
使用できる勘定科目：売掛金、クレジット売掛金、売上、受取手数料、支払手数料

秋田商店は、商品¥30,000をクレジット払いの条件で販売した。なお、信販会社への手数料（販売代金の3％）は販売時に計上する。

〔　　　　　　　　〕（　　　　　）〔　　　　　　　　〕（　　　　　）
〔　　　　　　　　〕（　　　　　）〔　　　　　　　　〕（　　　　　）

解答

| （支払手数料） | 900[*1] | （売　　　上） | 30,000 |
| （クレジット売掛金） | 29,100[*2] | | |

*1　¥30,000 × 3％ = ¥900
*2　¥30,000 − ¥900 = ¥29,100

第1問対策 例題

18. 電子記録債権（債務）

例題 18 次の取引について仕訳しなさい。ただし、勘定科目は次の中からもっとも適当なものを選ぶこと。

現　　　金　　当　座　預　金　　電子記録債権　　売　掛　金
電子記録債務　　買　掛　金

電子債権記録機関に発生記録した債務¥50,000の支払期日が到来し、債務額が当座預金口座から引き落とされた。

借方科目	金　　額	貸方科目	金　　額

答案用紙に記入したら、で答えを

支払期日の到来により、電子記録債務が消滅したときの処理を答える問題です。

(1) 電子記録債権（債務）の発生時の処理

電子債権記録機関に発生記録を行ったときは、債権者（売掛金などがある側）は**電子記録債権（資産）の増加**で処理します。一方、債務者（買掛金などがある側）は**電子記録債務（負債）の増加**で処理します。

債権者：　（電子記録債権）　　50,000　　（売掛金など）　　50,000

債務者：　（買掛金など）　　50,000　　（電子記録債務）　　50,000

(2) 電子記録債権（債務）の消滅時の処理

支払期日の到来により、支払いが行われたときは、債権者は**電子記録債権（資産）の減少**で処理します。一方、債務者（**本問**）は**電子記録債務（負債）の減少**で処理します。

債権者：（当座預金など） 50,000 （電子記録債権） 50,000

債務者：（電子記録債務） 50,000 （当座預金など） 50,000

したがって、この例題の仕訳は次のようになります。

（電子記録債務） 50,000 （当 座 預 金） 50,000

電子記録債権（債務）

1. 電子債権記録機関に発生記録を行ったとき、
   債権者→電子記録債権（資産）の増加で処理する。
   債務者→電子記録債務（負債）の増加で処理する。
2. 支払いが行われたとき、
   債権者→電子記録債権（資産）の減少で処理する。
   債務者→電子記録債務（負債）の減少で処理する。

これ、だいじょうぶ？　　　　　　　　**電子記録債権の譲渡等**

手形の裏書譲渡と同様に、電子記録債権は他人に譲渡することができます。
電子記録債権の譲渡があったときは、譲渡人は、**電子記録債権（資産）の減少**で処理します。一方、譲受人は、**電子記録債権（資産）の増加**で処理します。

譲渡人：（買 掛 金 な ど） ×× （電子記録債権） ××
譲受人：（電子記録債権） ×× （売 掛 金 な ど） ××

また、電子記録債権を債権金額より低い価額で譲渡した場合の債権金額と譲渡金額との差額や、電子記録債権を銀行等で割り引いたときの割引料は**電子記録債権売却損（費用）**で処理します。
たとえば、電子記録債権50,000円を譲渡し、譲渡金額49,800円が当座預金口座に入金されたときの仕訳は次のようになります。

（当 座 預 金） 49,800 （電子記録債権） 50,000
（電子記録債権売却損）　 200

フィードバック問題　例題18が解けなかった人はフィードバック問題を解いて基礎を確認しましょう。

次の各取引の仕訳をしましょう。

使用できる勘定科目：現金、普通預金、当座預金、売掛金、電子記録債権、買掛金、
電子記録債務、電子記録債権売却損

⑴　福島商店は、山形商店に対する買掛金￥40,000の支払いを電子債権記録機関で行うため、取引銀行を通して債務の発生記録を行った。

　〔　　　　　　　　〕（　　　　　　　）〔　　　　　　　　　〕（　　　　　　　）

⑵　山形商店（福島商店に対して売掛金がある）は、上記⑴の発生記録について、取引銀行より通知を受けた。

　〔　　　　　　　　〕（　　　　　　　）〔　　　　　　　　　〕（　　　　　　　）

⑶　電子債権記録機関に発生記録した債権￥40,000の支払期日が到来し、債権金額が山形商店の普通預金口座に振り込まれた。

　〔　　　　　　　　〕（　　　　　　　）〔　　　　　　　　　〕（　　　　　　　）

⑷　電子債権記録機関に発生記録した債務￥40,000の支払期日が到来し、債務金額が福島商店の当座預金口座から引き落とされた。

　〔　　　　　　　　〕（　　　　　　　）〔　　　　　　　　　〕（　　　　　　　）

⑸　新潟商店は、長野商店に対する買掛金￥50,000の支払いを電子債権記録機関で行うため、取引銀行を通して電子記録債権の譲渡記録を行った。

　〔　　　　　　　　〕（　　　　　　　）〔　　　　　　　　　〕（　　　　　　　）

⑹　群馬商店は、電子記録債権のうち￥70,000を銀行で割り引き、割引料￥700が差し引かれた残額が当座預金口座へ振り込まれた。

　〔　　　　　　　　〕（　　　　　　　）〔　　　　　　　　　〕（　　　　　　　）
　〔　　　　　　　　〕（　　　　　　　）〔　　　　　　　　　〕（　　　　　　　）

解答

⑴	（買　　掛　　金）	40,000	（電子記録債務）	40,000
⑵	（電子記録債権）	40,000	（売　　掛　　金）	40,000
⑶	（普　通　預　金）	40,000	（電子記録債権）	40,000
⑷	（電子記録債務）	40,000	（当　座　預　金）	40,000
⑸	（買　　掛　　金）	50,000	（電子記録債権）	50,000
⑹	（電子記録債権売却損）	700	（電子記録債権）	70,000
	（当　座　預　金）	69,300		

第1問対策 例題

19. 売上原価対立法

例題 19 次の取引について仕訳しなさい。ただし、勘定科目は次の中からもっとも適当なものを選ぶこと。

売　掛　金　　商　　　品　　買　掛　金　　売　　　　上
仕　　　入　　売　上　原　価

仙台商店は、青葉商店に商品40個（原価@¥200、売価@¥260）を売り上げ、代金は掛けとした。なお、仙台商店は商品売買に関して、商品を仕入れたとき商品勘定に記入し、販売したときそのつど売上原価を売上原価勘定に振り替える方法で記帳している。

借方科目	金　額	貸方科目	金　額

答案用紙に記入したら、解答で答えを CHECK!
・解けた人 ➡ 次の 例題 へ
・解けなかった人 ➡ 解き方の道しるべ へ！

解き方の道しるべ

売上原価対立法で、商品を売り上げたときの処理を答える問題です。

(1) **商品の仕入時の処理**

商品を仕入れたときは、原価で**商品（資産）の増加**として処理します。

（商　　　品）　××　（買　掛　金　な　ど）　××
　　　　　　　原価

(2) **商品の売上時の処理**

商品を売り上げたときは、売価で**売上（収益）**を計上するとともに、原価を**商品（資産）**から**売上原価（費用）**に振り替えます。

（売　掛　金　な　ど）	××	（売　　　　　上）	××　売価
（売　上　原　価）	××	（商　　　　　品）	××　原価

したがって、この例題の仕訳は次のようになります。

（売　掛　金）	10,400	（売　　　上）	10,400 *1
（売　上　原　価）	8,000	（商　　　品）	8,000 *2

＊1　@¥260 × 40個 ＝ ¥10,400
＊2　@¥200 × 40個 ＝ ¥8,000

売上原価対立法

1. 商品の仕入時→原価で商品（資産）の増加として処理する。
2. 商品の売上時→売価で売上（収益）を計上するとともに、原価を商品（資産）から売上原価（費用）に振り替える。

フィードバック問題　例題19が解けなかった人はフィードバック問題を解いて基礎を確認しましょう。

次の各取引の仕訳をしましょう。
使用できる勘定科目：売掛金、商品、買掛金、売上、仕入、売上原価

(1) 前橋商店は、高崎商店より商品200個（@¥300）を仕入れ、代金は掛けとした。なお、同店は商品売買に関して、商品を仕入れたとき商品勘定に記入し、販売したときそのつど売上原価を売上原価勘定に振り替える方法で記帳している。
〔　　　　　〕（　　　　　）〔　　　　　〕（　　　　　）

(2) 前橋商店は、藤岡商店に商品150個（原価@¥300、売価@¥420）を売り上げ、代金は掛けとした。なお、前橋商店は商品売買に関して、商品を仕入れたとき商品勘定に記入し、販売したときそのつど売上原価を売上原価勘定に振り替える方法で記帳している。
〔　　　　　〕（　　　　　）〔　　　　　〕（　　　　　）
〔　　　　　〕（　　　　　）〔　　　　　〕（　　　　　）

解 答

(1)　(商　　　　品)　60,000 *1　(買　掛　金)　60,000

(2)　(売　掛　金)　63,000　(売　　　上)　63,000 *2

　　(売　上　原　価)　45,000　(商　　　品)　45,000 *3

> ＊1　@¥300 × 200個 = ¥60,000
> ＊2　@¥420 × 150個 = ¥63,000
> ＊3　@¥300 × 150個 = ¥45,000

20. 固定資産の割賦購入

例題 20 次の取引について仕訳しなさい。ただし、勘定科目は次の中からもっとも適当なものを選ぶこと。

当 座 預 金　　車 両 運 搬 具　　前 払 利 息　　支 払 手 形
営業外支払手形　　支 払 利 息

新潟商店は、×1年10月1日に営業用軽トラック（現金販売価額￥600,000）を割賦契約で購入し、代金は毎月末に支払期限の到来する額面￥125,000の約束手形5枚を振り出している。本日（×1年10月31日）、当該約束手形のうち、期日の到来したものについて、手形代金が当座預金口座より引き落とされた。なお、新潟商店は営業用軽トラックを購入したときに、利息相当額については前払利息として処理しており、手形代金の支払いのつど定額法により配分し、前払利息勘定から支払利息勘定に振り替える処理を採用している。

借方科目	金　　額	貸方科目	金　　額

答案用紙に記入したら、で答えを

固定資産を割賦購入（分割で購入）し、代金を支払ったときの処理を答える問題です。

(1) 固定資産の割賦購入時の処理

固定資産を割賦で購入した場合、現金販売価額（￥600,000）を取得原価として計上します。

　　（車 両 運 搬 具）　　600,000　　（　　　　　　　）

そして、商品以外のもの（固定資産）を購入するために約束手形を振り出した場合は、**営業外支払手形（負債）**で処理します。

(車両運搬具)	600,000	(営業外支払手形)	625,000*

*　¥125,000×5枚＝¥625,000

　また、割賦代金合計（約束手形の額面合計¥625,000）と現金販売価額（¥600,000）の差額（¥25,000）は利息として処理します。この場合、購入時に利息相当額を**支払利息（費用）**で処理し、決算において支払期日が到来していない分を**前払利息（資産）**に振り替える処理のほか、購入時に、利息相当額を**前払利息（資産）**で処理し、支払期日が到来したつど**支払利息（費用）**に振り替える処理などがありますが、この例題は、後者の処理を採用しているため、購入時に利息相当額を**前払利息（資産）**で処理します。

　以上より、この例題の購入時の仕訳は次のようになります。

(車両運搬具)	600,000	(営業外支払手形)	625,000
(前払利息)	25,000*		

*　¥625,000－¥600,000＝¥25,000

(2) 手形代金の支払時の処理

　約束手形の代金を支払ったときは、支払った分だけ**営業外支払手形（負債）**を減らします。また、この例題では、利息相当額について「手形代金の支払いのつど定額法で配分し、前払利息勘定から支払利息勘定に振り替える処理を採用している」ため、減少する営業外支払手形に含まれる利息相当額について、**前払利息（資産）**から**支払利息（費用）**に振り替えます。

　したがって、この例題の仕訳は次のようになります。

(営業外支払手形)	125,000	(当座預金)	125,000
(支払利息)	5,000	(前払利息)	5,000*

*　¥25,000÷5枚＝¥5,000

固定資産の割賦購入

1. 固定資産の購入時→現金販売価額を取得原価として計上する。
2. 割賦代金合計と現金販売価額の差額は利息として処理する。
　→前払利息（資産）や支払利息（費用）など

フィードバック問題 例題20が解けなかった人はフィードバック問題を解いて基礎を確認しましょう。

次の一連の取引の仕訳をしましょう。

使用できる勘定科目：当座預金、営業外受取手形、前払利息、車両運搬具、
支払手形、営業外支払手形、支払利息

(1) 熊谷商店（決算日は12月31日）は、×1年12月1日に営業用軽トラック（現金販売価額￥800,000）を割賦契約で購入した。代金は毎月末に支払期限の到来する額面￥205,000の約束手形4枚を振り出した。なお、利息相当額については、購入時に支払利息として処理しており、決算日において定額法により配分し、支払期日が到来していない分を支払利息勘定から前払利息勘定に振り替える処理を採用している。

〔   〕（   ）〔   〕（   ）
〔   〕（   ）〔   〕（   ）

(2) ×1年12月31日、熊谷商店は上記約束手形のうち、期日の到来したものについて当座預金口座より引き落とされた。なお、本日、決算日につき、上記約束手形のうち支払期日が到来していない分について定額法により配分し、支払利息勘定から前払利息勘定に振り替えた。

〔   〕（   ）〔   〕（   ）
〔   〕（   ）〔   〕（   ）

解答

(1) （車 両 運 搬 具）800,000　（営業外支払手形）820,000 [*1]
　　（支 払 利 息）20,000 [*2]

(2) （営業外支払手形）205,000　（当 座 預 金）205,000
　　（前 払 利 息）15,000　（支 払 利 息）15,000 [*3]

> *1　￥205,000×4枚＝￥820,000
> *2　￥820,000－￥800,000
> 　　＝￥20,000
> *3　①期限が到来していない約束
> 　　手形は3枚
> 　　②￥20,000×$\frac{3枚}{4枚}$＝￥15,000

第1問対策 例題

21. 有価証券の分類と処理

例題 21 次の取引について仕訳しなさい。ただし、勘定科目は次の中からもっとも適当なものを選ぶこと。

| 当 座 預 金 | 未 収 入 金 | 売買目的有価証券 | 満期保有目的債券 |
| 子 会 社 株 式 | 関連会社株式 | その他有価証券 | 未 払 金 |

渋川商事株式会社は、長期利殖目的で高崎産業株式会社の株式100株を@¥630で取得した。なお、買入手数料等¥500を含めた代金は3営業日後に支払うことにした。

借 方 科 目	金　　額	貸 方 科 目	金　　額

答案用紙に記入したら、**解答**で答えを **CHECK!** ・解けた人 ➡ 次の 例題 へ
・解けなかった人 ➡ 解き方の道しるべ へ！

解き方の道しるべ

有価証券の分類と購入したときの処理を答える問題です。

(1) **有価証券の分類**

有価証券は保有目的に応じて、**売買目的有価証券**、**満期保有目的債券**、**子会社株式**、**関連会社株式**、**その他有価証券**に分類されます。

売買目的有価証券	時価の変動を利用して、短期的に売買することによって利益を得るために保有する株式や社債
満期保有目的債券	満期まで保有するつもりの社債等
子会社株式	子会社（一般的に他の会社の発行済株式の過半数を所有し、他の会社の意思決定機関を支配している場合の「他の会社」）が発行した株式
関連会社株式	関連会社（一般的に他の会社の発行済株式の20％以上を所有し、他の会社に重要な影響を与えることができる場合の「他の会社」）が発行した株式
その他有価証券	上記のどの分類にもあてはまらない有価証券（長期利殖目的等で所有する有価証券）

　この例題では、「長期利殖目的」で高崎産業株式会社の株式を取得しているため、**その他有価証券（資産）** に分類されます。

(2) 有価証券の購入時の処理

　有価証券を購入したときは、購入代価に付随費用（売買手数料など）を含めた価額を取得原価として計上します。

　したがって、この例題の仕訳は次のようになります。

（その他有価証券）	63,500*	（未　払　金）	63,500

＊　@¥630 × 100株 + ¥500 ＝ ¥63,500

有価証券の分類

有価証券は保有目的に応じて、売買目的有価証券、満期保有目的債券、子会社株式、関連会社株式、その他有価証券に分類される。

これ、だいじょうぶ？	有価証券の評価替え

決算において、保有する有価証券の取得原価（帳簿価額）と時価が異なっている場合、時価に評価替えするかどうかは有価証券の種類によって異なります。

	決算時における評価替え		評価差額の処理
売 買 目 的 有 価 証 券	時価に評価替え		有価証券評価損（費用） または 有価証券評価益（収益）
満 期 保 有 目 的 債 券	【原則】評価替えしない		―
	【例外】額面金額と取得原価との差額が金利調整差額と認められる場合には償却原価法を適用する		有価証券利息（収益）
子会社株式, 関連会社株式	評価替えしない		―
そ の 他 有 価 証 券	時価に評価替え		その他有価証券評価差額金（純資産）

フィードバック問題
例題21が解けなかった人はフィードバック問題を解いて基礎を確認しましょう。

次の各取引の仕訳をしましょう。

使用できる勘定科目：現金、当座預金、売買目的有価証券、満期保有目的債券、子会社株式、関連会社株式、その他有価証券、その他有価証券評価差額金、有価証券利息、有価証券評価益、有価証券評価損

(1) 千代田商事株式会社は、神田商事株式会社の株式100株を@¥800で取得し、代金は小切手を振り出して支払った。なお、千代田商事株式会社はこれまでに神田商事株式会社が発行する株式の過半数（50％超）を取得している。

〔　　　　　　　〕（　　　　　　　）〔　　　　　　　　　〕（　　　　　　　　　）

(2) 新宿商事株式会社は、新たに渋谷商事株式会社の株式250株を@¥400で取得し、代金は手数料等¥1,000とともに小切手を振り出して支払った。なお、渋谷商事株式会社の発行済株式総数は1,000株である。

〔　　　　　　　〕（　　　　　　　）〔　　　　　　　　　〕（　　　　　　　　　）

(3) ×1年10月1日　品川商事株式会社（決算日は3月31日）は、取引先である大崎商事株式会社との取引の開始にあたり、同社との長期にわたる取引関係を維持するため、同社の株式200株を1株あたり¥600で購入し、取引費用¥2,000とともに現金にて支払った。

〔　　　　　　　〕（　　　　　　　）〔　　　　　　　　　〕（　　　　　　　　　）

(4) ×2年3月31日　品川商事株式会社は、決算にあたり、(3)で取得した大崎商事株式の時価評価を行った（全部純資産直入法）。当該株式の時価は、1株あたり¥750である。

〔　　　　　　　〕（　　　　　　　）〔　　　　　　　　　〕（　　　　　　　　　）

(5) ×2年4月1日　期首において、品川商事株式会社は(4)についての再振替仕訳を行った。

〔　　　　　　　〕（　　　　　　　）〔　　　　　　　　　〕（　　　　　　　　　）

解 答

(1)	（子 会 社 株 式）	80,000 [*1]	（当 座 預 金）	80,000
(2)	（関 連 会 社 株 式）	101,000 [*2]	（当 座 預 金）	101,000
(3)	（その他有価証券）	122,000 [*3]	（現　　　　　金）	122,000
(4)	（その他有価証券）	28,000 [*4]	（その他有価証券評価差額金）	28,000
(5)	（その他有価証券評価差額金）	28,000	（その他有価証券）	28,000

[*1] @¥800 × 100株 = ¥80,000

[*2] $\dfrac{250株}{1,000株} = 25\% \geqq 20\%$

→関連会社株式

@¥400 × 250株 + ¥1,000
= ¥101,000

[*3] @¥600 × 200株 + ¥2,000
= ¥122,000

[*4] ①時価：¥750 × 200株
= ¥150,000
②¥150,000 − ¥122,000
= ¥28,000

第1問対策 例題

22. ソフトウェア

例題 22 次の取引について仕訳しなさい。ただし、勘定科目は次の中からもっとも適当なものを選ぶこと。

当 座 預 金　　備　　品　　ソフトウェア　　ソフトウェア償却

　越後商店は、決算にあたり自社利用目的で購入したソフトウェア（取得原価¥200,000、当期首に取得）について定額法により償却した。なお、このソフトウェアの利用可能期間は5年と見積もられている。

借 方 科 目	金　　額	貸 方 科 目	金　　額

答案用紙に記入したら、で答えをCHECK!　・解けた人 ➡ 次の 例題 へ
　　　　　　　　　　　　　　　　　　　　　　　　　　・解けなかった人 ➡ 解き方の道しるべ へ！

ソフトウェアの償却の処理を答える問題です。

(1) **取得時の処理**

　ソフトウェアを取得したときは、**ソフトウェア（資産）** で処理します。

　　（ソフトウェア）　200,000　（当 座 預 金 な ど）　200,000

(2) **決算時の処理**

　資産計上したソフトウェアは、決算において、残存価額をゼロとして利用可能期間にわたって償却します。

　したがって、この例題の仕訳は次のようになります。

（ソフトウェア償却）　　40,000　（ソフトウェア）　　40,000*

* $¥200,000 × \dfrac{1年}{5年} = ¥40,000$

ソフトウェアの償却

ソフトウェアの償却→残存価額をゼロとして、利用可能期間にわたって償却する。

フィードバック問題
例題22が解けなかった人はフィードバック問題を解いて基礎を確認しましょう。

次の一連の取引の仕訳をしましょう。
　使用できる勘定科目：現金、当座預金、備品、ソフトウェア、ソフトウェア償却

(1)　大宮商事株式会社は、自社利用目的でソフトウェア¥300,000を購入し、代金は小切手を振り出して支払った。
　　〔　　　　　〕（　　　　　）〔　　　　　　〕（　　　　）

(2)　決算において、大宮商事株式会社は、上記ソフトウェアを定額法により償却した。なお、このソフトウェアの利用可能期間は5年と見積もられている。
　　〔　　　　　〕（　　　　　）〔　　　　　　〕（　　　　）

解答

(1)　（ソフトウェア）300,000　（当　座　預　金）300,000
(2)　（ソフトウェア償却）60,000　（ソフトウェア）60,000*

* $¥300,000 × \dfrac{1年}{5年} = ¥60,000$

第1問対策 例題

23. 貸倒引当金（個別評価、一括評価）

例題 23 次の取引について仕訳しなさい。ただし、勘定科目は次の中からもっとも適当なものを選ぶこと。

売　掛　金　　貸倒引当金　　貸倒引当金繰入　　貸　倒　損　失

　期末における売掛金残高は￥500,000、電子記録債権残高は￥600,000、貸付金残高は￥400,000であった。売掛金と電子記録債権については、過去の貸倒実績率2％にもとづいて貸倒引当金を設定するが、貸付金については、債務者の財政状態が悪化したため、その回収不能額を50％と見積もって貸倒引当金を設定する。なお、期末における貸倒引当金の残高は￥20,000である。

借方科目	金　　額	貸方科目	金　　額

答案用紙に記入したら、で答えを **CHECK!**　・解けた人 ➡ 次の 例題 へ
・解けなかった人 ➡ 解き方の道しるべ へ！

　個別評価債権と一括評価債権に対して貸倒引当金を設定するときの処理を答える問題です。
　一般的な債権（債務者の経営状態に重大な問題が生じていないため、ふつうに回収できるであろう債権）については、一括して貸倒引当金を設定します（一括評価）。
　一方、回収可能性に問題がある債権については、個別に貸倒引当金を設定します（個別評価）。したがって、この例題の仕訳は次のようになります。

　　（貸倒引当金繰入）　　202,000＊　（貸　倒　引　当　金）　　202,000

＊　①一括評価債権に対する貸倒引当金：（￥500,000＋￥600,000）× 2 ％＝￥22,000
　　②個別評価債権に対する貸倒引当金：￥400,000×50％＝￥200,000
　　③貸倒引当金繰入：（￥22,000＋￥200,000）－￥20,000＝￥202,000

貸倒引当金（個別評価、一括評価）

1. 一般的な債権については、一括して貸倒引当金を設定する。
2. 回収可能性に問題がある債権については、個別に貸倒引当金を設定する。

これ、だいじょうぶ？　　担保を受け入れているとき

個別評価債権について、債務者から担保を受け入れているときには、債権金額から担保処分見込額を差し引いた残高に貸倒設定率を掛けて計算します。

> 貸倒引当金の設定額＝（債権の期末残高－担保処分見込額）×貸倒設定率

フィードバック問題
例題23が解けなかった人はフィードバック問題を解いて基礎を確認しましょう。

次の取引の仕訳をしましょう。
使用できる勘定科目：売掛金、貸倒引当金、貸倒引当金繰入、貸倒損失

期末において、売掛金の期末残高￥20,000について以下のとおり貸倒引当金を設定する。なお、貸倒引当金の期末残高は￥200である。
①A社に対する売掛金￥5,000：債権金額から担保処分見込額￥1,000を差し引いた残高に対して50％の貸倒引当金を設定する。
②B社に対する売掛金￥3,000：債権金額に対して5％の貸倒引当金を設定する。
③それ以外の売掛金：貸倒実績率2％として貸倒引当金を設定する。
〔　　　　　　　〕（　　　　　）〔　　　　　　　　〕（　　　　　）

解答

（貸倒引当金繰入）　2,190＊　（貸 倒 引 当 金）　2,190

＊ ①A社に対する売掛金にかかる貸倒引当金：
（￥5,000－￥1,000）×50％
＝￥2,000
②B社に対する売掛金にかかる貸倒引当金：
￥3,000×5％＝￥150
③それ以外の売掛金にかかる貸倒引当金：
（￥20,000－￥5,000－￥3,000）×2％＝￥240
④貸倒引当金繰入：
（￥2,000＋￥150＋￥240）－￥200＝￥2,190

第1問対策 例題

24. 返品調整引当金

例題 24 次の取引について仕訳しなさい。ただし、勘定科目は次の中からもっとも適当なものを選ぶこと。

　売　掛　金　　　仕　　　入　　　返品調整引当金　　　返品調整引当金繰入

前期に掛け売上した商品について、¥5,000 の返品があったので、売掛金と相殺した。なお、その商品の原価率は60％であり、前期末に設定した返品調整引当金が¥8,000 ある。

借方科目	金　　額	貸方科目	金　　額

答案用紙に記入したら、で答えを **CHECK!** 　・解けた人 ➡ 次の  へ
　・解けなかった人 ➡  へ！

前期に販売した商品について、当期に返品があったとき（返品調整引当金が設定してある場合）の処理を答える問題です。

(1) 決算時の処理（返品調整引当金の設定）

返品調整引当金は、当期に販売した商品について、次期に発生するであろうと予想される返品額に、当期の売上総利益率を掛けて計算します。

たとえば、次期の返品予想額が¥20,000で、その売上総利益率が40％であった場合の決算時の仕訳は次のようになります。

決算時：　（返品調整引当金繰入）　8,000　（返品調整引当金）　8,000*

　　　　＊ ¥20,000 × 40％ = ¥8,000

(2) 返品時（次期）の処理

前期に販売した商品について、当期に返品があった場合には、まずは原価部分について**仕入（費用）**を計上します。また、利益部分については、設定している**返品調整引当金（負債）**を取り崩します。

66

したがって、この例題の仕訳は次のようになります。

（仕　　　　入）	3,000[*1]	（売　掛　金）	5,000
（返品調整引当金）	2,000[*2]		

* 1　¥5,000 × 60% = ¥3,000
* 2　¥5,000 × 40% = ¥2,000

返品調整引当金

1. 決算時（返品調整引当金の設定）
   当期に販売した商品について、次期に発生するであろうと予想される返品額に、当期の売上総利益率を掛けて計算する。
2. 返品時（次期）
   原価部分→仕入（費用）で処理
   利益部分→返品調整引当金（負債）を取り崩す

これ、だいじょうぶ？　　　　当期販売＆当期返品の場合

当期に販売した商品について、当期に返品があった場合には、売上時の逆仕訳（売上を取り消す処理）をすることに注意してください。

（売　　　　上）	××	（売　掛　金）	××

フィードバック問題
例題24が解けなかった人はフィードバック問題を解いて基礎を確認しましょう。

次の各取引の仕訳をしましょう。
使用できる勘定科目：売掛金、仕入、返品調整引当金、返品調整引当金繰入

(1) 決算日において、売掛金残高¥400,000に対して、翌期の返品額を¥80,000と見積もり、その額に売上総利益率（30%）を乗じた金額を返品調整引当金として計上した。
　　〔　　　　　　〕（　　　　　）〔　　　　　　　　〕（　　　　　）

(2) 前期に掛け売上した商品について、¥2,000の返品があったので、売掛金と相殺した。なお、その商品の原価率は70%であり、前期末に設定した返品調整引当金が¥1,000ある。
　　〔　　　　　　〕（　　　　　）〔　　　　　　　　〕（　　　　　）
　　〔　　　　　　〕（　　　　　）〔　　　　　　　　〕（　　　　　）

解答

(1)	(返品調整引当金繰入)	24,000 *1	(返品調整引当金)	24,000
(2)	(仕　　　　入)	1,400 *2	(売　掛　金)	2,000
	(返品調整引当金)	600 *3		

* 1　¥80,000 × 30% = ¥24,000
* 2　¥2,000 × 70% = ¥1,400
* 3　¥2,000 × 30% = ¥600

25. 賞与引当金

例題 25 次の取引について仕訳しなさい。ただし、勘定科目は次の中からもっとも適当なものを選ぶこと。

現　　　金　　賞 与 引 当 金　　賞与引当金繰入　　賞　　　与

6月25日　従業員の賞与¥600,000（前期末に賞与引当金¥500,000を計上している）を現金で支払った。

借 方 科 目	金　　額	貸 方 科 目	金　　額

答案用紙に記入したら、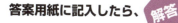で答えを

解き方の道しるべ

賞与を支給したときの処理を答える問題です。
賞与引当金は、当期に発生した賞与額で、支給が次期に行われるものについて、当期の費用（**賞与引当金繰入**）とするために設定する引当金です。

(1) **決算時の処理（賞与引当金の設定）**

次期に支給される賞与のうち、当期に発生した分については**賞与引当金（負債）**で処理するとともに、**賞与引当金繰入（費用）**を計上します。

　　（賞与引当金繰入）　　××　　（賞 与 引 当 金）　　××

(2) **賞与支給時の処理（次期）**

賞与引当金を設定したあと、次期に賞与の支給をしたときには、設定している賞与引当金を取り崩します。また、支給額と賞与引当金の差額は当期の費用として**賞与（費用）**で処理します。

　　（賞 与 引 当 金）　　××　　（現 金 な ど）　　××
　　（賞　　　　与）　　××

したがって、この例題の仕訳は次のようになります。

（賞与引当金）	500,000	（現　　　　金）	600,000
（賞　　　与）	100,000*		

＊　¥600,000 － ¥500,000 ＝ ¥100,000

賞与引当金

1. **決算時（賞与引当金の設定）**
   次期に支給される賞与のうち、当期に発生した分については賞与引当金（負債）で処理するとともに、賞与引当金繰入（費用）を計上する。
2. **賞与支給時（次期）**
   設定している賞与引当金（負債）を取り崩す。支給額と賞与引当金（負債）の差額は当期の費用として賞与（費用）で処理する。

フィードバック問題
例題25が解けなかった人はフィードバック問題を解いて基礎を確認しましょう。

次の一連の取引の仕訳をしましょう。
使用できる勘定科目：現金、賞与引当金、所得税預り金、賞与引当金繰入、賞与

(1) 決算日（3月31日）において、次期の6月における従業員に対する賞与の支給に備え、当期の負担分を¥500,000と見積もり、賞与引当金に計上した。
　〔　　　　　　　〕（　　　　　）〔　　　　　　　〕（　　　　　）

(2) 6月25日　従業員の賞与¥600,000（前期末に賞与引当金¥500,000を計上している）に対して、源泉所得税等の預り金¥60,000を差し引き、残額を現金で支払った。
　〔　　　　　　　〕（　　　　　）〔　　　　　　　〕（　　　　　）
　〔　　　　　　　〕（　　　　　）〔　　　　　　　〕（　　　　　）

解答

(1) （賞与引当金繰入）500,000　（賞与引当金）500,000
(2) （賞与引当金）500,000　（所得税預り金）60,000
　　（賞　　　与）100,000　（現　　　金）540,000

第1問対策 例題

26. サービス業の処理

例題 26 次の取引について仕訳しなさい。ただし、勘定科目は次の中からもっとも適当なものを選ぶこと。

現　　　金　　当 座 預 金　　前　受　金　　役 務 収 益
役 務 原 価

　資格試験の受験学校を経営しているタック簿記学院は、当期の8月22日に9月開講の簿記講座（受講期間1年）の 受講料￥450,000を現金で受け取っており、前受金勘定で処理している。本日（3月31日）、決算において、上記の取引について収益を計上した。なお、当該講座は決算日現在、全体の3分の2が終了している。

借方科目	金　　額	貸方科目	金　　額

答案用紙に記入したら、**解答** で答えを **CHECK!**　・解けた人 ➡ 次の 例題 へ
　　　　　　　　　　　　　　　　　　　　　　　　　・解けなかった人 ➡ 解き方の道しるべ へ！

解き方の道しるべ

　サービス業における収益を計上する処理を答える問題です。
　サービス業においては、サービスを提供したときに収益を計上します。
　この例題では、サービスの提供前に受け取っている受講料を**前受金（負債）**で処理しているので、このうち当期にサービスの提供が終了した分（3分の2）について**役務収益（収益）**に振り替えます。
　したがって、この例題の仕訳は次のようになります。

（前　受　金）　300,000　（役 務 収 益）　300,000*

＊　￥450,000 × $\frac{2}{3}$ ＝ ￥300,000

サービス業の処理（役務収益の計上）

1. サービスの提供前に代金を受け取っている場合には、**前受金（負債）**で処理する。
2. サービスを提供したときには、提供した分だけ**役務収益（収益）**を計上する。

これ、だいじょうぶ？　　　サービス業の処理（役務費用の計上）

サービス業においては、サービスを提供したときに**役務収益（収益）**を計上するとともに、そのサービスの提供分にかかる費用を**役務原価（費用）**として計上します。

なお、まだ提供していないサービスにかかる費用については、**仕掛品（資産）**で処理しておきます。

フィードバック問題　例題26が解けなかった人はフィードバック問題を解いて基礎を確認しましょう。

次の各取引の仕訳をしましょう。

使用できる勘定科目：現金、当座預金、仕掛品、前受金、役務収益、役務原価、給料、旅費交通費

(1) 資格試験の受験学校を経営しているタック簿記学院は、8月22日、9月開講予定の簿記講座（受講期間1年）の受講料￥450,000を現金で受け取った。

〔　　　　　　　〕（　　　　　　）〔　　　　　　　　〕（　　　　　　）

(2) 3月31日、本日決算にあたり、タック簿記学院は上記(1)の取引について収益を計上した。なお、上記講座は決算日現在、全体の3分の2が終了している。

〔　　　　　　　〕（　　　　　　）〔　　　　　　　　〕（　　　　　　）

(3) 建築物の設計・監理を請け負っている株式会社恵比寿設計は、給料￥200,000と出張旅費￥80,000を現金で支払った。

〔　　　　　　　〕（　　　　　　）〔　　　　　　　　〕（　　　　　　）
〔　　　　　　　〕（　　　　　　）〔　　　　　　　　〕（　　　　　　）

(4) 株式会社恵比寿設計は、顧客から依頼のあった案件について建物の設計を行った。そして(3)のうち給料￥120,000と出張旅費￥50,000が当該案件のために直接費やされたものであることが明らかになったので、これらを仕掛品勘定に振り替えた。

〔　　　　　　　〕（　　　　　　）〔　　　　　　　　〕（　　　　　　）
〔　　　　　　　〕（　　　　　　）〔　　　　　　　　〕（　　　　　　）

(5) 株式会社恵比寿設計は、上記(3)(4)の案件について、設計図が完成したので、これを顧客に提出した。そして、対価として￥270,000が当座預金口座に振り込まれた。役務収益の発生にともない、対応する役務原価を計上する。

〔　　　　　　　〕（　　　　　　）〔　　　　　　　　〕（　　　　　）
〔　　　　　　　〕（　　　　　　）〔　　　　　　　　〕（　　　　　）

(6)　旅行業を営む株式会社ＪＰＮツーリストは、3泊4日のツアーを企画したところ、顧客15
　　名からの申し込みがあり、申込代金の合計￥750,000を現金で受け取った。
〔　　　　　　　〕（　　　　　　）〔　　　　　　　　〕（　　　　　）

(7)　株式会社ＪＰＮツーリストは、上記(6)のツアーを催行し、宿泊代や移動のための交通費な
　　ど、￥280,000を小切手を振り出して支払った。
〔　　　　　　　〕（　　　　　　）〔　　　　　　　　〕（　　　　　）
〔　　　　　　　〕（　　　　　　）〔　　　　　　　　〕（　　　　　）

解答

(1)　（現　　　　　金）450,000　　（前　受　　金）450,000
(2)　（前　受　　金）300,000　　（役　務　収　益）300,000*1
(3)　（給　　　　　料）200,000　　（現　　　　　金）280,000
　　　（旅 費 交 通 費）　80,000
(4)　（仕　掛　品）170,000*2　（給　　　　　料）120,000
　　　　　　　　　　　　　　　　（旅 費 交 通 費）　50,000
(5)　（当 座 預 金）270,000　　（役　務　収　益）270,000*3
　　　（役　務　原　価）170,000*3　（仕　掛　品）170,000
(6)　（現　　　　　金）750,000　　（前　受　　金）750,000
(7)　（前　受　　金）750,000　　（役　務　収　益）750,000
　　　（役　務　原　価）280,000*4　（当 座 預 金）280,000

*1　￥450,000 × $\frac{2}{3}$ ＝￥300,000
*2　当該サービスに直接費やされたことが明らかである費用について、各費用の勘定から**仕掛品（資産）**に振り替える。
*3　**役務収益（収益）**を計上するとともに、それに対応する費用を**仕掛品（資産）**から**役務原価（費用）**に振り替える。
*4　**役務収益（収益）**の発生と同時に**役務原価（費用）**が発生したときは、各費用の勘定や仕掛品勘定を経由することなく、直接、**役務原価（費用）**を計上する。

第1問対策 例題

27. 株主資本の計数変動

例題 27 次の取引について仕訳しなさい。ただし、勘定科目は次の中からもっとも適当なものを選ぶこと。

現　　　金　　　当座預金　　　資　本　金　　　その他資本剰余金

株主総会の決議により、その他資本剰余金¥800,000を減少して資本金に組み入れた。

借方科目	金　額	貸方科目	金　額

答案用紙に記入したら、**解答**で答えを **CHECK!**

・解けた人 ➡ 次の **例題** へ
・解けなかった人 ➡ **解き方の道しるべ** へ！

解き方の道しるべ

株主資本の計数変動に関する問題です。
株主資本（純資産）の変動があったときは、株主資本（純資産）の振り替えを行います。
したがって、この例題の仕訳は次のようになります。

解答　（その他資本剰余金）　800,000　（資　本　金）　800,000

株主資本の計数変動とは

株主資本の計数変動…純資産項目（株主資本）内の金額の変動をいう
　→資本準備金を資本金に振り替えるなど

ワンポイント CHECK!

フィードバック問題　例題27が解けなかった人はフィードバック問題を解いて基礎を確認しましょう。

次の各取引の仕訳をしましょう。
使用できる勘定科目：資本金、資本準備金、利益準備金、繰越利益剰余金

⑴　株主総会の決議により、資本準備金¥500,000を減少して資本金に組み入れた。
　　〔　　　　　　　　〕（　　　　　　）〔　　　　　　　　　　〕（　　　　　　）
⑵　株主総会の決議により、利益準備金¥600,000を減少して資本金に組み入れた。
　　〔　　　　　　　　〕（　　　　　　）〔　　　　　　　　　　〕（　　　　　　）
⑶　株主総会の決議により、繰越利益剰余金¥700,000を減少して資本金に組み入れた。
　　〔　　　　　　　　〕（　　　　　　）〔　　　　　　　　　　〕（　　　　　　）

解答

⑴　（資 本 準 備 金）500,000　（資　　本　　金）500,000
⑵　（利 益 準 備 金）600,000　（資　　本　　金）600,000
⑶　（繰越利益剰余金）700,000　（資　　本　　金）700,000

75

第1問対策 例題

28. 課税所得の計算

例題 28 次の取引について仕訳しなさい。ただし、勘定科目は次の中からもっとも適当なものを選ぶこと。

仮払法人税等　　　未払法人税等　　　法人税、住民税及び事業税

×1年度の決算において、税引前当期純利益は¥400,000を計上している。しかし、減価償却費の損金不算入額が¥200,000あった。当期の法人税、住民税及び事業税の法定実効税率を40%として、未払法人税等を計上する。

借方科目	金　　額	貸方科目	金　　額

答案用紙に記入したら、**解答**で答えを**CHECK!**
・解けた人 ➡ 次の 例題 へ
・解けなかった人 ➡ 解き方の道しるべ へ！

解き方の道しるべ

課税所得を算定したあと、法人税等の額を計算する問題です。
　法人税等の額は、課税所得（税引前当期純利益に損金不算入額等を調整した金額）に税率を掛けて計算します。なお、損金不算入額（会計上は費用に計上しているが、税法上は損金として認められないもの）は税引前当期純利益に加算します。

解答　（法人税、住民税及び事業税）　240,000*　（未払法人税等）　240,000

* 課税所得：¥400,000 + ¥200,000 = ¥600,000
　法人税、住民税及び事業税：¥600,000 × 40% = ¥240,000

課税所得の算定方法

1. 損金不算入額は税引前当期純利益に加算する。
2. 損金算入額は税引前当期純利益から減算する。
3. 益金不算入額は税引前当期純利益から減算する。
4. 益金算入額は税引前当期純利益に加算する。

フィードバック問題　例題28が解けなかった人はフィードバック問題を解いて基礎を確認しましょう。

次の各取引の仕訳をしましょう。
　使用できる勘定科目：仮払法人税等、未払法人税等、法人税、住民税及び事業税

当期の決算において、税引前当期純利益は¥200,000を計上している。しかし、損金不算入額が¥50,000あった。当期の法人税、住民税及び事業税の法定実効税率を40%として、未払法人税等を計上する。
〔　　　　　〕（　　　　）〔　　　　　〕（　　　　）

解答

（法人税、住民税及び事業税）　100,000*　（未払法人税等）　100,000

＊　¥200,000 + ¥50,000 = ¥250,000
　　¥250,000 × 40% = ¥100,000

第1問対策 例題

29. 圧縮記帳

例題 29 次の取引について仕訳しなさい。ただし、勘定科目は次の中からもっとも適当なものを選ぶこと。

現　　　　金　　当 座 預 金　　備　　　　品　　未　払　金
国庫補助金受贈益　　固定資産圧縮損

愛知商事株式会社は、以前に受け取っている補助金（備品の取得を助成するため国より交付された補助金）¥400,000と自己資金により、備品¥1,000,000を取得し、代金は今月末に支払うことにした。なお、この備品については補助金に相当する額の圧縮記帳（直接控除方式）を行った。

借方科目	金　　額	貸方科目	金　　額

答案用紙に記入したら、で答えを **CHECK!**　・解けた人 ➡ 次の 例題 へ
　・解けなかった人 ➡ 解き方の道しるべ へ！

解き方の道しるべ

固定資産について、圧縮記帳を行うときの処理を答える問題です。

(1) 国庫補助金を受け取ったときの処理

国庫補助金を受け取ったときは、**国庫補助金受贈益（収益）** で処理します。

　　（現　金　な　ど）　400,000　（国庫補助金受贈益）　400,000

(2) 固定資産を取得したとき（圧縮記帳をしたとき）の処理

固定資産を取得したときは、取得価額で**備品（資産）** を計上します。そして、受け取った国庫補助金の額だけ**固定資産圧縮損（費用）** を計上するとともに、同額だけ**備品（資産）** の減少で処理します。

したがって、この例題の仕訳は次のようになります。

| （備　　　品） | 1,000,000 | （未　払　金） | 1,000,000 |
| （固定資産圧縮損） | 400,000 | （備　　　品） | 400,000 |

圧縮記帳

1. 国庫補助金の受取時→国庫補助金受贈益（収益）で処理する。
2. 固定資産の取得時（圧縮記帳時）
　　　　　　→固定資産圧縮損（費用）を計上するとともに、
　　　　　　　同額だけ固定資産の減少で処理する。

これ、だいじょうぶ？　　**圧縮記帳をした場合の減価償却費の計上**

　決算時においては、圧縮記帳をした固定資産については、圧縮記帳後の帳簿価額をもとに減価償却を行います。

フィードバック問題　例題29が解けなかった人はフィードバック問題を解いて基礎を確認しましょう。

次の取引の仕訳をしましょう。

使用できる勘定科目：当座預金、備品、未払金、国庫補助金受贈益、固定資産圧縮損
　　　　　　　　　　減価償却費、備品減価償却累計額

(1)　福島商事株式会社は、備品の取得を助成するため国より交付された補助金￥200,000 を受け取り、当座預金とした。

　　〔　　　　　　　〕（　　　　　　　）〔　　　　　　　　　〕（　　　　　　　）

(2)　福島商事株式会社は、期首に上記(1)の補助金と自己資金により、備品￥800,000 を取得し、代金は今月末に支払うことにした。なお、この備品については補助金に相当する額の圧縮記帳（直接控除方式）を行った。

　　〔　　　　　　　〕（　　　　　　　）〔　　　　　　　　　〕（　　　　　　　）
　　〔　　　　　　　〕（　　　　　　　）〔　　　　　　　　　〕（　　　　　　　）

(3)　福島商事株式会社は、本日決算日につき、上記(2)の備品について定額法（残存価額ゼロ、耐用年数５年）により減価償却を行った。記帳方法は間接法による。

　　〔　　　　　　　〕（　　　　　　　）〔　　　　　　　　　〕（　　　　　　　）

解答

(1)	（当 座 預 金）	200,000	（国庫補助金受贈益）	200,000
(2)	（備　　　　　品）	800,000	（未　払　金）	800,000
	（固定資産圧縮損）	200,000	（備　　　　　品）	200,000
(3)	（減 価 償 却 費）	120,000	（備品減価償却累計額）	120,000 *

> ＊　（￥800,000 − ￥200,000）÷ ５ 年
> 　　＝￥120,000

80

第1問対策 例題
30. リース取引

例題 30 次の取引について仕訳しなさい。ただし、勘定科目は次の中からもっとも適当なものを選ぶこと。

当 座 預 金　リース資産　リース債務　支 払 利 息
支払リース料

宮城商事株式会社は、当期首（4月1日）において下記の条件によって仙台リース株式会社とコピー機のリース契約（ファイナンス・リース取引に該当する）を結んだ。なお、リース料に含まれている利息は毎期均等額を費用として処理する方法（利子抜き法）で処理すること。

リース期間：5年間
リース料年額：¥180,000（毎年3月末日払い）
リース資産：見積現金購入価額 ¥750,000

借方科目	金　額	貸方科目	金　額

答案用紙に記入したら、で答えを　

ファイナンス・リース取引で、利子抜き法の場合の、リース契約時の処理を答える問題です。
　リース取引を開始したときは、**リース資産（資産）** と **リース債務（負債）** を計上します。リース資産の計上価額は、利子抜き法の場合は利息相当額を含まない金額（見積現金購入価額）となります。
　したがって、この例題の仕訳は次のようになります。

　（リース資産）　750,000　（リース債務）　750,000

ファイナンス・リース取引

1. 利子抜き法
   →リース契約時のリース資産の計上価額は見積現金購入価額
2. 利子込み法
   →リース契約時のリース資産の計上価額はリース料総額

これ、だいじょうぶ？ 　　ファイナンス・リース取引の処理

(1) リース取引の開始時

　利子抜き法の場合は、リース資産の計上価額は利息相当額を含まない価額となります。一方、利子込み法の場合は、リース資産の計上価額は利息相当額を含んだ価額となります。

利子抜き法：　（リ ー ス 資 産）　　750,000　　（リ ー ス 債 務）　　750,000

利子込み法：　（リ ー ス 資 産）　　900,000*　（リ ー ス 債 務）　　900,000

　　＊　￥180,000×5年＝￥900,000

(2) リース料の支払時

　利子抜き法の場合は、支払利息を計上します。一方、利子込み法の場合は、支払利息の計上はありません。

利子抜き法：　（リ ー ス 債 務）　　150,000*1　（当座預金 など）　　180,000
　　　　　　　（支 払 利 息）　　　 30,000*2

　　＊1　リース債務：￥750,000÷5年＝￥150,000
　　＊2　リース料総額：￥180,000×5年＝￥900,000
　　　　 支払利息総額：￥900,000－￥750,000＝￥150,000
　　　　 当期の支払利息：￥150,000÷5年＝￥30,000

利子込み法：　（リ ー ス 債 務）　　180,000　　（当座預金 など）　　180,000

(3) 決算時①　減価償却費の計上

　リース資産の計上価額をもとに、残存価額をゼロ、耐用年数をリース期間として減価償却費を計算します。また、期中にリース取引を開始したときは減価償却費は月割計上します。

利子抜き法：　（減 価 償 却 費）　　150,000*1　（リース資産減価償却累計額）　　150,000

　　＊1　￥750,000÷5年＝￥150,000

利子込み法：　（減 価 償 却 費）　　180,000*2　（リース資産減価償却累計額）　　180,000

　　＊2　￥900,000÷5年＝￥180,000

(4) 決算時② 決算日とリース料支払日がずれている場合

　決算日とリース料支払日がずれている場合、利子抜き法においては支払利息の未払計上を行います（利子込み法においては支払利息の未払計上はありません）。

フィードバック問題　例題30が解けなかった人はフィードバック問題を解いて基礎を確認しましょう。

次の各取引の仕訳をしましょう。

使用できる勘定科目：当座預金、リース資産、リース債務、支払利息、支払リース料、減価償却費、リース資産減価償却累計額

(1)　前橋商事株式会社は、当期首（4月1日）において下記の条件によって高崎リース株式会社とコピー機のリース契約（ファイナンス・リース取引に該当する）を結んだ。なお、リース料に含まれている利息は毎期均等額を費用として処理する方法（利子抜き法）で処理すること。

　　　　リース期間：4年間
　　　　リース料年額：¥36,000（毎年3月末日払い）
　　　　リース資産：見積現金購入価額 ¥120,000

〔　　　　　　　〕（　　　　　　　）〔　　　　　　　　〕（　　　　　　　）

(2)　前橋商事株式会社は、3月31日において、1回目のリース料を上記(1)の条件どおりに小切手を振り出して支払った。また、本日決算日につき、コピー機は耐用年数4年、残存価額をゼロとして定額法で減価償却を行う。なお、記帳方法は間接法である。

〔　　　　　　　〕（　　　　　　　）〔　　　　　　　　〕（　　　　　　　）
〔　　　　　　　〕（　　　　　　　）〔　　　　　　　　〕（　　　　　　　）
〔　　　　　　　〕（　　　　　　　）〔　　　　　　　　〕（　　　　　　　）

解答

(1)　（リース資産）　120,000　（リース債務）　120,000
(2)　（リース債務）　30,000*1　（当座預金）　36,000
　　　（支払利息）　　6,000*2
　　　（減価償却費）　30,000*3　（リース資産減価償却累計額）　30,000

> *1　リース債務：
> 　　　¥120,000 ÷ 4年＝¥30,000
> *2　リース料総額：
> 　　　¥36,000 × 4年＝¥144,000
> 　　支払利息総額：
> 　　　¥144,000 − ¥120,000＝¥24,000
> 　　当期分の支払利息：
> 　　　¥24,000 ÷ 4年＝¥6,000
> *3　¥120,000 ÷ 4年＝¥30,000

第1問対策 例題

31. 外貨建て取引

例題 31 次の取引について仕訳しなさい。ただし、勘定科目は次の中からもっとも適当なものを選ぶこと。

当 座 預 金　　売 掛 金　　買 掛 金　　売　　　　上
仕　　　　入　　為 替 差 損 益

　秋田物産株式会社は、本日（3月31日）決算日につき、外貨建て売掛金の換算替えを行った。この外貨建ての売掛金は3月1日にアメリカの得意先に対して商品500ドルを輸出した際に生じたもの（代金の決済は5月10日の予定）である。なお、3月1日の為替相場は1ドル￥100、3月31日の為替相場は1ドル￥106であった。

借方科目	金　　額	貸方科目	金　　額

答案用紙に記入したら、で答えを
CHECK!

　外貨建て取引について、決算時の処理を答える問題です。

(1) 外貨建て取引の発生時（3月1日）の処理

　外貨建て取引が発生したときは、発生時の為替相場（1ドル￥100）で換算します。

　　（売　掛　金）　50,000*　（売　　　上）　50,000

　　＊ 500ドル×￥100＝￥50,000

(2) 決算時（3月31日）の処理

　外貨建ての資産および負債のうち、貨幣項目（外国通貨・外貨預金、受取手形、売掛金、支払手形、買掛金など）については、決算時において、**決算時の為替相場**（CR：1ドル￥106）で換算替えを行います。このとき生じた換算差額は**為替差損益**で処理します。

　したがって、この例題の仕訳は次のようになります。

（売　掛　金）　　3,000* 　（為 替 差 損 益）　　3,000

＊　①売掛金の帳簿残高：￥50,000
　　②ＣＲで換算した金額：500ドル×￥106＝￥53,000
　　③為替差損益：￥53,000－￥50,000＝￥3,000（売掛金の増加）

(3) 決済時（5月10日）の処理

　売掛金や買掛金を決済したときは、決済額については、決済時の為替相場で換算します。なお、仕訳の貸借差額は為替差損益で処理します。

外貨建て取引

1. 取引発生時
　→原則として取引発生時の為替相場で換算する。
2. 決算時
　→外貨建ての資産および負債のうち、貨幣項目（外国通貨・外貨預金、受取手形、売掛金、支払手形、買掛金など）については、決算時において、決算時の為替相場（CR）で換算する。
　→換算差額は為替差損益で処理する。
3. 決済時
　→買掛金や売掛金を決済したときは、決済額については、決済時の為替相場で換算する。
　→仕訳の貸借差額は為替差損益で処理する。

フィードバック問題　例題31が解けなかった人はフィードバック問題を解いて基礎を確認しましょう。

次の一連の取引の仕訳をしましょう。

使用できる勘定科目：当座預金、売掛金、買掛金、売上、仕入、為替差損益

⑴　×1年3月10日（為替相場は1ドル¥100）、アメリカのA社から商品200ドルを掛けで輸入した。なお、掛け代金の決済日は×1年5月10日である。

　〔　　　　　　　　〕（　　　　　　）〔　　　　　　　　　〕（　　　　　　）

⑵　×1年3月31日（為替相場は1ドル¥105）、決算日を迎えた。

　〔　　　　　　　　〕（　　　　　　）〔　　　　　　　　　〕（　　　　　　）

⑶　×1年5月10日（為替相場は1ドル¥106）、上記⑵の買掛金について、当座預金口座を通じて支払いを行った。

　〔　　　　　　　　〕（　　　　　　）〔　　　　　　　　　〕（　　　　　　）
　〔　　　　　　　　〕（　　　　　　）〔　　　　　　　　　〕（　　　　　　）

解答

⑴	（仕　　　　　入）	20,000	（買　　掛　　金）	20,000 *1
⑵	（為 替 差 損 益）	1,000	（買　　掛　　金）	1,000 *2
⑶	（買　　掛　　金）	21,000 *3	（当 座 預 金）	21,200 *4
	（為 替 差 損 益）	200 *5		

* 1　200ドル×¥100＝¥20,000
* 2　①買掛金の帳簿残高：¥20,000
　　②ＣＲで換算した金額：200ドル
　　　×¥105＝¥21,000
　　③為替差損益：¥21,000－¥20,000
　　　＝¥1,000（買掛金の増加）
* 3　¥20,000＋¥1,000＝¥21,000
* 4　200ドル×¥106＝¥21,200
* 5　貸借差額

これ、だいじょうぶ？　　　　**為替予約を付したときの処理**

売掛金や買掛金に為替予約を付したときの処理は、取引発生時（まで）に為替予約を付した場合と、取引発生後に為替予約を付した場合で異なります。

⑴　取引発生時（まで）に為替予約を付した場合

取引発生時 ＆為替予約時	・為替予約時の先物為替相場（**予約レート**）で換算する
決算時	・仕訳なし
決済時	・為替予約時の先物為替相場（予約レート）で決済が行われる →**為替差損益は生じない**

⑵　取引発生後に為替予約を付した場合

取引発生時	・取引発生時の為替相場（**直物為替相場**）で換算する
為替予約時	・為替予約時の先物為替相場（**予約レート**）で換算する ・換算差額は**為替差損益**で処理する
決算時	・仕訳なし
決済時	・為替予約時の先物為替相場（予約レート）で決済が行われる →**為替差損益は生じない**

第1問対策 例題

32. 連結会計

例題 32 次の取引について仕訳しなさい。ただし、勘定科目は次の中からもっとも適当なものを選ぶこと。

の れ ん　　子 会 社 株 式　　資 本 金　　資 本 剰 余 金
利 益 剰 余 金　　非支配株主持分

　前橋商事株式会社は、×2年3月31日（当期末）において高崎物産株式会社の発行済株式の60%を¥520,000で取得し、実質的に支配した。このときの連結修正仕訳を示しなさい。なお、×2年3月31日おける高崎物産株式会社の資本金は¥600,000、資本剰余金は¥60,000、利益剰余金は¥140,000である。

借方科目	金　　額	貸方科目	金　　額

答案用紙に記入したら、で答えを

解き方の道しるべ

　連結会計における、支配獲得日の連結修正仕訳を答える問題です。
　支配獲得日には、親会社（前橋商事株式会社）の投資と子会社（高崎物産株式会社）の資本を相殺します。また、子会社の資本のうち、親会社以外の株主の持分（40%）については、**非支配株主持分**に振り替えます。
　なお、投資消去差額（仕訳の貸借差額）については、**のれん**で処理します。
　したがって、この例題の仕訳は次のようになります。

(資 本 金)	600,000	(子 会 社 株 式)	520,000
(資 本 剰 余 金)	60,000	(非支配株主持分)	320,000*1
(利 益 剰 余 金)	140,000		
(の れ ん)	40,000*2		

＊1　（¥600,000 ＋ ¥60,000 ＋ ¥140,000）× 40％ ＝ ¥320,000
＊2　貸借差額

連結会計（支配獲得日の連結）

1. 支配獲得日には、親会社の投資と子会社の資本を相殺消去する。
2. 子会社の資本のうち、親会社以外の株主の持分については非支配株主持分に振り替える。
3. 投資消去差額はのれんで処理する。

フィードバック問題　例題32が解けなかった人はフィードバック問題を解いて基礎を確認しましょう。

次の各取引の仕訳をしましょう。
　使用できる勘定科目：のれん、子会社株式、資本金、利益剰余金、非支配株主持分

(1) 埼玉商事株式会社は、×2年3月31日（当期末）において群馬運輸株式会社の発行済株式の60％を¥240,000で取得し、実質的に支配した。このときの連結修正仕訳を示しなさい。なお、×2年3月31日おける群馬運輸株式会社の資本金は¥300,000、利益剰余金は¥100,000である。

〔　　　　　〕（　　　　　）〔　　　　　〕（　　　　　）
〔　　　　　〕（　　　　　）〔　　　　　〕（　　　　　）

(2) 新宿商事株式会社は、×2年3月31日（当期末）において渋谷商事株式会社の発行済株式の70％を¥500,000で取得し、実質的に支配した。このときの連結修正仕訳を示しなさい。なお、×2年3月31日おける渋谷商事株式会社の資本金は¥500,000、利益剰余金は¥200,000である。

〔　　　　　〕（　　　　　）〔　　　　　〕（　　　　　）
〔　　　　　〕（　　　　　）〔　　　　　〕（　　　　　）
〔　　　　　〕（　　　　　）〔　　　　　〕（　　　　　）

解答

(1) （資　本　金）300,000　（子 会 社 株 式）240,000

　　（利 益 剰 余 金）100,000　（非支配株主持分）160,000[*1]

(2) （資　本　金）500,000　（子 会 社 株 式）500,000

　　（利 益 剰 余 金）200,000　（非支配株主持分）210,000[*2]

　　（の　　れ　　ん）　10,000[*3]

$*1$　（¥300,000 ＋ ¥100,000）× 40%
　　　＝ ¥160,000

$*2$　（¥500,000 ＋ ¥200,000）× 30%
　　　＝ ¥210,000

$*3$　貸借差額

33. 税効果会計

例題 33 次の取引について仕訳しなさい。ただし、勘定科目は次の中からもっとも適当なものを選ぶこと。

　繰延税金資産　　　繰延税金負債　　　法人税等調整額

×1年度の決算において、貸倒引当金¥50,000を繰り入れたが、そのうち¥30,000は損金不算入となった。なお、法人税等の実効税率は40%とする。

借方科目	金　　額	貸方科目	金　　額

答案用紙に記入したら、で答えを **CHECK!**

税効果会計の問題です。
　会計上で費用計上した貸倒引当金の繰入額のうち、税法上の繰入額（限度額）を超える金額については、損金に算入することができません（損金不算入額）。そこで超過額について法人税等の調整を行います。
　税効果会計を適用する場合の簡単な仕訳の作り方は次のとおりです。

STEP 1　会計上の仕訳を考える

まず、会計上の仕訳を考えます。
会計上の仕訳：

　　　（貸倒引当金繰入）　　50,000　　（貸 倒 引 当 金）　　50,000

STEP 2 損益項目の逆側に「法人税等調整額」を記入する

次に、損益項目（貸倒引当金繰入）の逆側に**法人税等調整額**を記入します。このときの金額は「**損金不算入額×実効税率**」となります。

会計上の仕訳：

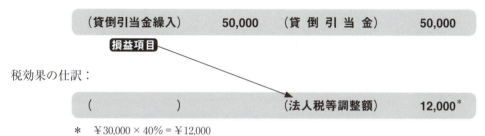

※　￥30,000 × 40% ＝ ￥12,000

STEP 3 相手科目を記入する

最後に、仕訳の空欄が借方ならば**繰延税金資産（資産）**、貸方ならば**繰延税金負債（負債）**を記入します。

　（繰 延 税 金 資 産）　12,000　（法人税等調整額）　12,000

税効果会計

- **STEP 1** 会計上の仕訳を考える
- **STEP 2** 損益項目の逆側に「法人税等調整額」を記入する
  - ・金額は「損金不算入額×実効税率」
- **STEP 3** 相手科目を記入する
  - ・仕訳の空欄が借方ならば繰延税金資産（資産）、貸方ならば繰延税金負債（負債）を記入

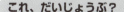

これ、だいじょうぶ？　その他有価証券の評価差額と税効果会計の仕訳

会計上では、その他有価証券の評価替えを全部純資産直入法で処理している場合には、評価差額は**その他有価証券評価差額金（純資産）**で処理します。この場合には、**法人税等調整額**で法人税等を調整できないので、かわりに**その他有価証券評価差額金**で調整します。

(1) 評価差損の場合

会計上の仕訳：　（その他有価証券評価差額金）　**50,000**　（その他有価証券）　**50,000**

純資産項目

税効果の仕訳：　（　　　　　　　　）　　　　　　　（その他有価証券評価差額金）　**20,000***

*　¥50,000 × 40% = ¥20,000

税効果の仕訳：　（繰延税金資産）　**20,000**　（その他有価証券評価差額金）　**20,000**

(2) 評価差益の場合

会計上の仕訳：　（その他有価証券）　**50,000**　（その他有価証券評価差額金）　**50,000**

純資産項目

税効果の仕訳：　（その他有価証券評価差額金）　**20,000***　（　　　　　　　　）

*　¥50,000 × 40% = ¥20,000

税効果の仕訳：　（その他有価証券評価差額金）　**20,000**　（繰延税金負債）　**20,000**

フィードバック問題　例題33が解けなかった人はフィードバック問題を解いて基礎を確認しましょう。

次の取引の仕訳をしましょう。

使用できる勘定科目：繰延税金資産、繰延税金負債、法人税等調整額

第1期末において、備品¥200,000について定額法（耐用年数4年、残存価額はゼロ）により減価償却を行ったが、税法上の法定耐用年数は5年である。なお、法人税等の実効税率は40%とする。税効果に関する仕訳を答えなさい。

〔　　　　　　　　〕（　　　　　　）〔　　　　　　　　〕（　　　　　　）

解答

（繰延税金資産）　4,000　（法人税等調整額）　4,000

> **STEP 1** 会計上の仕訳を考える
> 　会計上の仕訳：（減価償却費）50,000*　（備品減価償却累計額）50,000
> 　　　　　　　*　¥200,000 ÷ 4年 = ¥50,000
>
> **STEP 2** 損益項目の逆側に「法人税等調整額」を記入する
> 　会計上の仕訳：（減価償却費）50,000　（備品減価償却累計額）50,000
>
> 損益項目
>
> 　税効果の仕訳：（　　　　　　）　　　　　　（法人税等調整額）　4,000*
> 　　　　　　*　税法上の減価償却費：¥200,000 ÷ 5年 = ¥40,000
> 　　　　　　　法人税等調整額：（¥50,000 − ¥40,000）× 40% = ¥4,000
>
> **STEP 3** 相手科目を記入する
> 　税効果の仕訳：（繰延税金資産）　4,000　（法人税等調整額）　4,000

第1問対策　実践問題

問題 1　⏰ 12分

答案用紙…別冊P.1　解答…解答解説編P.388

次の各取引について仕訳しなさい。ただし、勘定科目は次の中からもっとも適当と思われるものを選ぶこと。

現　　　　金	当 座 預 金	受 取 手 形	売　　掛　　金
クレジット売掛金	未 収 入 金	商　　　　品	車 両 運 搬 具
支 払 手 形	買　　掛　　金	未　払　金	車両運搬具減価償却累計額
資　　本　　金	繰越利益剰余金	売　　　　上	固定資産売却益
仕　　　　入	売 上 原 価	減 価 償 却 費	支 払 手 数 料
固定資産売却損	損　　　　益		

1. 決算において、銀行の当座預金口座の残高と当社の当座預金勘定残高に¥40,000の不一致が生じていた。原因を調査したところ、未払いであった消耗品の代金を支払うために振り出した同額の小切手が手許に残っていることが判明したので、これを修正するための処理をした。

2. 黒田商事株式会社は、当期の決算で当期純損失¥874,000を計上した。

3. 山梨商店は、商品¥150,000をクレジット払いの条件で販売した。なお、信販会社への手数料（販売代金の4％）は販売時に計上する。

4. 甲府商店は、都留商店に商品60個（原価@¥500、売価@¥620）を売り上げ、代金は掛けとした。なお、甲府商店は商品売買に関して、商品を仕入れたとき商品勘定に記入し、販売したそのつど売上原価を売上原価勘定に振り替える方法で記帳している。

5. ×6年に購入した営業用の車両（取得原価¥1,000,000）を当期末（×11年3月31日）に¥250,000で売却し、代金は来月末に受け取ることとした。なお、この車両は生産高比例法（残存価額：¥100,000、見積総走行可能距離：40,000km）で償却しており、前期末までの実際走行距離は28,500km、当期の実際走行距離は5,200kmである。記帳方法は間接法により、当期の減価償却費も計上すること。

問題 2 ⏱ **15分**

答案用紙…別冊P.1　解答…解答解説編P.388

次の各取引について仕訳しなさい。ただし、勘定科目は次の中からもっとも適当と思われるものを選ぶこと。

買　掛　金	修　繕　費	車 両 運 搬 具	資 本 準 備 金
現　　　　金	利 益 準 備 金	受　取　手　形	資　　本　　金
未　収　入　金	電 子 記 録 債 権	減 価 償 却 費	仕　入　割　引
車両運搬具減価償却累計額	当　座　預　金	仕　　　　入	電 子 記 録 債 務
株 式 交 付 費	建　　　　物	売　　掛　　金	売　上　割　引

1. 株式500株を1株あたり¥2,000で発行し、払込金は全額当座預金口座に振り込まれた。なお、払込金額のうち2分の1は資本金として計上しないこととした。また、株券印刷の費用¥3,000は現金で支払った。

2. 決算において、営業用車両に対して生産高比例法により減価償却（間接法により記帳）を行う。なお、この営業用車両の取得原価は¥800,000、期首における減価償却累計額は¥216,000、残存価額は取得原価の10%、見積総走行可能距離は20,000km、当期の走行距離は4,200kmである。

3. 富士商店は、浅間商店に対する買掛金¥200,000の支払いを電子債権記録機関で行うため、取引銀行を通して電子記録債権の譲渡記録を行った。

4. 建物の改修と修繕の工事を行い、工事代金¥965,000を小切手を振り出して支払った。なお、工事代金のうち、¥600,000分は建物の耐用年数を延長するための支出であり、残額は定期修繕のための支出である。

5. 白山物産㈱は、×5年2月24日に得意先青井商店に対する売掛金¥300,000を先方振出の小切手で受け取った。なお、この売掛金は3月31日までに支払う約束であるが、2月25日までに支払った場合は掛け代金の2%を割り引くという条件がついている。

問題 3 ⏰ **20分**　　　　　　答案用紙…別冊P.2　解答…解答解説編P.389

　次の各取引について仕訳しなさい。ただし、勘定科目は次の中からもっとも適当と思われるものを選ぶこと。

現　　　　　金	当　座　預　金	受　取　手　形	不　渡　手　形
売　　掛　　金	売買目的有価証券	未　収　入　金	前　　払　　金
商　　　　　品	営業外受取手形	仕　　掛　　品	前　払　利　息
建　　　　　物	車　両　運　搬　具	支　払　手　形	買　　掛　　金
未　　払　　金	前　　受　　金	営業外支払手形	建物減価償却累計額
売　　　　　上	役　務　収　益	有価証券利息	有価証券売却益
保　険　差　益	仕　　　　　入	役　務　原　価	支　払　利　息
減　価　償　却　費	手　形　売　却　損	有価証券売却損	火　災　損　失
未　　決　　算			

1.　神奈川商店は×1年9月1日に営業用車両（現金販売価額￥1,800,000）を割賦契約で購入し、代金は毎月末に支払期限の到来する額面￥365,000の約束手形5枚を振り出して交付している。本日（×1年9月30日）、当該約束手形のうち、期日の到来したものが当座預金口座より引き落とされたため、その処理を行う。なお、神奈川商店では、割賦代金合計に含まれる利息相当額について、購入時に前払利息勘定で処理しており、約束手形の代金の支払いのつど、支払った分に対応する利息を定額法により配分し、支払利息勘定に振り替えている。

2.　4月1日（当期首）に火災が発生し、建物（取得原価：￥3,000,000、残存価額：取得原価の10%、耐用年数：20年）が焼失したため、ただちに保険会社に保険金を請求していたところ、本日、保険金￥1,000,000を支払う旨の連絡を受けた。なお、当該建物は当期首（4月1日）から14年前に取得したもので、定額法（記帳方法は間接法）によって償却している。また、火災が発生したときに、その帳簿価額を未決算勘定に振り替えている。

3.　資格試験の受験学校を経営している株式会社キャット学院（決算日は3月31日）は、本日決算につき、当期分の簿記講座について収益を計上した。なお、株式会社キャット学院は、当期の11月20日に12月開講の簿記講座（受講期間1年）の受講料￥600,000を現金で受け取っており、全額を前受金勘定で処理している。決算日現在、当該講座は全体の3分の1が終了している。

4.　銀行で割り引いていた得意先振出、当店宛の約束手形￥200,000について、本日、同銀行から償還請求を受けたため、小切手を振り出して支払った。なお、期限後利息￥1,000は現金で支払い、手形金額とともに得意先に対して支払請求をした。

5.　×4年8月20日、かねてより売買目的で所有していた熊田株式会社社債4,000口（額面総額：￥400,000、取得原価：￥390,000、利払日：6月末と12月末、年利率：7.3%）を一口あたり￥98で売却し、代金は端数利息とともに月末に受け取ることとした。

95

問題 4 ⏰ **20分**   答案用紙…別冊P.2　解答…解答解説編P.390

次の各取引について仕訳しなさい。ただし、勘定科目は次の中からもっとも適当と思われるものを選ぶこと。

支 払 手 形	貯 蔵 品	別 途 積 立 金	売 掛 金
貸 倒 引 当 金	固定資産売却益	その他有価証券	売 上
備品減価償却累計額	法人税、住民税及び事業税	満期保有目的債券	子 会 社 株 式
有価証券評価損	有価証券評価益	その他有価証券評価差額金	未 払 配 当 金
未 払 法 人 税 等	受 取 手 形	固定資産除却損	現 金
減 価 償 却 費	仮 払 法 人 税 等	繰越利益剰余金	備 品
買 掛 金	利 益 準 備 金	貸倒引当金繰入	貸 倒 損 失

1. ×2年4月1日（期首）に取得したコンピュータ（当期首における帳簿価額：¥337,500、償却方法：償却率0.25の定率法、記帳方法：直接法）を当期末（×6年3月31日）に除却し、処分するときまで一時的に倉庫で保管することとした。なお、このコンピュータの処分価値は¥100,000と見積られる。また、当期の減価償却費の計上もあわせて行うこと。

2. 決算において、当期の法人税¥356,000と住民税¥71,000を計上する。なお、期中において法人税等の中間納付を行い、¥180,000を仮払法人税等で処理している。

3. 横浜商事株式会社は、取引先である川崎商事株式会社との取引の開始にあたり、同社との長期にわたる取引関係を維持するために、同社の株式5,000株を1株あたり¥1,500で購入し、決算日現在、保有している。決算にあたり、川崎商事株式について時価評価を行った（全部純資産直入法）。当該株式の時価は、1株あたり¥1,600である。

4. 期末における売掛金残高は¥800,000、電子記録債権残高は¥1,000,000、貸付金残高は¥600,000であった。売掛金と電子記録債権については、過去の貸倒実績率2％にもとづき、貸倒引当金を設定するが、貸付金については、債務者の財政状態が悪化したため、その回収不能額を50％と見積もって貸倒引当金を設定する。なお、期末における貸倒引当金の残高は¥20,000である。

5. 株主総会の決議により、繰越利益剰余金を株主配当金¥400,000、別途積立金¥80,000として処分した。なお、利益準備金は会社法が規定する額を積み立てた。この会社の資本金は¥4,000,000、資本準備金は¥400,000、利益準備金は¥350,000である。

問題 5 ⏰ **20分**　　　　　　　　　　　答案用紙…別冊P.3　解答…解答解説編P.391

次の各取引について仕訳しなさい。ただし、勘定科目は次の中からもっとも適当と思われるものを選ぶこと。

現　　　　　金	普　通　預　金	当　座　預　金	売　　掛　　金
売買目的有価証券	仮　払　消　費　税	未収還付消費税	買　　掛　　金
仮　受　消　費　税	未　払　消　費　税	社会保険料預り金	所　得　税　預　り　金
賞　与　引　当　金	返品調整引当金	売上割戻引当金	売　　　　上
仕　入　割　引	雑　　　　益	有価証券売却益	有価証券評価益
仕　　　　入	給　　　　料	租　税　公　課	福　利　厚　生　費
賞　　　　与	売　上　割　引	有価証券売却損	有価証券評価損

1. 前期に掛け売上した商品について、￥10,000の返品があったので、売掛金と相殺した。なお、その商品の原価率は60%であり、前期末に設定した返品調整引当金が￥12,000ある。

2. 決算において、消費税の納付額を計算し、確定した。なお、消費税の仮払分は￥100,000、仮受分は￥225,000であり、税込方式で処理している。

3. 6月10日、従業員の賞与￥3,000,000（前期末に賞与引当金￥2,000,000を計上している）に対して、源泉所得税の預り金￥300,000を差し引き、残額を普通預金口座を通じて支払った。

4. 所有する売買目的有価証券のうち300株を＠￥450で売却し、売買手数料￥600を控除した残額は現金で受け取った。この株式は2回に分けて取得したもので、第1回目は前期に＠￥400で200株を購入し、前期末決算で＠￥406に評価替えしている。なお、当期首において取得原価に振り戻さない方法（切放法）により処理している。また、第2回目は当期に＠￥420で200株を取得している。株式の払出単価の決定は移動平均法により、売買手数料は有価証券売却益または有価証券売却損に含めて処理すること。

5. 給料から控除した社会保険料の従業員負担分と会社負担分の合計額￥620,000を現金で支払った。なお、社会保険料は従業員と会社で50%ずつ負担している。

問題 **6** ⏰**20分**　　　　　　　　答案用紙…別冊P.3　解答…解答解説編P.392

　次の各取引について仕訳しなさい。ただし、勘定科目は次の中からもっとも適当と思われるものを選ぶこと。

現　　　　　金	当 座 預 金	売 　掛　 金	未 収 入 金
売買目的有価証券	の　れ　ん	備　　　　品	リ ー ス 資 産
その他有価証券	子 会 社 株 式	未 　払 　金	買 　掛 　金
リ ー ス 債 務	資 　本 　金	資 本 剰 余 金	利 益 剰 余 金
売　　　　　上	仕　　　　入	国庫補助金受贈益	固定資産圧縮損
為 替 差 損 益	非支配株主持分		

1.　山梨商事株式会社は、当期首に下記の条件によって河口リース株式会社とコピー機のリース契約を結んだ。なお、このリース取引はファイナンス・リース取引であり、利子込み法によって処理する。

　　　　リース期間：5年間
　　　　リース料年額：¥50,000（毎年3月末日払い）
　　　　リース資産：見積現金購入価額 ¥200,000

2.　東京商事株式会社は、8月1日にアメリカの仕入先より商品2,000ドルを掛けで購入していたが、本日（8月20日）、当該買掛金に1ドル¥102で為替予約を付した。なお、仕入時の為替相場は1ドル¥104であった。

3.　9月30日、東京商事株式会社は上記2.の輸入代金の支払期日を迎えたため、当座預金口座から決済した。なお、9月30日の為替相場は1ドル¥106であった。

4.　名古屋商店は、期首に備品の取得を助成するため国より交付された補助金¥500,000 を受け取り、当座預金としている。本日、当該補助金と自己資金により、備品¥1,400,000を取得し、代金は今月末に支払うことにした。なお、この備品については補助金に相当する額の圧縮記帳（直接控除方式）を行った。

5.　埼玉商事株式会社は、×2年3月31日（当期末）において群馬株式会社の発行済株式の60%を¥680,000で取得し、実質的に支配した。このときの連結修正仕訳を示しなさい。なお、×2年3月31日おける群馬株式会社の資本金は¥800,000、資本剰余金は¥100,000、利益剰余金は¥200,000である。

第2問対策

第2問では、勘定記入を中心とした個別問題や理論問題が出題されます。
第2問は過去の出題パターンにない問題が出題されることもありますが、問題文をよく読み、わかるところから解いていきましょう。

·········第2問でよく出題される問題···········
①勘定記入等（個別問題）
②銀行勘定調整表
③株主資本等変動計算書
④理論問題（穴埋め問題、正誤問題）

第2問対策 例題

1. 勘定記入等（個別問題）

例題 1　備品の取引にかかる次の〔資料〕にもとづいて、下記の〔設問〕に答えなさい。なお、備品の減価償却は残存価額をゼロとして定額法によって行う。また、期中に取得した備品については減価償却費を月割りで計算する。決算日は年1回、12月31日であり、英米式決算法を採用している。

〔資 料〕

×1年1月1日　以下の備品を現金で購入した。

　　　　　　　　備品A　取得原価：¥360,000　耐用年数5年

　　　　　　　　備品B　取得原価：¥768,000　耐用年数8年

×1年9月1日　以下の備品を現金で購入した。

　　　　　　　　備品C　取得原価：¥324,000　耐用年数6年

×2年1月1日　備品Aを¥150,000で売却し、代金は現金で受け取った。

×3年1月1日　備品Bを除却した。なお、備品Bの見積処分価額は¥100,000である。

〔設 問〕

問1　×1年度（×1年1月1日から×1年12月31日）における備品の減価償却費の金額を求めなさい。

問2　×2年1月1日における備品Aの売却損益の金額を求めなさい。なお、答案用紙の（　）内には、売却損の場合には「損」、売却益の場合には「益」と記入すること。

問3　×2年度（×2年1月1日から×2年12月31日）における備品の減価償却費の金額を求めなさい。

問4　×2年度（×2年1月1日から×2年12月31日）における備品勘定および備品減価償却累計額勘定の記入を示しなさい。

問5　×3年1月1日における備品Bの除却損の金額を求めなさい。

答案用紙

問1　¥＿＿＿＿＿＿＿＿　　　　問2　¥＿＿＿＿＿＿＿＿（　　）

問3　¥＿＿＿＿＿＿＿＿

問4

備　　　　　　品

日 付	摘　要	借 方	日 付	摘　要	貸 方
×2 1 1	前 期 繰 越		×2 1 1		
			12 31		

備品減価償却累計額

日付		摘　要	借　方	日付		摘　要	貸　方
×2	1	1		×2	1	1	前 期 繰 越
	12	31			12	31	

問5　¥＿＿＿＿＿＿＿＿＿＿

答案用紙に記入したら、で答えをCHECK!

・解けた人 ➡ 次の 例題 へ
・解けなかった人 ➡ 解き方の道しるべ へ！

第2問では、この例題のような個別問題が出題されることがあります。
個別問題が出題されたときには、問題文をよく読んで、下書き用紙に取引の仕訳をしてから解答していきます。

STEP 1　問題文の確認

〔資料〕や〔設問〕にざっと目をとおして、どんな内容が問われているのかをチェックしておきます。

STEP 2　仕訳の作成

取引の仕訳を行います。なお、備品の売却や除却があるため、減価償却費は備品ごと（A、B、C）に分けて計算しておくと、あとで集計しやすくなります。

(1) ×1年1月1日の仕訳

> ×1年1月1日　以下の備品を現金で購入した。
> 　　　　　備品A　取得原価：¥360,000　耐用年数5年
> 　　　　　備品B　取得原価：¥768,000　耐用年数8年

↪ ×1年1/1　備品の購入
　　備品A：〔　　　　　　〕（　　　　）〔　　　　　　　　〕（　　　　　）
　　備品B：〔　　　　　　〕（　　　　）〔　　　　　　　　〕（　　　　　）
　　　　　　　　合計：（　　　　　）　　　　　　合計：（　　　　　）

```
×1年1/1  備品の購入
 備品A：〔備      品〕( 360,000)  〔現      金〕( 360,000)
 備品B：〔備      品〕( 768,000)  〔現      金〕( 768,000)
               合計：(1,128,000)              合計：(1,128,000)
```

(2) ×1年9月1日の仕訳

×1年9月1日　以下の備品を現金で購入した。
　　　　　　　備品C　取得原価：¥324,000　耐用年数6年

↪ ×1年9/1　備品の購入
　　備品C：〔　　　　　　　〕(　　　　　)　〔　　　　　　　〕(　　　　　)

```
×1年9/1  備品の購入
 備品C：〔備      品〕( 324,000)  〔現      金〕( 324,000)
```

(3) ×1年12月31日（決算日）の仕訳

　　備品の減価償却は残存価額をゼロとして定額法によって行う。また、期中に取得した備品については減価償却費を月割りで計算する。

　×1年1月1日　以下の備品を現金で購入した。
　　　　　　　備品A　取得原価：¥360,000　耐用年数5年
　　　　　　　備品B　取得原価：¥768,000　耐用年数8年
　×1年9月1日　以下の備品を現金で購入した。
　　　　　　　備品C　取得原価：¥324,000　耐用年数6年

↪ ×1年12/31　備品の減価償却
　　備品A：〔　　　　　　　〕(　　　　　)　〔　　　　　　　〕(　　　　　)
　　備品B：〔　　　　　　　〕(　　　　　)　〔　　　　　　　〕(　　　　　)
　　備品C：〔　　　　　　　〕(　　　　　)　〔　　　　　　　〕(　　　　　)
　　　　　　　　　　　　合計：(　　　　　)　　　　　　　　　　合計：(　　　　　)

道しるべ
にしたがって
記入すると ▶▶▶

×1年12/31　備品の減価償却
備品A：〔減 価 償 却 費〕（ 72,000*1）〔備品減価償却累計額〕（ 72,000）
備品B：〔減 価 償 却 費〕（ 96,000*2）〔備品減価償却累計額〕（ 96,000）
備品C：〔減 価 償 却 費〕（ 18,000*3）〔備品減価償却累計額〕（ 18,000）
　　　　　　　　　　合計：（186,000 ）　　　　　合計：（186,000）

＊1　備品A：¥360,000 × $\frac{1年}{5年}$ = ¥72,000

＊2　備品B：¥768,000 × $\frac{1年}{8年}$ = ¥96,000

＊3　備品C：¥324,000 × $\frac{1年}{6年}$ × $\frac{4か月　(9/1 \sim 12/31)}{12か月}$ = ¥18,000

(4) ×2年1月1日の仕訳

×2年1月1日　備品Aを¥150,000で売却し、代金は現金で受け取った。

×1年1/1　備品の購入
　備品A：〔備　　　品〕（360,000）〔現　　　金〕（360,000）
×1年12/31　備品の減価償却
　備品A：〔減 価 償 却 費〕（ 72,000）〔備品減価償却累計額〕（ 72,000）

×2年1/1　備品Aの売却

備品A：〔　　　　　　　〕（　　　　）〔　　　　　　　〕（　　　　）
　　　　〔　　　　　　　〕（　　　　）〔　　　　　　　〕（　　　　）
　　　　〔　　　　　　　〕（　　　　）〔　　　　　　　〕（　　　　）

道しるべ
にしたがって
記入すると ▶▶▶

×2年1/1　備品Aの売却
備品A：〔現　　　金〕（150,000 ）〔備　　　品〕（360,000）
　　　　〔備品減価償却累計額〕（ 72,000 ）
　　　　〔固定資産売却損〕（138,000*）
　　＊　貸借差額

(5) ×2年12月31日（決算日）の仕訳

> 備品の減価償却は残存価額をゼロとして定額法によって行う。
>
> ×1年1月1日　以下の備品を現金で購入した。
> 　　　　　　　　　　備品A　取得原価：¥360,000　耐用年数5年 ←売却済み
> 　　　　　　　　　　備品B　取得原価：¥768,000　耐用年数8年
> ×1年9月1日　以下の備品を現金で購入した。
> 　　　　　　　　　　備品C　取得原価：¥324,000　耐用年数6年

↳ ×2年12/31　備品の減価償却

備品B：〔　　　　　　　　　〕（　　　　　　）〔　　　　　　　　　〕（　　　　　　）
備品C：〔　　　　　　　　　〕（　　　　　　）〔　　　　　　　　　〕（　　　　　　）
　　　　　　　　　　合計：（　　　　　　）　　　　　　　　　合計：（　　　　　　）

道しるべ
にしたがって
記入すると▶▶▶

> ×2年12/31　備品の減価償却
> 備品B：〔減 価 償 却 費〕（ 96,000*1）〔備品減価償却累計額〕（ 96,000）
> 備品C：〔減 価 償 却 費〕（ 54,000*2）〔備品減価償却累計額〕（ 54,000）
> 　　　　　　　　　合計：（150,000 ）　　　　　　　　　合計：（150,000）
>
> ＊1　備品B：¥768,000 × $\dfrac{1年}{8年}$ ＝ ¥96,000
>
> ＊2　備品C：¥324,000 × $\dfrac{1年}{6年}$ ＝ ¥54,000

(6) ×3年1月1日の仕訳

> ×3年1月1日　備品Bを除却した。なお、備品Bの見積処分価額は¥100,000である。
>
> > ×1年1/1　備品の購入
> > 　　備品B：〔備　　　品〕（768,000）〔現　　　　金〕（768,000）
> > ×1年12/31　備品の減価償却
> > 　　備品B：〔減 価 償 却 費〕（ 96,000）〔備品減価償却累計額〕（ 96,000）
> > ×2年12/31　備品の減価償却
> > 　　備品B：〔減 価 償 却 費〕（ 96,000）〔備品減価償却累計額〕（ 96,000）

↳ ×3年1/1　備品Bの除却

備品B：〔　　　　　　　　　〕（　　　　　　）〔　　　　　　　　　〕（　　　　　　）
　　　　〔　　　　　　　　　〕（　　　　　　）〔　　　　　　　　　〕（　　　　　　）
　　　　〔　　　　　　　　　〕（　　　　　　）〔　　　　　　　　　〕（　　　　　　）

```
×3年1/1　備品Bの除却
備品B：〔貯　　蔵　　品〕（100,000　）〔備　　　　　品〕（768,000）
　　　　〔備品減価償却累計額〕（192,000*1）
　　　　〔固定資産除却損〕（476,000*2）
　＊1　¥96,000＋¥96,000＝¥192,000
　＊2　貸借差額
```

STEP 3　各問に答える

〔設問〕を読んで、各問に答えます。

問1　×1年度（×1年1月1日から×1年12月31日）における備品の減価償却費の金額

下書き用紙の仕訳から、×1年度における備品の減価償却費の金額を計算します。

```
×1年12/31　備品の減価償却
　備品A：〔減 価 償 却 費〕（ 72,000）　〔備品減価償却累計額〕（ 72,000）
　備品B：〔減 価 償 却 費〕（ 96,000）　〔備品減価償却累計額〕（ 96,000）
　備品C：〔減 価 償 却 費〕（ 18,000）　〔備品減価償却累計額〕（ 18,000）
　　　　　　　　　　合計：（186,000）　　　　　　　　合計：（186,000）
```

問1　¥ _____

問1　¥　186,000

問2　×2年1月1日における備品Aの売却損益の金額

下書き用紙の仕訳から、×2年1月1日における備品Aの売却損益の金額を計算します。

```
×2年1/1　備品Aの売却
　備品A：〔現　　　　　金〕（150,000）　　〔備　　　品〕（360,000）
　　　　　〔備品減価償却累計額〕（ 72,000）
　　　　　〔固定資産売却損〕（138,000）
```

→問2　¥　　　　　（　）

道しるべ
にしたがって
記入すると ▶▶▶　　問2　¥　138,000　（損）

問3　×2年度（×2年1月1日から×2年12月31日）における備品の減価償却費の金額

下書き用紙の仕訳から、×2年度における備品の減価償却費の金額を計算します。

```
×2年12/31　備品の減価償却
　備品B：〔減 価 償 却 費〕（ 96,000）　　〔備品減価償却累計額〕（ 96,000）
　備品C：〔減 価 償 却 費〕（ 54,000）　　〔備品減価償却累計額〕（ 54,000）
　　　　　　　　合計：（150,000）　　　　　　　　合計：（150,000）
```

→問3　¥　　　　　

道しるべ
にしたがって
記入すると ▶▶▶　　問3　¥　150,000

問4　×2年度における備品勘定および備品減価償却累計額勘定の記入

　×2年12月31日までの仕訳から、「備品」と「備品減価償却累計額」の金額を集計し、×2年度における備品勘定および備品減価償却累計額勘定の記入を行います。

×1年1/1　備品の購入

備品A：〔備　　　　品〕	(360,000)	〔現　　　　金〕	(360,000)
備品B：〔備　　　　品〕	(768,000)	〔現　　　　金〕	(768,000)
合計：	(1,128,000)	合計：	(1,128,000)

①

×1年9/1　備品の購入

備品C：〔備　　　　品〕	(324,000)	〔現　　　　金〕	(324,000)

×1年12/31　備品の減価償却

備品A：〔減価償却費〕	(72,000)	〔備品減価償却累計額〕	(72,000)
備品B：〔減価償却費〕	(96,000)	〔備品減価償却累計額〕	(96,000)
備品C：〔減価償却費〕	(18,000)	〔備品減価償却累計額〕	(18,000)
合計：	(186,000)	合計：	(186,000)

④

×2年1/1　備品Aの売却

備品A：〔現　　　　金〕	(150,000)	〔備　　　　品〕	(360,000)
〔備品減価償却累計額〕	(72,000) ← ⑤		②
〔固定資産売却損〕	(138,000)		

×2年12/31　備品の減価償却

備品B：〔減価償却費〕	(96,000)	〔備品減価償却累計額〕	(96,000)
備品C：〔減価償却費〕	(54,000)	〔備品減価償却累計額〕	(54,000)
合計：	(150,000)	合計：	(150,000)

⑥

→問4

備　品

日付		摘　要	借　方	日付		摘　要	貸　方
×2	1　1	前期繰越		×2	1　1		
					12　31		

備品減価償却累計額

日付		摘　要	借　方	日付		摘　要	貸　方
×2	1　1			×2	1　1	前期繰越	
	12　31				12　31		

107

問4

摘要欄には仕訳の相手科目を記入します。
相手科目が複数ある場合には「諸口」と記入します。

備　　　品

日付	摘要	借方	日付	摘要	貸方
×2 1 1	前期繰越	① 1,452,000	×2 1 1	諸　　口	② 360,000
			12 31	次期繰越	③ 1,092,000
		1,452,000			1,452,000

「次期繰越」と記入し、次期繰越額（貸借差額）を記入します。

備品減価償却累計額

日付	摘要	借方	日付	摘要	貸方
×2 1 1	備　　品	⑤ 72,000	×2 1 1	前期繰越	④ 186,000
12 31	次期繰越	⑦ 264,000	12 31	減価償却費	⑥ 150,000
		336,000			336,000

「次期繰越」と記入し、次期繰越額（貸借差額）を記入します。

③ ¥1,452,000 − ¥360,000 = ¥1,092,000
⑦ (¥186,000 + ¥150,000) − ¥72,000 = ¥264,000

問5　×3年1月1日における備品Bの除却損の金額

×3年1月1日の仕訳から、備品Bの除却損の金額を答案用紙に記入します。

```
×3年1/1　備品Bの除却
 備品B：〔貯　蔵　品〕（100,000）　　〔備　　　　品〕（768,000）
　　　　〔備品減価償却累計額〕（192,000）
　　　　〔固定資産除却損〕（476,000）
```

問5　¥ _____

問5　¥　476,000

以上より、この例題の解答は次のようになります。

問1　¥　186,000　　　問2　¥　138,000（損）
問3　¥　150,000
問4

備　　　　品

日 付	摘　要	借 方	日 付	摘　要	貸 方
×2 1 1	前 期 繰 越	1,452,000	×2 1 1	諸　　口	360,000
			12 31	次 期 繰 越	1,092,000
		1,452,000			1,452,000

備品減価償却累計額

日 付	摘　要	借 方	日 付	摘　要	貸 方
×2 1 1	備　　品	72,000	×2 1 1	前 期 繰 越	186,000
12 31	次 期 繰 越	264,000	12 31	減 価 償 却 費	150,000
		336,000			336,000

問5　¥　476,000

勘定記入等（個別問題）

STEP 1　問題文の確認
・〔資料〕や〔設問〕にざっと目をとおして、どんな内容が問われているのかをチェック。

STEP 2　仕訳の作成
・下書き用紙に取引の仕訳をする。
・備品などが複数ある場合には、「備品A」「備品B」など分けておくとあとで便利。

STEP 3　各問に答える
・設問をよく読んで、下書き用紙の仕訳から金額を求めたり、仕訳の金額を集計していく。

第2問対策 例題

2. 銀行勘定調整表

例題 2　次の〔資料〕にもとづいて、下記の〔設問〕に答えなさい。

〔資　料〕

決算につき、取引銀行から当座預金の残高証明書を取り寄せたところ、その残高は¥296,000であった。なお、当社の当座預金勘定の期末残高は¥345,000であった（不一致が生じていた）ため、不一致の原因を調査した結果、次の事実が明らかとなった。

ア．決算日において現金¥45,000を夜間金庫に預け入れたが、銀行では翌日付けの入金として処理された。

イ．仕入先甲社に対する買掛金の支払いのために小切手¥20,000を作成し、当座預金の減少として処理していたが、決算日現在、甲社にまだ渡していなかった。

ウ．得意先A社から売掛金の回収として、小切手¥42,000を受け取り、取引銀行に持ち込んで取立てを依頼したが、決算日においてまだ銀行が取り立てていなかった。

エ．得意先B社から売掛金の回収として、¥30,000が当座預金口座に振り込まれていたが、当社には未通知であったため、未記帳であった。

オ．仕入先乙社に対する買掛金の支払いとして、小切手¥15,000を振り出して渡したが、決算日現在、乙社はその小切手をまだ銀行に呈示していなかった。

カ．得意先C社から売掛金の回収として、¥25,000が当座預金口座に振り込まれていたが、当社では誤って¥52,000と記帳していた。

〔設　問〕

問1　答案用紙の銀行勘定調整表を作成しなさい。なお、[　　]には上記の〔資料〕における記号（ア〜カ）を記入し、（　　）には金額を記入すること。

問2　上記〔資料〕におけるア〜カについて、それぞれ当社で必要な修正仕訳をしなさい。なお、勘定科目は以下の中からもっとも適当なものを選ぶこととし、修正仕訳が不要な場合には、答案用紙の借方科目欄に「仕訳なし」と記入すること。

　　　　　　勘定科目：現金、当座預金、売掛金、買掛金、未払金、売上、仕入

問3　貸借対照表に計上される当座預金の金額を答えなさい。

答案用紙
問1

銀行勘定調整表（両者区分調整法）　　　　　　（単位：円）

当社の帳簿残高	（　　　）	銀行の残高証明書残高	（　　　）
加算：[　　　　]	（　　　）	加算：[　　　　]	（　　　）
[　　　　]	（　　　）	[　　　　]	（　　　）
減算：[　　　　]	（　　　）	減算：[　　　　]	（　　　）
	（　　　）		（　　　）

問2

	借方科目	金　額	貸方科目	金　額
ア				
イ				
ウ				
エ				
オ				
カ				

問3　貸借対照表上の当座預金の金額：¥ _____

答案用紙に記入したら、で答えを

・解けた人 ➡ 次の 例題 へ
・解けなかった人 ➡ 解き方の道しるべ へ！

解き方の道しるべ

銀行勘定調整表に関する問題です。
　銀行勘定調整表の形式には3種類（両者区分調整法、企業残高基準法、銀行残高基準法）があります。どの形式で解答するのか、しっかり確認しましょう。

STEP 1　問題文の確認
（　）内の語句に〇をつけましょう。

〔資料〕や〔設問〕、答案用紙にざっと目をとおして、どんな内容が問われているのかをチェックしておきます。

- 作成する銀行勘定調整表の形式はなに？
    … （両者区分調整法・企業残高基準法・銀行残高基準法）
- 修正仕訳は？
    … （問われている・問われていない）

道しるべ
にしたがって
記入すると

- 作成する銀行勘定調整表の形式はなに？
    … (⃝両者区分調整法⃝・企業残高基準法・銀行残高基準法)
- 修正仕訳は？
    … (⃝問われている⃝・問われていない)

STEP 2　不一致の原因のラベリングと修正仕訳…問2

　銀行の残高証明書の金額と当社の当座預金勘定の残高が一致していない原因には、次のようなものがあります。また修正仕訳が必要なものと不要なものがあります。

	修正仕訳が必要なもの	修正仕訳が不要なもの
不一致の原因	・連絡未通知（未処理） ・誤記入 ・未渡小切手	・時間外預入 ・未取立小切手 ・未取付小切手

　そこで、〔資料〕の不一致の原因を読んで、それぞれどの項目にあてはまるのかを考え、〔資料〕や下書き用紙にラベリングしておきます（「連絡未通知」などとメモをしておきます）。また、修正仕訳の要否を考え、修正仕訳が必要なものは修正仕訳を答案用紙に記入します。

　ア．決算日において現金¥45,000を夜間金庫に預け入れたが、銀行では翌日付けの入金として処理された。

　　　勘定科目：現金、当座預金、売掛金、買掛金、未払金、売上、仕入

該当する項目（不一致の原因）に○をつけましょう。

ア．（連絡未通知・誤記入・未渡小切手・時間外預入・未取立小切手・未取付小切手）
　　・修正仕訳は？…（必要・不要）

修正仕訳が必要な場合には修正仕訳を、不要な場合には借方科目欄に「仕訳なし」と記入しましょう。

	借方科目	金　額	貸方科目	金　額
ア				

ア．（連絡未通知・誤記入・未渡小切手・(時間外預入)・未取立小切手・未取付小切手）
・修正仕訳は？…（必要・(不要)）

	借方科目	金 額	貸方科目	金 額
ア	仕 訳 な し			

イ．仕入先甲社に対する買掛金の支払いのために小切手¥20,000を作成し、当座預金の減少として処理していたが、決算日現在、甲社にまだ渡していなかった。
　　勘定科目：現金、当座預金、売掛金、買掛金、未払金、売上、仕入

↳イ．（連絡未通知・誤記入・未渡小切手・時間外預入・未取立小切手・未取付小切手）
　・修正仕訳は？…（必要・不要）

	借方科目	金 額	貸方科目	金 額
イ				

イ．（連絡未通知・誤記入・(未渡小切手)・時間外預入・未取立小切手・未取付小切手）
・修正仕訳は？…（(必要)・不要）

	借方科目	金 額	貸方科目	金 額
イ	当 座 預 金	20,000	買 掛 金	20,000

ウ．得意先Ａ社から売掛金の回収として、小切手¥42,000を受け取り、取引銀行に持ち込んで取立てを依頼したが、決算日においてまだ銀行が取り立てていなかった。
　　勘定科目：現金、当座預金、売掛金、買掛金、未払金、売上、仕入

↳ウ．（連絡未通知・誤記入・未渡小切手・時間外預入・未取立小切手・未取付小切手）
　・修正仕訳は？…（必要・不要）

	借方科目	金 額	貸方科目	金 額
ウ				

ウ．（連絡未通知・誤記入・未渡小切手・時間外預入・**未取立小切手**・未取付小切手）
・修正仕訳は？…（必要・**不要**）

	借方科目	金額	貸方科目	金額
ウ	仕訳なし			

エ．得意先B社から売掛金の回収として、¥30,000が当座預金口座に振り込まれていたが、当社には未通知であったため、未記帳であった。
　勘定科目：現金、当座預金、売掛金、買掛金、未払金、売上、仕入

エ．（連絡未通知・誤記入・未渡小切手・時間外預入・未取立小切手・未取付小切手）
・修正仕訳は？…（必要・不要）

	借方科目	金額	貸方科目	金額
エ				

エ．（**連絡未通知**・誤記入・未渡小切手・時間外預入・未取立小切手・未取付小切手）
・修正仕訳は？…（**必要**・不要）

	借方科目	金額	貸方科目	金額
エ	当座預金	30,000	売掛金	30,000

オ．仕入先乙社に対する買掛金の支払いとして、小切手¥15,000を振り出して渡したが、決算日現在、乙社はその小切手をまだ銀行に呈示していなかった。
　勘定科目：現金、当座預金、売掛金、買掛金、未払金、売上、仕入

オ．（連絡未通知・誤記入・未渡小切手・時間外預入・未取立小切手・未取付小切手）
・修正仕訳は？…（必要・不要）

	借方科目	金額	貸方科目	金額
オ				

オ．(連絡未通知・誤記入・未渡小切手・時間外預入・未取立小切手・未取付小切手)
　　・修正仕訳は？…（必要・不要）

	借方科目	金額	貸方科目	金額
オ	仕訳なし			

カ．得意先C社から売掛金の回収として、¥25,000が当座預金口座に振り込まれていたが、当社では誤って¥52,000と記帳していた。
　　勘定科目：現金、当座預金、売掛金、買掛金、未払金、売上、仕入

カ．(連絡未通知・誤記入・未渡小切手・時間外預入・未取立小切手・未取付小切手)
　　・修正仕訳は？…（必要・不要）

	借方科目	金額	貸方科目	金額
カ				

カ．(連絡未通知・誤記入・未渡小切手・時間外預入・未取立小切手・未取付小切手)
　　・修正仕訳は？…（必要・不要）

	借方科目	金額	貸方科目	金額
カ	売掛金	27,000	当座預金	27,000*

＊　①誤った仕訳　　　　　：（当座預金）52,000　（売掛金）52,000
　　②誤った仕訳の逆仕訳：（売掛金）52,000　（当座預金）52,000
　　③正しい仕訳　　　　　：（当座預金）25,000　（売掛金）25,000
　　④修正仕訳（②＋③）：（売掛金）27,000　（当座預金）27,000

STEP 3 両者区分調整法による銀行勘定調整表の作成…問1

次に、両者区分調整法による銀行勘定調整表を作成します。

企業残高基準法や銀行残高基準法の問題でも、下書き用紙には両者区分調整法で書く！

　この例題は「両者区分調整法」による銀行勘定調整表ですが、「企業残高基準法」や「銀行残高基準法」の場合でも、下書き用紙には「両者区分調整法」による銀行勘定調整表（簡略化したものでOK）を書くようにしましょう。
　…というのも、「企業残高基準法」も「銀行残高基準法」も、「両者区分調整法」をベースに解答するのがラクだからです（「両者区分調整法」から「企業残高基準法」や「銀行残高基準法」で解答するやり方は後述の『これ、だいじょうぶ？』を参照してください）。
　3つの方法を覚えるより、1つの方法を覚えてそれを応用したほうが、覚えることが少なくてラクですよね？　ですから、まずは「両者区分調整法」をしっかりおさえて、下書き用紙に自分で書けるようにしておきましょう。

(1) 帳簿残高と残高証明書残高の記入

　銀行勘定調整表（両者区分調整法）の「当社の帳簿残高」と「銀行の残高証明書残高」を記入します。

> 　決算につき、取引銀行から当座預金の残高証明書を取り寄せたところ、その残高は¥296,000であった。なお、当社の当座預金勘定の期末残高は¥345,000であった。

銀行勘定調整表（両者区分調整法）　　　　（単位：円）

| 当社の帳簿残高 | (　　　　) | 銀行の残高証明書残高 | (　　　　) |

道しるべ
にしたがって
記入すると ▶▶▶

銀行勘定調整表（両者区分調整法）　　　　（単位：円）

| 当社の帳簿残高 | (345,000) | 銀行の残高証明書残高 | (296,000) |

※　参考までに下書き用紙に書くなら、こんなカンジ↓

	両	者	
当社の残高	345,000	銀行の残高	296,000

(2) 加算欄・減算欄の記入

〔資料〕の不一致の原因と修正仕訳をみながら、銀行勘定調整表（両者区分調整法）の加算欄・減算欄に記入します。

なお、修正仕訳があるものは、当社の帳簿残高に加算（仕訳の借方に「当座預金」と記入されたものは加算）または減算（仕訳の貸方に「当座預金」と記入されたものは減算）します。

修正仕訳がないものは、銀行の残高証明書残高に加算または減算します。この場合、その不一致の原因を正しく処理すれば当座預金が増えるのか、減るのかを考えて処理するようにしましょう。

ア．決算日において現金¥45,000を夜間金庫に預け入れたが、銀行では翌日付けの入金として処理された。

ア．（連絡未通知・誤記入・未渡小切手・⦿時間外預入・未取立小切手・未取付小切手）
・修正仕訳は？…（必要・⦿不要）

	借方科目	金額	貸方科目	金額
ア	仕　訳　な　し			

・どちらの調整項目？…（当社の帳簿残高・銀行の残高証明書残高）
・加算か減算か？…（加算・減算）

銀行勘定調整表（両者区分調整法）　　　（単位：円）

当社の帳簿残高	（345,000）	銀行の残高証明書残高	（296,000）
加算：[　　]	（　　　）	加算：[　　]	（　　　）
[　　]	（　　　）	[　　]	（　　　）
減算：[　　]	（　　　）	減算：[　　]	（　　　）
	（　　　）		（　　　）

道しるべにしたがって記入すると ▶▶▶

・どちらの調整項目？…（当社の帳簿残高・⦿銀行の残高証明書残高）
・加算か減算か？…（⦿加算・減算）

銀行勘定調整表（両者区分調整法）　　　（単位：円）

当社の帳簿残高	（345,000）	銀行の残高証明書残高	（296,000）
加算：[　　]	（　　　）	加算：[　ア　]	（45,000）
[　　]	（　　　）	[　　]	（　　　）
減算：[　　]	（　　　）	減算：[　　]	（　　　）
	（　　　）		（　　　）

※ 翌日になって銀行が正しく処理すると、当座預金が増加する→加算

イ．仕入先甲社に対する買掛金の支払いのために小切手￥20,000を作成し、当座預金の減少として処理していたが、決算日現在、甲社にまだ渡していなかった。

イ．(連絡未通知・誤記入・(未渡小切手)・時間外預入・未取立小切手・未取付小切手)
・修正仕訳は？…((必要) 不要)

	借方科目	金額	貸方科目	金額
イ	当座預金	20,000	買掛金	20,000

・どちらの調整項目？…(当社の帳簿残高・銀行の残高証明書残高)
・加算か減算か？…(加算・減算)

銀行勘定調整表（両者区分調整法）　　　　　（単位：円）

当社の帳簿残高	(345,000)	銀行の残高証明書残高	(296,000)
加算：[　　]	(　　　　)	加算：[ア]	(45,000)
[　　]	(　　　　)	[　　]	(　　　　)
減算：[　　]	(　　　　)	減算：[　　]	(　　　　)
	(　　　　)		(　　　　)

道しるべ
にしたがって
記入すると ▶▶▶

・どちらの調整項目？…((当社の帳簿残高)・銀行の残高証明書残高)
・加算か減算か？…((加算)・減算)

銀行勘定調整表（両者区分調整法）　　　（単位：円）

当社の帳簿残高	(345,000)	銀行の残高証明書残高	(296,000)
加算：[イ]	(20,000)	加算：[ア]	(45,000)
[　　]	(　　　　)	[　　]	(　　　　)
減算：[　　]	(　　　　)	減算：[　　]	(　　　　)
	(　　　　)		(　　　　)

※　修正仕訳の借方に「当座預金」→加算

ウ．得意先A社から売掛金の回収として、小切手￥42,000を受け取り、取引銀行に持ち込んで取立てを依頼したが、決算日においてまだ銀行が取り立てていなかった。

ウ．(連絡未通知・誤記入・未渡小切手・時間外預入・(未取立小切手)・未取付小切手)
・修正仕訳は？…(必要・(不要))

	借方科目	金額	貸方科目	金額
ウ	仕訳なし			

・どちらの調整項目？…（当社の帳簿残高・銀行の残高証明書残高）

・加算か減算か？…（加算・減算）

<table>
<tr><td colspan="4" align="center">銀行勘定調整表（両者区分調整法）</td><td colspan="2" align="right">（単位：円）</td></tr>
<tr><td>当社の帳簿残高</td><td></td><td align="right">（　345,000　）</td><td>銀行の残高証明書残高</td><td></td><td align="right">（　296,000　）</td></tr>
<tr><td>加算：</td><td>［　イ　］</td><td align="right">（　20,000　）</td><td>加算：</td><td>［　ア　］</td><td align="right">（　45,000　）</td></tr>
<tr><td></td><td>［　　　］</td><td align="right">（　　　　）</td><td></td><td>［　　　］</td><td align="right">（　　　　）</td></tr>
<tr><td>減算：</td><td>［　　　］</td><td align="right">（　　　　）</td><td>減算：</td><td>［　　　］</td><td align="right">（　　　　）</td></tr>
<tr><td></td><td></td><td align="right">（　　　　）</td><td></td><td></td><td align="right">（　　　　）</td></tr>
</table>

道しるべ

にしたがって
記入すると ▶▶▶

・どちらの調整項目？…（当社の帳簿残高・銀行の残高証明書残高）

・加算か減算か？…（加算・減算）

<table>
<tr><td colspan="4" align="center">銀行勘定調整表（両者区分調整法）</td><td colspan="2" align="right">（単位：円）</td></tr>
<tr><td>当社の帳簿残高</td><td></td><td align="right">（　345,000　）</td><td>銀行の残高証明書残高</td><td></td><td align="right">（　296,000　）</td></tr>
<tr><td>加算：</td><td>［　イ　］</td><td align="right">（　20,000　）</td><td>加算：</td><td>［　ア　］</td><td align="right">（　45,000　）</td></tr>
<tr><td></td><td>［　　　］</td><td align="right">（　　　　）</td><td></td><td>［　ウ　］</td><td align="right">（　42,000　）</td></tr>
<tr><td>減算：</td><td>［　　　］</td><td align="right">（　　　　）</td><td>減算：</td><td>［　　　］</td><td align="right">（　　　　）</td></tr>
<tr><td></td><td></td><td align="right">（　　　　）</td><td></td><td></td><td align="right">（　　　　）</td></tr>
</table>

※　銀行が取り立てたら、当座預金が増加する→加算

エ．得意先B社から売掛金の回収として、¥30,000が当座預金口座に振り込まれていたが、
当社には未通知であったため、未記帳であった。

エ．（連絡未通知・誤記入・未渡小切手・時間外預入・未取立小切手
・未取付小切手）

・修正仕訳は？…（必要・不要）

	借方科目	金　額	貸方科目	金　額
エ	当　座　預　金	30,000	売　　掛　　金	30,000

・どちらの調整項目？…（当社の帳簿残高・銀行の残高証明書残高）

・加算か減算か？…（加算・減算）

<table>
<tr><td colspan="4" align="center">銀行勘定調整表（両者区分調整法）</td><td colspan="2" align="right">（単位：円）</td></tr>
<tr><td>当社の帳簿残高</td><td></td><td align="right">（　345,000　）</td><td>銀行の残高証明書残高</td><td></td><td align="right">（　296,000　）</td></tr>
<tr><td>加算：</td><td>［　イ　］</td><td align="right">（　20,000　）</td><td>加算：</td><td>［　ア　］</td><td align="right">（　45,000　）</td></tr>
<tr><td></td><td>［　　　］</td><td align="right">（　　　　）</td><td></td><td>［　ウ　］</td><td align="right">（　42,000　）</td></tr>
<tr><td>減算：</td><td>［　　　］</td><td align="right">（　　　　）</td><td>減算：</td><td>［　　　］</td><td align="right">（　　　　）</td></tr>
<tr><td></td><td></td><td align="right">（　　　　）</td><td></td><td></td><td align="right">（　　　　）</td></tr>
</table>

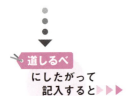

道しるべ
にしたがって
記入すると ▶▶▶

・どちらの調整項目？…（当社の帳簿残高・銀行の残高証明書残高）
・加算か減算か？…（加算・減算）

銀行勘定調整表（両者区分調整法）　　　（単位：円）

当社の帳簿残高	（ 345,000 ）	銀行の残高証明書残高	（ 296,000 ）
加算：[イ]	（ 20,000 ）	加算：[ア]	（ 45,000 ）
[エ]	（ 30,000 ）	[ウ]	（ 42,000 ）
減算：[　]	（ 　　　 ）	減算：[　]	（ 　　　 ）
	（ 　　　 ）		（ 　　　 ）

※　修正仕訳の**借方**に「当座預金」→加算

オ．仕入先乙社に対する買掛金の支払いとして、小切手¥15,000を振り出して渡したが、決算日現在、乙社はその小切手をまだ銀行に呈示していなかった。

オ．（連絡未通知・誤記入・未渡小切手・時間外預入・未取立小切手
　　　未取付小切手）
・修正仕訳は？…（必要・**不要**）

	借方科目	金額	貸方科目	金額
オ	仕　訳　な　し			

・どちらの調整項目？…（当社の帳簿残高・銀行の残高証明書残高）
・加算か減算か？…（加算・減算）

銀行勘定調整表（両者区分調整法）　　　（単位：円）

当社の帳簿残高	（ 345,000 ）	銀行の残高証明書残高	（ 296,000 ）
加算：[イ]	（ 20,000 ）	加算：[ア]	（ 45,000 ）
[エ]	（ 30,000 ）	[ウ]	（ 42,000 ）
減算：[　]	（ 　　　 ）	減算：[　]	（ 　　　 ）
	（ 　　　 ）		（ 　　　 ）

道しるべ
にしたがって
記入すると ▶▶▶

- どちらの調整項目？…（当社の帳簿残高・⦅銀行の残高証明書残高⦆）
- 加算か減算か？…（加算・⦅減算⦆）

銀行勘定調整表（両者区分調整法）　　　（単位：円）

当社の帳簿残高	（345,000）	銀行の残高証明書残高	（296,000）
加算：[イ]	（20,000）	加算：[ア]	（45,000）
[エ]	（30,000）	[ウ]	（42,000）
減算：[　]	（　　　）	減算：[オ]	（15,000）
	（　　　）		（　　　）

※　乙社が小切手を銀行に持ち込んだら、当座預金が減少する→減算

カ．得意先Ｃ社から売掛金の回収として、¥25,000が当座預金口座に振り込まれていたが、当社では誤って¥52,000と記帳していた。

カ．（連絡未通知・⦅誤記入⦆・未渡小切手・時間外預入・未立小切手・未取付小切手）
- 修正仕訳は？…（⦅必要⦆・不要）

	借方科目	金　額	貸方科目	金　額
カ	売　掛　金	27,000	当　座　預　金	27,000

- どちらの調整項目？…（当社の帳簿残高・銀行の残高証明書残高）
- 加算か減算か？…（加算・減算）

銀行勘定調整表（両者区分調整法）　　　（単位：円）

当社の帳簿残高	（345,000）	銀行の残高証明書残高	（296,000）
加算：[イ]	（20,000）	加算：[ア]	（45,000）
[エ]	（30,000）	[ウ]	（42,000）
減算：[　]	（　　　）	減算：[オ]	（15,000）
	（　　　）		（　　　）

道しるべ
にしたがって
記入すると ▶▶▶

・どちらの調整項目？…（当社の帳簿残高　銀行の残高証明書残高）
・加算か減算か？…（加算　減算）

	銀行勘定調整表（両者区分調整法）	（単位：円）
当社の帳簿残高	（　345,000　）	銀行の残高証明書残高	（　296,000　）
加算：［　イ　］	（　20,000　）	加算：［　ア　］	（　45,000　）
［　エ　］	（　30,000　）	［　ウ　］	（　42,000　）
減算：［　カ　］	（　27,000　）	減算：［　オ　］	（　15,000　）
	（　　　　　　）		（　　　　　　）

※　修正仕訳の**貸方**に「当座預金」→減算

(3)　合計欄の記入

銀行勘定調整表（両者区分調整法）の合計欄を記入します。

	銀行勘定調整表（両者区分調整法）	（単位：円）
当社の帳簿残高	（　345,000　）	銀行の残高証明書残高	（　296,000　）
加算：［　イ　］	（　20,000　）	加算：［　ア　］	（　45,000　）
［　エ　］	（　30,000　）	［　ウ　］	（　42,000　）
減算：［　カ　］	（　27,000　）	減算：［　オ　］	（　15,000　）
	（　　　　　　）		（　　　　　　）

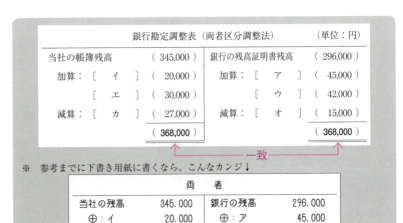

STEP 4 貸借対照表の当座預金の残高を求める…問3

当社の帳簿残高に修正仕訳の「当座預金」の金額を加減して、貸借対照表の当座預金の残高を計算します。なお、この金額は、銀行勘定調整表（両者区分調整法）の合計欄の金額と一致します。

問3　貸借対照表上の当座預金の金額：¥ ＿＿＿＿＿＿＿＿＿＿

道しるべ にしたがって 記入すると ▶▶▶

問3　貸借対照表上の当座預金の金額：¥　368,000*
＊　¥345,000 ＋ ¥20,000 ＋ ¥30,000 － ¥27,000 ＝ ¥368,000

以上より、この例題の解答は次のようになります。

問1

銀行勘定調整表（両者区分調整法）　　（単位：円）

当社の帳簿残高	（345,000）	銀行の残高証明書残高	（296,000）
加算：［ イ ］	（ 20,000）	加算：［ ア ］	（ 45,000）
［ エ ］	（ 30,000）	［ ウ ］	（ 42,000）
減算：［ カ ］	（ 27,000）	減算：［ オ ］	（ 15,000）
	（368,000）		（368,000）

問2

	借方科目	金額	貸方科目	金額
ア	仕訳なし			
イ	当座預金	20,000	買掛金	20,000
ウ	仕訳なし			
エ	当座預金	30,000	売掛金	30,000
オ	仕訳なし			
カ	売掛金	27,000	当座預金	27,000

問3　貸借対照表上の当座預金の金額：¥　368,000

銀行勘定調整表の作成

STEP 1 問題文の確認
・作成する銀行勘定調整表の形式をチェック。

STEP 2 不一致の原因のラベリングと修正仕訳
・〔資料〕から不一致の原因が「連絡未通知」「誤記入」「未渡小切手」「時間外預入」「未取立小切手」「未取付小切手」のどれにあてはまるのかを考え、〔資料〕や下書き用紙にメモしておく。
・修正仕訳の要否を考え、修正仕訳が必要なものは修正仕訳を答案用紙や下書き用紙に記入する。

STEP 3 両者区分調整法による銀行勘定調整表の作成
・両者区分調整法による銀行勘定調整表を作成する。
・企業残高基準法や銀行残高基準法の問題でも、下書き用紙には両者区分調整法で書く。
・修正仕訳があるものは、当社の帳簿残高に加算または減算する。
・修正仕訳がないものは、銀行の残高証明書残高に加算または減算する。

STEP 4 貸借対照表の当座預金の残高を求める
・当社の帳簿残高に修正仕訳の「当座預金」の金額を加減して、貸借対照表の当座預金の金額を計算する。

これ、だいじょうぶ？　　企業残高基準法や銀行残高基準法の場合

　この例題が企業残高基準法や銀行残高基準法による銀行勘定調整表を作成する問題であった場合、下書き用紙に書いた両者区分調整法の銀行勘定調整表をもとにして、以下のように解答します。

(1) **企業残高基準法**
　企業残高基準法は、企業の帳簿残高を基準として、これを調整することにより、銀行の残高に一致させる方法です。

(2) 銀行残高基準法

銀行残高基準法は、銀行の残高を基準として、これを調整することにより、企業の残高に一致させる方法です。

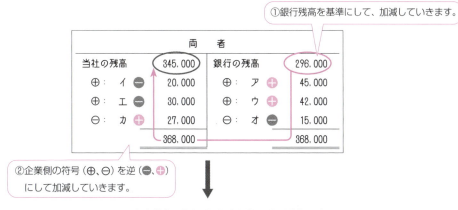

第2問対策 例題

3. 株主資本等変動計算書

例題 3　次の〔資料〕にもとづいて、答案用紙に示した（　　）に適切な金額を記入して、株式会社名古屋商事の×2年度（×2年4月1日から×3年3月31日）の株主資本等変動計算書（単位：千円）を完成しなさい。なお、減少については、金額の前に△にて示すこと。

〔資　料〕

1．前期の決算時に作成した貸借対照表によると、純資産の部に記載された項目の金額は次のとおりであった。なお、この時点における当社の発行済株式総数は10,000株である。

　　　資　本　金　20,000千円　　資本準備金　　2,000千円　　その他資本剰余金　　0千円

　　　利益準備金　　1,000千円　　別途積立金　　　200千円　　繰越利益剰余金　3,000千円

2．×2年6月26日に開催された株主総会において、剰余金の配当等が次のとおり承認された。

　　① 株主への配当金を、利益剰余金を財源とし1株につき¥100にて実施する。

　　② 会社法で規定する額の利益準備金を計上する。

　　③ 新たに新築積立金を200千円設定する。

3．×2年10月1日に増資を行い、3,000株を1株につき@¥2,000で発行した。払込金は全額当座預金に預け入れた。資本金は会社法で規定する最低額を計上することとした。

4．×3年1月17日に株式会社刈谷物産を吸収合併した。刈谷物産の諸資産（時価）は47,000千円、諸負債は42,000千円であった。合併の対価として刈谷物産の株主に当社の株式2,000株（時価@¥2,500）を交付したが、資本金増加額は2,000千円、資本準備金増加額は2,000千円、およびその他資本剰余金増加額は1,000千円とした。

5．×3年3月31日、決算において、当期純利益は400千円であることが判明した。

答案用紙

株主資本等変動計算書
自×2年4月1日 至×3年3月31日　　　（単位：千円）

	株　主　資　本				
	資　本　金	資　本　剰　余　金		
		資本準備金	その他資本剰余金	資本剰余金合計
当 期 首 残 高	20,000	2,000	0	2,000
当 期 変 動 額				
剰余金の配当等				
新 株 の 発 行	(　　　)	(　　　)		(　　　)
吸 収 合 併	(　　　)	(　　　)		(　　　)
当 期 純 利 益				
当期変動額合計	(　　　)	(　　　)	(　　　)	(　　　)
当 期 末 残 高	(　　　)	(　　　)	(　　　)	(　　　)

下段へ続く

上段より続く

	株　主　資　本						
	利　益　剰　余　金				利益剰余金合計	株主資本合計
	利益準備金	その他利益剰余金				
		新築積立金	別途積立金	繰越利益剰余金		
当 期 首 残 高	1,000	0	200	3,000	(　　　)	(　　　)
当 期 変 動 額						
剰余金の配当等	(　　　)	(　　　)		(　　　)	(　　　)	(　　　)
新 株 の 発 行						(　　　)
吸 収 合 併						5,000
当 期 純 利 益				(　　　)	(　　　)	(　　　)
当期変動額合計	(　　　)	(　　　)	0	(　　　)	(　　　)	(　　　)
当 期 末 残 高	(　　　)	(　　　)	200	(　　　)	(　　　)	(　　　)

答案用紙に記入したら、で答えを

株主資本等変動計算書を作成する問題です。

株主資本等変動計算書には、純資産の変動のみを記載することに注意しましょう。

STEP 1 問題文の確認＆答案用紙の加工

問題文をざっと確認します。また、答案用紙の株主資本等変動計算書について、種類別（資本金、資本剰余金、利益剰余金）に分ける線をいれておきます。

> この線は問題を解き終わったら、消してください。

株 主 資 本 等 変 動 計 算 書
自×2年4月1日 至×3年3月31日　　（単位：千円）

	株 主 資 本				
	資 本 金	資本剰余金		
		資本準備金	その他資本剰余金	資本剰余金合計
当 期 首 残 高	20,000	2,000	0	2,000
当 期 変 動 額				
剰余金の配当等				
新 株 の 発 行	( )	( )		( )
吸 収 合 併	( )	( )	( )	( )
当 期 純 利 益				
当期変動額合計	( )	( )	( )	( )
当 期 末 残 高	( )	( )	( )	( )

下段へ続く

上段より続く

	株 主 資 本						株主資本合計
	利益剰余金					
	利益準備金	その他利益剰余金		利益剰余金合計	
		新築積立金	別途積立金	繰越利益剰余金		
当 期 首 残 高	1,000	0	200	3,000	( )	( )
当 期 変 動 額						
剰余金の配当等	( )	( )		( )	( )	( )
新 株 の 発 行						( )
吸 収 合 併						5,000
当 期 純 利 益				( )	( )	( )
当期変動額合計	( )	( )	0	( )	( )	( )
当 期 末 残 高	( )	( )	200	( )	( )	( )

128

道しるべ
にしたがって
記入すると ▶▶▶

株主資本等変動計算書
自×2年4月1日 至×3年3月31日　　（単位：千円）

	株　主　資　本			
	資　本　金	資　本　剰　余　金		
		資本準備金	その他資本剰余金	資本剰余金合計
当 期 首 残 高	20,000	2,000	0	2,000
当 期 変 動 額				
剰余金の配当等				
新 株 の 発 行	(　　　)	(　　　)		(　　　)
吸 収 合 併	(　　　)	(　　　)		(　　　)
当 期 純 利 益				
当期変動額合計	(　　　)	(　　　)	(　　　)	(　　　)
当 期 末 残 高	(　　　)	(　　　)	(　　　)	(　　　)

下段へ続く

上段より続く

	株　主　資　本					株主資本合計
	利　益　剰　余　金				利益剰余金合計	
	利益準備金	その他利益剰余金				
		新築積立金	別途積立金	繰越利益剰余金		
当 期 首 残 高	1,000	0	200	3,000	(　　　)	(　　　)
当 期 変 動 額						
剰余金の配当等	(　　)	(　　)		(　　)	(　　)	
新 株 の 発 行						(　　)
吸 収 合 併						5,000
当 期 純 利 益						
当期変動額合計	(　)	(　)	0	(　)	(　)	(　)
当 期 末 残 高	(　)	(　)	200	(　)	(　)	(　)

STEP 2　当期首残高欄を埋める

〔資料〕1にもとづいて、答案用紙の株主資本等変動計算書の当期首残高欄を埋めます。
　各項目の金額はすでに記載済みなので、「利益剰余金合計」と「株主資本合計」を計算します。

株主資本等変動計算書
自×2年4月1日 至×3年3月31日　　（単位：千円）

	株　主　資　本			
	資　本　金	資　本　剰　余　金		
		資本準備金	その他資本剰余金	資本剰余金合計
当 期 首 残 高	20,000	2,000	0	2,000

下段へ続く

上段より続く

	株　主　資　本					株主資本合計
	利　益　剰　余　金				利益剰余金合計	
	利益準備金	その他利益剰余金				
		新築積立金	別途積立金	繰越利益剰余金		
当 期 首 残 高	1,000	0	200	3,000	(　　　)	(　　　)

129

道しるべ
にしたがって
記入すると ▶▶▶

株主資本等変動計算書
自×2年4月1日 至×3年3月31日 （単位：千円）

	株　主　資　本			
	資　本　金	資　本　剰　余　金		
		資本準備金	その他資本剰余金	資本剰余金合計
当期首残高	20,000	2,000	0	2,000

下段へ続く

上段より続く

	株　主　資　本					株主資本合計
	利　益　剰　余　金					
	利益準備金	その他利益剰余金			利益剰余金合計	
		新築積立金	別途積立金	繰越利益剰余金		
当期首残高	1,000	0	200	3,000	(4,200)	(26,200)

利益剰余金合計：1,000千円＋0千円＋200千円＋3,000千円＝4,200千円
株主資本合計：20,000千円＋2,000千円＋4,200千円＝26,200千円

STEP 3　当期変動額欄を埋める

〔資料〕2～5について、仕訳を行い、株主資本等変動計算書の当期変動額欄を埋めます。
　なお、株主資本等変動計算書には純資産項目の増減のみ記載するので、**仕訳で純資産の勘定科目以外の勘定科目が出てきても、これらの金額は無視**します。

(1) 剰余金の配当等…〔資料〕1、2

（株主資本等変動計算書の）減少については、金額の前に△にて示すこと。

1．前期の決算時に…なお、この時点における当社の発行済株式総数は10,000株である。
2．×2年6月26日に開催された株主総会において、剰余金の配当等が次のとおり承認された。
　① 株主への配当金を、利益剰余金を財源とし1株につき¥100にて実施する。
　② 会社法で規定する額の利益準備金を計上する。
　③ 新たに新築積立金を200千円設定する。

仕　訳：〔　　　　　〕（　　　　）〔　　　　　〕（　　　　）
　　　　〔　　　　　〕（　　　　）〔　　　　　〕（　　　　）
　　　　〔　　　　　〕（　　　　）〔　　　　　〕（　　　　）

130

↓

上段より続く

	株　主　資　本						
		利　益　剰　余　金				株 主 資 本
	利益準備金	その他利益剰余金			利益剰余金 合　　計	合　　計
		新築積立金	別途積立金	繰越利益剰余金		
当 期 変 動 額						
剰余金の配当等	（　　　）	（　　　）	（　　　）	（　　　）	（　　　）	（　　　）

借方に記入されているということは、純資産の減少→「株主資本等変動計算書」に記入するときは「△」をつけて！

純資産の項目ではないので無視します。

道しるべ
にしたがって
記入すると▶▶▶

仕訳：〔繰越利益剰余金〕（1,300[*3]）　〔未 払 配 当 金〕（1,000[*1]）
　　　　　　　　　　　　　　　　　　〔利 益 準 備 金〕（　100[*2]）
　　　　　　　　　　　　　　　　　　〔新 築 積 立 金〕（　200　）

＊1　@100円×10,000株＝1,000千円

＊2　①1,000千円×$\frac{1}{10}$＝100千円

　　　②20,000千円×$\frac{1}{4}$－（2,000千円＋1,000千円）＝2,000千円
　　　　　資本金　　　　　　　資本準備金　利益準備金
　　　　　当期首残高　　　　　当期首残高　当期首残高

　　　③①＜②より①100千円

＊3　貸方合計

上段より続く

	株　主　資　本						
		利　益　剰　余　金				株 主 資 本
	利益準備金	その他利益剰余金			利益剰余金 合　　計	合　　計
		新築積立金	別途積立金	繰越利益剰余金		
当 期 変 動 額						
剰余金の配当等	（　100）	（　200）		（△1,300）	→（△1,000）	（△1,000）

利益剰余金合計： 100千円＋200千円＋△1,300千円 ＝△1,000千円→株主資本合計

(2)　新株の発行…〔資料〕3

　3．×2年10月1日に増資を行い、3,000株を1株につき@¥2,000で発行した。払込金は全額当座預金に預け入れた。資本金は会社法で規定する最低額を計上することとした。

仕　訳：〔　　　　　　　　〕（　　　　　）〔　　　　　　　　〕（　　　　　）
　　　　〔　　　　　　　　〕（　　　　　）〔　　　　　　　　〕（　　　　　）

	株 主 資 本			
	資 本 金	資 本 剰 余 金		
		資本準備金	その他資本剰余金	資本剰余金合計
当期変動額				
新株の発行	( )	( )		( )

下段へ続く

上段より続く

	株 主 資 本					株主資本合計
	利 益 剰 余 金				利益剰余金合計	
	利益準備金	その他利益剰余金				
		新築積立金	別途積立金	繰越利益剰余金		
当期変動額						
新株の発行						( )

道しるべ
にしたがって
記入すると ▶▶▶

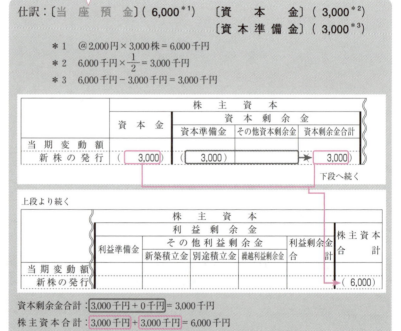

純資産の項目ではないので無視します。

仕訳：〔当 座 預 金〕(6,000 *¹)　〔資 本 金〕(3,000 *²)
　　　　　　　　　　　　　　　　　　〔資本準備金〕(3,000 *³)

* 1　@2,000円 × 3,000株 = 6,000千円
* 2　6,000千円 × $\frac{1}{2}$ = 3,000千円
* 3　6,000千円 − 3,000千円 = 3,000千円

資本剰余金合計：3,000千円 + 0千円 = 3,000千円
株主資本合計：3,000千円 + 3,000千円 = 6,000千円

(3) 吸収合併…〔資料〕4

> 4．×3年1月17日に株式会社刈谷物産を吸収合併した。刈谷物産の諸資産（時価）は47,000千円、諸負債は42,000千円であった。合併の対価として刈谷物産の株主に当社の株式2,000株（時価@¥2,500）を交付したが、資本金増加額は2,000千円、資本準備金増加額は2,000千円、およびその他資本剰余金増加額は1,000千円とした。

仕訳：〔　　　　　　〕（　　　　）〔　　　　　　　〕（　　　　）
　　　〔　　　　　　〕（　　　　）〔　　　　　　　〕（　　　　）
　　　〔　　　　　　〕（　　　　）〔　　　　　　　〕（　　　　）
　　　〔　　　　　　〕（　　　　）〔　　　　　　　〕（　　　　）

↓

	株　主　資　本			
	資　本　金	資本剰余金		
		資本準備金	その他資本剰余金	資本剰余金合計
当 期 変 動 額				
吸 収 合 併	（　　　）	（　　　）	（　　　）	（　　　）

下段へ続く

上段より続く

	株　主　資　本					株主資本合計
	利　益　剰　余　金				
	利益準備金	その他利益剰余金			利益剰余金合計
		新築積立金	別途積立金	繰越利益剰余金
当 期 変 動 額						
吸 収 合 併						5,000

道しるべにしたがって記入すると▶▶▶

純資産の項目ではないので無視します。

純資産の項目ではないので無視します。

仕訳：〔諸　　資　　産〕（47,000）〔諸　　負　　債〕（42,000）
　　　　　　　　　　　　　　　　　〔資　　本　　金〕（ 2,000）
　　　　　　　　　　　　　　　　　〔資 本 準 備 金〕（ 2,000）
　　　　　　　　　　　　　　　　　〔その他資本剰余金〕（ 1,000）

	株　主　資　本			
	資　本　金	資本剰余金		
		資本準備金	その他資本剰余金	資本剰余金合計
当 期 変 動 額				
吸 収 合 併	（ 2,000）	（ 2,000）	（ 1,000）	（ 3,000）

下段へ続く

上段より続く

	株　主　資　本					株主資本合計
	利　益　剰　余　金				
	利益準備金	その他利益剰余金			利益剰余金合計
		新築積立金	別途積立金	繰越利益剰余金
当 期 変 動 額						
吸 収 合 併						5,000

資本剰余金合計：2,000千円＋1,000千円＝3,000千円
株主資本合計：2,000千円＋3,000千円＝5,000千円

(4) 当期純利益の計上…〔資料〕5

> 5．×3年3月31日、決算において、当期純利益は400千円であることが判明した。

仕 訳：〔　　　　　　〕（　　　　）〔　　　　　　　〕（　　　　）

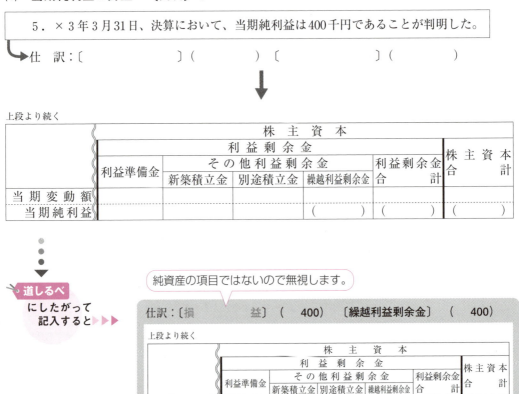

STEP 4　当期変動額合計欄を埋める

当期変動額の合計欄（縦の合計）を計算します。

株主資本等変動計算書
自×2年4月1日　至×3年3月31日　　（単位：千円）

	株　主　資　本				
	資　本　金	資本剰余金		
		資本準備金	その他資本剰余金	資本剰余金合計
当 期 変 動 額				
剰余金の配当等				
新 株 の 発 行	（　3,000）	（　3,000）		（　3,000）
吸 収 合 併	（　2,000）	（　2,000）	（　1,000）	（　3,000）
当 期 純 利 益				
当期変動額合計	（　　　）	（　　　）	（　　　）	（　　　）

下段へ続く

上段より続く

	株　主　資　本					株主資本合計
	利　益　剰　余　金				利益剰余金合計	
	利益準備金	その他利益剰余金				
		新築積立金	別途積立金	繰越利益剰余金		
当期変動額						
剰余金の配当等	(100)	(200)		(△1,300)	(△1,000)	(△1,000)
新株の発行						(6,000)
吸収合併						5,000
当期純利益				(400)	(400)	(400)
当期変動額合計	( )	( )	0	( )	( )	( )

道しるべ
にしたがって
記入すると▶▶▶

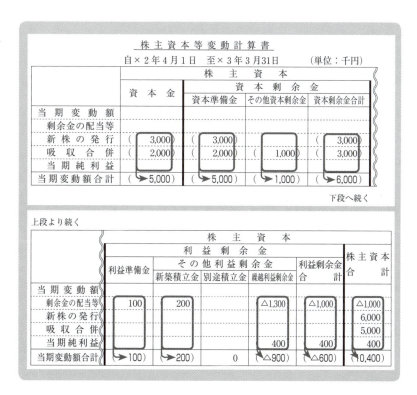

135

STEP 5 当期末残高欄を埋める

当期首残高と当期変動額合計を加減して、当期末残高を計算します。

株主資本等変動計算書
自×2年4月1日 至×3年3月31日 （単位：千円）

	資 本 金	株 主 資 本		
		資 本 剰 余 金		
		資本準備金	その他資本剰余金	資本剰余金合計
当 期 首 残 高	20,000	2,000	0	2,000
当 期 変 動 額				
剰余金の配当等				
新 株 の 発 行	(3,000)	(3,000)		(3,000)
吸 収 合 併	(2,000)	(2,000)	(1,000)	(3,000)
当 期 純 利 益				
当期変動額合計	(5,000)	(5,000)	(1,000)	(6,000)
当 期 末 残 高	( )	( )	( )	( )

下段へ続く

最後に STEP 1 でいれた線を消しておいてください。

上段より続く

	株 主 資 本					株 主 資 本 合 計
	利 益 剰 余 金				利益剰余金合 計	
	利益準備金	その他利益剰余金				
		新築積立金	別途積立金	繰越利益剰余金		
当 期 首 残 高	1,000	0	200	3,000	4,200	(26,200)
当 期 変 動 額						
剰余金の配当等	(100)	(200)		(△1,300)	(△1,000)	(△1,000)
新 株 の 発 行						(6,000)
吸 収 合 併						5,000
当 期 純 利 益				(400)	(400)	(400)
当期変動額合計	(100)	(200)	0	(△900)	(△600)	(10,400)
当 期 末 残 高	( )	( )	200	( )	( )	( )

道しるべ
にしたがって
記入すると ▶▶▶

株主資本等変動計算書
自×2年4月1日 至×3年3月31日 （単位：千円）

	株　主　資　本				
	資本金	資　本　剰　余　金		
		資本準備金	その他資本剰余金	資本剰余金合計
当期首残高	20,000	2,000	0	2,000
当期変動額				
剰余金の配当等				
新株の発行	(3,000)	(3,000)		(3,000)
吸収合併	(2,000)	(2,000)	(1,000)	(3,000)
当期純利益				
当期変動額合計	(5,000)	(5,000)	(1,000)	(6,000)
当期末残高	(25,000)	(7,000)	(1,000)	(8,000)

下段へ続く

上段より続く

	株　主　資　本				
	利　益　剰　余　金				株主資本
	利益準備金	その他利益剰余金		利益剰余金	合　計
		新築積立金	別途積立金	繰越利益剰余金	合　計
当期首残高	1,000	0	200	3,000	(4,200)	(26,200)
当期変動額						
剰余金の配当等	(100)	(200)		△1,300	△1,000	(△1,000)
新株の発行						(6,000)
吸収合併						5,000
当期純利益				(400)	(400)	(400)
当期変動額合計	(100)	(200)	0	(△900)	(△600)	(10,400)
当期末残高	(1,100)	(200)	200	2,100	3,600	36,600

株主資本等変動計算書の作成

STEP 1 問題文の確認 & 答案用紙の加工
・答案用紙の株主資本等変動計算書について、種類別（資本金、資本剰余金、利益剰余金）に分ける線をいれておく。

STEP 2 当期首残高欄を埋める

STEP 3 当期変動額欄を埋める
・〔資料〕を読んで、仕訳をする。
・株主資本等変動計算書には純資産項目の増減のみ記載するので、仕訳で純資産の勘定科目以外の勘定科目が出てきても、これらの金額は無視する（株主資本等変動計算書に記入しない）。

STEP 4 当期変動額合計欄を埋める
・当期変動額の合計欄（縦の合計）を計算する。

STEP 5 当期末残高欄を埋める
・当期首残高と当期変動額合計を加減して、当期末残高を計算する。
・最後に STEP 1 でいれた線を消しておく。

第2問対策 例題

4. 理論問題（穴埋め問題、正誤問題）

例題 4 以下の各問に答えなさい。

問1 次の文章の中の（ ア ）から（ ウ ）に入るもっとも適切な言葉を語群の中から一つ選び、番号で答えなさい。

(1) 期末時に保有しているその他有価証券は、決算時の時価で評価されることになるが、時価が取得価額を上回っている場合、「その他有価証券評価差額金」は、（ ア ）側に残高が生じることになる。

(2) 自社利用のソフトウェアを資産として計上する場合には、（ イ ）の区分に計上しなければならない。また、ソフトウェアの取得原価は、原則として（ ウ ）により償却する。

語 群

1．借方　　　　　　 2．有形固定資産　　 3．定率法
4．無形固定資産　　 5．定額法　　　　　 6．貸方
7．投資その他の資産 8．生産高比例法　　 9．時価

問2 次の文が正しければ○、誤っていれば×と答案用紙に記入しなさい。

(1) 使用する目的で建物を建てることになった場合、工事代金の一部を引渡前に支払ったさいは、「建物仮勘定」を用いて処理する。

(2) 決算時に保有している子会社株式は、原則として時価で評価し、評価差額は当期の損益としなければならない。

答案用紙

問1

ア	イ	ウ

問2

(1)	(2)

答案用紙に記入したら、解答 P.140 で答えを CHECK!

解き方の道しるべ

穴埋め問題（問1）と正誤問題（問2）です。

このような理論問題は、覚えていないと解けないものもありますが、仕訳を考えれば解けるものもたくさんあるので、わからなかったらまずは仕訳を考えるようにしましょう。

また、穴埋め問題（問1）はさきに語群の内容をチェックしてから、問題文を読むようにしましょう。

この例題の解答は次のとおりです。

問1　ア　6　イ　4　ウ　5

【解説】
(1) たとえば、その他有価証券の取得原価が100円で、決算時の時価が120円であった場合の仕訳は次のようになります。

　　　（その他有価証券）　20＊　（その他有価証券評価差額金）　20
　　＊　120円 − 100円 ＝ 20円（評価差益）
　　　　時価　　取得原価

以上より、期末時に保有しているその他有価証券は、決算時の時価で評価されることになりますが、時価が取得価額を上回っている場合、「その他有価証券評価差額金」は、（ア．6．貸方）側に残高が生じることになります。

(2) 自社利用のソフトウェアを資産として計上する場合には、（イ．4．無形固定資産）の区分に計上しなければなりません。また、ソフトウェアの取得原価は、原則として（ウ．5．定額法）により償却します。

問2　(1)　×　(2)　×

【解説】
(1) 使用する目的で建物を建てることになった場合、工事代金の一部を引渡前に支払ったさいは、「建設仮勘定」を用いて処理します。
(2) 子会社株式は決算において、原則として時価に評価替えしません。

理論問題（穴埋め問題、正誤問題）

・仕訳を考えてみる。
・穴埋め問題は、さきに語群の内容をチェックしてから、問題文を読む。

第2問対策　実践問題

問題 1　勘定記入等（個別問題）　⏰ 20分

答案用紙…別冊P.4　解答…解答解説編P.393

次の〔資料〕にもとづいて、下記の各問に答えなさい。ただし、利息を計算するにあたっては、すべて月割りによるものとする。また、会計期間は4月1日から3月31日までの1年である。〔資料〕以外に有価証券の取引はないものとする。

〔資料〕有価証券に係る一連の取引

（1）×1年の取引

　5月1日　売買目的で額面総額¥10,000,000の国債（×1年1月1日に償還期間3年で発行されたものであり、利払日は毎年6月末日と12月末日、利率は年0.72%である）を額面¥100あたり¥97.6で購入し、代金は購入日までの経過利息¥24,000を含めて後日支払うこととした。この取引を記載した仕訳帳のページ数は「4」である。

　6月30日　上記国債の利払日を迎え、普通預金口座に利息が振り込まれた。この取引を記載した仕訳帳のページ数は「7」である。

　10月31日　上記国債のうち、額面総額¥3,000,000を額面¥100あたり¥96.8で売却し、代金は売却日までの経過利息¥7,200を含めて後日受け取ることとした。この取引を記載した仕訳帳のページ数は「14」である。

　12月31日　上記国債の利払日を迎え、普通預金口座に利息が振り込まれた。この取引を記載した仕訳帳のページ数は「20」である。

（2）×2年の取引

　1月31日　上記国債のうち、額面総額¥2,000,000を額面¥100あたり¥98.1で売却し、代金は売却日までの経過利息¥1,200を含めて後日受け取ることとした。この取引を記載した仕訳帳のページ数は「21」である。

　3月31日　決算日を迎えた。上記国債の時価は額面¥100あたり¥97.9であった。また、利息に関する決算整理仕訳とともに、必要な決算振替仕訳を行った。この取引を記載した仕訳帳のページ数は「25」である。

　4月1日　開始記入をする。あわせて経過勘定項目について再振替仕訳を行う。この取引を記載した仕訳帳のページ数は「1」である。

問1　答案用紙の売買目的有価証券勘定および有価証券利息勘定（残高式）に記入しなさい。ただし、赤字で記入すべき箇所も黒字で記入し、英米式決算法によって締め切ること。

問2　当期の有価証券売却損益を計算しなさい。

問3　仮に上記の〔資料〕で5月1日に購入した国債を満期まで保有する目的で取得し、期中に売却を行わずそのまま決算日を迎えた場合の下記の金額を計算しなさい。ただし、額面金

額と取得価額との差額は金利調整差額と認められるため、償却原価法（定額法）を適用する（月割計算）。

(A) 当期末時点での満期保有目的債券勘定の次期繰越額

(B) 有価証券利息の当期発生額

問題 2 個別問題（リース取引） ⏰ 20分

答案用紙…別冊P.6　解答…解答解説編P.396

埼玉商事株式会社がリース取引によって調達している備品の状況は、以下のとおりである。

名称	リース開始日	リース期間	リース料支払日	年額リース料	見積現金購入価額
A備品	×2年4月1日	6年	毎年3月末日	¥ 500,000	¥2,700,000
B備品	×2年12月1日	4年	毎年11月末日	¥ 360,000	¥1,320,000
C備品	×2年8月1日	5年	毎年7月末日	¥ 402,000	¥1,740,000

このうちA備品とC備品にかかるリース取引は、ファイナンス・リース取引と判定された。これらの備品の減価償却は、リース期間を耐用年数とする定額法で行う。

以上から、ファイナンス・リース取引の会計処理を(A)利子込み法で行った場合と、(B)利子抜き法で行った場合とに分けて、答案用紙に示す×2年度（×2年4月1日から×3年3月31日）の財務諸表上の各金額を求めなさい。ただし、利子抜き法による場合、利息の期間配分は定額法によって行うこと。

問題 3 個別問題（固定資産） ⏰ **20分**

答案用紙…別冊P.8　解答…解答解説編P.398

　A株式会社の有形固定資産の状況は次の〔資料〕のとおりである。この〔資料〕および〔仕訳で用いる勘定科目〕にもとづいて下記の問いに答えなさい。なお、当会計期間は×8年4月1日から×9年3月31日までの1年間であり、各資産について取得後の増減は生じていない。各資産の減価償却にかかる計算は月割計算により、記帳法は間接法によること。

〔資料〕有形固定資産の資料

1．建物

　　取 得 年 月 日：×6年4月1日　　取 得 価 額：¥15,000,000

　　減 価 償 却 方 法：定額法（耐用年数：30年、残存価額：ゼロ）

　　備　　　　　　考：取得に際し、国庫補助金¥4,500,000の交付を当社保有の預金口座への振込みにより受けている。

2．備品

　　取 得 年 月 日：×5年4月20日　　取 得 価 額：¥1,000,000

　　減 価 償 却 方 法：定率法（200%定率法、耐用年数：5年、償却率：0.4、保証率：0.10800、改定償却率：0.500）

　　備　　　　　　考：×9年1月末に除却している。除却資産の評価額は¥50,000である。なお、減価償却費の計算は、次の「定率法の償却率の判定」を参考にして行うこと。

　　　　　　　　　　【定率法の償却率の判定】

　　　　　　　　　　①通常の償却率で計算した減価償却費＝期首帳簿価額×償却率

　　　　　　　　　　②償却保証額＝取得原価×保証率

　　　　　　　　　　③①≧②の場合、減価償却費は①の金額となる。

　　　　　　　　　　　①＜②の場合、減価償却費は「改定取得価額＊×改定償却率」で計算する。

　　　　　　　　　　＊　最初に①＜②となった会計期間の期首帳簿価額

3．車両

　　取 得 年 月 日：×8年10月1日

　　取 得 価 額：¥600,000（本体価格）

　　減 価 償 却 方 法：定率法（200%定率法、償却率：各自推定、耐用年数：4年、残存価額：ゼロ）

　　備　　　　　　考：車両の消費税込価額は¥660,000（消費税率は10%）であり、頭金¥150,000（現金払い）を除き、割賦利息込みで月¥9,050を購入月より60か月の分割払い（預金口座より引落し）とした。

144

〔仕訳で用いる勘定科目〕

現 金 預 金	建 物	備 品	車 両
減 価 償 却 費	減価償却累計額	貯 蔵 品	支 払 利 息
長 期 前 払 費 用	仮 払 消 費 税	固定資産圧縮損	固定資産除却損
長 期 未 払 金	国庫補助金受贈益		

問1 建物について、取得年度における(1)補助金受入時、(2)圧縮記帳時（固定資産の取得の仕訳は不要）、(3)本年度における決算時の仕訳を行いなさい。ただし、国庫補助金相当額の圧縮記帳は直接減額方式によること。

問2 備品について、本年度の除却時の仕訳を行いなさい。ただし、除却資産にかかる減価償却費の計上は、除却時に行うものとする。

問3 車両について、本年度の仕訳（(1)購入時、(2)初回の分割代金支払時および(3)決算時）を行いなさい。ただし、消費税の処理方式は税抜方式とし、利息の処理方法は取得時に資産の勘定で処理し、決算時に定額法により費用計上する方法とする。なお、本問では、購入時に計上した長期性の資産および負債のうち、翌期に期限の到来する分を流動資産または流動負債の科目にそれぞれ振り替える手続きを省略するものとするので、答えなくてよい。

問題 4 銀行勘定調整表等 ⏰ 15分

答案用紙…別冊P.10　解答…解答解説編P.400

次の〔資料〕にもとづいて、下記の〔設問〕に答えなさい。

〔資料1〕

決算につき、取引銀行から当座預金の残高証明書を取り寄せたところ、当社の当座預金勘定の期末残高（¥286,000）と一致していなかった。不一致の原因を調査した結果、次の事実が明らかとなった。

ア．未払金の支払いのために作成した小切手¥15,000が決算日現在、金庫に保管されたままであった。

イ．仕入先に対して振り出した小切手¥20,000が決算日現在、銀行に呈示されていなかった。

ウ．得意先から先方振出の小切手¥24,000を受け取り、取引銀行に持ち込んで取立てを依頼したが、決算日現在、銀行が取り立てていなかった。

エ．決算日において、水道光熱費¥18,000が当座預金口座から引き落とされていたが、当社では未処理であった。

オ．決算日において、銀行の営業時間終了後に現金¥50,000を入金していた（当社では処理済み）。

〔資料2〕

決算日において金庫の中を実査したところ、次のものが入っていた。

紙幣・硬貨	¥105,200	他人振出小切手	¥10,000
自己振出の未渡小切手	¥15,000	他店振出の約束手形	¥40,000
配当金領収証（未処理）	¥5,000		

なお、当社の現金勘定の期末残高は¥116,000であった。現金過不足が生じた場合には決算において雑損または雑益に振り替える。

〔設　問〕

問1　答案用紙の銀行勘定調整表を作成しなさい。なお、〔　　〕には上記の〔資料〕における番号（ア～オ）を記入し、（　　）には金額を記入すること。

問2　〔資料1〕〔資料2〕にもとづいて、必要な決算整理仕訳をしなさい。ただし、勘定科目は次の中からもっとも適当と思うものを選ぶこと。

現　　　　金	当 座 預 金	受 取 手 形	売　掛　金
未 収 入 金	支 払 手 形	買 掛 金	未　払　金
受 取 利 息	受 取 配 当 金	雑　　　益	水 道 光 熱 費
雑　　　損			

問3　貸借対照表に計上される現金および当座預金の金額を答えなさい。

| 問題 **5** | 株主資本等変動計算書 | ⏰ **13分** |

答案用紙…別冊P.11　解答…解答解説編P.403

次の〔資料〕にもとづいて、答案用紙に示した（　）に適切な金額を記入して、沖縄商事株式会社の×3年度（自×3年4月1日　至×4年3月31日）の株主資本等変動計算書（単位：千円）を完成しなさい。なお、減少については、金額の前に△にて示すこと。

〔資　料〕

1．前期の決算時に作成した貸借対照表によると、純資産の部に記載された項目の金額は次のとおりであった。なお、この時点における当社の発行済株式総数は40,000株である。

　　　資　本　金　80,000千円　　資本準備金　8,000千円　　その他資本剰余金　1,000千円

　　　利益準備金　4,000千円　　別途積立金　400千円　　繰越利益剰余金　10,000千円

2．×3年6月26日に開催された株主総会において、剰余金の配当等が次のとおり承認された。

　　①　株主への配当金を、利益剰余金を財源とし1株につき¥60にて実施する。

　　②　会社法で規定する額の利益準備金を計上する。

　　③　新たに新築積立金を300千円設定する。

3．×3年12月1日に増資を行い、5,000株を1株につき@¥2,500で発行した。払込金は全額当座預金に預け入れた。資本金は会社法で規定する最低額を計上することとした。

4．×3年12月10日に石垣物産株式会社を吸収合併した。石垣物産の諸資産（時価）は154,000千円、諸負債は143,600千円であった。合併の対価として石垣物産の株主に当社の株式4,000株（時価@¥2,600）を交付したが、資本金増加額は6,000千円、資本準備金増加額は3,000千円、その他資本剰余金増加額は1,400千円とした。

5．×4年3月31日、決算において、当期純利益は1,000千円であることが判明した。

問題 6　理論問題①（穴埋め問題）　⏱8分

答案用紙…別冊P.12　解答…解答解説編P.405

次の文章の中の（　ア　）から（　ソ　）に入るもっとも適切な言葉を【語群】の中から一つ選び、番号で答えなさい。

⑴　定款作成費用や会社設立登記のための登録免許税など、会社の設立時にかかる費用は（　ア　）で処理する。

⑵　剰余金の配当において、配当財源が繰越利益剰余金の場合には、（　イ　）を積み立てなければならない。この場合の（　イ　）積立額は、配当金の（　ウ　）であるが、上限が定められており、その上限は資本準備金と利益準備金の合計額が（　エ　）の（　オ　）に達するまでとなる。

⑶　消費税の処理において税抜方式を採用している場合、商品を売り上げたときに受け取った消費税額は（　カ　）で処理する。

⑷　銀行勘定調整表のうち、銀行の残高証明書残高に不一致原因を加減して、最終的に企業の当座預金勘定残高に一致させる方法を（　キ　）という。

⑸　売上原価対立法は、商品を仕入れたときに（　ク　）で商品勘定の（　ケ　）に記入し、商品を売り上げたときに、（　コ　）で売上を計上するとともに、その商品の（　ク　）を商品勘定から（　サ　）勘定に振り替える方法をいう。

⑹　損益計算書上、棚卸減耗損は売上原価の内訳項目または（　シ　）に表示する。

⑺　営業に関して生じた債権ではない貸付金にかかる貸倒引当金繰入は、損益計算書上、（　ス　）に表示する。

⑻　決算において、その他有価証券を時価に評価替えしたときに生じたその他有価証券評価差額金は貸借対照表の（　セ　）に表示する。

⑼　リース取引は、①リース期間に中途解約できず、②リース物件からもたらされる経済的利益を享受し、かつ使用に伴って生じるコストを負担する（　ソ　）取引と、（　ソ　）取引以外の（　タ　）取引とに区分される。

⑽　他の企業の株主総会など意思決定機関を支配している会社を（　チ　）といい、支配されている当該企業を（　ツ　）という。支配従属の関係にある企業からなる企業集団の財政状態および経営成績などを示す書類は、（　テ　）と呼ばれる。

【語群】

1．売価	2．原価	3．仕入	4．売上	5．借方
6．貸方	7．親会社	8．子会社	9．開業費	10．創立費
11．売上原価	12．資産の部	13．負債の部	14．純資産の部	15．資本金
16．資本準備金	17．利益準備金	18．別途積立金	19．特別利益	20．特別損失
21．営業外収益	22．営業外費用	23．2分の1	24．4分の1	25．5分の1
26．10分の1	27．仮払消費税		28．仮受消費税	29．その他資本剰余金
30．繰越利益剰余金	31．両者区分調整法		32．銀行残高基準法	
33．企業残高基準法	34．販売費及び一般管理費		35．個別財務諸表	
36．連結財務諸表	37．ファイナンス・リース		38．オペレーティング・リース	

148

問題 7 理論問題②（正誤問題） ⏰ 5分

答案用紙…別冊 P.12　解答…解答解説編 P.406

次の文が正しければ○、誤っていれば×と答案用紙に記入しなさい。

⑴　株式を発行したときは、原則として払込金額の2分の1を資本金として処理する。

⑵　売上という収益の認識基準について、出荷基準と検収基準では、後者によった場合のほうが、収益に計上されるタイミングは一般に遅くなる。

⑶　他人振出小切手は当座預金勘定で処理する。

⑷　決算時に保有している売買目的有価証券は、時価で評価し、評価差額は当期の損益としなければならない。

⑸　広告宣伝費の支払いのために振り出した小切手が、決算日現在、当社の金庫に保管されている場合には、修正仕訳の借方は当座預金、貸方は広告宣伝費となる。

⑹　定額法の耐用年数が5年である場合、200％定率法の償却率は年20％となる。

⑺　営業利益に営業外収益を加え、営業外費用を差し引いた利益は、継続的な経営活動によってもたらされた利益なので、「経常利益」と呼ばれる。

⑻　再振替仕訳は、期首に必ず行わなければならない。

⑼　国庫補助金を受領し、直接控除方式により圧縮記帳を行った場合と、圧縮記帳を行わなかった場合とを比較すると、毎期計上される減価償却費は同額になる。

⑽　外貨建てで商品の売上・仕入取引の結果生じた売掛金や買掛金は、決算時において決算時の為替相場にて円貨に換算するが、これは売掛金や買掛金に為替予約を付した場合においても同じである。

第3問対策

第3問では、精算表や財務諸表の作成など、決算に関する問題が出題されます。
第3問を解く前に、決算整理事項をもう一度確認しておきましょう。

---------第3問でよく出題される問題----------
①精算表の作成
②財務諸表の作成
③本支店合併財務諸表の作成
④本支店会計における損益勘定
⑤連結財務諸表（連結精算表）の作成
⑥製造業を営む会社の決算処理

第3問対策 例題

1. 精算表の作成

例題 1 次の資料にもとづいて精算表を完成させなさい。ただし、会計期間は×5年4月1日から×6年3月31日までとする。 ⏰**20分**

〔資料1〕決算にあたって、次の事項が判明したので、修正を行う。

1．売掛金¥2,000が回収され、当座預金口座に振り込まれていたが、この処理が未処理である。

2．買掛金支払のために振り出した小切手¥4,000が未渡しであった。

3．建設仮勘定はすべて建物の新築に関するものである。なお、この建物は×5年11月1日に完成し、引き渡しを受けた（同日より使用している）が、この取引が未処理である。

〔資料2〕決算整理事項は次のとおりである。

1．売上債権（受取手形と売掛金）の期末残高に対して、次のように貸倒引当金の設定を行う。

　　　X社に対する売掛金¥1,000：債権額から担保処分見込額¥400を控除した残額の50％

　　　Y社に対する売掛金¥2,000：債権額の5％

　　　それ以外の売上債権：貸倒実績率2％で貸倒引当金を設定する。

2．売買目的有価証券を¥24,000に評価替えする。

3．期末商品棚卸高は次のとおりであった。なお、売上原価の計算は「仕入」の行で行う。

　　　ただし、棚卸減耗損と商品評価損は精算表上は独立の科目として表示する。

　　　帳簿棚卸高　50個　　原価　@¥220

　　　実地棚卸高　48個　　時価　@¥210

4．退職給付引当金の当期負担分¥520を繰り入れる。

5．建物および備品に対して次の条件で減価償却を行う。

　　　建物：定額法、耐用年数30年、残存価額　取得原価の10％

　　　備品：200％定率法、耐用年数8年、償却率は各自計算

　　なお、新規に取得した建物についても同様に減価償却を行うが、残存価額をゼロとし、月割計算で減価償却費を計上する。

6．ソフトウェアは前期の期首に自社利用目的で取得したもので、利用可能期間5年により、定額法で償却している。

7．保険料は×5年11月1日に向こう1年分を支払ったものである。

精　算　表

勘定科目	残高試算表 借方	残高試算表 貸方	修正記入 借方	修正記入 貸方	損益計算書 借方	損益計算書 貸方	貸借対照表 借方	貸借対照表 貸方
現　　　　　金	17,900							
当　座　預　金	31,290							
受　取　手　形	7,600							
売　　掛　　金	27,400							
売買目的有価証券	24,800							
繰　越　商　品	12,900							
建　　　　　物	270,000							
備　　　　　品	80,000							
建　設　仮　勘　定	45,000							
ソフトウェア	1,000							
支　払　手　形		12,000						
買　　掛　　金		22,400						
貸　倒　引　当　金		300						
退職給付引当金		2,100						
建物減価償却累計額		97,200						
備品減価償却累計額		35,000						
資　　本　　金		300,000						
売　　　　　上		196,080						
受　取　手　数　料		3,030						
仕　　　　　入	110,300							
給　　　　　料	35,600							
保　　険　　料	4,320							
	668,110	668,110						
貸倒引当金(　　)								
有価証券評価(　　)								
減　価　償　却　費								
商　品　評　価　損								
棚　卸　減　耗　損								
退　職　給　付　費　用								
(　　　　)償却								
(　　　)保険料								
当　期　純(　　　)								

答案用紙に記入したら、で答えを
CHECK!

資料の未処理事項と決算整理事項から決算整理仕訳を考え、精算表に金額を記入します。

STEP 1 問題文の確認

決算整理事項で月割計算をするものもあるので、はじめに必ず会計期間を確認しましょう。

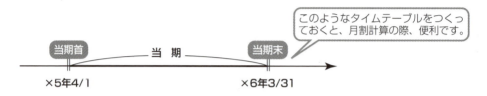

このようなタイムテーブルをつくっておくと、月割計算の際、便利です。

STEP 2 決算整理仕訳と精算表の記入

未処理事項と決算整理事項を読んで、決算整理仕訳を考え、精算表に記入していきましょう。

〔資料1〕未処理事項
1．売掛金の回収

決算整理仕訳を下書き用紙に書いてもいいのですが、時間短縮のため、精算表に直接記入してしまいましょう。

売掛金¥2,000が回収され、当座預金口座に振り込まれていたが、この処理が未処理である。

勘定科目	残高試算表 借方	残高試算表 貸方	修正記入 借方	修正記入 貸方	損益計算書 借方	損益計算書 貸方	貸借対照表 借方	貸借対照表 貸方
当 座 預 金	31,290							
売 掛 金	27,400							

道しるべにしたがって記入すると

1．売掛金の回収
〔当 座 預 金〕（ 2,000 ）〔売 掛 金〕（ 2,000 ）

勘定科目	残高試算表 借方	残高試算表 貸方	修正記入 借方	修正記入 貸方	損益計算書 借方	損益計算書 貸方	貸借対照表 借方	貸借対照表 貸方
当 座 預 金	31,290		➕2,000				▶33,290	
売 掛 金	27,400			➖2,000			▶25,400	

2．未渡小切手

買掛金支払のために振り出した小切手¥4,000が未渡しであった。

勘定科目	残高試算表 借方	残高試算表 貸方	修正記入 借方	修正記入 貸方	損益計算書 借方	損益計算書 貸方	貸借対照表 借方	貸借対照表 貸方
当 座 預 金	31,290		2,000				33,290	
買 　 掛 　 金		22,400						

道しるべにしたがって記入すると▶▶▶

2．未渡小切手

〔当 座 預 金〕（ 4,000 ）〔買 　 掛 　 金〕（ 4,000 ）

勘定科目	残高試算表 借方	残高試算表 貸方	修正記入 借方	修正記入 貸方	損益計算書 借方	損益計算書 貸方	貸借対照表 借方	貸借対照表 貸方
当 座 預 金	31,290		6,000				37,290	
買 　 掛 　 金		22,400		4,000				26,400

1.ですでに¥2,000を記入済みなので、¥4,000を足した¥6,000に書き換えましょう。

3．建物の完成

建設仮勘定はすべて建物の新築に関するものである。なお、この建物は×5年11月1日に完成し、引き渡しを受けた（同日より使用している）が、この取引が未処理である。

勘定科目	残高試算表 借方	残高試算表 貸方	修正記入 借方	修正記入 貸方	損益計算書 借方	損益計算書 貸方	貸借対照表 借方	貸借対照表 貸方
建 　 　 　 物	270,000							
建 設 仮 勘 定	45,000							

道しるべにしたがって記入すると▶▶▶

3．建物の完成

〔建　　　　物〕（ 45,000 ）〔建 設 仮 勘 定〕（ 45,000 ）

勘定科目	残高試算表 借方	残高試算表 貸方	修正記入 借方	修正記入 貸方	損益計算書 借方	損益計算書 貸方	貸借対照表 借方	貸借対照表 貸方
建 　 　 物	270,000		45,000				315,000	
建 設 仮 勘 定	45,000			45,000				

〔資料2〕決算整理事項
1．貸倒引当金の設定

決算において、売掛金と受取手形の期末残高に対して、貸倒引当金を設定します。未処理事項を考慮したあとの売掛金や受取手形に貸倒引当金を設定することに注意しましょう。

> 売上債権（受取手形と売掛金）の期末残高に対して、次のように貸倒引当金の設定を行う。
> 　　X社に対する売掛金¥1,000：債権額から担保処分見込額¥400を控除した残額の50％
> 　　Y社に対する売掛金¥2,000：債権額の5％
> 　　それ以外の売上債権：貸倒実績率2％で貸倒引当金を設定する。

勘定科目	残高試算表 借方	残高試算表 貸方	修正記入 借方	修正記入 貸方	損益計算書 借方	損益計算書 貸方	貸借対照表 借方	貸借対照表 貸方
受取手形	7,600							
売掛金	27,400			2,000			25,400	
貸倒引当金		300						
貸倒引当金（　）								

道しるべにしたがって記入すると▶▶▶

1．貸倒引当金の設定

〔貸倒引当金繰入〕（　　700*）〔貸倒引当金〕（　　700　）

* ①貸倒引当金（X社）：（¥1,000 − ¥400）× 50％ = ¥300
　②貸倒引当金（Y社）：¥2,000 × 5％ = ¥100
　③貸倒引当金（その他）：（¥7,600 + ¥25,400 − ¥1,000 − ¥2,000）× 2％ = ¥600
　　　　　　　　　　　　　　　　　　　X社に対する　Y社に対する
　　　　　　　　　　　　　　　　　　　　売掛金　　　　売掛金
　④貸倒引当金繰入：（¥300 + ¥100 + ¥600）− ¥300 = ¥700

勘定科目	残高試算表 借方	残高試算表 貸方	修正記入 借方	修正記入 貸方	損益計算書 借方	損益計算書 貸方	貸借対照表 借方	貸借対照表 貸方
受取手形	7,600						7,600	
売掛金	27,400			2,000			25,400	
貸倒引当金		300		700				1,000
貸倒引当金（繰入）			700		700			

この金額に貸倒引当金を設定します。

2．売買目的有価証券の評価替え

決算において、売買目的有価証券の帳簿価額を時価に評価替えします。

> 売買目的有価証券を¥24,000に評価替えする。

勘定科目	残高試算表 借方	残高試算表 貸方	修正記入 借方	修正記入 貸方	損益計算書 借方	損益計算書 貸方	貸借対照表 借方	貸借対照表 貸方
売買目的有価証券	24,800							
有価証券評価（　）								

156

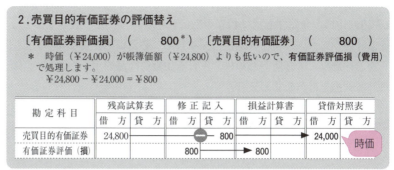

有価証券評価損益の計算は、時価合計から帳簿価額合計を差し引こう！

　決算において、売買目的有価証券の時価が帳簿価額よりも高ければ有価証券評価益（収益）が、時価が帳簿価額よりも低ければ有価証券評価損（費用）が計上されます。そこで、有価証券評価損益を計算するときには、時価から帳簿価額を差し引いて、プラスなら評価益、マイナスなら評価損と判断しましょう。

　また、複数の銘柄を所有している場合は、各銘柄から生じた評価損益は相殺して純額で有価証券評価損（費用）または有価証券評価益（収益）を計上します。

　たとえば、売買目的で所有するA社株式から評価益¥100が生じ、同じく売買目的で所有するB社株式から評価損¥150が生じた場合、評価益¥100と評価損¥150を相殺した¥50を有価証券評価損（費用）として計上します。

　したがって、複数の銘柄を所有する場合は、銘柄ごとに評価損益を計算してあとで評価損と評価益を相殺するのではなく、すべての銘柄の時価合計から帳簿価額合計を差し引いて有価証券評価損益を計算すると、解く時間を短縮することができます。

	時　価	帳簿価額	
A社株式	¥　900	¥　800	
B社株式	¥　500	¥　650	
	¥1,400 　−	¥1,450	＝△¥50 → 有価証券評価損（費用）

3．売上原価の計算

決算において、売上原価（当期の売上に対応する原価）を計算します。また、問題文の指示に「棚卸減耗損と商品評価損は精算表上は独立の科目として表示する」とあるので、棚卸減耗損と商品評価損については仕入勘定に振り替える必要はありません。

なお、計算ミスを防ぐために、下書き用紙に商品のボックス図（下記）を書いて商品評価損や棚卸減耗損を計算しましょう。

> 期末商品棚卸高は次のとおりであった。なお、売上原価の計算は「仕入」の行で行う。
> ただし、棚卸減耗損と商品評価損は精算表上は独立の科目として表示する。
> 　帳簿棚卸高　50個　　原価　@¥220
> 　実地棚卸高　48個　　時価　@¥210

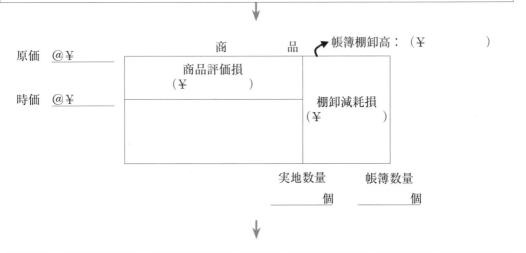

勘定科目	残高試算表 借方	残高試算表 貸方	修正記入 借方	修正記入 貸方	損益計算書 借方	損益計算書 貸方	貸借対照表 借方	貸借対照表 貸方
繰　越　商　品	12,900							
仕　　　　　入	110,300							
商　品　評　価　損								
棚　卸　減　耗　損								

道しるべ
にしたがって
記入すると ▶▶▶

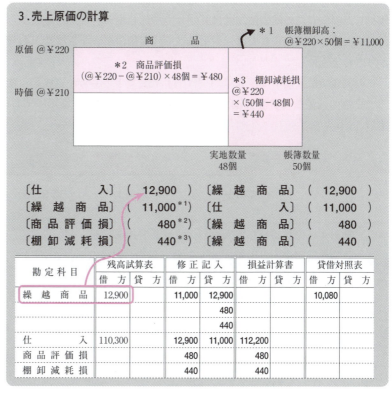

4．退職給付引当金の設定

決算において、退職給付引当金の当期繰入額を計上します。

退職給付引当金の当期負担分￥520を繰り入れる。

勘定科目	残高試算表 借方	残高試算表 貸方	修正記入 借方	修正記入 貸方	損益計算書 借方	損益計算書 貸方	貸借対照表 借方	貸借対照表 貸方
退職給付引当金		2,100						
退職給付費用								

道しるべ
にしたがって
記入すると ▶▶▶

4．退職給付引当金の設定

〔退職給付費用〕（　520　）〔退職給付引当金〕（　520　）

勘定科目	残高試算表 借方	残高試算表 貸方	修正記入 借方	修正記入 貸方	損益計算書 借方	損益計算書 貸方	貸借対照表 借方	貸借対照表 貸方
退職給付引当金		2,100		520				2,620
退職給付費用			520		520			

159

5．減価償却費の計算

　決算において保有する固定資産（建物や備品）について、減価償却を行います。なお、期中に取得した固定資産の減価償却費は月割りで計算します。また、従来から保有している固定資産と新規に取得した固定資産では、耐用年数や残存価額が異なる場合がありますので、問題文をしっかり読むようにしてください。

　この例題では、期中（×5年11月1日）に建物¥45,000が完成し、使用を開始しているので、この建物の減価償却費を月割りで計算します。また、残存価額はゼロで減価償却費を計算します。

建物および備品に対して次の条件で減価償却を行う。
　建物：定額法、耐用年数30年、残存価額　取得原価の10%
　備品：200%定率法、耐用年数8年、償却率は各自計算
　なお、新規に取得した建物についても同様に減価償却を行うが、残存価額をゼロとし、月割計算で減価償却費を計上する。

勘定科目	残高試算表 借方	残高試算表 貸方	修正記入 借方	修正記入 貸方	損益計算書 借方	損益計算書 貸方	貸借対照表 借方	貸借対照表 貸方
建　　　物	270,000		45,000				315,000	
備　　　品	80,000							
建物減価償却累計額		97,200						
備品減価償却累計額		35,000						
減 価 償 却 費								

道しるべ
にしたがって
記入すると

5. 減価償却費の計算

旧建物：〔減 価 償 却 費〕（　8,100*1）〔建物減価償却累計額〕（　8,100　）
新建物：〔減 価 償 却 費〕（　　625*2）〔建物減価償却累計額〕（　　625　）
備品：〔減 価 償 却 費〕（　11,250*3）〔備品減価償却累計額〕（　11,250　）

*1　¥270,000 × 0.9 × $\frac{1年}{30年}$ = ¥8,100

*2　¥45,000 × $\frac{1年}{30年}$ × $\frac{5か月}{12か月}$ = ¥625

*3　①定額法の償却率：$\frac{1}{8年}$ = 0.125
　　②200%定率法の償却率：0.125 × 200% = 0.25
　　③減価償却費：（¥80,000 − ¥35,000）× 0.25
　　　　　　　　= ¥11,250

勘定科目	残高試算表		修正記入		損益計算書		貸借対照表	
	借方	貸方	借方	貸方	借方	貸方	借方	貸方
建　　物	270,000		45,000				315,000	
備　　品	80,000						80,000	
建物減価償却累計額		97,200		8,725				105,925
備品減価償却累計額		35,000		11,250				46,250
減価償却費			19,975		19,975			

これ、だいじょうぶ？　　　　　　　　　**200%定率法**

　200%定率法の償却率は、定額法の償却率を2倍した率です。なお、定額法の償却率とは、「1÷耐用年数」で求めた率をいいます。
　したがって、耐用年数が8年の場合、定額法の償却率と定率法の償却率は次のようになります。
　①定額法の償却率：$\frac{1}{8年}$ = 0.125
　②200%定率法の償却率：0.125 × 200% = 0.25

6．ソフトウェアの償却

　ソフトウェアを利用可能期間で償却します。
　この例題では、前期の期首にソフトウェア（利用可能期間5年）を取得しているので、前期に1年分の償却をしています。したがって、残高試算表の金額（¥1,000）をあと4年（5年−1年）で償却します。

> ソフトウェアは前期の期首に自社利用目的で取得したもので、利用可能期間5年により、定額法で償却している。

勘定科目	残高試算表		修正記入		損益計算書		貸借対照表	
	借方	貸方	借方	貸方	借方	貸方	借方	貸方
ソフトウェア	1,000							
（　　　）償却								

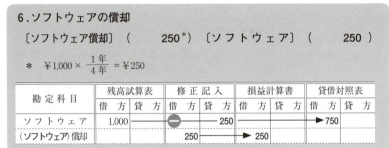

7．保険料（費用）の前払い

決算において、費用の前払処理を行います。

> 保険料は×5年11月1日に向こう1年分を支払ったものである。

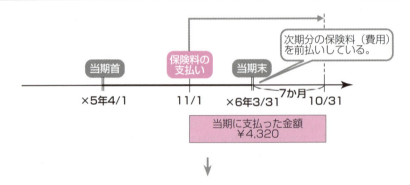

勘定科目	残高試算表 借方	残高試算表 貸方	修正記入 借方	修正記入 貸方	損益計算書 借方	損益計算書 貸方	貸借対照表 借方	貸借対照表 貸方
保　険　料	4,320							
（　　）保険料								

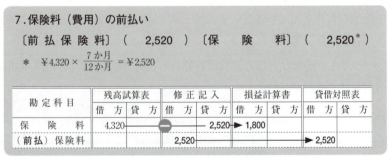

STEP 3 決算整理事項に関係のない勘定科目の金額を記入

　決算整理事項等の記入が終わったら、決算整理事項に関係のない勘定科目（資本金など）について、損益計算書欄と貸借対照表欄に金額を記入します。

> 残高試算表欄の金額を転記するだけです。
> このような箇所には通常、配点はありません。

STEP 4 当期純利益（当期純損失）の計算

　最後に損益計算書欄または貸借対照表欄の貸借差額から、当期純利益または当期純損失を計算します。

精　算　表

勘定科目	残高試算表		修正記入		損益計算書		貸借対照表	
	借　方	貸　方	借　方	貸　方	借　方	貸　方	借　方	貸　方
⋮								
当期純（　　）								

道しるべ にしたがって 記入すると

精　算　表

勘定科目	残高試算表 借方	残高試算表 貸方	修正記入 借方	修正記入 貸方	損益計算書 借方	損益計算書 貸方	貸借対照表 借方	貸借対照表 貸方
現　　　　　金	17,900						17,900	
当　座　預　金	31,290		6,000				37,290	
受　取　手　形	7,600						7,600	
売　　掛　　金	27,400			2,000			25,400	
売買目的有価証券	24,800			800			24,000	
繰　越　商　品	12,900		11,000	12,900			10,080	
				480				
				440				
建　　　　　物	270,000		45,000				315,000	
備　　　　　品	80,000						80,000	
建　設　仮　勘　定	45,000			45,000				
ソフトウェア	1,000			250			750	
支　払　手　形		12,000						12,000
買　　掛　　金		22,400		4,000				26,400
貸　倒　引　当　金		300		700				1,000
退職給付引当金		2,100		520				2,620
建物減価償却累計額		97,200		8,725				105,925
備品減価償却累計額		35,000		11,250				46,250
資　　本　　金		300,000						300,000
売　　　　　上		196,080				196,080		
受　取　手　数　料		3,030				3,030		
仕　　　　　入	110,300		12,900	11,000	112,200			
給　　　　　料	35,600				35,600			
保　　険　　料	4,320			2,520	1,800			
	668,110	668,110						
貸倒引当金（繰入）			700		700			
有価証券評価（損）			800		800			
減　価　償　却　費			19,975		19,975			
商　品　評　価　損			480		480			
棚　卸　減　耗　損			440		440			
退　職　給　付　費　用			520		520			
（ソフトウェア）償却			250		250			
（前払）保険料			2,520				2,520	
当期純（利益）					26,345			26,345
			100,585	100,585	199,110	199,110	520,540	520,540

費用合計 ¥172,765　収益合計 ¥199,110

貸借差額で計算

精算表の作成

STEP 1 問題文の確認
　　　　・会計期間を必ずチェック！

STEP 2 決算整理仕訳と精算表の記入

> 主な決算整理
> ・当座預金の修正
> ・有価証券の期末評価
> ・売上原価の算定
> ・引当金の設定
> ・減価償却費の計算
> ・無形固定資産（のれん、ソフトウェア）の償却
> ・外貨建て資産、負債の換算
> ・費用・収益の未払い・未収、前払い・前受け

STEP 3 決算整理事項に関係のない勘定科目の金額を記入

STEP 4 当期純利益（当期純損失）の計算

これ、だいじょうぶ？　　　　　　**月次決算（減価償却費など）**

　最近の試験では、減価償却費について、「固定資産の期首の残高を基礎として、毎月見積り計上している」という処理で、決算の問題が出題されることがあります。たとえば、次のような問題です。

減価償却費については、固定資産の期首の残高を基礎として、建物は¥400、備品は¥200を4月から2月までの11か月間に毎月見積り計上してきており、決算月（3月）も同様な処理を行う。|								

勘定科目	残高試算表		修正記入		損益計算書		貸借対照表	
	借方	貸方	借方	貸方	借方	貸方	借方	貸方
建物減価償却累計額		52,400						
備品減価償却累計額		5,200						
減 価 償 却 費	6,600							

（この中に、当期の11か月分の金額が含まれている。）

　「固定資産の期首の残高を基礎として」計算している場合、そのまま毎月、減価償却費を計上していれば、1年間の減価償却費は正しい金額が計上されることになります。したがって、このような場合には、問題文の指示にしたがって、決算月について（まだ処理していない分だけ）、同様の処理をします。

決算整理仕訳：〔減 価 償 却 費〕（　　　600　）　　　〔建物減価償却累計額〕（　　　400　）

〔備品減価償却累計額〕（　　　200　）

↓

勘 定 科 目	残高試算表		修 正 記 入		損益計算書		貸借対照表	
	借 方	貸 方	借 方	貸 方	借 方	貸 方	借 方	貸 方
建物減価償却累計額		52,400		400				52,800
備品減価償却累計額		5,200		200				5,400
減 価 償 却 費	6,600		600		7,200			

これ、だいじょうぶ？　　　　　　　　　　**外貨建て資産、負債の換算**

　外貨建ての資産、負債は原則として取得時または取引発生時の為替相場（**H R**）で換算された金額で計上されています。決算日において、外貨建ての資産、負債があるときは、これらの資産、負債のうち**貨幣項目**については決算日の為替相場（**C R**）で換算した金額を貸借対照表価額とします。

　なお、貨幣項目とは、外国通貨や外貨預金、外貨建ての売掛金や買掛金などをいいます。

分類		項　　　　目	
貨 幣 項 目	資産	外国通貨、外貨預金、受取手形、売掛金　など	決算時の為替相場で換算替えをする **CR**
	負債	支払手形、買掛金　など	
非貨幣項目	資産	棚卸資産、前払金　など	決算時の為替相場で換算替えをしない **HR**
	負債	前受金　など	

　また、換算によって生じた差額は**為替差損益**（**営業外費用**または**営業外収益**）で処理します。

第3問対策 例題

2. 財務諸表の作成

例題 2　商品売買業を営む当社の次の資料にもとづいて、損益計算書を完成させなさい。ただし、会計期間は×6年4月1日から×7年3月31日までとする。

⏰20分

〔資料1〕

決算整理前残高試算表
×7年3月31日

借　方	勘定科目	貸　方
106,530	現 金 預 金	
39,000	受 取 手 形	
36,000	売 掛 金	
22,800	繰 越 商 品	
70,600	売買目的有価証券	
120,000	備　品	
90,000	長 期 貸 付 金	
98,000	満期保有目的債券	
10,000	その他有価証券	
	支 払 手 形	51,100
	買 掛 金	39,670
	修 繕 引 当 金	12,600
	貸 倒 引 当 金	1,300
	備品減価償却累計額	43,200
	資 本 金	260,000
	資 本 準 備 金	12,000
	利 益 準 備 金	9,000
	任 意 積 立 金	6,000
	繰越利益剰余金	1,500
	売　上	914,210
	受 取 利 息	1,800
	有価証券利息	1,000
	保 険 差 益	4,000
662,120	仕　入	
97,200	給 料	
2,500	旅 費 交 通 費	
200	売 上 割 引	
2,430	固定資産売却損	
1,357,380		1,357,380

〔資料2〕決算整理事項

1. 売上債権（受取手形、売掛金）および長期貸付金の期末残高に対して、貸倒実績率2％によって貸倒引当金を設定する（差額補充法）。なお、貸倒引当金の期末残高のうち、¥600は売上債権に対するものであり、¥700は長期貸付金に対するものである。

2. 売買目的有価証券の内訳は次のとおりである。決算において、時価に評価替えする。

	帳簿価額	時　価
A社株式	¥42,000	¥40,000
B社社債	¥28,600	¥31,000

3. 備品について定率法（償却率20％）によって減価償却を行う。

4. 期末商品棚卸高は次のとおりである。なお、商品評価損は売上原価の内訳科目に、棚卸減耗損は販売費及び一般管理費に計上する。

　　帳簿棚卸高　数量140個　　原価@¥150
　　実地棚卸高　数量135個　　時価@¥140

5. 満期保有目的債券はC社が×5年4月1日に額面総額¥100,000、償還期間5年、年利率1％、利払日年2回（3月末と9月末）という条件で発行した社債を額面¥100につき、¥97.5で購入したものである。なお、満期保有目的債券は償却原価法（定額法）によって評価する。

6. その他有価証券の決算時における時価は¥10,300である。その他有価証券については全部純資産直入法を採用している。

7. 修繕引当金の当期繰入額は¥4,200である。

8. 税引前当期純利益の40％を法人税、住民税及び事業税として計上する。

168

損　益　計　算　書

自×6年4月1日　至×7年3月31日

I　売　　上　　高　　　　　　　　　　　　　　　　　　　　　　914,210
II　売　上　原　価
　　1．期首商品棚卸高　　　　　（　　　　　　）
　　2．当期商品仕入高　　　　　（　　　　　　）
　　　　　合　　　計　　　　　（　　　　　　）
　　3．期末商品棚卸高　　　　　（　　　　　　）
　　　　　差　　引　　　　　　（　　　　　　）
　　4．（　　　　　　）　　　　（　　　　　　）　　　　（　　　　　　）
　　　　　売　上　総　利　益　　　　　　　　　　　　　（　　　　　　）
III　販売費及び一般管理費
　　1．給　　　　料　　　　　　（　　　　　　）
　　2．旅　費　交　通　費　　　（　　　　　　）
　　3．貸倒引当金繰入　　　　　（　　　　　　）
　　4．修繕引当金繰入　　　　　（　　　　　　）
　　5．減　価　償　却　費　　　（　　　　　　）
　　6．（　　　　　　）　　　　（　　　　　　）　　　　（　　　　　　）
　　　　（　　　　　　）　　　　　　　　　　　　　　　（　　　　　　）
IV　営　業　外　収　益
　　1．受　取　利　息　　　　　（　　　　　　）
　　2．有　価　証　券　利　息　（　　　　　　）
　　3．有価証券（　　　）　　　（　　　　　　）　　　（　　　　　　）
V　営　業　外　費　用
　　1．売　上　割　引　　　　　（　　　　　　）
　　2．（　　　　　　）　　　　（　　　　　　）　　　　（　　　　　　）
　　　　（　　　　　　）　　　　　　　　　　　　　　　（　　　　　　）
VI　特　別　利　益
　　1．（　　　　　　）　　　　　　　　　　　　　　　（　　　　　　）
VII　特　別　損　失
　　1．（　　　　　　）　　　　　　　　　　　　　　　（　　　　　　）
　　　　税引前当期純利益　　　　　　　　　　　　　　（　　　　　　）
　　　　法人税,住民税及び事業税　　　　　　　　　　（　　　　　　）
　　　　当　期　純　利　益　　　　　　　　　　　　　（　　　　　　）

解き方の道しるべ

この例題は損益計算書を作成する問題です。したがって、決算整理事項から決算整理仕訳をしたあと、損益項目の金額だけを集計します。

STEP 1 問題文の確認

精算表作成問題と同様、決算整理事項等で月割計算をするものもあるので、はじめに必ず会計期間を確認しましょう。

STEP 2 仕訳の作成

〔 〕には勘定科目を、（ ）には金額を記入しましょう。

決算整理事項を読んで、仕訳をしましょう。　　法人税、住民税及び事業税は、最後に（STEP 4 で）計算します。

〔資料2〕決算整理事項
1．貸倒引当金の設定

貸倒引当金繰入（費用） は、売上債権（受取手形や売掛金）にかかるものについては、損益計算書上、**販売費及び一般管理費** に表示しますが、営業外債権（貸付金）にかかるものについては、損益計算書上、**営業外費用** に表示します。したがって、貸倒引当金は売上債権（受取手形や売掛金）と長期貸付金を分けて計算しておきましょう。

> 売上債権（受取手形、売掛金）および長期貸付金の期末残高に対して、貸倒実績率2％によって貸倒引当金を設定する（差額補充法）。なお、貸倒引当金の期末残高のうち、¥600は売上債権に対するものであり、¥700は長期貸付金に対するものである。
> 〔残高試算表の金額：受取手形¥39,000、売掛金¥36,000、長期貸付金¥90,000、
> 　　　　　　　　　貸倒引当金¥1,300〕

①売上債権（受取手形、売掛金）にかかるもの
　〔　　　　　　　〕（　　　　　　）■〔　　　　　　　〕（　　　　　　）■
②長期貸付金にかかるもの
　〔　　　　　　　〕（　　　　　　）■〔　　　　　　　〕（　　　　　　）■

> **道しるべ**
> にしたがって
> 記入すると ▶▶▶

1．貸倒引当金の設定
①売上債権（受取手形、売掛金）にかかるもの
〔貸倒引当金繰入〕（　　900*¹）〔貸倒引当金〕（　　900　）
②長期貸付金にかかるもの
〔貸倒引当金繰入〕（　1,100*²）〔貸倒引当金〕（　1,100　）
　*1　貸倒引当金：（¥39,000＋¥36,000）×2％＝¥1,500
　　　貸倒引当金繰入：¥1,500－¥600＝¥900
　*2　貸倒引当金：¥90,000×2％＝¥1,800
　　　貸倒引当金繰入：¥1,800－¥700＝¥1,100

2．売買目的有価証券の評価替え

売買目的有価証券の内訳は次のとおりである。決算において、時価に評価替えする。

	帳簿価額	時　価
A社株式	¥42,000	¥40,000
B社社債	¥28,600	¥31,000

〔　　　　　〕（　　　　）■〔　　　　　　〕（　　　　　）■

> **道しるべ**
> にしたがって
> 記入すると ▶▶▶

2．売買目的有価証券の評価替え
〔売買目的有価証券〕（　　400　）〔有価証券評価益〕（　　400*）
　*　　　　時　価　　帳簿価額
　　A社株式：¥40,000　¥42,000
　　B社社債：¥31,000　¥28,600
　　　　　　¥71,000－¥70,600＝¥400 ──→ 有価証券評価益（収益）

3．減価償却費の計上

備品について定率法（償却率20％）によって減価償却を行う。
〔残高試算表の金額：備品¥120,000、備品減価償却累計額¥43,200〕

〔　　　　　〕（　　　　）■〔　　　　　　〕（　　　　　）■

> **道しるべ**
> にしたがって
> 記入すると ▶▶▶

3．減価償却費の計上
〔減　価　償　却　費〕（　15,360*）〔備品減価償却累計額〕（　15,360　）
　*　（¥120,000－¥43,200）×20％＝¥15,360

4．売上原価の算定（期末商品の評価）

精算表の作成問題では、売上原価を算定するために繰越商品勘定から仕入勘定への振り替えや仕入勘定から繰越商品勘定への振り替えをしましたが、損益計算書の作成問題では売上原価は損益計算書上で計算することができます。そこで、売上原価算定の仕訳をしないで、下書き用紙に書いた商品のボックス図から、直接、損益計算書に記入してしまいましょう。

> 期末商品棚卸高は次のとおりである。なお、商品評価損は売上原価の内訳科目に、棚卸減耗損は販売費及び一般管理費に計上する。
> 帳簿棚卸高　数量140個　原価@¥150
> 実地棚卸高　数量135個　時価@¥140

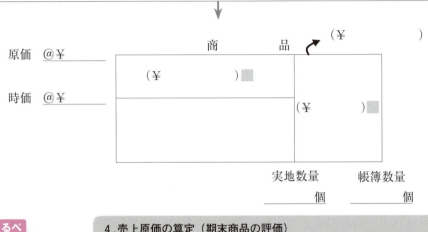

にしたがって記入すると ▶▶▶

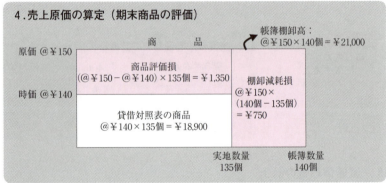

5．満期保有目的債券の評価

満期保有目的債券は原則として評価替えをしませんが、取得原価と額面金額の差額が金利調整差額と認められるときは、償却原価法によって取得価額と額面金額の差額を帳簿価額に加減します。なお、このときの相手科目は**有価証券利息（収益）**で処理します。

> 満期保有目的債券はC社が×5年4月1日に額面総額¥100,000、償還期間5年、年利率1％、利払日年2回（3月末と9月末）という条件で発行した社債を額面¥100につき、¥97.5で購入したものである。なお、満期保有目的債券は償却原価法（定額法）によって評価する。
> 〔残高試算表の金額：満期保有目的債券¥98,000〕

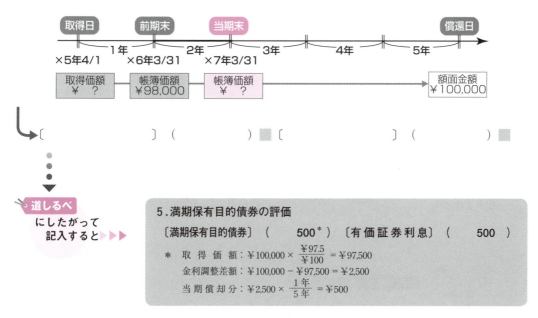

5.満期保有目的債券の評価

〔満期保有目的債券〕（　　500*　）〔有価証券利息〕（　　500　）

* 取得価額：¥100,000 × $\frac{¥97.5}{¥100}$ = ¥97,500
　金利調整差額：¥100,000 − ¥97,500 = ¥2,500
　当期償却分：¥2,500 × $\frac{1年}{5年}$ = ¥500

6．その他有価証券の評価替え

その他有価証券は、決算において時価に評価替えします。なお、評価差額は**その他有価証券評価差額金（純資産）**で処理します。この例題は、損益計算書を作成する問題なので、その他有価証券の評価差額（その他有価証券評価差額金）は表示されませんが、貸借対照表を作成する問題の場合には、純資産の部に**その他有価証券評価差額金**が表示されます。

その他有価証券の決算時における時価は¥10,300である。その他有価証券については全部純資産直入法を採用している。

〔残高試算表の金額：その他有価証券¥10,000〕

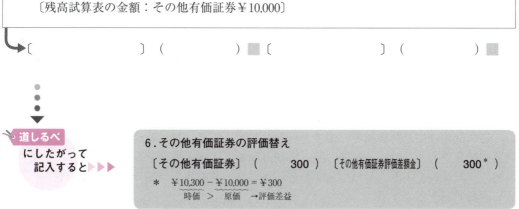

6.その他有価証券の評価替え

〔その他有価証券〕（　　300　）〔その他有価証券評価差額金〕（　　300*　）

* ¥10,300 − ¥10,000 = ¥300
　時価　＞　原価　→評価差益

7．修繕引当金の設定

> 修繕引当金の当期繰入額は¥4,200である。

〔　　　　　　〕（　　　　）■　〔　　　　　　　　〕（　　　　　）■

道しるべ
にしたがって
記入すると▶▶▶

7．修繕引当金の設定
〔修繕引当金繰入〕（　4,200　）〔修　繕　引　当　金〕（　4,200　）

STEP 3　残高試算表に転記

　決算整理事項の仕訳が終わったら、残高試算表の金額に仕訳の金額を加減して、答案用紙の財務諸表に記入していきます。そこで、下書き用紙に書いた仕訳の金額を資料の残高試算表に転記しておきましょう。

> 残高試算表に金額を転記したら、仕訳の金額の横（■）にチェックマーク（✓）をつけておきましょう。

　なお、下書き用紙に書いた仕訳のうち、「貸倒引当金繰入」など、決算で新たに出てくる勘定科目については資料の残高試算表にありませんので、残高試算表に転記する必要はありません。

> このような勘定科目については下書き用紙から直接、答案用紙の財務諸表に記入します。

勘定科目にマークをつけてから転記・集計しよう！

　この例題は損益計算書を作成する問題なので、収益または費用の金額だけを集計していきます。そこで、STEP 3 の前（残高試算表に仕訳の金額を転記する前）に、資料の残高試算表と下書き用紙に書いた仕訳のうち、収益または費用の勘定科目を□□で囲んでおきましょう。

> 貸借対照表を作成する問題なら、資産・負債・純資産の勘定科目を□□で囲みます。なお、損益計算書と貸借対照表の両方を作成する問題のときは、マークをつける必要はありません（すべての勘定科目にマークがついてしまうため）。

このように勘定科目にマークをつけておくと、計算に必要な金額（この例題では損益項目の金額）だけをスピーディーに集計することができます。

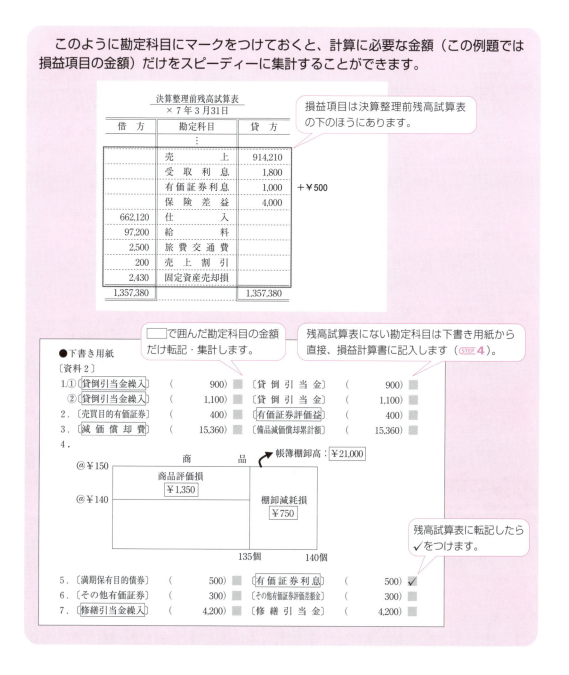

STEP 4 財務諸表に記入

　損益計算書の並び順に、資料の残高試算表または仕訳の金額を集計していきます（勘定科目欄が空欄の箇所は最後に記入します）。なお、残高試算表や仕訳の金額を集計したら、残高試算表または仕訳の金額の横にチェックマーク（✓）をつけておきましょう。←集計済みという意味です。
　すべての損益項目を記入したら、合計欄や差引欄（利益欄を含む）を計算し、最後に法人税、住民税及び事業税と当期純利益を計算します。

道しるべ
にしたがって
記入すると ▶▶▶

損 益 計 算 書
自×6年4月1日 至×7年3月31日

I	売 上 高			914,210
II	売 上 原 価			
	1. 期首商品棚卸高	(	22,800)	
	2. 当期商品仕入高	(	662,120)	
	合　　　計	(	684,920)	
	3. 期末商品棚卸高	(	21,000)	
	差　　　引		663,920	
	4.(商品評価損)	(	1,350)	(665,270)
	売 上 総 利 益			(248,940)
III	販売費及び一般管理費			
	1. 給　　　料	(	97,200)	
	2. 旅 費 交 通 費	(	2,500)	
	3.(貸倒引当金繰入)	(	900)	
	4. 修繕引当金繰入	(	4,200)	
	5. 減 価 償 却 費	(	15,360)	
	6.(棚卸減耗損)	(	750)	(120,910)
	(営 業 利 益)			(128,030)
IV	営 業 外 収 益			
	1. 受 取 利 息	(	1,800)	
	2. 有価証券利息	(	1,500)	
	3. 有価証券(評価益)	(	400)	(3,700)
V	営 業 外 費 用			
	1. 売 上 割 引	(	200)	
	2.(貸倒引当金繰入)	(	1,100)	(1,300)
	(経 常 利 益)			(130,430)
VI	特 別 利 益			
	1.(保 険 差 益)			(4,000)
VII	特 別 損 失			
	1.(固定資産売却損)			(2,430)
	税引前当期純利益			132,000
	法人税、住民税及び事業税			(52,800)
	当 期 純 利 益			(79,200)

〔資料2〕「商品評価損は売上原価の内訳科目に…計上する」より

売上債権（受取手形、売掛金）にかかるもの

〔資料2〕「棚卸減耗損は販売費及び一般管理費に計上する」より

営業外債権（長期貸付金にかかるもの）

¥132,000×40%
＝¥52,800
(法人税、住民税及び事業税)　52,800
　(未払法人税等)　52,800

財務諸表の作成

STEP 1 問題文の確認
STEP 2 仕訳の作成
STEP 3 残高試算表に転記
・下書き用紙に書いた仕訳(STEP 2 の仕訳)を資料の残高試算表に転記する。
STEP 4 財務諸表(答案用紙)に記入

これ、だいじょうぶ？　　　　　　　　　　　　　　　　　　　　財務諸表

財務諸表には、損益計算書や貸借対照表があります。

(1) 損益計算書

損益計算書の形式（報告式）は次のとおりです。なお、この例題のように各段階の利益（営業利益、経常利益など）を記入させることもあるので、各段階の利益の名称もしっかり覚えておきましょう。

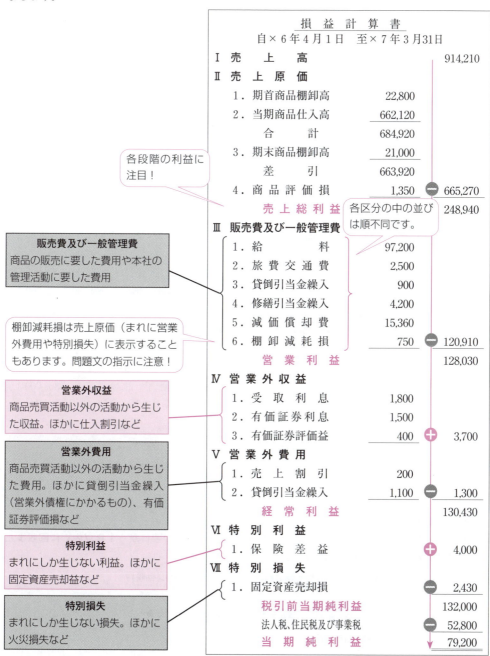

(2) 貸借対照表

例題 2 について、貸借対照表を作成すると次のとおりです（例題 2 で出てこない勘定科目の金額は××としています）。

資　産　の　部			負　債　の　部		
Ⅰ　流　動　資　産			Ⅰ　流　動　負　債		
現　金　預　金		106,530	支　払　手　形		51,100
受　取　手　形	39,000		買　掛　金		39,670
売　掛　金	36,000		修　繕　引　当　金		16,800
貸　倒　引　当　金	1,500	73,500	未　払　法　人　税　等		52,800
有　価　証　券		71,000	流　動　負　債　合　計		160,370
商　　　　品		18,900	Ⅱ　固　定　負　債		
流　動　資　産　合　計		269,930	退　職　給　付　引　当　金		××
Ⅱ　固　定　資　産			固　定　負　債　合　計		××
有形固定資産			負　債　合　計		160,370
備　　　　品	120,000		純　資　産　の　部		
減価償却累計額	58,560	61,440	Ⅰ　株　主　資　本		
無形固定資産			資　本　金		260,000
ソフトウェア		××	資本剰余金		
投資その他の資産			資　本　準　備　金		12,000
長　期　貸　付　金	90,000		利益剰余金		
貸　倒　引　当　金	1,800	88,200	利　益　準　備　金	9,000	
投資有価証券		108,800	任　意　積　立　金	6,000	
固　定　資　産　合　計		258,440	繰越利益剰余金	80,700	95,700
			株　主　資　本　合　計		367,700
			Ⅱ　評価・換算差額等		
			その他有価証券評価差額金		300
			評価・換算差額等合計		300
			純　資　産　合　計		368,000
資　産　合　計		528,370	負債及び純資産合計		528,370

「売買目的有価証券」は、通常、「有価証券」として表示します。

「その他有価証券」や「満期保有目的債券」は、通常、「投資有価証券」として表示します。

貸借差額。または
¥1,500 ＋ ¥79,200 ＝ ¥80,700
　試算表　　当期純利益

※　流動・固定の分類
　流動資産と固定資産、流動負債と固定負債は**短期的（決算日の翌日から1年以内）**に回収または決済するものかどうかで**区分**されます。

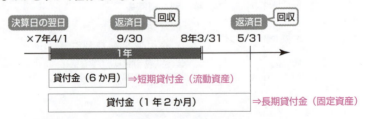

　しかし、**売掛金**や**受取手形**（または**買掛金**や**支払手形**）のように営業活動（商品売買活動）にともなって発生したものは、つねに**流動資産**（または**流動負債**）に区分されます。

MEMO

第3問対策 例題

3. 本支店合併財務諸表の作成

例題 3　川端商業株式会社は本店のほかに支店を有し、支店独立会計制度を採用している。次の資料にもとづいて、本支店合併損益計算書と本支店合併貸借対照表を完成させなさい。 ⏰**10分**

〔資料1〕決算整理前残高試算表

残 高 試 算 表

借方科目	本 店	支 店	貸方科目	本 店	支 店
現 金 預 金	61,720	41,880	買 掛 金	37,880	12,800
売 掛 金	42,000	20,000	貸 倒 引 当 金	240	80
繰 越 商 品	16,600	20,800	本 店	－	72,000
備 品	43,800	32,800	資 本 金	120,000	－
支 店	72,000	－	繰越利益剰余金	40,000	－
仕 入	122,000	52,000	売 上	200,000	100,000
販 売 費	8,000	7,000			
一 般 管 理 費	32,000	10,400			
	398,120	184,880		398,120	184,880

〔資料2〕決算整理事項

1．期末商品棚卸高

　　本店　￥19,600　　支店　￥19,360

2．売掛金の期末残高に対して3％の貸倒引当金を設定する（差額補充法）。

3．備品の減価償却費を次のとおり計上する。

　　本店　￥5,400　　支店　￥3,600

4．販売費の未払分を次のとおり計上する。

　　本店　￥1,200　　支店　￥700

答案用紙

本支店合併損益計算書

費　　　用	金　　　額	収　　益	金　　　額
期首商品棚卸高	(　　　　　)	売　上　高	(　　　　　)
当期商品仕入高	(　　　　　)	期末商品棚卸高	(　　　　　)
販　売　費	(　　　　　)		
貸倒引当金繰入	(　　　　　)		
一　般　管　理　費	(　　　　　)		
減　価　償　却　費	(　　　　　)		
当　期　純　利　益	(　　　　　)		
	(　　　　　)		(　　　　　)

本支店合併貸借対照表

資　　産	金　　　額	負債・純資産	金　　　額
現　金　預　金	(　　　　　)	買　掛　金	(　　　　　)
売　掛　金	(　　　)	未　払　費　用	(　　　　　)
貸　倒　引　当　金	(　　　)(　　　)	資　本　金	(　　　　　)
商　　　品	(　　　　　)	繰越利益剰余金	(　　　　　)
備　　　品	(　　　　　)		
	(　　　　　)		(　　　　　)

答案用紙に記入したら、 で答えを

本支店合併財務諸表を作成する問題です。

STEP 1　問題文の確認

　　　（　　）内の語句に○をつけましょう。

問題を解く前に、「なにを作成する（解答する）のか」を確認しておきましょう。

> ・なにを作成する（解答する）のか？
> 　…（本支店合併財務諸表・損益勘定・その他）

・なにを作成する（解答する）のか？
　…（本支店合併財務諸表）・損益勘定・その他）

STEP 2　決算整理仕訳の作成

〔　〕には勘定科目を、（　）には金額を記入しましょう。

次に、決算整理事項を読んで決算整理仕訳を記入していきましょう。

なお、損益勘定を作成する問題や、本店および支店の純利益を計算する問題の場合には、本店の純利益と支店の純利益を分けて計算しなければならないため、本店の決算整理仕訳と支店の決算整理仕訳を分けて行う必要がありますが、本支店合併財務諸表のみを作成する問題の場合には、会社全体の純利益を計算すればよいため、本店の決算整理仕訳と支店の決算整理仕訳をまとめて行ったほうが効率的に解答できます。

> もちろん、本店の決算整理仕訳と支店の決算整理仕訳を分けて行ってもかまいません。

この例題は、本支店合併財務諸表のみを作成する問題なので、本店の決算整理仕訳と支店の決算整理仕訳をまとめて行ってみましょう。

1．売上原価の算定

通常の損益計算書作成の問題（例題2）と同様、売上原価は本支店合併損益計算書上で計算することができます。そこで、売上原価算定の仕訳はしないで、本店と支店の期首商品棚卸高や期末商品棚卸高を、直接計算して本支店合併財務諸表に記入しましょう。

期末商品棚卸高
　本店　¥19,600　　支店　¥19,360

残　高　試　算　表

借方科目	本　店	支　店	貸方科目	本　店	支　店
繰　越　商　品	16,600	20,800	本　　　店	—	72,000

期首商品棚卸高：（¥　　　　　　）　　期末商品棚卸高：（¥　　　　　　　　）
　　　　　　　　　　　　　　　　　　　　　　　　　貸借対照表「商品」

1. 売上原価の算定

期首商品棚卸高：(¥37,400*1)　　期末商品棚卸高：(¥38,960*2)

＊1　￥16,600 ＋ ￥20,800 ＝ ￥37,400
　　　　本店　　　支店

＊2　￥19,600 ＋ ￥19,360 ＝ ￥38,960
　　　　本店　　　支店

貸借対照表「商品」

2．貸倒引当金の設定

売掛金の期末残高に対して3％の貸倒引当金を設定する（差額補充法）。

残　高　試　算　表

借方科目	本店	支店	貸方科目	本店	支店
売　掛　金	42,000	20,000	貸倒引当金	240	80

本店＆支店：

〔　　　　　　　〕（　　　　　）　〔　　　　　　　〕（　　　　　）

2．貸倒引当金の設定

本店＆支店：

〔貸倒引当金繰入〕（　1,540*　）〔貸　倒　引　当　金〕（　1,540　）

＊　売　掛　金：￥42,000 ＋ ￥20,000 ＝ ￥62,000
　　貸倒引当金：￥62,000 × 3％ ＝ ￥1,860
　　貸倒引当金繰入：￥1,860 －（￥240 ＋ ￥80）＝ ￥1,540

3．減価償却費の計上

備品の減価償却費を次のとおり計上する。
　本店　￥5,400　　支店　￥3,600

本店＆支店：

〔　　　　　　　〕（　　　　　）　〔　　　　　　　〕（　　　　　）

3．減価償却費の計上

本店＆支店：

〔減　価　償　却　費〕（　9,000*1）〔備　　　　　品〕*2（　9,000　）

＊1　￥5,400 ＋ ￥3,600 ＝ ￥9,000
＊2　残高試算表に「備品減価償却累計額」がないので、直接法によって記帳していることがわかります。

4．販売費（費用）の未払い

販売費の未払分を次のとおり計上する。
本店　￥1,200　　支店　￥700

本店＆支店：
〔　　　　　　　　〕（　　　　　）■〔　　　　　　　　〕（　　　　　）■

道しるべ
にしたがって
記入すると▶▶▶

4．販売費（費用）の未払い

本店＆支店：
〔販　　売　　費〕（　　1,900*　）〔未 払 販 売 費〕（　　1,900　）
　　　　　　　　　　　　　　　　　　　　　　　　未払費用

　＊　￥1,200 ＋ ￥700 ＝ ￥1,900

STEP 3　残高試算表に転記

通常の財務諸表の作成問題（例題2）と同様に、下書き用紙に書いた仕訳の金額を資料の残高試算表に転記しておきましょう。

残高試算表に金額を転記したら、仕訳の金額の横（■）にチェックマーク（✓）をつけておきましょう。

STEP 4 本支店合併財務諸表に記入

資料の残高試算表または下書き用紙の仕訳から、答案用紙の本支店合併財務諸表に記入します。

道しるべ
にしたがって
記入すると▶▶▶

第3問対策 例題

4. 本支店会計における損益勘定

例題 4 服部商業株式会社の当期の資料にもとづいて、本店の損益勘定を作成しなさい。なお、支店の純利益は、決算日において本店の損益勘定に振り替えている。

⏰13分

〔資料1〕決算整理前残高試算表

残 高 試 算 表

借方科目	本店	支店	貸方科目	本店	支店
現 金 預 金	159,300	114,700	買 掛 金	82,700	34,000
売 掛 金	100,000	50,000	貸 倒 引 当 金	600	200
繰 越 商 品	41,500	52,000	本 店	−	178,000
備 品	109,500	82,000	資 本 金	300,000	−
支 店	178,000	−	繰越利益剰余金	100,000	−
仕 入	305,000	120,000	売 上	510,000	250,000
販 売 費	20,000	17,500			
一 般 管 理 費	80,000	26,000			
	993,300	462,200		993,300	462,200

〔資料2〕決算整理事項

1. 期末商品棚卸高
　本店 ¥49,000　支店 ¥48,400
2. 売掛金の期末残高に対して3％の貸倒引当金を設定する（差額補充法）。
3. 備品の減価償却費を次のとおり計上する。
　本店 ¥6,750　支店 ¥4,500
4. 販売費の未払分を次のとおり計上する。
　本店 ¥1,500　支店 ¥800

答案用紙

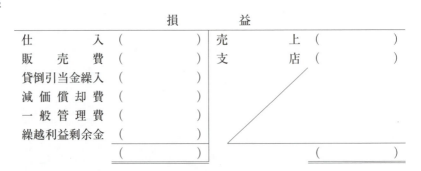

解き方の道しるべ

本支店会計における、本店の損益勘定を作成する問題です。

決算では、帳簿を締め切るとともに、財務諸表を作成しますが、本問は帳簿の締め切りに関する問題です。

本支店会計における決算手続きの流れは次のとおりです。

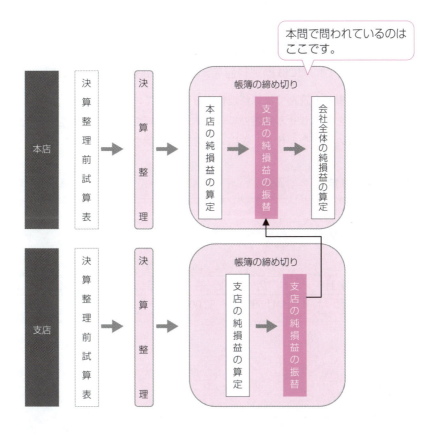

上記のように、支店の純損益を本店の損益勘定に振り替えるため、本店の損益勘定を完成させるさいに、支店の純損益も算定しなければなりません。そこで、下書き用紙に支店の損益勘定を書いて、支店の純損益を算定します。

STEP 1　問題文の確認
（　）内の語句に○をつけましょう。

問題を解く前に、「なにを作成する（解答する）のか」を確認しておきましょう。

・なにを作成する（解答する）のか？
　…（本支店合併財務諸表・損益勘定・その他）

道しるべ
にしたがって
記入すると ▶▶▶

・なにを作成する（解答する）のか？
　…（本支店合併財務諸表・㊀損益勘定・その他）

STEP 2　決算整理仕訳の作成
〔　〕には勘定科目を、（　）には金額を記入しましょう。

次に、決算整理事項を読んで決算整理仕訳を記入していきましょう。
　なお、損益勘定を完成させる問題の場合、本店と支店で独自に当期純損益を算定しなければならないため、本店の決算整理仕訳と支店の決算整理仕訳を分けて記入します。

１．売上原価の算定

期末商品棚卸高
　本店　¥49,000　　支店　¥48,400

残　高　試　算　表

借方科目	本店	支店	貸方科目	本店	支店
繰越商品	41,500	52,000	本　　店	－	178,000

本店：〔　　　　　〕（　　　　）■〔　　　　　〕（　　　　）■
　　　〔　　　　　〕（　　　　）■〔　　　　　〕（　　　　）■
支店：〔　　　　　〕（　　　　）■〔　　　　　〕（　　　　）■
　　　〔　　　　　〕（　　　　）■〔　　　　　〕（　　　　）■

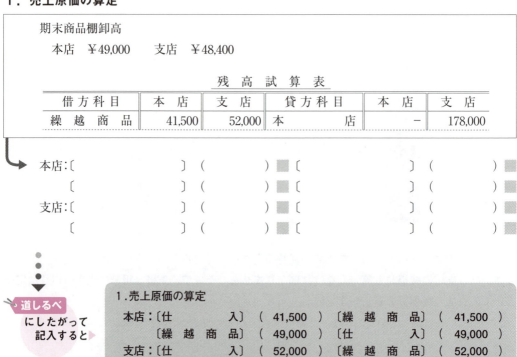
道しるべ
にしたがって
記入すると

１．売上原価の算定
　本店：〔仕　　　　入〕（ 41,500 ）〔繰 越 商 品〕（ 41,500 ）
　　　　〔繰 越 商 品〕（ 49,000 ）〔仕　　　　入〕（ 49,000 ）
　支店：〔仕　　　　入〕（ 52,000 ）〔繰 越 商 品〕（ 52,000 ）
　　　　〔繰 越 商 品〕（ 48,400 ）〔仕　　　　入〕（ 48,400 ）

2．貸倒引当金の設定

売掛金の期末残高に対して３％の貸倒引当金を設定する（差額補充法）。

残　高　試　算　表

借方科目	本　店	支　店	貸方科目	本　店	支　店
売　　掛　　金	100,000	50,000	貸　倒　引　当　金	600	200

本店：〔　　　　　〕（　　　　　）■〔　　　　　　　〕（　　　　）■
支店：〔　　　　　〕（　　　　　）■〔　　　　　　　〕（　　　　）■

道しるべ
にしたがって
記入すると▶

2．貸倒引当金の設定

本店：〔貸倒引当金繰入〕（　　2,400 [*1]）〔貸　倒　引　当　金〕（　　2,400　）
支店：〔貸倒引当金繰入〕（　　1,300 [*2]）〔貸　倒　引　当　金〕（　　1,300　）

* [*1]　貸倒引当金：￥100,000 × 3 ％ ＝ ￥3,000
　　　　貸倒引当金繰入：￥3,000 － ￥600 ＝ ￥2,400
* [*2]　貸倒引当金：￥50,000 × 3 ％ ＝ ￥1,500
　　　　貸倒引当金繰入：￥1,500 － ￥200 ＝ ￥1,300

3．減価償却費の計算

備品の減価償却費を次のとおり計上する。
　本店　￥6,750　　支店　￥4,500

本店：〔　　　　　〕（　　　　　）■〔　　　　　　　〕（　　　　）■
支店：〔　　　　　〕（　　　　　）■〔　　　　　　　〕（　　　　）■

道しるべ
にしたがって
記入すると▶

3．減価償却費の計算

本店：〔減　価　償　却　費〕（　　6,750　）〔備　　　　　　品〕（　　6,750　）
支店：〔減　価　償　却　費〕（　　4,500　）〔備　　　　　　品〕（　　4,500　）

4．販売費（費用）の未払い

販売費の未払分を次のとおり計上する。
　本店　￥1,500　　支店　￥800

本店：〔　　　　　〕（　　　　　）■〔　　　　　　　〕（　　　　）■
支店：〔　　　　　〕（　　　　　）■〔　　　　　　　〕（　　　　）■

道しるべ
にしたがって
記入すると

4．販売費（費用）の未払い

本店：〔販　　売　　費〕（　1,500　）〔未　払　販　売　費〕（　1,500　）
支店：〔販　　売　　費〕（　　800　）〔未　払　販　売　費〕（　　800　）

STEP 3　残高試算表に転記

通常の財務諸表の作成問題（例題2）と同様に、下書き用紙に書いた仕訳の金額を資料の残高試算表に転記しておきましょう。

> 残高試算表に金額を転記したら、仕訳の金額の横（■）にチェックマーク（✓）をつけておきましょう。

STEP 4　本店の損益勘定に記入

資料の残高試算表および下書き用紙の仕訳（本店の仕訳）から、現時点で判明する金額を、答案用紙の損益勘定（本店の損益勘定）に記入します。

残　高　試　算　表

借方科目	本　店	支　店	貸方科目	本　店	支　店
現　金　預　金	159,300	114,700	買　　掛　　金	82,700	34,000
売　　掛　　金	100,000	50,000	貸　倒　引　当　金	600	200
繰　越　商　品	41,500	52,000	本　　　　　店	－	178,000
備　　　　　品	109,500	82,000	資　　本　　金	300,000	－
支　　　　　店	178,000	－	繰越利益剰余金	100,000	－
仕　　　　　入	305,000	120,000	売　　　　　上	510,000	250,000
販　　売　　費	20,000	17,500			
一　般　管　理　費	80,000	26,000			
	993,300	462,200		993,300	462,200

本店の決算整理仕訳

1．本店：〔仕　　　　　入〕（　41,500　）〔繰　越　商　品〕（　41,500　）
　　　　〔繰　越　商　品〕（　49,000　）〔仕　　　　　入〕（　49,000　）
2．本店：〔貸倒引当金繰入〕（　2,400　）〔貸　倒　引　当　金〕（　2,400　）
3．本店：〔減　価　償　却　費〕（　6,750　）〔備　　　　　品〕（　6,750　）
4．本店：〔販　　売　　費〕（　1,500　）〔未　払　販　売　費〕（　1,500　）

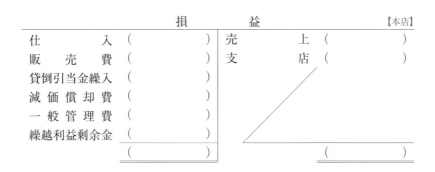

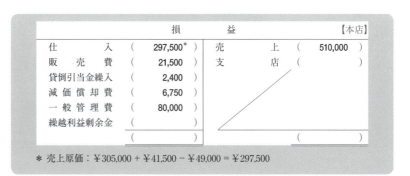

* 売上原価：¥305,000 + ¥41,500 − ¥49,000 = ¥297,500

STEP 5 支店の当期純損益の計算

下書き用紙に支店の損益勘定を書いて、支店の当期純損益を計算します。

残 高 試 算 表

借方科目	本 店	支 店	貸方科目	本 店	支 店
現 金 預 金	159,300	114,700	買 掛 金	82,700	34,000
売 掛 金	100,000	50,000	貸 倒 引 当 金	600	200
繰 越 商 品	41,500	52,000	本 店	−	178,000
備 品	109,500	82,000	資 本 金	300,000	−
支 店	178,000	−	繰越利益剰余金	100,000	−
仕 入	305,000	120,000	売 上	510,000	250,000
販 売 費	20,000	17,500			
一 般 管 理 費	80,000	26,000			
	993,300	462,200		993,300	462,200

支店の決算整理仕訳
1．支店：〔仕　　　　　　入〕（ 52,000 ）〔繰　越　商　品〕（ 52,000 ）
　　　　　〔繰　越　商　品〕（ 48,400 ）〔仕　　　　　　入〕（ 48,400 ）
2．支店：〔貸倒引当金繰入〕（ 1,300 ）〔貸　倒　引　当　金〕（ 1,300 ）
3．支店：〔減　価　償　却　費〕（ 4,500 ）〔備　　　　　　品〕（ 4,500 ）
4．支店：〔販　　売　　費〕（ 800 ）〔未　払　販　売　費〕（ 800 ）

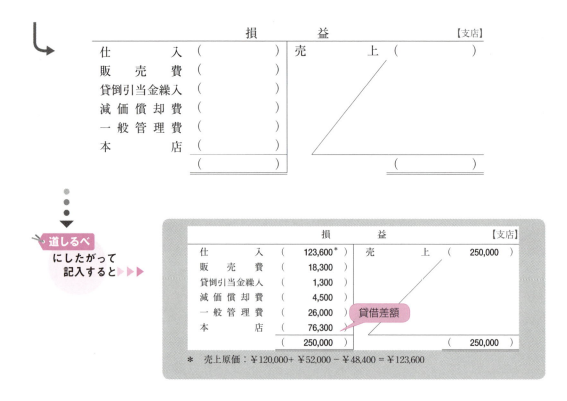

STEP 6 支店の当期純損益の振り替え

　支店の当期純損益を本店の損益勘定に振り替えます（損益勘定の「支店」に金額を記入します）。

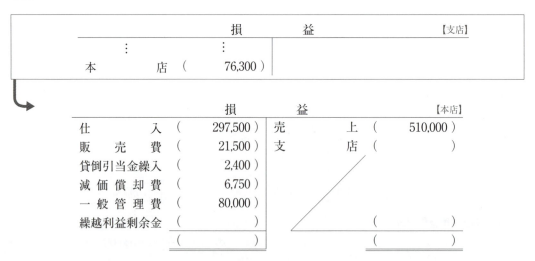

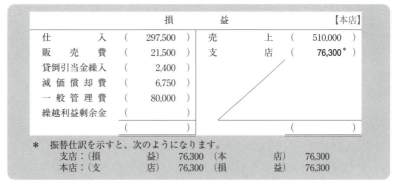

STEP 7 繰越利益剰余金の計算

最後に、本店の損益勘定の貸借差額で、繰越利益剰余金を計算します。

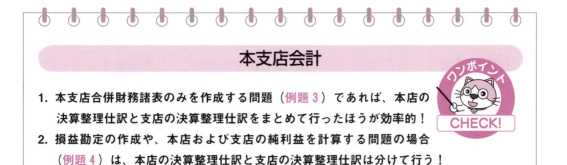

1. **本支店合併財務諸表のみを作成する問題**（例題3）であれば、本店の決算整理仕訳と支店の決算整理仕訳をまとめて行ったほうが効率的！
2. **損益勘定の作成や、本店および支店の純利益を計算する問題の場合**（例題4）は、本店の決算整理仕訳と支店の決算整理仕訳は分けて行う！

第3問対策 例題

5. 連結財務諸表の作成

例題 5 次の〔資料〕にもとづき、連結第2年度（×2年4月1日から×3年3月31日）の連結財務諸表を作成しなさい。 ⏰**20分**

〔資料〕連結に関する事項

1．P社は、×1年3月31日にS社の発行済株式総数の60％を￥329,000で取得して支配を獲得し、それ以降S社を連結子会社として連結財務諸表を作成している。

2．×1年3月31日（支配獲得時）におけるS社の純資産項目は、資本金￥320,000、資本剰余金￥120,000、利益剰余金￥100,000であった。

3．のれんは、支配獲得時の翌年度から10年間にわたり定額法により償却を行っている。

4．連結第1年度（×1年4月1日から×2年3月31日）において、S社は、当期純利益￥24,000を計上した。なお、配当は行っていない。

5．連結第1年度末（×2年3月31日）におけるS社の純資産項目は、資本金￥320,000、資本剰余金￥120,000、利益剰余金￥124,000であった。

6．連結第2年度（×2年4月1日から×3年3月31日）において、S社は、当期純利益￥60,000を計上し、￥20,000の配当を行った。

7．P社およびS社の連結第2年度末の貸借対照表および連結第2年度の損益計算書は、次のとおりである。

貸 借 対 照 表
×3年3月31日 （単位：円）

資　　産	P社	S社	負債・純資産	P社	S社
諸　資　産	2,620,800	572,000	諸　負　債	1,200,800	103,280
売　掛　金	360,000	196,000	買　掛　金	188,000	120,000
（貸倒引当金）	△ 7,200	△ 3,920	資　本　金	960,000	320,000
商　　品	160,000	63,200	資本剰余金	320,000	120,000
S 社 株 式	329,000	—	利益剰余金	793,800	164,000
	3,462,600	827,280		3,462,600	827,280

194

損 益 計 算 書
自×2年4月1日 至×3年3月31日　　（単位：円）

	P社	S社
売　　上　　高	1,920,000	680,000
売　上　原　価	920,000	460,000
売　上　総　利　益	1,000,000	220,000
販売費及び一般管理費	720,000	172,000
営　業　利　益	280,000	48,000
営　業　外　収　益	24,000	20,000
営　業　外　費　用	16,000	8,000
当　期　純　利　益	288,000	60,000

8．連結第2年度より、P社はS社に対して売上総利益率20%で商品を販売している。

9．連結第2年度におけるP社のS社に対する売上高は¥272,000であった。

10．連結第2年度末において、S社の保有する商品のうち¥36,000はP社から仕入れた商品であった。

11．連結第2年度末において、P社の売掛金残高のうち¥100,000はS社に対するものであった。なお、P社、S社ともに売掛金の期末残高に対して2%の貸倒引当金を設定している（差額補充法）。

連 結 損 益 計 算 書
自×2年4月1日 至×3年3月31日　　（単位：円）

売　　　　　　上　　　　　　高	（　　　　　　　　）
売　　　上　　　原　　　価	（　　　　　　　　）
売　　上　　総　　利　　益	（　　　　　　　　）
販　売　費　及　び　一　般　管　理　費	（　　　　　　　　）
営　　　業　　　利　　　益	（　　　　　　　　）
営　　業　　外　　収　　益	（　　　　　　　　）
営　　業　　外　　費　　用	（　　　　　　　　）
当　　期　　純　　利　　益	（　　　　　　　　）
非支配株主に帰属する当期純利益	（　　　　　　　　）
親会社株主に帰属する当期純利益	（　　　　　　　　）

連結貸借対照表（×3年3月31日）の金額

	金　　額
商　　　　　品	¥
の　れ　ん	¥
利　益　剰　余　金	¥
非　支　配　株　主　持　分	¥

答案用紙に記入したら、で答えを

解き方の道しるべ

連結財務諸表を作成する問題です。

連結会計においては、連結修正仕訳が重要となりますが、なかでも投資と資本の相殺消去と開始仕訳は、初心者にとって理解しづらいものです。

基本的には、仕訳を積み上げれば解答することができますが、開始仕訳（投資と資本の相殺消去）については、なれてきたらタイムテーブルを作って解くほうが早く解けます。

ここでは、まずは、(A)連結修正仕訳を積み上げて解く方法で解説し、そのあと、(B)タイムテーブルを作って解く方法を解説していきます。

(A) 連結修正仕訳を積み上げて解く方法

STEP 1　問題文の確認

簡単なタイムテーブルを作って、支配獲得日と当期を確認しておきます。

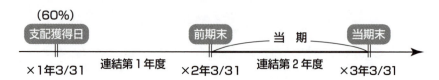

STEP 2 支配獲得日の連結修正仕訳

支配獲得日には投資と資本の相殺消去の連結修正仕訳をします。

1．P社は、×1年3月31日にS社の発行済株式総数の60%を¥329,000で取得して支配を獲得し、それ以降S社を連結子会社として連結財務諸表を作成している。
2．×1年3月31日（支配獲得時）におけるS社の純資産項目は、資本金¥320,000、資本剰余金¥120,000、利益剰余金¥100,000であった。

〔　　　　　〕（　　　　　）〔　　　　　　〕（　　　　　）
〔　　　　　〕（　　　　　）〔　　　　　　〕（　　　　　）
〔　　　　　〕（　　　　　）〔　　　　　　〕（　　　　　）
〔　　　　　〕（　　　　　）〔　　　　　　〕（　　　　　）

道しるべ
にしたがって
記入すると▶▶▶

支配獲得日の連結修正仕訳

〔資　本　金〕（ 320,000 ）〔S　社　株　式〕（ 329,000 ）
〔資 本 剰 余 金〕（ 120,000 ）〔非支配株主持分〕（ 216,000 [*1] ）
〔利 益 剰 余 金〕（ 100,000 ）〔　　　　　　〕（　　　　　）
〔の　　れ　　ん〕（ 5,000 [*2] ）〔　　　　　　〕（　　　　　）

*1 （¥320,000 ＋ ¥120,000 ＋ ¥100,000）× 40% ＝ ¥216,000
　　　　　　　　　　　　　　　　　　　　　　非支配株主持分
*2 貸借差額

STEP 3 連結第1年度の連結修正仕訳

連結会計では、支配獲得日に行った連結修正仕訳を連結第1年度において再度、行います（開始仕訳）。そのあと、開始仕訳以外の連結第1年度の連結修正仕訳をします。

1．開始仕訳（投資と資本の相殺消去）

開始仕訳は、前期末までに行った連結修正仕訳を再度行います。このとき、連結株主資本等変動計算書も作成する場合は、純資産の項目について、勘定科目のうしろに「当期首残高」をつけますが、本問では連結株主資本等変動計算書は作成しないので、「当期首残高」はつけなくてかまいません。

支配獲得日の連結修正仕訳（STEP 2）

〔資　　本　　金〕（ 320,000 ）〔S　社　株　式〕（ 329,000 ）
〔資 本 剰 余 金〕（ 120,000 ）〔非支配株主持分〕（ 216,000 ）
〔利 益 剰 余 金〕（ 100,000 ）〔　　　　　　〕（　　　　　）
〔の　　れ　　ん〕（ 5,000 ）〔　　　　　　〕（　　　　　）

〔　　　　　〕（　　　　）〔　　　　　　〕（　　　　）
〔　　　　　〕（　　　　）〔　　　　　　〕（　　　　）
〔　　　　　〕（　　　　）〔　　　　　　〕（　　　　）
〔　　　　　〕（　　　　）〔　　　　　　〕（　　　　）

道しるべ
にしたがって
記入すると▶▶▶

> 1．開始仕訳（投資と資本の相殺消去）
> 〔資　本　金〕（　320,000　）〔S　社　株　式〕（　329,000　）
> 〔資本剰余金〕（　120,000　）〔非支配株主持分〕（　216,000　）
> 〔利益剰余金〕（　100,000　）〔　　　　　　〕（　　　　　）
> 〔の　れ　ん〕（　　5,000　）〔　　　　　　〕（　　　　　）

2．連結第1年度の連結修正仕訳

(1) のれんの償却

> 3．のれんは、支配獲得時の翌年度から10年間にわたり定額法により償却を行っている。

［支配獲得日の連結修正仕訳］
〔資　本　金〕（　320,000　）　〔S　社　株　式〕（　329,000　）
〔資本剰余金〕（　120,000　）　〔非支配株主持分〕（　216,000　）
〔利益剰余金〕（　100,000　）　〔　　　　　　〕（　　　　　）
〔の　れ　ん〕（　　5,000　）　〔　　　　　　〕（　　　　　）

〔　　　　　〕（　　　　）〔　　　　　　〕（　　　　）

道しるべ
にしたがって
記入すると▶▶▶

> 2(1)　のれんの償却
> 〔のれん償却〕（　　500　）〔の　れ　ん〕（　　500＊）
> ＊　¥5,000÷10年＝¥500

(2) 子会社の当期純利益の振り替え

　子会社の当期純利益のうち、非支配株主に帰属する部分（この例題では40％）を**非支配株主持分**に振り替えます。また、相手科目は**非支配株主に帰属する当期純損益**で処理します。

> 4．連結第1年度（×1年4月1日から×2年3月31日）において、S社は、当期純利益
> ¥24,000を計上した。なお、配当は行っていない。

〔　　　　　〕（　　　　）〔　　　　　　〕（　　　　）

198

> 2(2) 子会社の当期純利益の振り替え
> 〔非支配株主に帰属する当期純損益〕（ 9,600 ）〔非支配株主持分〕（ 9,600＊）
> ＊ ¥24,000 × 40％ ＝ ¥9,600

(3) 子会社の配当金の修正

子会社が配当金を支払ったときは、子会社の配当金の修正をします。

しかし、本問では第1年度にS社は配当を行っていないため、第1年度の子会社の配当金の修正は不要となります。

> 4．連結第1年度（×1年4月1日から×2年3月31日）において、S社は、当期純利益¥24,000を計上した。なお、配当は行っていない。

STEP 4 連結第2年度の連結修正仕訳

連結第2年度においては、連結第1年度に行った連結修正を再度行い（開始仕訳）、そのあと、当期（連結第2年度）の連結修正仕訳をします。

1．開始仕訳（投資と資本の相殺消去）

連結第1年度に行った連結修正仕訳を再度行います。このとき、損益項目については、「利益剰余金」で処理します。

> 1．連結第1年度の連結修正仕訳（STEP 3）
> 〔資　本　金〕（ 320,000 ）〔S　社　株　式〕（ 329,000 ）
> 〔資本剰余金〕（ 120,000 ）〔非支配株主持分〕（ 216,000 ）
> 〔利益剰余金〕（ 100,000 ）〔　　　　　　〕（　　　　　　）
> 〔の　れ　ん〕（   5,000 ）〔　　　　　　〕（　　　　　　）

> 2．連結第1年度の連結修正仕訳（STEP 3）
> (1) のれんの償却
> 〔のれん償却〕（   500 ）〔の　れ　ん〕（   500 ）
> (2) 子会社の当期純利益の振り替え
> 〔非支配株主に帰属する当期純損益〕（   9,600 ）〔非支配株主持分〕（   9,600 ）
>
> 〔　　　　　　〕（　　　　）〔　　　　　　〕（　　　　）
> 〔　　　　　　〕（　　　　）〔　　　　　　〕（　　　　）
> 〔　　　　　　〕（　　　　）〔　　　　　　〕（　　　　）
> 〔　　　　　　〕（　　　　）〔　　　　　　〕（　　　　）

道しるべ

にしたがって
記入すると ▶▶▶

> **1．開始仕訳（投資と資本の相殺消去）**
>
> 〔資　本　金〕（ 320,000 ）〔S 社 株 式〕（ 329,000 ）
> 〔資 本 剰 余 金〕（ 120,000 ）〔非支配株主持分〕（ 225,600*³ ）
> 〔利 益 剰 余 金〕（ 110,100*¹ ）〔　　　　　〕（　　　　　）
> 〔の　れ　ん〕（ 4,500*² ）〔　　　　　〕（　　　　　）
> *1　¥100,000 ＋ ¥500 ＋ ¥9,600 ＝ ¥110,100
> 　　　　　　　のれん償却　非支配株主に帰属
> 　　　　　　　　　　　　　する当期純損益
> *2　¥5,000 － ¥500 ＝ ¥4,500
> *3　¥216,000 ＋ ¥9,600 ＝ ¥225,600

２．当期（連結第2年度）の連結修正仕訳

(1)　のれんの償却

> ３．のれんは、支配獲得時の翌年度から10年間にわたり定額法により償却を行っている。

〔支配獲得日の連結修正仕訳〕

〔資　　本　　金〕（ 320,000 ）〔S 社 株 式〕（ 329,000 ）
〔資 本 剰 余 金〕（ 120,000 ）〔非支配株主持分〕（ 216,000 ）
〔利 益 剰 余 金〕（ 100,000 ）〔　　　　　　　〕（　　　　　）
〔の　　れ　　ん〕（ 5,000 ）〔　　　　　　　〕（　　　　　）

〔　　　　　　　〕（　　　　　）〔　　　　　　　〕（　　　　　）

道しるべ

にしたがって
記入すると ▶▶▶

> **2(1)　のれんの償却**
>
> 〔の れ ん 償 却〕（ 500 ）〔の　れ　ん〕（ 500* ）
> *　¥5,000 ÷ 10年 ＝ ¥500

(2)　子会社の当期純利益の振り替え

> ６．連結第2年度（×2年4月1日から×3年3月31日）において、S社は、当期純利益
> ¥60,000を計上し、¥20,000の配当を行った。

〔　　　　　　　〕（　　　　　）〔　　　　　　　〕（　　　　　）

> **道しるべ**
> にしたがって
> 記入すると ▶▶▶
>
> **2(2) 子会社の当期純利益の振り替え**
> 〔非支配株主に帰属する当期純損益〕（ 24,000 ） 〔非支配株主持分〕（ 24,000 * ）
> ＊　¥60,000 × 40% = ¥24,000

(3) 子会社の配当金の修正

　子会社が配当金を支払ったときは、子会社の配当金の修正をします。

　具体的には、子会社で行った配当の全額について、**剰余金の配当**という勘定科目（または**利益剰余金**）を用いて取り消す（貸方に記入する）処理をします。また、親会社が受け取った配当金は**受取配当金（収益）**で処理しているので、これを取り消します。さらに、子会社の配当金のうち、非支配株主に帰属する部分（この例題では40%）を**非支配株主持分の減少**で処理します。

> 6．連結第2年度（×2年4月1日から×3年3月31日）において、S社は、当期純利益¥60,000を計上し、¥20,000の配当を行った。

〔　　　　　　　　　〕（　　　　　　　　）〔　　　　　　　　　　　〕（　　　　　　　　）
〔　　　　　　　　　〕（　　　　　　　　）〔　　　　　　　　　　　〕（　　　　　　　　）

> **道しるべ**
> にしたがって
> 記入すると ▶▶▶
>
> **2(3) 子会社の配当金の修正**
> 〔受 取 配 当 金〕（ 12,000 *1 ）〔剰 余 金 の 配 当〕（ 20,000 ）
> 〔非支配株主持分〕（ 8,000 *2 ）〔　　　　　　　　〕（　　　　　　）
> ＊1　¥20,000 × 60% = ¥12,000
> ＊2　¥20,000 × 40% = ¥8,000

(4) 売上高と売上原価の相殺消去

　親会社の子会社に対する**売上**（仕訳上は「**売上高**」）と、子会社の親会社からの**仕入**（仕訳上は「**売上原価**」）を相殺消去します。

> 9．連結第2年度におけるP社のS社に対する売上高は¥272,000であった。

〔　　　　　　　　　〕（　　　　　　　　）〔　　　　　　　　　　　〕（　　　　　　　　）

> **道しるべ**
> にしたがって
> 記入すると ▶▶▶
>
> **2(4) 売上高と売上原価の相殺消去**
> 〔売 　 上 　 高〕（ 272,000 ）〔売 上 原 価〕（ 272,000 ）

201

(5) 期末商品に含まれる未実現利益の消去

子会社の期末商品のうち、親会社からの仕入分にかかる利益（未実現利益）を消去します。

具体的には、未実現利益の分だけ**商品（資産）**を減少させるとともに、相手科目は**売上原価（費用）**で処理します。

> 8．連結第2年度より、P社はS社に対して売上総利益率20％で商品を販売している。
>
> 10．連結第2年度末において、S社の保有する商品のうち¥36,000はP社から仕入れた商品であった。

〔　　　　　　　〕（　　　　　）〔　　　　　　　〕（　　　　　）

道しるべにしたがって記入すると▶▶▶

2(5) 期末商品に含まれる未実現利益の消去
〔売　上　原　価〕（　7,200　）〔商　　　　品〕（　7,200*　）
* ¥36,000 × 20% = ¥7,200

これ、だいじょうぶ？　「利益率●％」と「原価に●％の利益を加算して…」の違い

利益率とは、売価に対する利益の割合をいいます。

$$利益率：\frac{利益}{売価} \times 100$$

したがって、たとえば原価¥960の商品を¥1,200で販売するときの、利益率は次のように計算します。

$$利益率：\frac{¥1,200 - ¥960}{¥1,200} \times 100 = 20\%$$

そのため、「子会社が期末に保有する商品のうち、親会社から仕入れた商品は¥1,200である。なお、親会社は子会社に対し、利益率20％で販売している」という場合、商品に含まれる未実現利益は次のようになります。

未実現利益：¥1,200 × 20％ ＝ ¥240

一方、たとえば原価¥1,000に20％の利益を加算して販売しているとき、加算した利益は¥200（¥1,000 × 20％）となります。

そのため、「子会社が期末に保有する商品のうち、親会社から仕入れた商品は¥1,200である。なお、親会社は子会社に対し、原価に20％の利益を加算して販売している」という場合、原価を1とすると、売価は1.2（利益は0.2）となります。したがって、商品に含まれる未実現利益は次のようになります。

未実現利益：$¥1,200 \times \frac{0.2}{1.2} = ¥200$

これ、だいじょうぶ？　アップストリーム

本問は親会社から子会社に商品を販売しているダウンストリームですが、仮に子会社から親会社に商品を販売しているアップストリームの場合は、期末商品に含まれる未実現利益のうち非支

配株主の持分に相当する部分については非支配株主持分に負担させます。

具体的には、ダウンストリームの場合の未実現利益を消去する仕訳をもとに、損益項目（売上原価）の逆側に**非支配株主に帰属する当期純損益（損益項目）**を記入し、相手科目を**非支配株主持分**で処理します。

そのため、本問がアップストリームの場合には、連結修正仕訳は次のようになります。

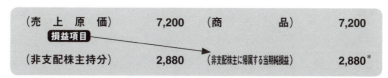

(6) 債権債務の相殺消去

連結会社間の債権債務の期末残高を相殺消去します。

> 11. 連結第2年度末において、P社の売掛金残高のうち¥100,000はS社に対するものであった。なお、P社、S社ともに売掛金の期末残高に対して2％の貸倒引当金を設定している（差額補充法）。

〔　　　　　〕（　　　　　）〔　　　　　　〕（　　　　　）

道しるべ にしたがって 記入すると ▶▶▶

2(6) 債権債務の相殺消去
〔買　掛　金〕（ 100,000 ）〔売　掛　金〕（ 100,000 ）

(7) 期末貸倒引当金の修正

連結会社間の債権債務の期末残高を相殺消去した場合、消去した債権（売掛金や受取手形など）にかかる貸倒引当金を修正します。

> 11. 連結第2年度末において、P社の売掛金残高のうち¥100,000はS社に対するものであった。なお、P社、S社ともに売掛金の期末残高に対して2％の貸倒引当金を設定している（差額補充法）。

〔　　　　　〕（　　　　　）〔　　　　　　〕（　　　　　）

道しるべ にしたがって 記入すると ▶▶▶

2(7) 期末貸倒引当金の修正
〔貸 倒 引 当 金〕（　2,000＊）〔貸倒引当金繰入〕（　2,000　）
＊　¥100,000 × 2％ = ¥2,000

STEP 5 連結財務諸表に記入

問題の〔資料〕と連結第2年度の連結修正仕訳にもとづいて、連結財務諸表に記入します。

1．連結損益計算書

売上高

[P社とS社の個別損益計算書]

損益計算書

	P社	S社
売 上 高	1,920,000	680,000

[連結修正仕訳]
2(4)　売上高と売上原価の相殺消去
〔売　上　高〕（　272,000　）〔売　上　原　価〕（　272,000　）

連結損益計算書
売　　上　　高　　（　　　　　　　　　）

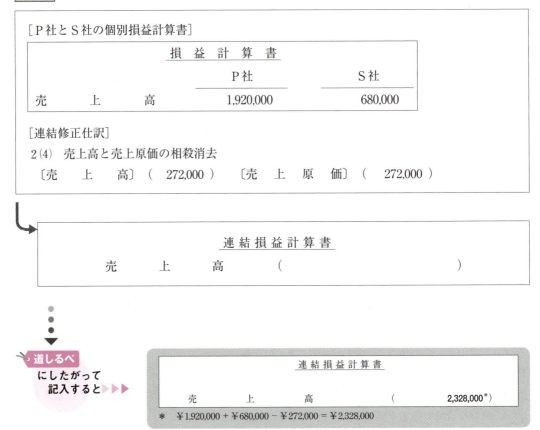

連結損益計算書
売　　上　　高　　（　　2,328,000*　）

＊　¥1,920,000 ＋ ¥680,000 − ¥272,000 ＝ ¥2,328,000

売上原価

［P社とS社の個別損益計算書］

<table>
<thead>
<tr><th colspan="3" align="center">損 益 計 算 書</th></tr>
<tr><th></th><th align="center">P 社</th><th align="center">S 社</th></tr>
</thead>
<tbody>
<tr><td align="center">⋮</td><td align="center">⋮</td><td align="center">⋮</td></tr>
<tr><td>売　上　原　価</td><td align="right">920,000</td><td align="right">460,000</td></tr>
</tbody>
</table>

［連結修正仕訳］

2 (4)　売上高と売上原価の相殺消去

〔売　　上　　高〕（　272,000　）　〔売　上　原　価〕（　272,000　）

(5)　期末商品に含まれる未実現利益の消去

〔売　上　原　価〕（　7,200　）　〔商　　　　　品〕（　7,200　）

連 結 損 益 計 算 書

売　　上　　高	（　　　2,328,000　）
売　上　原　価	（　　　　　　　　　）
売　上　総　利　益	（　　　　　　　　　）

道しるべ
にしたがって
記入すると ▶▶▶

連 結 損 益 計 算 書

売　　　上　　　高	（　　　2,328,000　）
売　上　原　価	（　　1,115,200*）
売　上　総　利　益	（　　1,212,800　）

＊　￥920,000 ＋ ￥460,000 － ￥272,000 ＋ ￥7,200 ＝ ￥1,115,200

販売費及び一般管理費

［P社とS社の個別損益計算書］

損 益 計 算 書

	P 社	S 社
⋮	⋮	⋮
販売費及び一般管理費	720,000	172,000

［連結修正仕訳］

2(1) のれんの償却

〔のれん償却〕（　　500　）　〔の　れ　ん〕（　　500　）

(7) 期末貸倒引当金の修正

〔貸 倒 引 当 金〕（　2,000　）　〔貸倒引当金繰入〕（　2,000　）

連 結 損 益 計 算 書

⋮	⋮
売 上 総 利 益	(　　1,212,800　)
販売費及び一般管理費	(　　　　　　　)
営 業 利 益	(　　　　　　　)

道しるべ
にしたがって
記入すると ▶▶▶

連 結 損 益 計 算 書

⋮	⋮
売 上 総 利 益	(　　1,212,800　)
販売費及び一般管理費	(　　890,500*)
営 業 利 益	(　　322,300　)

* ￥720,000 ＋ ￥172,000 ＋ ￥500 － ￥2,000 ＝ ￥890,500
　　　　　　　　　　　　のれん　貸倒引当金
　　　　　　　　　　　　償却　　繰入

206

営業外収益、営業外費用

［P社とS社の個別損益計算書］

損 益 計 算 書

	P 社	S 社
:	:	:
営 業 外 収 益	24,000	20,000
営 業 外 費 用	16,000	8,000

［連結修正仕訳］

2(3) 子会社の配当金の修正

〔受 取 配 当 金〕（　　12,000　）　〔剰 余 金 の 配 当〕（　　20,000　）
〔非支配株主持分〕（　　8,000　）　〔　　　　　　　〕（　　　　　　）

連 結 損 益 計 算 書

:	:
営 業 利 益	（　　　　322,300　）
営 業 外 収 益	（　　　　　　　　）
営 業 外 費 用	（　　　　　　　　）
当 期 純 利 益	（　　　　　　　　）

道しるべ
にしたがって
記入すると▶▶▶

連 結 損 益 計 算 書

:	:
営 業 利 益	（　　　322,300　）
営 業 外 収 益	（　　32,000[*1]）
営 業 外 費 用	（　　24,000[*2]）
当 期 純 利 益	（　　330,300　）

*1　¥24,000 ＋ ¥20,000 － ¥12,000 ＝ ¥32,000
　　　　　　　　　　　　　受取配当金
*2　¥16,000 ＋ ¥8,000 ＝ ¥24,000

207

非支配株主に帰属する当期純利益

［連結修正仕訳］

2⑵　子会社の当期純利益の振り替え

〔非支配株主に帰属する当期純損益〕（　　24,000　）　〔非 支 配 株 主 持 分〕（　　24,000　）

連 結 損 益 計 算 書

⋮　　　　　　　　　　⋮

当　期　純　利　益	（	330,300	）
非支配株主に帰属する当期純利益	（		）
親会社株主に帰属する当期純利益	（		）

道しるべ
にしたがって
記入すると▶▶▶

連 結 損 益 計 算 書

⋮　　　　　　　　　　⋮

当　期　純　利　益	（	330,300	）
非支配株主に帰属する当期純利益	（	24,000	）
親会社株主に帰属する当期純利益	（	306,300	）

2．連結貸借対照表の金額

商　　品

［P社とS社の個別貸借対照表］

貸 借 対 照 表

資　　産	P社	S社	負債・純資産	P社	S社
商　　品	160,000	63,200			

［連結修正仕訳］

2⑸　期末商品に含まれる未実現利益の消去

〔売　上　原　価〕（　　7,200　）　〔商　　　　品〕（　　7,200　）

連結貸借対照表（×3年3月31日）の金額

	金　　額
商　　　　品	¥

208

	金　額
商　　　品	¥　216,000*

＊　¥160,000 ＋ ¥63,200 － ¥7,200 ＝ ¥216,000

のれん

［連結修正仕訳］
1．開始仕訳（投資と資本の相殺消去）
〔資　本　金〕（　320,000　）〔S　社　株　式〕（　329,000　）
〔資本剰余金〕（　120,000　）〔非支配株主持分〕（　225,600　）
〔利益剰余金〕（　110,100　）〔　　　　　　　〕（　　　　　）
〔の　れ　ん〕（　　4,500　）〔　　　　　　　〕（　　　　　）

2⑴　のれんの償却
〔のれん償却〕（　　　500　）〔の　れ　ん〕（　　　500　）

連結貸借対照表（×3年3月31日）の金額

	金　額
の　れ　ん	¥

	金　額
の　れ　ん	¥　　4,000*

＊　4,500 － ¥500 ＝ ¥4,000

利益剰余金

　連結貸借対照表における利益剰余金（連結第2年度末の残高）は、P社とS社の個別財務諸表の利益剰余金を合算し、それに連結修正仕訳の「利益剰余金」を加減し、さらに当期の損益項目と剰余金の配当の金額を加減して計算します。

<table>
<tr><td colspan="6" align="center">貸　借　対　照　表</td></tr>
<tr><td align="center">資　　産</td><td align="center">P社</td><td align="center">S社</td><td align="center">負債・純資産</td><td align="center">P社</td><td align="center">S社</td></tr>
<tr><td></td><td></td><td></td><td>利益剰余金</td><td align="right">793,800</td><td align="right">164,000</td></tr>
</table>

［連結修正仕訳］

1．開始仕訳（投資と資本の相殺消去）

〔資　本　金〕（　320,000　）　〔S　社　株　式〕（　329,000　）

〔資 本 剰 余 金〕（　120,000　）　〔非支配株主持分〕（　225,600　）

〔利 益 剰 余 金〕（　110,100　）　〔　　　　　　　　〕（　　　　　）

〔の　　れ　　ん〕（　　4,500　）　〔　　　　　　　　〕（　　　　　）

2(1)　のれんの償却

〔の れ ん 償 却〕（　　　500　）　〔の　　れ　　ん〕（　　　500　）

(2)　子会社の当期純利益の振り替え

〔非支配株主に帰属する当期純損益〕（　24,000　）　〔非 支 配 株 主 持 分〕（　24,000　）

(3)　子会社の配当金の修正

〔受 取 配 当 金〕（　12,000　）　〔剰 余 金 の 配 当〕（　20,000　）

〔非支配株主持分〕（　　8,000　）　〔　　　　　　　　〕（　　　　　）

(4)　売上高と売上原価の相殺消去

〔売　　上　　高〕（　272,000　）　〔売　上　原　価〕（　272,000　）

(5)　期末商品に含まれる未実現利益の消去

〔売　上　原　価〕（　　7,200　）　〔商　　　　　品〕（　　7,200　）

(6)　債権債務の相殺消去

〔買　掛　金〕（　100,000　）　〔売　掛　金〕（　100,000　）

(7)　期末貸倒引当金の修正

〔貸 倒 引 当 金〕（　　2,000　）　〔貸倒引当金繰入〕（　　2,000　）

連結貸借対照表（×3年3月31日）の金額

	金　　額
利　益　剰　余　金	¥

道しるべ
にしたがって
記入すると ▶▶▶

	金　額
利 益 剰 余 金	¥　826,000*

* ¥793,800 ＋ ¥164,000 － ¥110,100 － ¥41,700 ＋ ¥20,000 ＝ ¥826,000
　P社　　　　S社　　　　開始仕訳　当期の連結　　剰余金の
　　　　　　　　　　　　　　　　修正仕訳の　　配当
　　　　　　　　　　　　　　　　損益項目合計
　　　　　　　　　　　　　　　　　（※）

※　当期の連結修正仕訳の損益項目合計：
　借方：¥500 ＋ ¥24,000 ＋ ¥12,000 ＋ ¥272,000 ＋ ¥7,200 ＝ ¥315,700
　　　のれん　非支配株主に　受取配当金　売上高　売上原価
　　　償却　　帰属する
　　　　　　　当期純損益

　貸方：¥272,000 ＋ ¥2,000 ＝ ¥274,000
　　　　売上原価　　貸倒引当金
　　　　　　　　　　繰入

　差額：¥315,700 － ¥274,000 ＝ ¥41,700

非支配株主持分

　連結貸借対照表における非支配株主持分は、開始仕訳の「非支配株主持分」に連結修正仕訳の「非支配株主持分」を加減して計算します。

［連結修正仕訳］
1．開始仕訳（投資と資本の相殺消去）
〔資　本　金〕（　320,000　）〔S　社　株　式〕（　329,000　）
〔資 本 剰 余 金〕（　120,000　）〔非支配株主持分〕（　225,600　）
〔利 益 剰 余 金〕（　110,100　）〔　　　　　　　〕（　　　　　）
〔の　れ　ん〕（　　4,500　）〔　　　　　　　〕（　　　　　）

2 (2)　子会社の当期純利益の振り替え
〔非支配株主に帰属する当期純損益〕（　24,000　）〔非支配株主持分〕（　24,000　）

(3)　子会社の配当金の修正
〔受 取 配 当 金〕（　12,000　）〔剰 余 金 の 配 当〕（　20,000　）
〔非支配株主持分〕（　　8,000　）〔　　　　　　　〕（　　　　　）

連結貸借対照表（×3年3月31日）の金額

	金　額
非 支 配 株 主 持 分	¥

211

	金　額
非支配株主持分	¥　241,600*

＊　225,600 + ¥24,000 − ¥8,000 = ¥241,600

以上より、この例題の解答は次のようになります。

連結損益計算書
自×2年4月1日　至×3年3月31日　（単位：円）

売　　上　　高	（　2,328,000　）
売　上　原　価	（　1,115,200　）
売　上　総　利　益	（　1,212,800　）
販売費及び一般管理費	（　890,500　）
営　業　利　益	（　322,300　）
営　業　外　収　益	（　32,000　）
営　業　外　費　用	（　24,000　）
当　期　純　利　益	（　330,300　）
非支配株主に帰属する当期純利益	（　24,000　）
親会社株主に帰属する当期純利益	（　306,300　）

連結貸借対照表（×3年3月31日）の金額

	金　額
商　　　　　品	¥　216,000
の　　れ　　ん	¥　4,000
利　益　剰　余　金	¥　826,000
非　支　配　株　主　持　分	¥　241,600

（B）タイムテーブルを作って解く方法

STEP 1　タイムテーブルを準備する

タイムテーブルを書いて、支配獲得日、前期末、当期末の日付を書いておきます。

STEP 2　支配獲得日の状況を記入する

タイムテーブルに支配獲得日の状況を記入します。

(1) 親会社の取得割合、子会社株式の帳簿価額の記入

タイムテーブルに親会社の取得割合、子会社株式の帳簿価額（S社株式）を記入します。なお、取得割合は○で囲み、連結修正仕訳（開始仕訳）で貸方に記入される項目（S社株式）については□で囲んでおきます。

> 1．P社は、×1年3月31日にS社の発行済株式総数の60％を¥329,000で取得して支配を獲得し、それ以降S社を連結子会社として連結財務諸表を作成している。

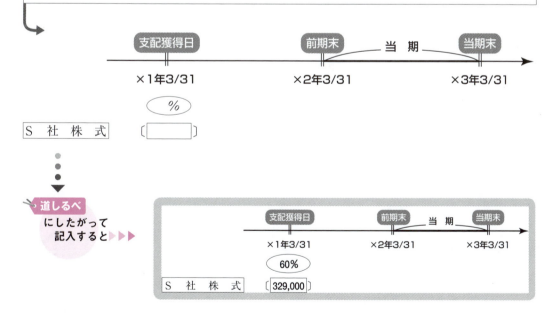

213

(2) 子会社の純資産の金額の記入

タイムテーブルに子会社の純資産の金額を記入します。

> 2．×1年3月31日（支配獲得時）におけるS社の純資産項目は、資本金￥320,000、資本剰余金￥120,000、利益剰余金￥100,000であった。

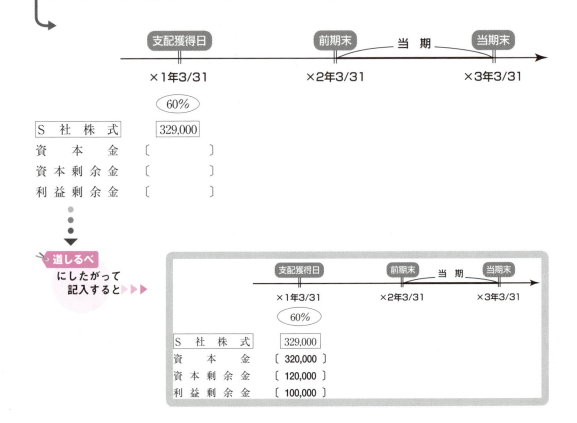

STEP 3 前期末の子会社の純資産の金額を記入する

タイムテーブルに前期末（連結第1年度末）の子会社の純資産の金額を記入します。

> 5．連結第1年度末（×2年3月31日）におけるS社の純資産項目は、資本金¥320,000、資本剰余金¥120,000、利益剰余金¥124,000であった。

215

STEP 4 当期末の子会社の純資産の金額を記入する

タイムテーブルに当期末（連結第2年度末）の子会社の純資産の金額を記入します。

貸 借 対 照 表
×3年3月31日　　　　　　　　（単位：円）

資　産	P社	S社	負債・純資産	P社	S社
			資 本 金	960,000	320,000
			資本剰余金	320,000	120,000
			利益剰余金	793,800	164,000

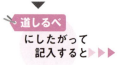

にしたがって
記入すると

STEP 5 非支配株主持分の金額を記入する

　子会社の純資産（資本）に非支配株主持分割合を掛けて、各年度末における非支配株主持分を計算します。なお、非支配株主持分は、連結修正仕訳（開始仕訳）で貸方に記入される項目なので、□で囲んでおきます。

> 親会社株主の持分割合が60％ということは非支配株主持分割合は40％

　1．Ｐ社は、×1年3月31日にＳ社の発行済株式総数の60％を￥329,000で取得して支配を獲得し、それ以降Ｓ社を連結子会社として連結財務諸表を作成している。

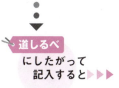
道しるべにしたがって記入すると▶▶▶

STEP 6 のれんとのれん償却の金額を記入する

(1) 支配獲得日ののれんの計算

　支配獲得日における投資（S社株式）および非支配株主持分の合計と資本（子会社の純資産）の差額でのれんを計算します。

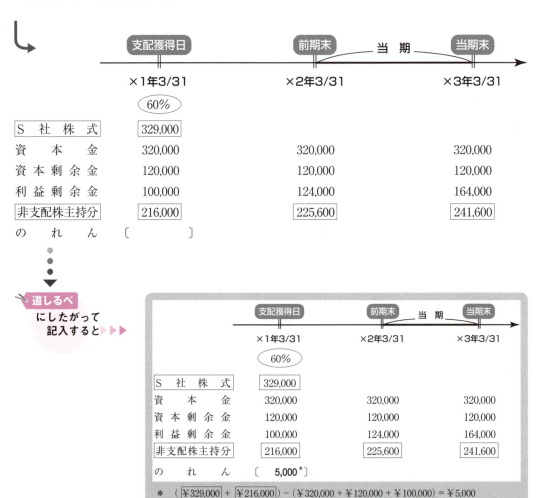

(2) のれん償却と前期末、当期末ののれんの金額の記入

のれん償却の金額と、前期末および当期末ののれんの金額を記入します。

> ３．のれんは、支配獲得時の翌年度から10年間にわたり定額法により償却を行っている。

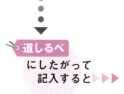

道しるべ
にしたがって
記入すると ▶▶▶

	支配獲得日 ×1年3/31	前期末 ×2年3/31	当期末 ×3年3/31
	60%		
Ｓ 社 株 式	329,000		
資 本 金	320,000	320,000	320,000
資 本 剰 余 金	120,000	120,000	120,000
利 益 剰 余 金	100,000	124,000	164,000
非支配株主持分	216,000	225,600	241,600
の れ ん	5,000* →	〔 4,500*² 〕 →	〔 4,000*³ 〕
		〔△500*¹〕	〔△500*¹〕

＊1　¥5,000 ÷ 10年 = ¥500
＊2　¥5,000 − ¥500 = ¥4,500
＊3　¥4,500 − ¥500 = ¥4,000

STEP 7 利益剰余金の増減額のうち非支配株主持分を計算する

　支配獲得日から前期末まで、前期末から当期末までの利益剰余金の増減額のうち、非支配株主の持分（40％）に対応する金額を計算し、タイムテーブルに記入します。

道しるべにしたがって記入すると▶▶▶

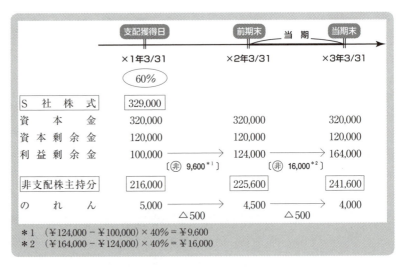

＊1　（¥124,000 − ¥100,000）× 40％ ＝ ¥9,600
＊2　（¥164,000 − ¥124,000）× 40％ ＝ ¥16,000

これ、だいじょうぶ？　　　　　　　　期末の利益剰余金の金額

期末の利益剰余金は、期首の利益剰余金に当期純利益を加算し、剰余金の配当額を差し引いた金額となります。

> 期末の利益剰余金＝期首の利益剰余金＋当期純利益－剰余金の配当額

この例題では、支配獲得日におけるS社の利益剰余金は¥100,000で、S社は連結第1年度において、当期純利益¥24,000を計上しています（配当は行っていません）。

> 4．連結第1年度（×1年4月1日から×2年3月31日）において、S社は、当期純利益¥24,000を計上した。なお、配当は行っていない。

そのため、支配獲得日から1年後の前期末（連結第1年度末）の利益剰余金（¥124,000）は、次の計算結果によるものとなります。

連結第1年度末の利益剰余金：¥100,000＋¥24,000－¥0＝¥124,000

また、連結第1年度末の利益剰余金が¥124,000で、S社は連結第2年度において、当期純利益¥60,000を計上し、¥20,000の配当を行っています。

> 6．連結第2年度（×2年4月1日から×3年3月31日）において、S社は、当期純利益¥60,000を計上し、¥20,000の配当を行った。

そのため、当期末（連結第2年度末）の利益剰余金（¥164,000）は、次の計算結果によるものとなります。

連結第2年度末の利益剰余金：¥124,000＋¥60,000－¥20,000＝¥164,000

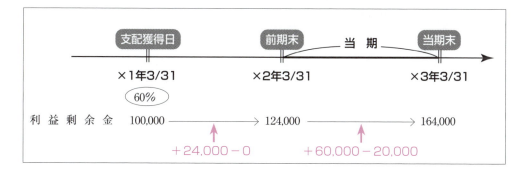

STEP 8 連結第2年度の連結修正仕訳

1．開始仕訳（投資と資本の相殺消去）

タイムテーブルから直接、開始仕訳を作ります。なお、利益剰余金（当期首残高）は、次のとおり計算します。

利益剰余金（当期首残高） ＝ 支配獲得日の利益剰余金 ＋ 支配獲得日から前期末までの利益剰余金の増減額のうち、非支配株主の持分に対応する金額 ＋ 前期末までののれん償却の金額

道しるべ
にしたがって
記入すると ▶▶▶

```
1．開始仕訳（投資と資本の相殺消去）
〔資  本  金〕（ 320,000 ）〔S 社 株 式〕（ 329,000 ）
〔資本剰余金〕（ 120,000 ）〔非支配株主持分〕（ 225,600 ）
〔利益剰余金〕（ 110,100*）〔        〕（        ）
〔の れ ん〕（   4,500 ）〔        〕（        ）
  * ¥100,000 + ¥9,600 + ¥500 = ¥110,100
    支配獲得日から  前期末までの
    前期末までの利  のれん償却
    益剰余金の増減  の金額
    額のうち、非支
    配株主の持分に
    対応する金額
```

2．当期（連結第2年度）の連結修正仕訳

(1) のれんの償却

タイムテーブルの当期（連結第2年度）ののれん償却の金額にもとづいて、連結修正仕訳を作ります。

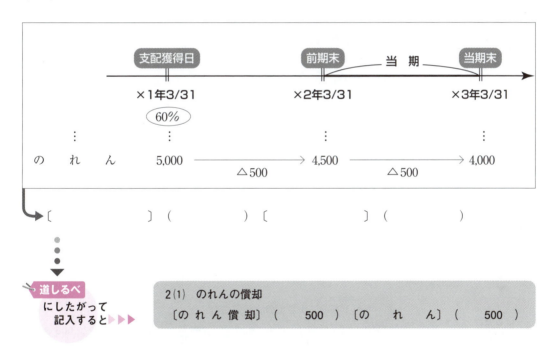

〔   〕（   ）〔   〕（   ）

道しるべ
にしたがって
記入すると ▶▶▶

```
2(1) のれんの償却
〔のれん償却〕（   500 ）〔の れ ん〕（   500 ）
```

(2) 子会社の当期純利益の振り替え……(A) 連結修正仕訳を積み上げて解く方法と同じ

6．連結第2年度（×2年4月1日から×3年3月31日）において、S社は、当期純利益
¥60,000を計上し、¥20,000の配当を行った。

〔   〕（   ）〔   〕（   ）

> **道しるべ**
> にしたがって
> 記入すると ▶▶▶

2(2) 子会社の当期純利益の振り替え			
〔非支配株主に帰属する当期純損益〕	（ 24,000 ）	〔非支配株主持分〕	（ 24,000 * ）
＊ ￥60,000 × 40％ ＝ ￥24,000			

(3) 子会社の配当金の修正… (A) 連結修正仕訳を積み上げて解く方法と同じ

> 6. 連結第2年度（×2年4月1日から×3年3月31日）において、S社は、当期純利益￥60,000を計上し、￥20,000の配当を行った。

〔　　　　　　　〕（　　　　　　）〔　　　　　　　〕（　　　　　　）
〔　　　　　　　〕（　　　　　　）〔　　　　　　　〕（　　　　　　）

> **道しるべ**
> にしたがって
> 記入すると ▶▶▶

2(3) 子会社の配当金の修正			
〔受 取 配 当 金〕	（ 12,000 *1 ）	〔剰余金の配当〕	（ 20,000 ）
〔非支配株主持分〕	（ 8,000 *2 ）	〔　　　　　　〕	（　　　　　）
＊1 ￥20,000 × 60％ ＝ ￥12,000			
＊2 ￥20,000 × 40％ ＝ ￥8,000			

(4) 売上高と売上原価の相殺消去… (A) 連結修正仕訳を積み上げて解く方法と同じ

> 9. 連結第2年度におけるP社のS社に対する売上高は￥272,000であった。

〔　　　　　　　〕（　　　　　　）〔　　　　　　　〕（　　　　　　）

> **道しるべ**
> にしたがって
> 記入すると ▶▶▶

2(4) 売上高と売上原価の相殺消去			
〔売　　上　　高〕	（ 272,000 ）	〔売 上 原 価〕	（ 272,000 ）

(5) 期末商品に含まれる未実現利益の消去… (A) 連結修正仕訳を積み上げて解く方法と同じ

> 8. 連結第2年度より、P社はS社に対して売上総利益率20％で商品を販売している。
> 10. 連結第2年度末において、S社の保有する商品のうち￥36,000はP社から仕入れた商品であった。

〔　　　　　　　〕（　　　　　　）〔　　　　　　　〕（　　　　　　）

2⑸　期末商品に含まれる未実現利益の消去
〔売 上 原 価〕（　7,200　）〔商　　　品〕（　7,200*　）
＊　¥36,000×20%＝¥7,200

⑹　債権債務の相殺消去…（A）連結修正仕訳を積み上げて解く方法と同じ

> 11．連結第2年度末において、P社の売掛金残高のうち¥100,000はS社に対するものであった。なお、P社、S社ともに売掛金の期末残高に対して2％の貸倒引当金を設定している（差額補充法）。

〔　　　　　〕（　　　　　）〔　　　　　〕（　　　　　）

2⑹　債権債務の相殺消去
〔買　掛　金〕（　100,000　）〔売　掛　金〕（　100,000　）

⑺　期末貸倒引当金の修正…（A）連結修正仕訳を積み上げて解く方法と同じ

> 11．連結第2年度末において、P社の売掛金残高のうち¥100,000はS社に対するものであった。なお、P社、S社ともに売掛金の期末残高に対して2％の貸倒引当金を設定している（差額補充法）。

〔　　　　　〕（　　　　　）〔　　　　　〕（　　　　　）

2⑺　期末貸倒引当金の修正
〔貸 倒 引 当 金〕（　2,000*　）〔貸倒引当金繰入〕（　2,000　）
＊　¥100,000×2%＝¥2,000

STEP 9 連結財務諸表に記入

連結財務諸表への記入の仕方は、(A) 連結修正仕訳を積み上げて解く方法と同じです。なお、連結貸借対照表の「のれん」および「非支配株主持分」の金額は、タイムテーブルの当期末におけるのれんおよび非支配株主持分の金額となります。

のれん

道しるべにしたがって記入すると▶▶▶

	金　額
の　れ　ん	¥　4,000

非支配株主持分

連結貸借対照表における非支配株主持分は、タイムテーブルの当期末における非支配株主持分の金額となります。

連結貸借対照表（×3年3月31日）の金額

	金　額
非 支 配 株 主 持 分	¥

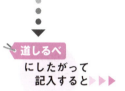

	金　額
非 支 配 株 主 持 分	¥ 241,600

　タイムテーブルを使った場合、前記のようにして解答することができます。以上より、この例題の解答は次のようになります。

解答

連結損益計算書
自×2年4月1日 至×3年3月31日 （単位：円）

売　　上　　高	（ 2,328,000 ）
売　上　原　価	（ 1,115,200 ）
売　上　総　利　益	（ 1,212,800 ）
販売費及び一般管理費	（ 890,500 ）
営　業　利　益	（ 322,300 ）
営　業　外　収　益	（ 32,000 ）
営　業　外　費　用	（ 24,000 ）
当　期　純　利　益	（ 330,300 ）
非支配株主に帰属する当期純利益	（ 24,000 ）
親会社株主に帰属する当期純利益	（ 306,300 ）

連結貸借対照表（×3年3月31日）の金額

	金　額
商　　　　　　品	¥ 216,000
の　　れ　　ん	¥ 4,000
利　益　剰　余　金	¥ 826,000
非 支 配 株 主 持 分	¥ 241,600

227

連結財務諸表の作成（A）連結修正仕訳を積み上げて解く方法

STEP 1 問題文の確認
・簡単なタイムテーブルを作って、支配獲得日と当期を確認しておく。

STEP 2 支配獲得日の連結修正仕訳
・投資と資本の相殺消去の連結修正仕訳をする。

（資　本　金）	320,000	（S　社　株　式）	329,000
（資　本　剰　余　金）	120,000	（非支配株主持分）	216,000
（利　益　剰　余　金）	100,000		
（の　れ　ん）	5,000		

STEP 3 連結第1年度の連結修正仕訳
・前期末までに行った連結修正仕訳を当期（連結第1年度）において再度、行う（開始仕訳）。

（資　本　金）	320,000	（S　社　株　式）	329,000
（資　本　剰　余　金）	120,000	（非支配株主持分）	216,000
（利　益　剰　余　金）	100,000		
（の　れ　ん）	5,000		

・そのあと、連結第1年度の連結修正仕訳をする。

<u>連結第1年度の連結修正仕訳</u>

(1) のれんの償却
（の　れ　ん　償　却）　500　（の　れ　ん）　500

(2) 子会社の当期純利益の振り替え
（非支配株主に帰属する当期純損益）　9,600　（非支配株主持分）　9,600

(3) 子会社の配当金の修正（本問では不要）
（受　取　配　当　金）　××　（剰　余　金　の　配　当）　××
（非支配株主持分）　××

STEP 4 連結第2年度の連結修正仕訳 ←連結財務諸表を作成するのに必要な仕訳
・連結第1年度に行った連結修正仕訳を連結第2年度において再度、行う（開始仕訳）。

（資　本　金）	320,000	（S　社　株　式）	329,000
（資　本　剰　余　金）	120,000	（非支配株主持分）	225,600
（利　益　剰　余　金）	110,100		
（の　れ　ん）	4,500		

・そのあと、連結第2年度の連結修正仕訳をする。

<u>連結第2年度の連結修正仕訳</u>

(1) のれんの償却
（の　れ　ん　償　却）　500　（の　れ　ん）　500

(2) 子会社の当期純利益の振り替え
（非支配株主に帰属する当期純損益）　24,000　（非支配株主持分）　24,000
(3) 子会社の配当金の修正
（受　取　配　当　金）　12,000　（剰　余　金　の　配　当）　20,000
（非 支 配 株 主 持 分）　 8,000
(4) 売上高と売上原価の相殺消去
（売　　　上　　　高）　272,000　（売　上　原　価）　272,000
(5) 期末商品に含まれる未実現利益の消去
（売　上　原　価）　7,200　（商　　　　　　品）　7,200
(6) 債権債務の相殺消去
（買　　　掛　　　金）　100,000　（売　　掛　　金）　100,000
(7) 期末貸倒引当金の修正
（貸　倒　引　当　金）　2,000　（貸　倒　引　当　金　繰　入）　2,000

STEP 5 連結財務諸表に記入

連結財務諸表の作成（B）タイムテーブルを作って解く方法

STEP 1 ～ STEP 7 タイムテーブルを作る

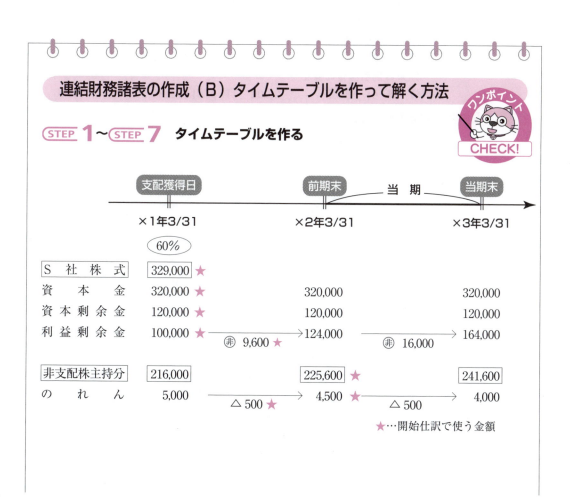

STEP 8 連結第2年度の連結修正仕訳←連結財務諸表を作成するのに必要な仕訳

1. 開始仕訳（投資と資本の相殺消去）←タイムテーブルより

（資　本　金）	320,000	（S　社　株　式）	329,000
（資　本　剰　余　金）	120,000	（非支配株主持分）	225,600
（利　益　剰　余　金）	110,100		
（の　れ　ん）	4,500		

2. 連結第2年度の連結修正仕訳

(1) のれんの償却

（の　れ　ん　償　却）	500	（の　れ　ん）	500

(2) 子会社の当期純利益の振り替え

（非支配株主に帰属する当期純損益）	24,000	（非支配株主持分）	24,000

(3) 子会社の配当金の修正

（受　取　配　当　金）	12,000	（剰　余　金　の　配　当）	20,000
（非支配株主持分）	8,000		

(4) 売上高と売上原価の相殺消去

（売　　上　　高）	272,000	（売　上　原　価）	272,000

(5) 期末商品に含まれる未実現利益の消去

（売　上　原　価）	7,200	（商　　　　　品）	7,200

(6) 債権債務の相殺消去

（買　掛　金）	100,000	（売　掛　金）	100,000

(7) 期末貸倒引当金の修正

（貸　倒　引　当　金）	2,000	（貸倒引当金繰入）	2,000

STEP 9 連結財務諸表に記入

連結修正仕訳のパターンを覚えておこう！

　ふつうの仕訳は取引が与えられていて、その取引の仕訳を答えればよいのですが、連結修正仕訳は、問題の資料から自分で判断して仕訳を作らなければなりません。そこで、連結修正仕訳にはどんなものがあるのか、そしてそのパターンを覚えておきましょう。

　2級で出てくる連結修正仕訳には次のものがあります。

1. 開始仕訳

    (資　本　金)　　××　　(S 社 株 式)　　××
    (資 本 剰 余 金)　××　　(非支配株主持分)　××
    (利 益 剰 余 金)　××
    (の　れ　ん)　　××

2. 開始仕訳以外の連結修正仕訳

    (1) のれんの償却

    　(のれん償却)　　××　　(の　れ　ん)　　××

    (2) 子会社の当期純利益の振り替え

    　(非支配株主に帰属する当期純損益)　××　　(非支配株主持分)　××

    (3) 子会社の配当金の修正

    　(受 取 配 当 金)　××　　(剰余金の配当)　××
    　(非支配株主持分)　××

    (4) 売上高と売上原価の相殺消去

    　(売　上　高)　　××　　(売 上 原 価)　　××

    (5) 期末商品に含まれる未実現利益の消去

    　(売 上 原 価)　　××　　(商　　品)　　××

    (6) 債権債務の相殺消去

    　(買　掛　金)　　××　　(売　掛　金)　　××

    (7) 期末貸倒引当金の修正

    　(貸 倒 引 当 金)　××　　(貸倒引当金繰入)　××

第3問対策 例題

6. 製造業を営む会社の決算処理

例題 6 受注生産・販売を行っているＡ製作所の〔資料〕にもとづいて、答案用紙の損益計算書と貸借対照表を完成させなさい。なお、会計期間は×1年4月1日から×2年3月31日までの1年間である。 ⏰**25分**

〔資料1〕×2年2月末現在の残高試算表

借　方	勘 定 科 目	貸　方
1,043,520	現　金　預　金	
334,000	受　取　手　形	
90,000	売　　掛　　金	
1,900	材　　　　　料	
2,000	仕　　掛　　品	
1,000	製　　　　　品	
	貸　倒　引　当　金	3,000
144,000	建　　　　　物	
120,000	機　械　装　置	
	建物減価償却累計額	18,800
	機械装置減価償却累計額	41,600
	支　払　手　形	207,600
	買　　掛　　金	86,200
	退 職 給 付 引 当 金	146,000
	資　　本　　金	800,000
	利　益　準　備　金	120,000
	繰 越 利 益 剰 余 金	224,000
	売　　　　　上	361,420
226,400	売　上　原　価	
46,000	販売費及び一般管理費	
200	支　払　利　息	
	固 定 資 産 売 却 益	400
2,009,020		2,009,020

残　高　試　算　表　（単位：円）

〔資料2〕3月の取引等

1．3月の材料仕入高（すべて掛け買い）は¥9,000、直接材料費は¥7,200であった。

2．3月の直接工直接作業賃金支払高（現金払い、月末・月初未払いなし）は¥8,000であった。

3．3月の製造間接費予定配賦額は¥9,000、間接材料費実際発生額は¥2,000、間接材料費と〔資料3〕以外の製造間接費実際発生額（すべて現金での支払い）は¥3,200であった。

4．当月完成品原価は¥23,000、当月売上原価は¥20,400、当月売上高（すべて掛け売り）は¥32,000であった。

232

〔資料3〕決算整理等

1. 決算において実地棚卸を行ったところ、材料実際有高は￥1,600、製品実際有高は￥3,200であった。棚卸減耗は、材料・製品ともに正常な理由により生じたものであり、製品の棚卸減耗については売上原価に賦課する。

2. 固定資産の減価償却費については、期首に年間発生額を見積り、以下の月割額を毎月計上し、決算月も同様の処理を行った。

　　　建物：￥400（製造活動用￥300、販売・一般管理活動用￥100）

　　　機械装置（すべて製造用）：￥1,600

3. 過去の実績にもとづいて、売上債権の期末残高に対して2％の貸倒引当金を設定する（差額補充法）。

4. 退職給付引当金については、年度見積額の12分の1を毎月計上しており、決算月も同様の処理を行った。なお、製造活動に携わる従業員に関わるものは、月￥2,400、それ以外の従業員に関わるものは月￥1,600である。年度末に繰入額を確定したところ、実際繰入額は年度見積額と一致していた。

5. 年度末に生じた原価差異は上記に示されている事項のみである。なお、原価差異はいずれも正常な原因によるものであった。また、×1年4月から×2年2月までの各月の月次決算で生じた原価差異はそれぞれの月で売上原価に賦課されている。

6. 税引前当期純利益の40％を法人税、住民税及び事業税として計上する。

損　益　計　算　書

自×1年4月1日　至×2年3月31日　　　　　（単位：円）

Ⅰ　売　　上　　高	（	）
Ⅱ　売　上　原　価	（	）
売　上　総　利　益	（	）
Ⅲ　販売費及び一般管理費	（	）
営　　業　　利　　益	（	）
Ⅳ　営　業　外　費　用		
1．支　払　利　息	（	）
経　　常　　利　　益	（	）
Ⅴ　特　　別　　利　　益		
1．固定資産売却益	（	）
税　引　前　当　期　純　利　益	（	）
法人税、住民税及び事業税	（	）
当　　期　　純　　利　　益	（	）

貸 借 対 照 表
×2年3月31日　　　　　　　　　　　（単位：円）

資　産　の　部			負　債　の　部	
Ⅰ　流　動　資　産			Ⅰ　流　動　負　債	
現　金　預　金		(　　)	支　払　手　形	(　　)
受　取　手　形	(　　)		買　　掛　　金	(　　)
売　　掛　　金	(　　)		未　払　法　人　税　等	(　　)
貸　倒　引　当　金	(　　)	(　　)	流　動　負　債　合　計	(　　)
材　　　　　料		(　　)	Ⅱ　固　定　負　債	
仕　　掛　　品		(　　)	退　職　給　付　引　当　金	(　　)
製　　　　　品		(　　)	固　定　負　債　合　計	(　　)
流　動　資　産　合　計		(　　)	負　債　の　部　合　計	(　　)
Ⅱ　固　定　資　産			純　資　産　の　部	
建　　　　　物	(　　)		資　　本　　金	(　　)
減価償却累計額	(　　)	(　　)	利　益　準　備　金	(　　)
機　械　装　置	(　　)		繰　越　利　益　剰　余　金	(　　)
減価償却累計額	(　　)	(　　)	純　資　産　の　部　合　計	(　　)
固　定　資　産　合　計		(　　)		
資　　産　　合　　計		(　　)	負債・純資産合計	(　　)

答案用紙に記入したら、で答えを

製造業における財務諸表を作成する問題です。
商品売買業における財務諸表と同様に、決算整理仕訳等をしてから財務諸表に記入します。

STEP 1 問題文の確認

はじめに必ず会計期間を確認しましょう。

STEP 2 仕訳の作成

〔 〕には勘定科目を、（ ）には金額を記入しましょう。

〔資料2〕3月の取引等と〔資料3〕決算整理等を読んで、仕訳をしましょう。

> 法人税、住民税及び事業税は、
> 最後に STEP 3 で計算します。

〔資料2〕3月の取引等

1．材料の購入、消費

材料消費額のうち、直接材料費は仕掛品に振り替えます（間接材料費は製造間接費に振り替えます）。

> 3月の材料仕入高（すべて掛け買い）は¥9,000、直接材料費は¥7,200であった。

〔　　　　　　〕（　　　　　　）〔　　　　　　　　〕（　　　　　　）
〔　　　　　　〕（　　　　　　）〔　　　　　　　　〕（　　　　　　）

道しるべ
にしたがって
記入すると ▶▶▶

> 1．材料の購入、消費
> 〔材　　　料〕（　9,000　）〔買　　掛　　金〕（　9,000　）
> 〔仕　　掛　品〕（　7,200　）〔材　　　　料〕（　7,200　）

2．賃金の支払い、消費

直接工直接作業賃金は仕掛品に振り替えます（それ以外の労務費は製造間接費に振り替えます）。

> 3月の直接工直接作業賃金支払高（現金払い、月末・月初未払いなし）は¥8,000であった。

〔　　　　　　〕（　　　　　　）〔　　　　　　　　〕（　　　　　　）
〔　　　　　　〕（　　　　　　）〔　　　　　　　　〕（　　　　　　）

道しるべ
にしたがって
記入すると ▶▶▶

> 2．賃金の支払い、消費
> 〔賃　　　金〕（　8,000　）〔現　　　　金〕（　8,000　）
> 　　　　　　　　　　　　　　　　　　現金預金
> 〔仕　　掛　品〕（　8,000　）〔賃　　　　金〕（　8,000　）

235

3．製造間接費の予定配賦と実際発生額の集計

製造間接費の予定配賦額を仕掛品に振り替えます。また、実際発生額の集計をします。

> 3月の製造間接費予定配賦額は¥9,000、間接材料費実際発生額は¥2,000、間接材料費と〔資料3〕以外の製造間接費実際発生額（すべて現金での支払い）は¥3,200であった。

〔　　　　　　〕（　　　　　　）〔　　　　　　　　〕（　　　　　　）
〔　　　　　　〕（　　　　　　）〔　　　　　　　　〕（　　　　　　）
〔　　　　　　〕（　　　　　　）〔　　　　　　　　〕（　　　　　　）

道しるべ
にしたがって記入すると▶▶▶

3．製造間接費の予定配賦と実際発生額の集計

〔仕　掛　品〕	（　9,000　）	〔製 造 間 接 費〕	（　9,000　）[*1]
〔製 造 間 接 費〕	（　2,000　）	〔材　　　料〕	（　2,000　）[*2]
〔製 造 間 接 費〕	（　3,200　）	〔現　　　金〕	（　3,200　）[*3]

現金預金

＊1　製造間接費の予定配賦額
＊2　間接材料費実際発生額
＊3　その他の製造間接費の実際発生額

4．製品の完成と売上

完成した製品の原価は仕掛品から製品に振り替えます。また、売り上げた製品の原価は製品から売上原価に振り替えます。

> 当月完成品原価は¥23,000、当月売上原価は¥20,400、当月売上高（すべて掛け売り）は¥32,000であった。

〔　　　　　　〕（　　　　　　）〔　　　　　　　　〕（　　　　　　）
〔　　　　　　〕（　　　　　　）〔　　　　　　　　〕（　　　　　　）
〔　　　　　　〕（　　　　　　）〔　　　　　　　　〕（　　　　　　）

道しるべ
にしたがって記入すると▶▶▶

4．製品の完成と売上

〔製　　　品〕	（　23,000　）	〔仕　掛　品〕	（　23,000　）
〔売 上 原 価〕	（　20,400　）	〔製　　　品〕	（　20,400　）
〔売　掛　金〕	（　32,000　）	〔売　　　上〕	（　32,000　）

〔資料3〕決算整理等

1．棚卸減耗

材料の棚卸減耗費は製造間接費に振り替えます。また、製品の棚卸減耗は売上原価に賦課します。

決算において実地棚卸を行ったところ、材料実際有高は¥1,600、製品実際有高は¥3,200であった。棚卸減耗は、材料・製品ともに正常な理由により生じたものであり、製品の棚卸減耗については売上原価に賦課する。

〔残高試算表の金額：材料¥1,900、製品¥1,000〕

〔資料2〕1．材料の購入、消費

〔材　　　　料〕	（　9,000　）	〔買　　掛　　金〕	（　9,000　）
〔仕　掛　品〕	（　7,200　）	〔材　　　　料〕	（　7,200　）

3．製造間接費の予定配賦と製造間接費の支払い

〔製　造　間　接　費〕	（　2,000　）	〔材　　　　料〕	（　2,000　）

4．製品の完成と売上

〔製　　　　品〕	（　23,000　）	〔仕　　掛　　品〕	（　23,000　）
〔売　上　原　価〕	（　20,400　）	〔製　　　　品〕	（　20,400　）

〔　　　　　　　〕 （　　　　　） 〔　　　　　　　〕 （　　　　　）

〔　　　　　　　〕 （　　　　　） 〔　　　　　　　〕 （　　　　　）

〔　　　　　　　〕 （　　　　　） 〔　　　　　　　〕 （　　　　　）

道しるべ
にしたがって
記入すると▶▶▶

1．棚卸減耗

〔棚　卸　減　耗　費〕	（　100　）	〔材　　　　料〕	（　100*1）
〔製　造　間　接　費〕	（　100　）	〔棚　卸　減　耗　費〕	（　100　）
〔売　上　原　価〕	（　400　）	〔製　　　　品〕	（　400*2）

*1 材料帳簿残高：¥1,900 ＋ ¥9,000 − ¥7,200 − ¥2,000
　　　　　　　残高試算表　　　〔資料2〕1　〔資料2〕3
　　　　　　　＝ ¥1,700
　　材料棚卸減耗費：¥1,700 − ¥1,600 ＝ ¥100
*2 製品帳簿残高：¥1,000 ＋ ¥23,000 − ¥20,400 ＝ ¥3,600
　　　　　　　残高試算表　　　　〔資料2〕4
　　製品棚卸減耗損：¥3,600 − ¥3,200 ＝ ¥400

2．固定資産の減価償却

固定資産の減価償却費については、期首に年間発生額を見積り、以下の月割額を毎月計上し、決算月も同様の処理を行った。

建物：¥400（製造活動用¥300、販売・一般管理活動用¥100）
機械装置（すべて製造用）：¥1,600

〔　　　　　　　〕（　　　　　）〔　　　　　　　　〕（　　　　　）
〔　　　　　　　〕（　　　　　）〔　　　　　　　　〕（　　　　　）
〔　　　　　　　〕（　　　　　）〔　　　　　　　　〕（　　　　　）
〔　　　　　　　〕（　　　　　）〔　　　　　　　　〕（　　　　　）

道しるべにしたがって記入すると ▶▶▶

2．固定資産の減価償却
〔減 価 償 却 費〕（　2,000　）〔建物減価償却累計額〕（　　400　）
　　　　　　　　　　　　　　　　〔機械装置減価償却累計額〕（　1,600　）
〔製 造 間 接 費〕（　1,900*　）〔減 価 償 却 費〕（　2,000　）
〔販売費及び一般管理費〕（　100　）
＊　¥300＋¥1,600＝¥1,900

3．貸倒引当金の設定

過去の実績にもとづいて、売上債権の期末残高に対して2％の貸倒引当金を設定する（差額補充法）。

〔残高試算表の金額：受取手形¥334,000、売掛金¥90,000、貸倒引当金¥3,000〕

〔資料2〕4．製品の完成と売上
〔売　掛　金〕（　32,000　）〔売　　　　上〕（　32,000　）

〔　　　　　　　〕（　　　　　）〔　　　　　　　　〕（　　　　　）

道しるべにしたがって記入すると ▶▶▶

3．貸倒引当金の設定
〔貸倒引当金繰入〕（　6,120*　）〔貸倒引当金〕（　6,120　）
販売費及び一般管理費
＊　期末売上債権：¥334,000＋¥90,000＋¥32,000＝¥456,000
　　　　　　　　　残高試算表の　　〔資料2〕4
　　　　　　　　　受取手形・売掛金　　売掛金
　　貸倒引当金：¥456,000×2％＝¥9,120
　　貸倒引当金繰入：¥9,120－¥3,000＝¥6,120

4. 退職給付引当金の設定

退職給付費用のうち、製造活動分については製造間接費に振り替えます。それ以外の分については販売費及び一般管理費として処理します。

> 退職給付引当金については、年度見積額の12分の1を毎月計上しており、決算月も同様の処理を行った。なお、製造活動に携わる従業員に関わるものは、月¥2,400、それ以外の従業員に関わるものは月¥1,600である。年度末に繰入額を確定したところ、実際繰入額は年度見積額と一致していた。

〔　　　　　　　〕（　　　　　　）〔　　　　　　　　　〕（　　　　　　　）
〔　　　　　　　〕（　　　　　　）〔　　　　　　　　　〕（　　　　　　　）
〔　　　　　　　〕（　　　　　　）〔　　　　　　　　　〕（　　　　　　　）

道しるべ
にしたがって
記入すると▶▶▶

4. 退職給付引当金の設定

〔退職給付費用〕（　4,000　）　〔退職給付引当金〕（　4,000　）
〔製造間接費〕（　2,400　）　〔退職給付費用〕（　4,000　）
〔販売費及び一般管理費〕（　1,600　）

5. 原価差異の処理

製造間接費の実際発生額を計算し、予定配賦額との差額を売上原価に賦課します。

> 年度末に生じた原価差異は上記に示されている事項のみである。なお、原価差異はいずれも正常な原因によるものであった。また、×1年4月から×2年2月までの各月の月次決算で生じた原価差異はそれぞれの月で売上原価に賦課されている。

〔資料2〕　3. 製造間接費の予定配賦と製造間接費の支払い
〔仕　掛　品〕（　9,000　）　〔製造間接費〕（　9,000　）
〔製造間接費〕（　2,000　）　〔材　　料〕（　2,000　）
〔製造間接費〕（　3,200　）　〔現　　金〕（　3,200　）
現金預金

239

〔資料3〕　1．棚卸減耗

　　　　　〔製 造 間 接 費〕（　　　100　）　　〔棚 卸 減 耗 費〕（　　　100　）

　　　2．固定資産の減価償却

　　　　　〔製 造 間 接 費〕（　　　1,900　）　　〔減 価 償 却 費〕（　　　2,000　）

　　　　　〔販売費及び一般管理費〕（　　　100　）

　　　4．退職給付引当金の設定

　　　　　〔製 造 間 接 費〕（　　　2,400　）　　〔退 職 給 付 費 用〕（　　　4,000　）

　　　　　〔販売費及び一般管理費〕（　　　1,600　）

　　〔　　　　　　　〕（　　　　　）〔　　　　　　　　　〕（　　　　　）
　　〔　　　　　　　〕（　　　　　）〔　　　　　　　　　〕（　　　　　）

道しるべ
にしたがって
記入すると ▶▶▶

5．原価差異の処理

〔原 価 差 異〕（　　　600　）　〔製 造 間 接 費〕（　　　600*　）
　　製造間接費配賦差異

〔売 上 原 価〕（　　　600　）　〔原 価 差 異〕（　　　600　）
　　　　　　　　　　　　　　　　　　　　製造間接費配賦差異

* 製造間接費の予定配賦額：¥9,000（〔資料2〕3）

　製造間接費の実際発生額：

　　¥2,000 ＋ ¥3,200 ＋ ¥100 ＋ ¥1,900 ＋ ¥2,400 ＝ ¥9,600
　　　〔資料2〕3　　　〔資料3〕1　〔資料3〕2　〔資料3〕4

原価差異：¥9,000 － ¥9,600 ＝ △¥600〔不利差異・借方差異〕

STEP 3　財務諸表に記入

　損益計算書と貸借対照表に、資料の残高試算表または仕訳の金額を集計していきます。

　損益計算書の損益項目に記入したら、合計欄や差引欄を計算し、最後に法人税、住民税及び事業税と当期純利益を計算します。

　なお、貸借対照表の繰越利益剰余金は、残高試算表の金額に損益計算書の当期純利益を足して求めます。

240

道しるべ
にしたがって
記入すると ▶▶▶

解答

損益計算書
自×1年4月1日 至×2年3月31日　　(単位：円)

I 売上高	(	393,420)
II 売上原価	(	247,800)
売上総利益	(	145,620)
III 販売費及び一般管理費	(	53,820)
営業利益	(	91,800)
IV 営業外費用		
1. 支払利息	(	200)
経常利益	(	91,600)
V 特別利益		
1. 固定資産売却益	(	400)
税引前当期純利益	(	92,000)
法人税、住民税及び事業税	(	36,800)
当期純利益	(	55,200)

¥92,000×40％＝¥36,800
(法人税,住民税及び事業税) 36,800　(未払法人税等) 36,800

貸借対照表
×2年3月31日　　(単位：円)

資産の部			負債の部		
I 流動資産			I 流動負債		
現金預金		(1,032,320)	支払手形	(	207,600)
受取手形 (334,000)			買掛金	(	95,200)
売掛金 (122,000)			未払法人税等	(	36,800)
貸倒引当金 (9,120)		(446,880)	流動負債合計	(	339,600)
材料		(1,600)	II 固定負債		
仕掛品		(3,200)	退職給付引当金	(	150,000)
製品		(3,200)	固定負債合計	(	150,000)
流動資産合計		(1,487,200)	負債の部合計	(	489,600)
II 固定資産			純資産の部		
建物 (144,000)			資本金	(	800,000)
減価償却累計額 (19,200)		(124,800)	利益準備金	(	120,000)
機械装置 (120,000)			繰越利益剰余金	(	279,200)
減価償却累計額 (43,200)		(76,800)	純資産の部合計	(	1,199,200)
固定資産合計		(201,600)			
資産合計		(1,688,800)	負債・純資産合計	(	1,688,800)

¥224,000＋¥55,200＝¥279,200
残高試算表　当期純利益

第3問対策　実践問題

問題 1　**精算表**　⏰ **20分**　答案用紙…別冊P.13　解答…解答解説編P.407

次の決算整理事項等にもとづいて、答案用紙の精算表を完成させなさい。会計期間は1年、決算日は3月31日である。

〔決算整理事項等〕

1．当座預金の帳簿残高と銀行の残高証明書の金額が一致していなかったため、原因を調べたところ、次の事実が判明した。

⑴　得意先から売掛金¥4,800が当座預金口座に振り込まれていたが、この通知が銀行から届いていなかった。

⑵　買掛金の支払いのために¥7,000の小切手を振り出して仕入先に渡していたが、仕入先がこの小切手をまだ銀行に呈示していなかった。

2．受取手形と売掛金の期末残高に対して2％の貸倒引当金を設定する（差額補充法）。

3．有価証券の内訳は次のとおりである。なお、当社はその他有価証券については全部純資産直入法を採用している。

	帳簿価額	時　価	保有目的
A社株式	¥27,000	¥28,000	売買目的
B社株式	¥37,800	¥35,200	売買目的
C社社債	¥29,600	¥29,500	満期保有目的
D社株式	¥14,500	¥14,700	長期利殖目的

C社社債（額面総額¥30,000、償還期間5年）は前期の期首に発行と同時に取得したものであり、額面金額と取得価額との差額は金利調整差額と認められるため、償却原価法（定額法）により処理している。

4．期末商品棚卸高は次のとおりであった。売上原価の計算は「仕入」の行で行う。ただし、棚卸減耗損と商品評価損は精算表上は独立の科目として表示する。

帳簿棚卸高　80個　　原価　@¥225

実地棚卸高　75個　　時価　@¥223

5．建物および備品に対して次の条件で減価償却を行う。

建物：定額法、耐用年数30年、残存価額　取得原価の10％

備品：定率法、償却率20％

6．ソフトウェアは当期首に取得したもので、5年間にわたって定額法により償却する。

7．支払家賃は当期の2月1日に向こう1年分の家賃を一括して支払ったものである。

8．支払利息は借入金の利息であるが、当期分の利息¥1,500が未計上である。

243

問題 2　精算表　⏰25分　　答案用紙…別冊P.14　解答…解答解説編P.410

　次の資料にもとづいて、答案用紙の精算表を完成させなさい。なお、会計期間は×7年4月1日から×8年3月31日までである。

〔資料1〕決算にあたって調査したところ、次のことが判明したため、修正を行う。

　1．当座預金について銀行勘定調整表を作成したところ、次の事実が判明した。

　　⑴　買掛金支払のために振り出した小切手のうち未取付分　¥43,000

　　⑵　売掛金の当座振込みのうち未記帳分　¥40,500

　　⑶　広告宣伝費の支払いのために振り出した小切手のうち未渡分　¥35,200

　2．新築中だった店舗が完成し、3月1日に引き渡しを受けていた（同日より使用）が、この取引が未記帳であった。なお、残高試算表の建設仮勘定はこの工事にかかる工事代金（全額、前払いしている）であり、建物勘定に振り替える。

　3．前期に販売した商品について、顧客から修理の申し出があったため、業者に修理を依頼し、修理代金¥13,000を現金で支払っていたが、この取引が未記帳である。なお、前期末において商品保証引当金を設定しているため、これを取り崩す。

〔資料2〕期末整理事項は次のとおりである。

　1．売上債権について、次のように貸倒引当金の設定を行う。

　　　X社に対する売掛金¥30,000：債権額から担保処分見込額¥10,000を控除した残額の50%

　　　Y社に対する売掛金¥20,000：債権額の5%

　　　上記以外の売上債権：貸倒実績率3%で貸倒引当金を設定する。

　2．売買目的有価証券の内訳は次のとおりである。

	帳簿価額		時　価
A社株式	@¥　150	1,000株	@¥　140
B社社債	@¥　98.5	500口	@¥　98.9
C社株式	@¥1,200	400株	@¥1,240

　3．期末商品棚卸高は次のとおりであった。売上原価の計算は「売上原価」の行で行う。なお、商品評価損は売上原価に算入し、いったん「商品評価損」に計上したあと「売上原価」に振り替える。また、棚卸減耗損は売上原価に算入しない。

　　　帳簿棚卸高　290個　　原価　@¥800

　　　実地棚卸高　280個　　時価　@¥795

　4．買掛金期末残高のうち、期中に外貨建て（ドル建て）で生じた買掛金（輸入時の為替相場：1ドル¥100）が¥50,000ある。決算日の為替相場は1ドル¥104である。

　5．建物および備品に対して次の条件で減価償却を行う。

　　　建物：定額法、耐用年数40年、残存価額　取得原価の10%

　　　備品：定率法、償却率20%

　　　なお、新店舗についても従来と同様に定額法により耐用年数40年で減価償却を行うが、残存価額は¥0とし、月割計算する。

6．満期保有目的債券は、×4年4月1日に額面総額¥600,000（満期日は×10年3月31日）のD社社債を¥100につき¥96で購入したものである。なお、満期保有目的債券の評価は償却原価法（定額法）による。

7．当期に販売した商品の保証費用を、売上高の1％と見積り、商品保証引当金を設定する。

8．保険料は毎年同額を8月1日に向こう1年分を支払っている。

9．借入金は×6年11月1日に年利率4％、利払日は年1回10月末日、借入期間4年の条件で借り入れたものである。決算において利息の未払分を計上する。

問題 3　財務諸表の作成　⏰ 25分

答案用紙…別冊P.15　解答…解答解説編P.414

次の赤羽物流株式会社の決算整理前残高試算表と〔資料〕にもとづいて、答案用紙の損益計算書を完成させなさい。会計期間は×8年4月1日から×9年3月31日までである。

決算整理前残高試算表
×9年3月31日

借　方	勘 定 科 目	貸　方
283,640	現　金　預　金	
70,000	受　取　手　形	
986,000	売　　掛　　金	
1,326,000	繰　越　商　品	
900,000	建　　　　　物	
300,000	備　　　　　品	
	建物減価償却累計額	150,000
	備品減価償却累計額	104,000
4,000	建　設　仮　勘　定	
6,000	ソ フ ト ウ ェ ア	
800,000	貸　　付　　金	
400	繰　延　税　金　資　産	
	貸　倒　引　当　金	25,000
	支　払　手　形	460,000
	買　　掛　　金	409,540
	未　　払　　金	60,000
	未　払　費　用	7,000
	前　受　収　益	3,200
	退 職 給 付 引 当 金	209,000
	資　　本　　金	350,000
	資　本　準　備　金	200,000
	利　益　準　備　金	40,000
	繰 越 利 益 剰 余 金	346,000
	売　　　　　上	8,804,000
	受　取　利　息	7,900
	有 価 証 券 売 却 益	600
	固 定 資 産 売 却 益	10,000
4,656,000	仕　　　　　入	
1,400,000	給　　　　　料	
100,900	旅　費　交　通　費	
128,000	水　道　光　熱　費	
104,000	通　　信　　費	
48,000	保　　険　　料	
71,500	減　価　償　却　費	
1,200	支　払　利　息	
600	為　替　差　損　益	
11,186,240		11,186,240

〔資料〕未処理事項および決算整理事項

1．銀行に取立依頼している受取手形（当期に受け取ったものである）は、満期日に預金口座に入金処理をしていたが、3月31日満期の手形￥4,000が不渡りとなっていることが4月1日に判明した。

2．掛けで販売した商品（売価￥6,000、原価￥4,800）が返品されたが、未処理となっている。

3．上記1.の不渡手形は全額が回収不能と判断されたため、貸倒損失として処理する。

4．債権について、次のように貸倒引当金の設定を行う。なお、残高試算表の貸倒引当金残高のうち、￥15,000は売上債権に対するものであり、￥10,000は貸付金に対するものである。

　　売上債権

　　　　X社に対する売掛金￥200,000は債権額から担保処分見込額￥100,000を控除した残額の50％を貸倒引当金として設定する。

　　　　それ以外の売上債権については、貸倒実績率2％で貸倒引当金を設定する。

　　貸付金

　　　　貸付金については、期末残高の2％の貸倒引当金を設定する。

5．買掛金期末残高のうち、期中に外貨建て（ドル建て）で生じた買掛金（輸入時の為替相場：1ドル￥105）が￥84,000ある。決算日の為替相場は1ドル￥103である。

6．未払費用の残高は前期末の決算により計上されたものであり、当期首において再振替仕訳は行われていない。未払費用の内訳は水道光熱費￥4,000、通信費￥3,000であった。また、当期の未払額は水道光熱費￥4,500、通信費￥3,300である。

7．商品の期末帳簿棚卸高は￥1,920,000、実地棚卸高（原価）は￥1,921,800であった。差異の原因を調べたところ、2.の返品が実地棚卸高のみに含まれていることが判明した。実地棚卸高のうち品質不良品が合計￥20,000（原価）あり、販売可能額は原価の60％と見積もられた。

8．貸付金￥800,000の利息（利率年1.2％、月割計算）4か月分を×9年3月1日に受け取り、全額を前受収益に計上している。

9．固定資産の減価償却を次のとおり行う。

　　　　建物：定額法、耐用年数30年、残存価額ゼロ

　　　　備品：定率法、償却率20％

　　減価償却については、固定資産の期首の残高を基礎として、4月から2月まで毎月、建物について￥2,500、備品について￥4,000を計上しており、決算月も同様の処理を行う。

10．建設仮勘定のうち￥2,000は過年度に取得した中古建物であるが、使用できる見込みがないため、決算において除却処理することとした。

11．当期末において計上すべき退職給付引当金の残高は￥250,000である。

12．ソフトウェアは、当期首に取得したものであり、利用可能期間5年で定額法により償却している。

13．法人税等の課税見込額は￥1,114,000である。

14．税効果会計上の一時差異は、次のとおりである。なお、法人税等の実効税率は40％とする。

	期　首	期　末
貸倒引当金損金算入限度超過額	￥1,000	￥3,000

問題 4　財務諸表の作成　⏰ 30分

答案用紙…別冊P.18　解答…解答解説編P.418

次の資料にもとづいて、答案用紙の貸借対照表を完成させなさい。なお、会計期間は×7年4月1日から×8年3月31日までである。

決算整理前残高試算表
×8年3月31日

借　方	勘 定 科 目	貸　方
828,300	現 金 預 金	
220,000	受 取 手 形	
240,000	売 掛 金	
296,000	繰 越 商 品	
	貸 倒 引 当 金	3,200
270,000	仮 払 消 費 税	
16,000	仮 払 法 人 税 等	
880,000	建 物	
300,000	備 品	
200,000	車 両	
360,000	の れ ん	
35,000	そ の 他 有 価 証 券	
	支 払 手 形	160,000
	買 掛 金	123,000
	仮 受 消 費 税	356,400
	借 入 金	700,000
	未 払 金	60,000
	リ ー ス 債 務	160,000
	退 職 給 付 引 当 金	280,000
	資 本 金	800,000
	資 本 準 備 金	100,000
	利 益 準 備 金	80,000
	繰 越 利 益 剰 余 金	348,000
	売 上	3,564,000
	受 取 利 息	8,000
2,700,000	仕 入	
154,000	給 料	
29,500	旅 費 交 通 費	
62,400	水 道 光 熱 費	
12,000	保 険 料	
71,400	支 払 利 息	
68,000	未 決 算	
6,742,600		6,742,600

〔資料1〕未処理事項等

1．未決算は、当期に発生した建物の火災に関して、保険会社に¥70,000を請求していたものである。決算日直前に保険会社から連絡があり、×8年4月10日に¥70,000が当社の当座預金口座に入金されることが確定した。

2．当座預金について、次の事項が判明した。
 (1) 買掛金支払のために作成した小切手¥10,000が未渡しであった。
 (2) 未払金支払のために作成した小切手のうち、¥7,000が銀行に未呈示であった。

〔資料2〕決算整理事項

1．売上債権の期末残高に対し、2％の貸倒引当金を差額補充法で設定する。

2．期末商品棚卸高は¥320,000であった。また、実地棚卸高（原価）は¥325,000であった。差異の原因を調べたところ、決算日直前に掛けで仕入れた商品¥10,000（税抜価額、消費税率は10％）の記入漏れが判明し、この分が実地棚卸高だけに反映されていたことがわかった。また、商品評価損¥19,000が生じている。

3．有形固定資産について、次のように減価償却を行う。なお、減価償却の記帳は直接法によっているが、貸借対照表には間接控除方式によって表示すること。

	減価償却方法	残存価額	耐用年数	前期末までの経過年数
建物	定額法	取得原価の10％	30年	15年
備品	定率法（償却率25％）	ゼロ	8年	1年

　　車両はリース資産であり、×7年4月1日に契約したものである。リース期間は5年で中途解約不能である。リース料は年額¥40,000であり、期末に5回均等額支払い。

4．その他有価証券の決算日における時価は¥36,000である。評価差額は全部純資産直入法によって処理し、税効果会計を適用する（実効税率は40％とする）。

5．消費税の処理（税抜方式）を行う。

6．退職給付を見積もった結果、当期の負担に属する金額は¥30,000と計算された。

7．借入金は、×8年3月1日に借り入れたものであり、その内訳は次のとおりである。

残高	返済期日	利率
¥200,000	×9年2月28日	年1.2％
¥500,000	×12年2月28日	年2.4％

　　なお、利払日は2月末と8月末の後払いである。利息の未払分を月割計算で計上する。

8．保険料の前払分が¥1,500ある。

9．のれんは、×5年4月1日に取得したものであり、定額法により20年間で償却している。

10．当期の税引前当期純利益は¥326,000であり、法人税、住民税及び事業税として¥130,400を計上する。なお、仮払法人税等に計上されている金額は、前年の納付額の半分を中間納付したものであり、未払法人税等から差し引く。

| 問題 **5** | 財務諸表の作成 | ⏰ **30分** |

答案用紙…別冊P.21　解答…解答解説編P.422

次の資料にもとづいて、損益計算書を完成させなさい。なお、会計期間は、×7年4月1日から×8年3月31日までである。

[資料 I] 決算整理前残高試算表

残　高　試　算　表
×8年3月31日　　（単位：千円）

借　　方	勘 定 科 目	貸　　方
944,640	現　金　預　金	
889,980	売　　掛　　金	
1,650	仕　　掛　　品	
15,600	前　払　費　用	
	貸　倒　引　当　金	1,980
240,000	備　　　　　　品	
	備品減価償却累計額	120,000
223,200	ソ フ ト ウ ェ ア	
	借　　入　　金	300,000
	未　　払　　金	249,600
	未 払 法 人 税 等	60,000
	未　払　費　用	480
	賞　与　引　当　金	110,000
	退 職 給 付 引 当 金	39,600
	資　　本　　金	120,000
	資　本　準　備　金	126,000
	利　益　準　備　金	6,000
	繰 越 利 益 剰 余 金	776,280
	役　　務　　収　　益	4,470,180
	受　取　利　息	1,200
3,253,200	役 務 原 価 (報 酬)	
50,010	役 務 原 価 (そ の 他)	
360,000	給　　　　　　料	
3,000	旅　費　交　通　費	
3,840	水　道　光　熱　費	
15,900	通　　信　　費	
216,300	支　払　家　賃	
110,000	賞 与 引 当 金 繰 入	
3,000	支　払　利　息	
	その他有価証券売却益	9,000
60,000	法人税、住民税及び事業税	
6,390,320		6,390,320

250

［事業の内容］

　東京ＡＢＣサービス㈱は、事務作業、コンピュータ・オペレーション等を中心とした人材派遣業を営んでいる。顧客への請求と役務収益への計上は、①１時間当たりの請求額が契約上定められており、勤務報告書に記入された時間にもとづき請求・計上するものと、②一定の作業が完了後に一括して契約額総額を請求・計上するものとの２つの形態がある。派遣されたスタッフの給与は、いずれの形態であっても、勤務報告書で報告された時間に１時間当たりの給与額を乗じたもので支払われ、役務原価（報酬）に計上される。①の形態の場合には、１時間当たりの給与額は顧客への請求額の75％で設定されているが、②の形態の場合にはそのような関係はなく別々に決められる。

［資料Ⅱ］決算整理事項

1．売掛金の中に、前期発生分と当期発生分で回収が遅延していたものが、それぞれ600千円と1,500千円が含まれており、回収の可能性がないものと判断して貸倒れ処理することとした。

2．仕掛品は２月末に［事業の内容］に記述された②の形態の給与を先行して支払ったものであるが、３月に請求（売上計上）されたため、役務原価に振り替える。また、この②の形態で、４月以降に請求（売上計上）されるものに対する３月給与の支払額で役務原価に計上されたものが1,950千円ある。

3．［事業の内容］に記述された①の形態で、勤務報告書の提出漏れ（勤務総時間100時間、１時間当たり給与900円）が発見され、これを適切に処理することとした。

4．貸倒引当金を差額補充法により売掛金残高の１％を計上する。

5．決算整理前残高試算表に計上されている前払費用と未払費用は前期末の決算整理で計上されたものであり、当期の期首に再振替仕訳は行われていない。内容は前払家賃と未払水道光熱費であり、当期末に計上すべき金額は、それぞれ20,400千円と540千円であった。

6．備品は耐用年数６年、残存価額ゼロの定額法で減価償却を行う。

7．ソフトウェアは10年間の定額法で償却しており、その内訳は、期首残高43,200千円（期首で取得後６年経過）と当期取得（12月１日取得）の新経理システム180,000千円である。この新経理システムの稼働に伴い、期首残高のソフトウェアは除却処理することとした。

8．引当金の処理は次のとおりである。

　(1)　退職給付引当金を7,500千円追加計上する。

　(2)　賞与は年１回決算後に支払われるため、月次決算において２月まで毎月各10,000千円を計上してきたが、期末になり支給見込み額が125,500千円と見積もられた。

9．税引前当期純利益に対して、法人税、住民税及び事業税を40％となるように追加計上する。

問題 6 本支店会計 ⏰ **13分** 答案用紙…別冊P.24 解答…解答解説編P.425

次の資料にもとづいて、答案用紙の本支店合併財務諸表を完成させなさい（会計期間は×10年4月1日から×11年3月31日までである）。

〔資料1〕決算整理前残高試算表

決算整理前残高試算表

借方科目	本 店	支 店	貸方科目	本 店	支 店
現 金 預 金	666,600	610,770	支 払 手 形	467,000	28,000
受 取 手 形	585,000	132,000	買 掛 金	328,800	12,000
売 掛 金	100,000	80,000	短 期 借 入 金	250,000	－
繰 越 商 品	588,000	215,000	建物減価償却累計額	324,000	67,500
建 物	675,000	315,000	備品減価償却累計額	137,600	24,120
備 品	320,000	67,000	貸 倒 引 当 金	16,500	550
支 店	632,500	－	本 店	－	632,500
仕 入	5,076,000	2,305,500	資 本 金	1,300,000	－
給 料	253,000	87,400	任 意 積 立 金	230,000	－
旅 費 交 通 費	81,200	32,000	売 上	5,857,200	3,047,000
支 払 利 息	12,000	－	受 取 手 数 料	78,200	33,000
	8,989,300	3,844,670		8,989,300	3,844,670

〔資料2〕決算整理事項

1．売上債権に対して、4％の貸倒引当金を設定する（差額補充法）。
2．期末商品棚卸高は次のとおりである。

  本店：¥556,600 支店：¥235,000

3．固定資産の減価償却を次のとおり行う。

  建物：定額法（耐用年数30年、残存価額は取得原価の10％）

  備品：定率法（償却率20％）

4．受取手数料の前受額が本店に¥13,000、支店に¥5,200ある。
5．短期借入金のうち¥100,000は本店が×10年11月1日に借入期間8か月、年利率3％の条件で借り入れたもので、利息は元金とともに返済日に支払うこととなっている。なお、利息については月割計算をする。

問題 7 本支店会計 ⏱ **30分** 答案用紙…別冊P.26 解答…解答解説編P.427

次の資料にもとづいて、以下の各問に答えなさい。 なお、会計期間は×8年4月1日から×9年3月31日までである。

〔資料1〕決算整理前残高試算表

残 高 試 算 表

借 方 科 目	本 店	支 店	貸 方 科 目	本 店	支 店
現 金 預 金	385,700	384,400	支 払 手 形	236,000	420,000
受 取 手 形	580,000	320,000	買 掛 金	337,050	249,450
売 掛 金	490,000	250,000	短 期 借 入 金	350,000	－
繰 越 商 品	89,600	87,300	建物減価償却累計額	280,000	－
建 物	1,000,000	－	備品減価償却累計額	125,000	75,000
備 品	500,000	300,000	貸 倒 引 当 金	3,200	2,200
支 店	341,700	－	本 店	－	341,700
仕 入	1,979,000	1,118,300	資 本 金	1,200,000	－
給 料	844,000	128,000	繰越利益剰余金	354,800	－
支 払 家 賃	225,000	14,400	売 上	3,852,000	1,541,800
通 信 費	154,650	15,800			
旅 費 交 通 費	142,800	11,950			
支 払 利 息	5,600	－			
	6,738,050	2,630,150		6,738,050	2,630,150

〔資料2〕決算整理事項等

1. 決算日において、本店の売掛金のうち¥20,000を回収し、当座預金口座に入金されたが、この取引が未処理であった。
2. 期末商品棚卸高は次のとおりである。

 本店：¥141,000 支店：¥97,800
3. 売上債権に対して差額補充法により、2%の貸倒引当金を設定する。
4. 本店・支店ともに、固定資産の減価償却を次のように行う。

 建物：定額法（耐用年数25年、残存価額はゼロ）

 備品：定率法（償却率25%）
5. 支払家賃の前払分が本店に¥45,000、支店に¥3,600ある。
6. 短期借入金は本店が×8年12月1日に期間10か月、年利率2.4%、利息の支払いは元金の返済時に行うという条件で借り入れたものである。利息については月割計算による。
7. 法人税、住民税及び事業税を¥258,000計上する。

問1 決算整理事項を考慮したあとの本店および支店における税引前利益を計算しなさい。
問2 答案用紙の本支店合併損益計算書を作成しなさい。
問3 支店勘定の次期繰越額を求めなさい。

253

問題 **8** 連結財務諸表の作成 ⏰ **20分**

答案用紙…別冊P.29　解答…解答解説編P.430

　次の〔資料〕にもとづき、連結第1年度（×1年4月1日から×2年3月31日）の連結損益計算書を作成し、連結貸借対照表に関する解答欄の金額について答えなさい。

〔資　料〕

1．P社は×1年3月31日にS社の発行済株式総数の60％を¥9,366,000で取得して支配を獲得した。

2．×1年3月31日（支配獲得時）のS社の個別貸借対照表は、次のとおりである。

S社の個別貸借対照表
×1年3月31日　　　　　　（単位：円）

諸　資　産	26,560,000	諸　負　債	11,200,000
		資　本　金	9,600,000
		資本剰余金	2,560,000
		利益剰余金	3,200,000
	26,560,000		26,560,000

3．のれんの償却は、支配獲得時の翌年度から10年間で均等償却を行っている。

4．P社およびS社の連結第1年度末の貸借対照表および連結第1年度の損益計算書は、次のとおりである。

貸　借　対　照　表
×2年3月31日　　　　　　　（単位：円）

資　産	P社	S社	負債・純資産	P社	S社
諸　資　産	39,018,000	17,920,000	諸　負　債	12,800,000	5,760,000
売　掛　金	9,600,000	6,400,000	買　掛　金	5,120,000	5,440,000
（貸倒引当金）	△384,000	△256,000	資　本　金	44,800,000	9,600,000
商　　品	16,000,000	6,656,000	資本剰余金	3,200,000	2,560,000
S　社　株　式	9,366,000	－	利益剰余金	7,680,000	7,360,000
	73,600,000	30,720,000		73,600,000	30,720,000

254

損 益 計 算 書

自×1年4月1日 至×2年3月31日

(単位：円)

	P社	S社
売 上 高	76,800,000	60,000,000
売 上 原 価	57,600,000	48,480,000
売 上 総 利 益	19,200,000	11,520,000
販売費及び一般管理費	12,800,000	7,040,000
営 業 利 益	6,400,000	4,480,000
営 業 外 収 益	4,480,000	3,200,000
営 業 外 費 用	3,840,000	1,920,000
当 期 純 利 益	7,040,000	5,760,000

5．連結第1年度（×1年4月1日から×2年3月31日）において、S社は¥1,600,000の配当を行っている。

6．連結第1年度より、P社はS社に対し、原価に10％の利益を加算して商品を販売しており、その売上高は¥21,120,000であった。

7．S社の連結第1年度末に保有する期末商品のうち、P社から仕入れた商品は¥3,520,000であった。

8．P社の売掛金の期末残高のうち、¥3,200,000はS社に対するものである。なお、P社は売掛金の期末残高に対して4％の貸倒引当金を設定している。

問題 9　連結精算表の作成　⏱ 20分

答案用紙…別冊P.32　解答…解答解説編P.435

次の〔資料〕にもとづき、連結第2年度（×2年4月1日から×3年3月31日）の連結精算表を作成しなさい。

〔資　料〕連結に関する事項

1．P社は、×1年3月31日にS社の発行済株式総数の70%を192,000千円で取得して支配を獲得し、それ以降S社を連結子会社として連結財務諸表を作成している。

2．×1年3月31日（支配獲得時）におけるS社の純資産項目は、資本金160,000千円、資本剰余金60,000千円、利益剰余金48,000千円であった。

3．のれんは、支配獲得時の翌年度から10年間にわたり定額法により償却を行っている。

4．連結第1年度（×1年4月1日から×2年3月31日）において、S社は、当期純利益12,000千円を計上した。なお、配当は行っていない。

5．連結第2年度（×2年4月1日から×3年3月31日）において、S社は、当期純利益30,000千円を計上し、10,000千円の配当を行った。

6．連結第2年度より、P社はS社に対して売上総利益率20%で商品を販売している。連結第2年度におけるP社のS社に対する売上高は136,000千円であった。また、連結第2年度末において、S社の保有する商品のうち18,000千円はP社から仕入れた商品であった。

7．連結第2年度末において、P社の売掛金残高のうち50,000千円はS社に対するものであった。P社、S社ともに売掛金の期末残高に対して2%の貸倒引当金を設定している（差額補充法）。

問題 10 製造業を営む会社の決算処理 ⏰ 25分

答案用紙…別冊P.36　解答…解答解説編P.440

受注生産・販売を行っているS製作所の〔資料1〕と〔資料2〕にもとづいて、答案用紙の貸借対照表を完成させるとともに、区分式損益計算書に表示される、指定された種類の利益の金額を答えなさい。なお、会計期間は×7年4月1日から×8年3月31日までの1年間である。

〔資料1〕×8年2月末現在の残高試算表

<table>
<tr><td colspan="3" align="center">残 高 試 算 表　　（単位：円）</td></tr>
<tr><td align="center">借　　方</td><td align="center">勘 定 科 目</td><td align="center">貸　　方</td></tr>
<tr><td align="right">9,271,220</td><td>現　金　預　金</td><td></td></tr>
<tr><td align="right">1,672,500</td><td>受　取　手　形</td><td></td></tr>
<tr><td align="right">1,118,500</td><td>売　　掛　　金</td><td></td></tr>
<tr><td align="right">24,050</td><td>材　　　　　料</td><td></td></tr>
<tr><td align="right">25,000</td><td>仕　　掛　　品</td><td></td></tr>
<tr><td align="right">12,500</td><td>製　　　　　品</td><td></td></tr>
<tr><td align="right">45,000</td><td>短　期　貸　付　金</td><td></td></tr>
<tr><td align="right">75,000</td><td>仮 払 法 人 税 等</td><td></td></tr>
<tr><td></td><td>貸 倒 引 当 金</td><td align="right">22,510</td></tr>
<tr><td></td><td>製 品 保 証 引 当 金</td><td align="right">3,000</td></tr>
<tr><td align="right">720,000</td><td>建　　　　　物</td><td></td></tr>
<tr><td align="right">540,000</td><td>機　械　装　置</td><td></td></tr>
<tr><td></td><td>建物減価償却累計額</td><td align="right">64,000</td></tr>
<tr><td></td><td>機械装置減価償却累計額</td><td align="right">245,000</td></tr>
<tr><td></td><td>支　払　手　形</td><td align="right">266,000</td></tr>
<tr><td></td><td>買　　掛　　金</td><td align="right">431,000</td></tr>
<tr><td></td><td>長　期　借　入　金</td><td align="right">400,000</td></tr>
<tr><td></td><td>退 職 給 付 引 当 金</td><td align="right">730,000</td></tr>
<tr><td></td><td>資　　本　　金</td><td align="right">6,512,700</td></tr>
<tr><td></td><td>利　益　準　備　金</td><td align="right">1,309,000</td></tr>
<tr><td></td><td>利　益　剰　余　金</td><td align="right">3,123,520</td></tr>
<tr><td></td><td>売　　　　　上</td><td align="right">1,765,000</td></tr>
<tr><td></td><td>固 定 資 産 売 却 益</td><td align="right">12,500</td></tr>
<tr><td align="right">1,133,340</td><td>売　上　原　価</td><td></td></tr>
<tr><td align="right">239,120</td><td>販売費及び一般管理費</td><td></td></tr>
<tr><td align="right">8,000</td><td>支　払　利　息</td><td></td></tr>
<tr><td align="right">14,884,230</td><td></td><td align="right">14,884,230</td></tr>
</table>

258

〔資料2〕 3月の取引・決算整理等に関する事項

1．3月について、材料仕入高（すべて掛け買い）¥45,000、直接材料費¥35,000、直接工直接作業賃金支払高（現金払い、月初・月末未払いなし）¥40,000、製造間接費予定配賦額¥45,000、間接材料費実際発生額¥10,000、間接材料費と以下の事項以外の製造間接費実際発生額（すべて現金支出をともなうものであった）¥16,250、当月完成品総合原価¥115,000、当月売上原価¥110,000、当月売上高（すべて掛け売り）¥160,000であった。年度末に生じた原価差異は、以下に示されている事項のみである。なお、原価差異は、いずれも比較的少額であり正常な原因によるものであった。また、×7年4月から×8年2月までの各月の月次決算で生じた原価差異はそれぞれの月で売上原価に賦課されているものとする。

2．決算にあたり実地棚卸を行ったところ、材料実際有高は¥24,000、製品実際有高は¥16,500であった。減耗は、材料・製品とも正常な理由により生じたものであり、製品の棚卸減耗については売上原価に賦課する。

3．固定資産の減価償却費については、期首に年間発生額を見積もり、以下の月割額を毎月計上し、決算月も同様の処理を行った。

　　建物¥2,000（製造活動用¥1,300、販売・一般管理活動用¥700）
　　機械装置（すべて製造用）¥5,600

4．過去の実績をもとに、売上債権の期末残高に対して1％、短期貸付金の期末残高について2％の貸倒れを見積もり、差額補充法により貸倒引当金を設定する。なお、営業外債権に対する貸倒引当金の決算整理前の期末残高はゼロである。

5．退職給付引当金については、年度見積額の12分の1を毎月計上しており、決算月も同様の処理を行った。製造活動に携わる従業員に関わるものは、月¥12,000、それ以外の従業員に関わるものは月¥8,000である。年度末に繰入額を確定したところ、年度見積額に比べ、製造活動に携わる従業員に関わるものは¥740多かった。それ以外の従業員に関わるものは、年度初めの見積もりどおりであった。

6．過去の経験率にもとづき¥2,500の製品保証引当金を設定した。決算整理前残高試算表に計上されている製品保証引当金に関する特約期間は終了した。なお、製品保証引当金戻入については、製品保証引当金繰入と相殺し、それを越えた額については、営業外収益の区分に計上する。

7．税引前当期純利益の40％を「法人税、住民税及び事業税」に計上する。なお、法人税、住民税及び事業税の算出額については、税法の規定により100円未満は切り捨てとする。

第4問対策

第4問では、工業簿記の勘定の流れや仕訳、個別原価計算などが出題されています（これらの問題が第5問で出題されることもあります）。
特に勘定の流れは工業簿記を学習するにあたって、とても大切なので、しっかり復習しておきましょう。

```
………第4問でよく出題される問題…………
①工業簿記の勘定の流れ
②仕訳問題
  ・費目別計算
  ・本社工場会計
③個別原価計算
  ・勘定記入
  ・製造間接費の部門別配賦
```

第4問対策 例題

1. 工業簿記の勘定の流れ

例題 1 次の資料にもとづいて、答案用紙の各勘定を完成させなさい。なお、製造間接費は実際配賦している。 🕐13分

〔資　料〕（単位:円）

(1) 棚卸資産	月初有高	当月仕入高	月末有高
①素材（消費額はすべて直接材料費）	36,000	220,000	38,000
②補助材料	2,500	27,000	2,000
③仕掛品	17,000	－	16,200
④製　品	20,000	－	26,000

(2) 賃金	前月未払高	当月支払高	当月未払高
①直接工（消費額はすべて直接労務費）	2,000	20,000	2,400
②間接工	1,000	7,000	800

(3) 工場事務職員の給料要支給高	4,000	
(4) 消耗工具器具備品費	10,000	
(5) 工場建物の減価償却費	56,000	
(6) 本社役員給与手当	68,000	
(7) 販売員給与手当	15,000	
(8) 工場の固定資産税	2,100	
(9) 工場機械の減価償却費	50,400	
(10) 本社建物の減価償却費	34,000	
(11) その他の販売費	1,000	
(12) その他の一般管理費	700	

```
                        製 造 間 接 費
間 接 材 料 費 (         ) │ 仕 掛 品 (         )
間 接 労 務 費 (         ) │
間 接 経 費   (         ) │
            (         ) │         (         )

                        仕 掛 品
月 初 有 高   (         ) │ 当 月 完 成 高 (         )
直 接 材 料 費 (         ) │ 月 末 有 高   (         )
直 接 労 務 費 (         ) │
製 造 間 接 費 (         ) │
            (         ) │         (         )

                        製  品
月 初 有 高   (         ) │ 売 上 原 価 (         )
当 月 完 成 高 (         ) │ 月 末 有 高 (         )
            (         ) │         (         )

                        損  益
売 上 原 価   (         ) │ 売    上      600,000
販 売 費     (         ) │
一 般 管 理 費 (         ) │
営 業 利 益   (         ) │
            (         ) │              600,000
```

答案用紙に記入したら、解答(P.271)で答えを CHECK!

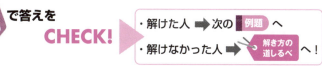

✂ **解き方の道しるべ** ┄┄

原価要素別の資料から勘定に記入する問題です。

原価の分類と工業簿記の勘定の流れ（勘定連絡）をしっかり確認しておきましょう。

STEP 1 原価を分類する

　問題を解く前に、資料の原価を**製造原価**（製品を製造するのにかかった原価）、**販売費**（製品を販売するのにかかった原価）、**一般管理費**（会社の管理活動にかかった原価）に分け、製造原価はさらに**製造直接費**（どの製品を製造するのにいくらかかったかを直接把握できる原価）と**製造間接費**（どの製品を製造するのにいくらかかったかを直接把握できない原価）に分けておきます。

> ▨ に原価の分類を書いておきましょう。
> 直接材料費…「直材」　　間接材料費…「間材」
> 直接労務費…「直労」　　間接労務費…「間労」
> 直 接 経 費…「直経」　　間 接 経 費…「間経」
> 販 　売 　費…「 ⑲ 」　　一般管理費…「 ⊖ 」

			月初有高	当月仕入高	月末有高
▨	(1)	棚卸資産			
▨		①素材（消費額はすべて直接材料費）	36,000	220,000	38,000
▨		②補助材料	2,500	27,000	2,000
		③仕掛品	17,000	－	16,200
		④製　品	20,000	－	26,000
	(2)	賃金	前月未払高	当月支払高	当月未払高
▨		①直接工（消費額はすべて直接労務費）	2,000	20,000	2,400
▨		②間接工	1,000	7,000	800
▨	(3)	工場事務職員の給料要支給高	4,000		
▨	(4)	消耗工具器具備品費	10,000		
▨	(5)	工場建物の減価償却費	56,000		
▨	(6)	本社役員給与手当	68,000		
▨	(7)	販売員給与手当	15,000		
▨	(8)	工場の固定資産税	2,100		
▨	(9)	工場機械の減価償却費	50,400		
▨	(10)	本社建物の減価償却費	34,000		
▨	(11)	その他の販売費	1,000		
▨	(12)	その他の一般管理費	700		

264

道しるべ
にしたがって
記入すると ▶▶▶

原価の分類

		月初有高	当月仕入高	月末有高
(1)	棚卸資産			
直材 ①素材（消費額はすべて直接材料費）		36,000	220,000	38,000
間材 ②補助材料		2,500	27,000	2,000
③仕掛品		17,000	—	16,200
④製　品		20,000	—	26,000
(2)	賃金	前月未払高	当月支払高	当月未払高
直労 ①直接工（消費額はすべて直接労務費）		2,000	20,000	2,400
間労 ②間接工		1,000	7,000	800

間労 (3) 工場事務職員の給料要支給高　4,000
間材 (4) 消耗工具器具備品費　10,000
間経 (5) 工場建物の減価償却費　56,000
一 (6) 本社役員給与手当　68,000
販 (7) 販売員給与手当　15,000
間経 (8) 工場の固定資産税　2,100
間経 (9) 工場機械の減価償却費　50,400
一 (10) 本社建物の減価償却費　34,000
販 (11) その他の販売費　1,000
一 (12) その他の一般管理費　700

これ、だいじょうぶ？　　　　原価の費目別分類

原価は、**製造原価、販売費、一般管理費**に分けることができます。
　製造原価には、材料費、労務費、経費があり、どの製品を製造するのにいくらかかったかが明らかかどうかによって、それぞれ**製造直接費**と**製造間接費**に分けることができます。

製 造 原 価	製品の製造にかかった原価（材料費、労務費、経費）
販　売　費	製品の販売にかかった原価（販売員の給料、広告費など）
一般管理費	会社の管理活動にかかった原価（本社建物の減価償却費、本社役員の給料など）

製造原価	材料費	直接材料費	主要材料費（素材費）、買入部品費
		間接材料費	補助材料費、工場消耗品費、消耗工具器具備品費
	労務費	直接労務費	直接工（組立工、切削工など）の直接賃金
		間接労務費	直接工の間接賃金、間接工の賃金、工場事務職員の給料など
	経費	直 接 経 費	外注加工賃
		間 接 経 費	材料棚卸減耗費、工場建物減価償却費、工場の電気代など

STEP 2 すぐに計算できる金額をうめる

この例題のように、仕掛品勘定や製品勘定に記入する問題の場合、各勘定の月初有高と月末有高は資料から転記するだけです。また、STEP 1 で原価を分けてしまえば、販売費や一般管理費も金額を合計するだけです。

このように、資料の金額のうち、そのまま答案用紙の勘定に記入するだけの項目や、金額を合計するだけの項目は最初に記入してしまいましょう。

			月初有高	当月仕入高	月末有高
(1)	棚卸資産				
	③仕掛品		17,000	−	16,200
	④製品		20,000	−	26,000
⊖	(6)	本社役員給与手当	68,000		
販	(7)	販売員給与手当	15,000		
⊖	(10)	本社建物の減価償却費	34,000		
販	(11)	その他の販売費	1,000		
⊖	(12)	その他の一般管理費	700		

↓

仕 掛 品

月 初 有 高	( )	当 月 完 成 高	( )
直 接 材 料 費	( )	月 末 有 高	( )
直 接 労 務 費	( )		
製 造 間 接 費	( )		
	( )		( )

製 品

月 初 有 高	( )	売 上 原 価	( )
当 月 完 成 高	( )	月 末 有 高	( )
	( )		( )

損 益

売 上 原 価	( )	売 上	600,000
販 売 費	( )		
一 般 管 理 費	( )		
営 業 利 益	( )		
	( )		600,000

266

道しるべ にしたがって 記入すると ▶▶▶

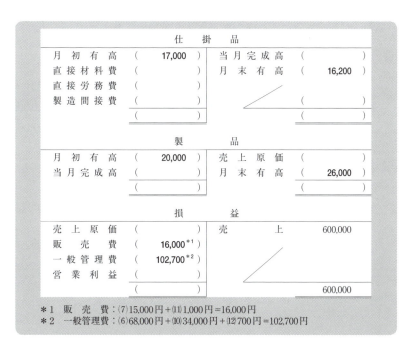

*1 販　売　費：(7)15,000円＋(11)1,000円＝16,000円
*2 一般管理費：(6)68,000円＋(10)34,000円＋(12)700円＝102,700円

STEP 3　ボックス図をつくる

　製造原価については、工業簿記の勘定連絡図をイメージし、次のようなボックス図（☐内のボックス図）をつくって、金額をうめていきます。なお、ボックス図は必要なものだけつくります。この例題では、素材や賃金の消費額（直接材料費、直接労務費など）を自分で計算しなければならないので、これらのボックス図をつくりますが、素材や賃金の消費額が資料に与えられていたら、素材や賃金のボックス図をつくる必要はありません。

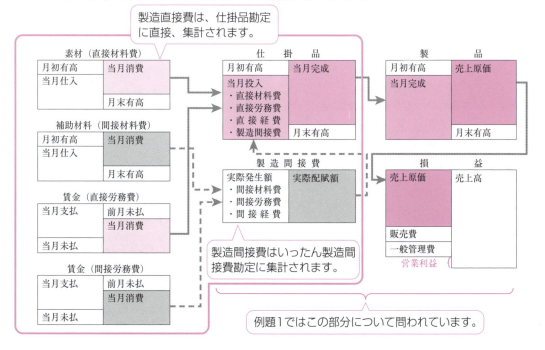

資料の原価を順番にボックス図に記入していきましょう。

材料費

	(1) 棚卸資産	月初有高	当月仕入高	月末有高
直材	①素材（消費額はすべて直接材料費）	36,000	220,000	38,000
間材	②補助材料	2,500	27,000	2,000
間材	(4) 消耗工具器具備品費　10,000			

素材（直接材料費）

月初有高	当月消費
（　　　　　）	（　　　　　）
当月仕入	
（　　　　　）	月末有高
	（　　　　　）

仕　掛　品

月初有高	当月完成
（　　17,000）	
当月投入	
直材（　　　　）	月末有高
	（　　16,200）

補助材料（間接材料費）

月初有高	当月消費
（　　　　　）	（　　　　　）
当月仕入	
（　　　　　）	月末有高
	（　　　　　）

製　造　間　接　費

実際発生額	実際配賦額
間材（　　　　）	

道しるべ
にしたがって
記入すると ▶▶▶

素材（直接材料費）		仕 掛 品	
月初有高	当月消費	月初有高	当月完成
（ 36,000 ）	（ 218,000 ）	（ 17,000 ）	
	【貸借差額】		
当月仕入		当月投入	
	月末有高	直材（ 218,000 ）	月末有高
（ 220,000 ）	（ 38,000 ）		（ 16,200 ）

補助材料（間接材料費）		製 造 間 接 費	
月初有高	当月消費	実際発生額	実際配賦額
（ 2,500 ）	（ 27,500 ）		
	【貸借差額】	間材（ 37,500 ）	
当月仕入			
	月末有高		
（ 27,000 ）	（ 2,000 ）		

+10,000円
(4)

※ 直接材料費は仕掛品勘定に、間接材料費は製造間接費勘定に振り替えます。

労務費

(2) 賃金	前月未払高	当月支払高	当月未払高
直労 ①直接工（消費額はすべて直接労務費）	2,000	20,000	2,400
間労 ②間接工	1,000	7,000	800
間労 (3) 工場事務職員の給料要支給高　4,000			

賃金（直接労務費）		仕 掛 品	
当月支払	前月未払	月初有高	当月完成
（　　　　　）	（　　　　　）	（ 17,000 ）	
	当月消費	当月投入	
当月未払		直材（ 218,000 ）	月末有高
（　　　　　）	（　　　　　）	直労（　　　　　）	（ 16,200 ）

賃金（間接労務費）		製 造 間 接 費	
当月支払	前月未払	実際発生額	実際配賦額
（　　　　　）	（　　　　　）		
	当月消費	間材（ 37,500 ）	
当月未払		間労（　　　　　）	
（　　　　　）	（　　　　　）		

269

道しるべ
にしたがって
記入すると ▶▶▶

賃金を支払ったときの仕訳は、
（賃　金）20,000（現金など）20,000
です。したがって、賃金ボックスの左側に
当月支払額を記入します。

月初に前月未払額の再振替仕訳をします。
（未払賃金）2,000（賃　金）2,000
したがって、賃金ボックスの右側に前月
未払額を記入します。

賃金を見越計上する仕訳は、
（賃　金）2,400
　（未払賃金）2,400
です。したがって、賃金ボックスの左側に当月未払額を記入します。

賃金（直接労務費）		仕　掛　品	
当月支払 （　20,000）	前月未払 （　2,000）	月初有高 （　17,000）	当月完成
当月未払 （　2,400）	当月消費 （　20,400） 【貸借差額】	当月投入 直材（218,000） 直労（ 20,400）	月末有高 （　16,200）

賃金（間接労務費）		製 造 間 接 費	
当月支払 （　7,000）	前月未払 （　1,000）	実際発生額	実際配賦額
当月未払 （　　800）	当月消費 （　6,800） 【貸借差額】	間材（ 37,500） 間労（ 10,800）	

+4,000円
（3）

※　直接労務費は仕掛品勘定に、間接労務費は製造間接費勘定に振り替えます。

賃金の消費額＝当月支払高＋当月未払高－前月未払高

経費

間経	(5)	工場建物の減価償却費	56,000
間経	(8)	工場の固定資産税	2,100
間経	(9)	工場機械の減価償却費	50,400

製 造 間 接 費		仕　掛　品	
実際発生額	実際配賦額	月初有高 （　17,000）	当月完成 （　　　　）
間材（ 37,500） 間労（ 10,800） 間経（　　　　）	（　　　　）	当月投入 直材（218,000） 直労（ 20,400） 製間（　　　　）	月末有高 （　16,200）

270

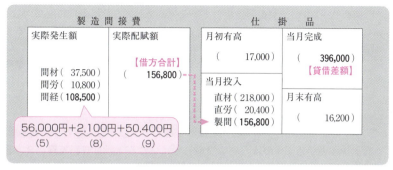

STEP 5 答案用紙の勘定に記入する

仕掛品のボックス図が完成したら、答案用紙の各勘定に金額を記入します。

これ、だいじょうぶ？　　製造間接費の予定配賦

例題1のように、製造間接費の実際発生額を製品（仕掛品）に配賦することを**実際配賦**といいますが、実際配賦によると、月末に製造間接費の実際発生額が計算されるまで配賦計算をすることができず、計算が遅れてしまうなどの欠点があります。

そこで、実際配賦に代えて、あらかじめ決められた配賦率（**予定配賦率**）を用いて、製造間接費を配賦（**予定配賦**）することがあります。

製造間接費を予定配賦した場合、予定配賦額と実際発生額に差額が生じます（製造間接費勘定の借方に実際発生額、貸方に予定配賦額が計上されます）。

予定配賦額よりも実際発生額のほうが多いときに生じる差異を**不利差異（借方差異）**、予定配賦額よりも実際発生額のほうが少ないときに生じる差異を**有利差異（貸方差異）**といい、これらの差異は製造間接費勘定から**製造間接費配賦差異勘定**に振り替えます。

〔実際発生額156,800円 ＞ 予定配賦額155,000円の場合〕

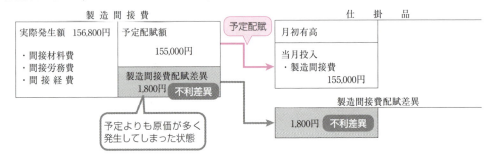

〔実際発生額156,800円 ＜ 予定配賦額160,000円の場合〕

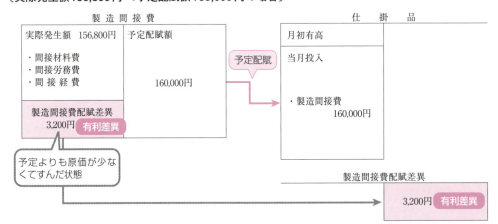

そして、会計年度末において、製造間接費配賦差異を製造間接費配賦差異勘定から**売上原価勘定**に振り替えます。

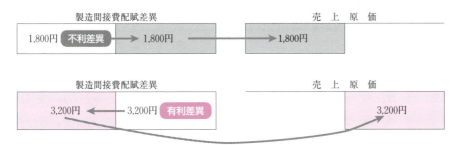

つまり、製造間接費配賦差異が**不利差異の場合は、売上原価（費用）に加算し、有利差異の場合は売上原価から減算**するということになります。

> この部分をしっかり覚えてください。

∷ 第4問対策 例題

2. 仕訳問題（費目別計算）

例題 2　川口工業株式会社では、実際個別原価計算を採用している。次の当月の一連の取引について仕訳しなさい。ただし、勘定科目は次の中からもっとも適当と思われるものを選ぶこと。　⏰10分

当 座 預 金	売 掛 金	買 掛 金	預 り 金
材 料	仕 掛 品	製 品	賃 金・給 料
製 造 間 接 費	原 価 差 異		

1. (1) 素材A200kgを490円/kgで購入し、代金は掛けとした。なお、当社負担の引取運賃1,000円について小切手を振り出して支払った。

   (2) 素材Aの実際払出数量は180kg（うち、特定の指図書向けの消費数量は150kg）であった。素材費の計算には500円/kgの予定消費価格を用いている。

   (3) 素材Aの消費価格差異を計上した。ただし、素材Aの月初在庫と月末在庫はそれぞれ10kg（4,740円）と30kgであった（棚卸減耗はない）。なお、実際払出単価の計算は先入先出法によっている。

2. (1) 直接工の実際直接作業時間は100時間、実際間接作業時間は20時間であった。なお、直接工賃金の計算には作業1時間あたり1,000円の予定消費賃率を用いている。

   (2) 直接工の賃率差異を計上した。ただし、前月未払額は15,000円、当月支払額は125,000円、当月未払額は14,000円であった。

3. (1) 当月の実際直接作業時間（100時間）にもとづいて、製造間接費を予定配賦する。なお、予定配賦率は直接作業時間1時間あたり800円である。

   (2) 製造間接費配賦差異を計上した。なお、当月、実際に発生した製造間接費は79,000円であった。

	借方科目	金　額	貸方科目	金　額
1(1)				
(2)				
(3)				
2(1)				
(2)				
3(1)				
(2)				

答案用紙に記入したら、で答えを　

解き方の道しるべ

原価の費目別計算に関する仕訳問題です。材料費、労務費、製造間接費の処理の流れを確認しておきましょう。

1．材料費の処理

(1) 材料（素材）の購入時

材料（素材）を購入したときには、購入代価に引取運賃などの**付随費用**を加算した金額を**購入原価**として処理します。

> 材料の購入原価＝購入代価＋付随費用（材料副費）

（材　　　料）	99,000*2	（買　掛　金）	98,000*1
		（当 座 預 金）	1,000

＊1　@490円×200kg=98,000円
＊2　98,000円+1,000円=99,000円

(2) 材料（素材）の消費時

　材料費を予定消費価格で計算している場合、材料を消費したときは、予定消費価格に実際払出数量を掛けて材料の消費額（予定消費額）を計算します。なお、実際払出数量のうち、特定の指図書向けの消費分（直接材料費）は**仕掛品勘定**で処理し、それ以外の消費分（間接材料費）は**製造間接費勘定**で処理します。

　　（仕　掛　品）　75,000*1　（材　　　料）　90,000
　　（製 造 間 接 費）　15,000*2

＊1　@500円×150kg＝75,000円
＊2　@500円×(180kg－150kg)＝15,000円

(3) 材料消費価格差異の計上時（月末の処理）

　材料費を予定消費価格で計算している場合、月末において材料の実際消費額を計算し、予定消費額と実際消費額の差額を**材料消費価格差異**として計上します。

　なお、実際消費額を計算するときの実際払出単価の計算方法には、**先入先出法**と**平均法**があり、問題を解く際には下記のようなボックス図をつくると便利です。

先入先出法	先に購入した材料から先に消費した（月末在庫は後に購入した材料）と仮定して払出単価を計算する方法
平　均　法	材料の平均単価を計算し、平均単価を払出単価とする方法

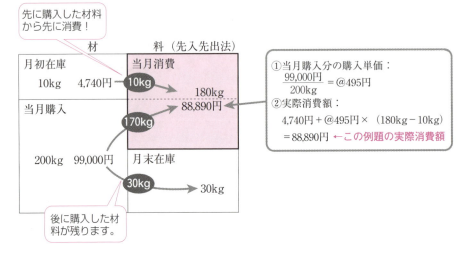

　　(2)で材料90,000円を消費した処理をしていますが、実際の消費額は88,890円なので、差額分（1,110円）の材料消費を取り消します。

　　（材　　　料）　1,110　（原　価　差　異）　1,110＊
　　　　　　　　　　　　　　　　材料消費価格差異

＊　90,000円－88,890円＝1,110円
　　(2)予定消費額 ＞ 実際消費額 → 有利差異（貸方差異）

なお、平均法による場合の実際消費額は次のようになります。

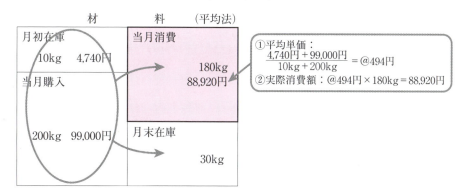

2．労務費の処理

(1) 労務費の消費時

直接工の賃金を予定消費賃率で計算している場合、予定消費賃率に実際作業時間を掛けて賃金の消費額（予定消費額）を計算します。

なお、直接工の直接作業分の賃金（**直接労務費**）は**仕掛品勘定**で処理し、それ以外の賃金（**間接労務費**）は**製造間接費勘定**で処理します。

（仕　掛　品）	100,000*1	（賃　金・給　料）	120,000
（製 造 間 接 費）	20,000*2		

＊1　@1,000円×100時間＝100,000円
＊2　@1,000円×20時間＝20,000円

(2) 賃率差異の計上時（月末の処理）

賃金を予定消費賃率で計算している場合、月末において賃金の実際消費額を計算し、予定消費額と実際消費額の差額を**賃率差異**として計上します。

なお、賃金の実際消費額は、当月支払額に当月未払額を足し、前月未払額を差し引いて計算します。

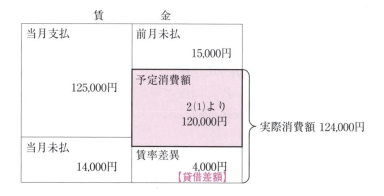

| （原 価 差 異） | 4,000* | （賃 金・給 料） | 4,000 |

　　賃率差異

* $\underline{120,000円} - \underline{124,000円} = △4,000円$
　予定消費額　＜　実際消費額　→　不利差異（借方差異）

差異は予定から実際を差し引く！

　材料消費価格差異などを計算するときは、必ず予定消費額から実際消費額を差し引くようにしましょう。
　予定消費額から実際消費額を差し引いてプラスの金額になれば、実際の原価が少なくてすんだことになるので有利差異（貸方差異）、マイナスの金額になれば、実際の原価が多く発生してしまったことになるので不利差異（借方差異）となります。

$100円 - 90円 = 10円$
予定消費額　＞　実際消費額　→　有利差異（貸方差異）

$100円 - 105円 = △5円$
予定消費額　＜　実際消費額　→　不利差異（借方差異）

　第5問対策の標準原価計算でも、必ず標準原価から実際原価を差し引くようにして、有利差異と不利差異を逆にしてしまうミスを防ぎましょう。

3．製造間接費の処理

(1) 製造間接費の予定配賦時

　製造間接費を予定配賦するときは、製造間接費予定配賦率に実際作業時間を掛けて製造間接費予定配賦額を計算します。

> この例題では実際直接作業時間（100時間）で配賦します。

| （仕 掛 品） | 80,000 | （製 造 間 接 費） | 80,000* |

* @800円×100時間＝80,000円

(2) 製造間接費配賦差異の計上時（月末の処理）

　製造間接費を予定配賦している場合、月末において製造間接費の実際発生額を計算し、予定配賦額と実際発生額の差額を**製造間接費配賦差異**として計上します。

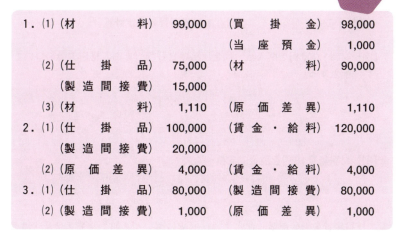

製造間接費 | 1,000 | 原価差異 | 1,000*
製造間接費配賦差異

* 80,000円 − 79,000円 = 1,000円
予定配賦額 > 実際発生額 → 有利差異（貸方差異）

以上より、この例題の仕訳は次のようになります。

道しるべ
にしたがって
記入すると ▶▶▶

1.	(1)	(材　　　料)	99,000	(買　掛　金)	98,000
				(当 座 預 金)	1,000
	(2)	(仕　掛　品)	75,000	(材　　　料)	90,000
		(製 造 間 接 費)	15,000		
	(3)	(材　　　料)	1,110	(原 価 差 異)	1,110
2.	(1)	(仕　掛　品)	100,000	(賃 金・給 料)	120,000
		(製 造 間 接 費)	20,000		
	(2)	(原 価 差 異)	4,000	(賃 金・給 料)	4,000
3.	(1)	(仕　掛　品)	80,000	(製 造 間 接 費)	80,000
	(2)	(製 造 間 接 費)	1,000	(原 価 差 異)	1,000

これ、だいじょうぶ？　　　　　　　　　　　　　　材料副費の予定計算

(1) 外部材料副費と内部材料副費

材料副費とは、材料の購入から出庫までにかかった付随費用をいいます。また、材料副費のうち、引取運賃など購入してから材料倉庫に入庫するまでにかかったものを**外部材料副費**といい、入庫してから出庫するまでにかかったものを**内部材料副費**といいます。

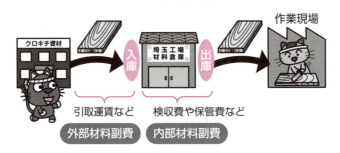

(2) 材料副費の予定計算

材料副費は材料の購入原価に含めて処理します。このとき、実際にかかった材料副費の金額ではなく、「購入代価の何％を材料副費として処理する」というように**予定配賦率**を使って材料副費を計算することがあります。これを**材料副費の予定計算**といいます。

【例】材料1,000円を購入し、代金は掛けとした。なお、材料副費については購入代価の1％を予定配賦する。

(材　　　料)	1,010	(買　掛　金)	1,000
		(材　料　副　費)	10*

＊　1,000円×1％＝10円

【例】材料副費15円を現金で支払った。

(材　料　副　費)	15	(現　　　金)	15

材料副費を予定配賦したときは、月末において、材料副費の実際発生額と予定配賦額との差額を**材料副費差異勘定**に振り替えます。

【例】材料副費の実際発生額は15円であった（予定配賦額は10円）。

(材　料　副　費　差　異)	5*	(材　料　副　費)	5

＊　<u>10円</u>　－　<u>15円</u>　＝△5円
　　予定配賦額　＜　実際発生額　→　不利差異（借方差異）

第4問対策 例題

3. 仕訳問題（本社工場会計）

例題 3 当社は本社会計から工場会計を独立させている。次の各取引について工場で行われる仕訳をしなさい。ただし、勘定科目は次の中からもっとも適当と思われるものを選ぶこと。 ⏰8分

材　　　料　　　仕　掛　品　　　製　造　間　接　費　　　賃　　　金
機械減価償却累計額　　　本　　　社

(1) 本社が掛けで材料9,000円を仕入れ、ただちに工場倉庫に受け入れた。
(2) 工場で直接材料5,000円、間接材料3,000円を消費した。
(3) 工場従業員に賃金10,000円を現金で支給した。
(4) 工場で直接労務費7,000円、間接労務費2,000円を消費した。
(5) 工場で機械減価償却費として4,000円を計上した。
(6) 製造間接費12,000円を仕掛品勘定に振り替えた。
(7) 製品24,000円が完成し、本社倉庫に移した。

	借方科目	金　額	貸方科目	金　額
(1)				
(2)				
(3)				
(4)				
(5)				
(6)				
(7)				

答案用紙に記入したら、で答えを
CHECK!

本社工場会計における工場側の仕訳を答える問題です。

工場会計が本社会計から独立している場合、工場の帳簿には製造に関する取引が記帳されます。問題を解くときには、まずは取引の仕訳をして、工場側に設置された勘定に着目しながら、工場で行われる仕訳を導きましょう。

(1) 材料の受け入れ
①取引の仕訳

まずは取引の仕訳をします。

| 本社が掛けで材料9,000円を仕入れ、ただちに工場倉庫に受け入れた。 |

〔　　　　　〕（　　　　）〔　　　　　〕（　　　　）

道しるべにしたがって記入すると▶▶▶

(1) 材料の受け入れ（①取引の仕訳）
〔材　　　料〕（　9,000）〔買　掛　金〕（　9,000）

②工場の仕訳

工場会計が独立している場合、取引の仕訳のうち、工場の帳簿に設置された勘定については工場で処理し、それ以外の勘定については本社で処理します。

工場の仕訳をするときは、取引の仕訳のうち、工場の帳簿に設置されている勘定はそのまま残し、工場の帳簿に設置されていない勘定は**本社勘定**で処理します。

①取引の仕訳：〔材　　　料〕（　9,000）〔買　掛　金〕（　9,000）
　　工場の勘定：材料、仕掛品、製造間接費、賃金、機械減価償却累計額、本社

②工場の仕訳：〔　　　　　〕（　　　　）〔　　　　　〕（　　　　）

道しるべにしたがって記入すると▶▶▶

(1) 材料の受け入れ（②工場の仕訳）
〔材　　　料〕*1（　9,000）〔本　　　社〕*2（　9,000）
　*1 「材料」は工場の帳簿にある（問題文の資料にある）ため、そのまま残します。
　*2 「買掛金」は工場の帳簿にない（問題文の資料にない）ため、「本社」で処理します。

クロキチの㊙合格テクニック
答案用紙に取引の仕訳を書いてから、勘定科目を「本社」に書き換えよう！

上記の説明のように、工場側で行われる仕訳をするときは、①取引の仕訳をしてから、②工場の仕訳に直しますが、下書用紙に①と②の仕訳を書いていると時間がかかります。
そこで、①取引の仕訳を直接、答案用紙に記入してしまい、取引の仕訳のうち、工場の帳簿に設置されていない勘定を「本社」に書き換えましょう。こうすることで、スピーディーに工場の仕訳（解答）を導くことができます。

以上のように考えながら、(1)以外の取引について、工場で行われる仕訳をしましょう。

(2) 材料の消費

工場で直接材料5,000円、間接材料3,000円を消費した。
工場の勘定：材料、仕掛品、製造間接費、賃金、機械減価償却累計額、本社

〔　　　　　　〕（　　　　　）〔　　　　　　〕（　　　　　）
〔　　　　　　〕（　　　　　）〔　　　　　　〕（　　　　　）

道しるべにしたがって記入すると▶▶▶

(2) 材料の消費
〔仕　掛　品〕*1（　5,000　）〔材　　　料〕（　8,000　）
〔製造間接費〕*2（　3,000　）
*1　直接材料費は「仕掛品」で処理します。
*2　間接材料費は「製造間接費」で処理します。
※　すべて工場の帳簿にある勘定なので、取引の仕訳＝工場の仕訳となります。

(3) 賃金の支払い

工場従業員に賃金10,000円を現金で支給した。
工場の勘定：材料、仕掛品、製造間接費、賃金、機械減価償却累計額、本社

〔　　　　　　〕（　　　　　）〔　　　　　　〕（　　　　　）

道しるべにしたがって記入すると▶▶▶

(3) 賃金の支払い
〔賃　　　金〕（　10,000　）〔現　　　金〕（　10,000　）←本　社*
*　工場の帳簿に「現金」がないので、貸方は「本社」で処理します。

(4) 労務費の消費

工場で直接労務費7,000円、間接労務費2,000円を消費した。

工場の勘定：材料、仕掛品、製造間接費、賃金、機械減価償却累計額、本社

〔　　　　　　　〕（　　　　　　　）〔　　　　　　　　　　〕（　　　　　　　）
〔　　　　　　　〕（　　　　　　　）〔　　　　　　　　　　〕（　　　　　　　）

道しるべ
にしたがって
記入すると▶▶▶

(4) 労務費の消費

〔仕　掛　品〕[*1]（　　　7,000）〔賃　　　　金〕（　　　9,000）
〔製 造 間 接 費〕[*2]（　　　2,000）

*1　直接労務費は「仕掛品」で処理します。
*2　間接労務費は「製造間接費」で処理します。

(5) 機械減価償却費の計上

工場で機械減価償却費として4,000円を計上した。

工場の勘定：材料、仕掛品、製造間接費、賃金、機械減価償却累計額、本社

〔　　　　　　　〕（　　　　　　　）〔　　　　　　　　　　〕（　　　　　　　）

道しるべ
にしたがって
記入すると▶▶▶

(5) 機械減価償却費の計上

〔製 造 間 接 費〕[*1]（　　　4,000）〔機械減価償却累計額〕[*2]（　　　4,000）

*1　機械減価償却費（間接経費）は「製造間接費」で処理します。
*2　工場の帳簿に「機械減価償却累計額」がない場合もあります。この場合、貸方
　　は「本社」で処理します。

(6) 製造間接費の振り替え

製造間接費12,000円を仕掛品勘定に振り替えた。

工場の勘定：材料、仕掛品、製造間接費、賃金、機械減価償却累計額、本社

〔　　　　　　　〕（　　　　　　　）〔　　　　　　　　　　〕（　　　　　　　）

道しるべ
にしたがって
記入すると▶▶▶

(6) 製造間接費の振り替え

〔仕　掛　品〕（　　　12,000）〔製 造 間 接 費〕（　　　12,000）

(7) 製品の完成

> 製品24,000円が完成し、本社倉庫に移した。
> 工場の勘定：材料、仕掛品、製造間接費、賃金、機械減価償却累計額、本社

〔　　　　　　　〕（　　　　　）〔　　　　　　　〕（　　　　　）

道しるべ
にしたがって
記入すると▶▶▶

(7) 製品の完成

〔製　　　品〕（　24,000　）〔仕　掛　品〕（　24,000　）
　　　↑本　社*

＊　製品が完成したので、仕掛品勘定から製品勘定に振り替えますが、工場の帳簿に「製品」がありません。したがって、借方は「本社」で処理します。

以上より、この例題の仕訳は次のようになります。

道しるべ
にしたがって
記入すると▶▶▶

解答

(1)	（材　　　料）	9,000	（本　　　社）		9,000
(2)	（仕　掛　品）	5,000	（材　　　料）		8,000
	（製造間接費）	3,000			
(3)	（賃　　　金）	10,000	（本　　　社）		10,000
(4)	（仕　掛　品）	7,000	（賃　　　金）		9,000
	（製造間接費）	2,000			
(5)	（製造間接費）	4,000	（機械減価償却累計額）		4,000
(6)	（仕　掛　品）	12,000	（製造間接費）		12,000
(7)	（本　　　社）	24,000	（仕　掛　品）		24,000

本社工場会計（工場側の仕訳）

1. 取引の仕訳をする。
2. 問題文の勘定科目（工場の帳簿に設置された勘定）から、1.の取引の仕訳を工場の仕訳に変更する。
   - 取引の仕訳の勘定科目が工場の帳簿にある
     →その勘定科目を記入する。
   - 取引の仕訳の勘定科目が工場の帳簿にない
     →その勘定科目を「本社」にかえる。

第4問対策 例題

4. 個別原価計算の勘定記入

例題 4 当工場は実際個別原価計算を採用している。次の資料にもとづいて、下記の仕掛品勘定と製品勘定を完成させなさい。 ⏱15分

〔資料〕

製造指図書番号	期　　間	直接材料費	直接労務費	製造間接費	備　　考
101	5/10〜6/30	60,000円	40,000円	30,000円	製造着手日：5/10 完　成　日：6/30 引　渡　日：7/ 2
102	6/ 4 〜6/30	72,000円	52,000円	39,000円	製造着手日：6/ 4 完　成　日：7/ 6 引　渡　日：7/ 7
	7/ 1 〜7/ 6	24,000円	12,000円	9,000円	
103	6/21〜6/30	30,000円	18,000円	13,500円	製造着手日：6/21 完　成　日：7/25 引　渡　日：7/26
	7/ 1 〜7/25	65,000円	48,000円	36,000円	
104	7/ 8 〜7/31	69,000円	46,000円	34,500円	製造着手日：7/ 8 完　成　日：7/31 引　渡　日：8/ 2予定
105	7/28〜7/31	75,000円	6,000円	4,500円	製造着手日：7/28 完　成　日：8/22予定 引　渡　日：8/23予定

```
                    仕　　掛　　品
7/ 1 月初有高（       ）  7/31 当月完成高（       ）
  31 直接材料費（       ）   〃  月末有高（       ）
   〃 直接労務費（       ）
   〃 製造間接費（       ）
         （       ）            （       ）

                    製　　　　品
7/ 1 月初有高（       ）  7/31 売上原価 （       ）
  31 当月完成高（       ）   〃  月末有高（       ）
         （       ）            （       ）
```

答案用紙に記入したら、で答えをCHECK!

解き方の道しるべ

個別原価計算の勘定記入の問題です。

仕掛品勘定に集計された原価は、製品が完成すると**製品勘定**に振り替えられます。そして、製品を顧客に引き渡したとき、製品勘定から**売上原価勘定**に振り替えられます。

この勘定の流れをイメージして、最初に各製造指図書の月初および月末の状態をしっかり確認してから解き始めましょう。

STEP 1　ボックス図をつくって資料を整理する

No.＿＿＿ に製造指図書No.を記入しましょう。

資料の備考欄から各製造指図書の状況を仕掛品と製品のボックス図に記入しましょう。

(1) No.101について

製造指図書番号	期　間	直接材料費	直接労務費	製造間接費	備　考
101	5/10〜6/30	60,000円	40,000円	30,000円	製造着手日：5/10 完　成　日：6/30 引　渡　日：7/2

備考欄の製造着手日、完成日、引渡日を見て、各ボックス図の該当するNo.＿＿＿に 製造指図書番号 を記入しましょう。

仕　掛　品

月初有高	当月完成
No.＿＿＿ No.＿＿＿	No.＿＿＿ No.＿＿＿ No.＿＿＿
当月投入	
No.＿＿＿ No.＿＿＿ No.＿＿＿ No.＿＿＿	月末有高 No.＿＿＿

製　品

月初有高	当月引渡
No.＿＿＿	No.＿＿＿ No.＿＿＿
当月完成	
No.＿＿＿ No.＿＿＿ No.＿＿＿	月末有高 No.＿＿＿

道しるべにしたがって記入すると ▶▶▶

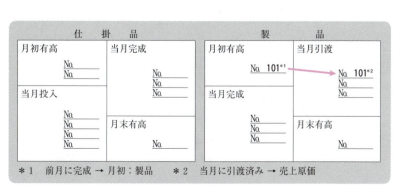

＊1　前月に完成 → 月初：製品　　＊2　当月に引渡済み → 売上原価

(2) No.102について

製造指図書番号	期　間	直接材料費	直接労務費	製造間接費	備　考
102	6/ 4 ～ 6/30	72,000円	52,000円	39,000円	製造着手日：6/ 4 完　成　日：7/ 6 引　渡　日：7/ 7
	7/ 1 ～ 7/ 6	24,000円	12,000円	9,000円	

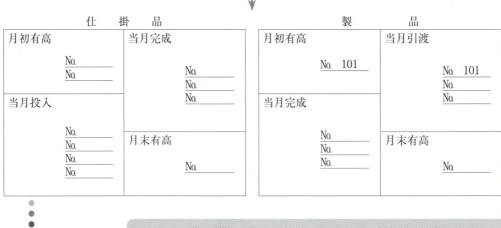

道しるべにしたがって記入すると ▶▶▶

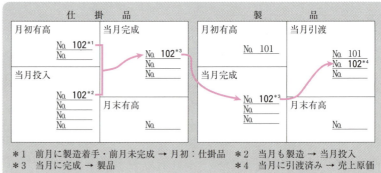

＊1　前月に製造着手・前月未完成 → 月初：仕掛品　　＊2　当月も製造 → 当月投入
＊3　当月に完成 → 製品　　　　　　　　　　　　　　＊4　当月に引渡済み → 売上原価

(3) No.103について

製造指図書番号	期　間	直接材料費	直接労務費	製造間接費	備　考
103	6/21～6/30	30,000円	18,000円	13,500円	製造着手日：6/21 完　成　日：7/25 引　渡　日：7/26
	7/ 1 ～7/25	65,000円	48,000円	36,000円	

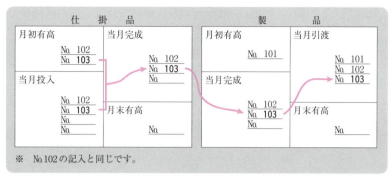

※ No.102の記入と同じです。

(4) No.104について

製造指図書番号	期　　　間	直接材料費	直接労務費	製造間接費	備　　考
104	7/ 8 ～7/31	69,000円	46,000円	34,500円	製造着手日：7/ 8 完　成　日：7/31 引　渡　日：8/ 2予定

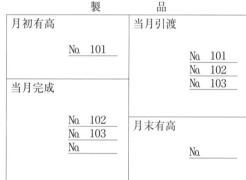
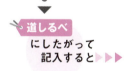
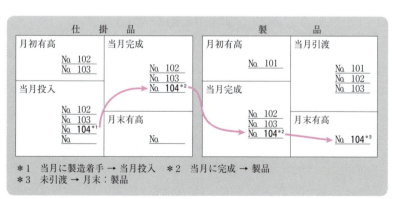

*1　当月に製造着手 → 当月投入　*2　当月に完成 → 製品
*3　未引渡 → 月末：製品

(5) No.105について

製造指図書番号	期　　間	直接材料費	直接労務費	製造間接費	備　　考
105	7/28〜7/31	75,000円	6,000円	4,500円	製造着手日：7/28 完　成　日：8/22予定 引　渡　日：8/23予定

STEP 2　ボックス図に金額を記入する
（　　）に金額を記入しましょう。

　STEP 1 で記入した各製造指図書の状況をもとに、ボックス図に金額を記入していきます。なお、試験では、問題の資料だけでは金額が判断できない問題が出題されることもありますが、このような場合は答案用紙に金額が記載されていたり、ボックス図の貸借差額で金額を計算することができますので、資料だけでなく、答案用紙などもしっかり確認しましょう。

〔資　料〕

製造指図書 番号	期　　　間	直接材料費	直接労務費	製造間接費
101	5/10～6/30	60,000円	40,000円	30,000円
102	6/ 4 ～6/30	72,000円	52,000円	39,000円
	7/ 1 ～7/ 6	24,000円	12,000円	9,000円
103	6/21～6/30	30,000円	18,000円	13,500円
	7/ 1 ～7/25	65,000円	48,000円	36,000円
104	7/ 8 ～7/31	69,000円	46,000円	34,500円
105	7/28～7/31	75,000円	6,000円	4,500円

前月投入分

当月投入分

仕 掛 品

月初有高　　No. 102
直材：（　　　　　円）
直労：（　　　　　円）
製間：（　　　　　円）
合計：（　　　　　円）

月初有高　　No. 103
直材：（　　　　　円）
直労：（　　　　　円）
製間：（　　　　　円）
合計：（　　　　　円）

当月投入　　No. 102
直材：（　　　　　円）
直労：（　　　　　円）
製間：（　　　　　円）
合計：（　　　　　円）

当月投入　　No. 103
直材：（　　　　　円）
直労：（　　　　　円）
製間：（　　　　　円）
合計：（　　　　　円）

当月投入　　No. 104
直材：（　　　　　円）
直労：（　　　　　円）
製間：（　　　　　円）
合計：（　　　　　円）

当月投入　　No. 105
直材：（　　　　　円）
直労：（　　　　　円）
製間：（　　　　　円）
合計：（　　　　　円）

当月完成

No. 102 （　　　　　円）
No. 103 （　　　　　円）
No. 104 （　　　　　円）
合計　 （　　　　　円）

月末有高　　No. 105
（　　　　　円）

製 　 品

月初有高　　No. 101
直材：（　　　　　円）
直労：（　　　　　円）
製間：（　　　　　円）
合計：（　　　　　円）

当月完成
No. 102 （　　　　　円）
No. 103 （　　　　　円）
No. 104 （　　　　　円）
合計　 （　　　　　円）

当月引渡（売上原価）

No. 101 （　　　　　円）
No. 102 （　　　　　円）
No. 103 （　　　　　円）
合計　 （　　　　　円）

月末有高　　No. 104
（　　　　　円）

道しるべ
にしたがって
記入すると

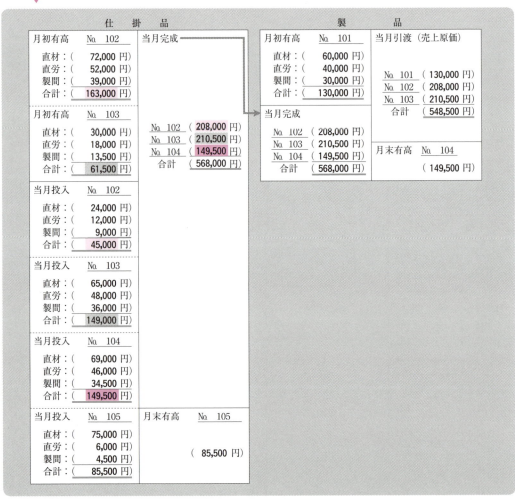

STEP 3 答案用紙の勘定に記入する

STEP 2 で作成したボックス図をもとに、答案用紙の仕掛品勘定と製品勘定に、金額を記入します。

道しるべ
にしたがって
記入すると ▶▶▶

解答

仕 掛 品

7/ 1	月初有高	(224,500*1)	7/31	当月完成高	(568,000)
31	直接材料費	(233,000*2)	〃	月末有高	(85,500)
〃	直接労務費	(112,000*3)			
〃	製造間接費	(84,000*4)			
		(653,500)			(653,500)

製 品

7/ 1	月初有高	130,000	7/31	売上原価	548,500
31	当月完成高	568,000	〃	月末有高	149,500
		(698,000)			(698,000)

*1 月初有高：163,000円（No.102）+61,500円（No.103）=224,500円

*2 当月投入・直接材料費：24,000円（No.102）+65,000円（No.103）+69,000円（No.104）+75,000円（No.105）=233,000円

*3 当月投入・直接労務費：12,000円（No.102）+48,000円（No.103）+46,000円（No.104）+6,000円（No.105）=112,000円

*4 当月投入・製造間接費：9,000円（No.102）+36,000円（No.103）+34,500円（No.104）+4,500円（No.105）=84,000円

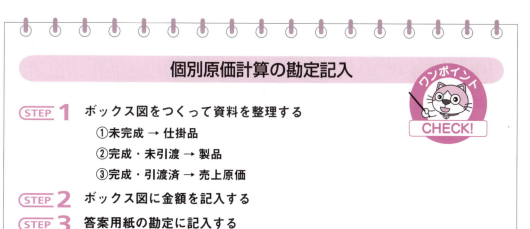

個別原価計算の勘定記入

ワンポイント CHECK!

STEP 1 ボックス図をつくって資料を整理する
　　　　①未完成 → 仕掛品
　　　　②完成・未引渡 → 製品
　　　　③完成・引渡済 → 売上原価

STEP 2 ボックス図に金額を記入する

STEP 3 答案用紙の勘定に記入する

第4問対策 例題

5. 製造間接費の部門別配賦

例題 5 当工場は直接作業時間を基準として製造間接費を部門別に予定配賦している。次の資料にもとづいて、以下の各問に答えなさい。 ⏰**15分**

問1 部門共通費予算額を各製造部門および各補助部門に配賦後、補助部門費を直接配賦法によって製造部門に配賦し、答案用紙の製造間接費予算部門別配賦表を完成させなさい。

問2 第1製造部門と第2製造部門の部門別予定配賦率を計算しなさい。

問3 第1製造部門の当月の実際直接作業時間が360時間であった場合の答案用紙の製造間接費勘定（第1製造部門）の（　　）内に適当な金額を記入しなさい。

〔資　料〕

1．部門共通費年間予算額

部門共通費	建物減価償却費	福利厚生費
年間予算	600,000円	200,000円

2．部門共通費配賦基準

配賦基準	合　　計	製 造 部 門		補 助 部 門	
		第1製造部門	第2製造部門	修 繕 部 門	工場事務部門
占 有 面 積	10,000㎡	5,000㎡	3,500㎡	1,000㎡	500㎡
従 業 員 数	500人	300人	150人	35人	15人

3．補助部門費配賦基準

配賦基準	合　　計	製 造 部 門		補 助 部 門	
		第1製造部門	第2製造部門	修 繕 部 門	工場事務部門
修 繕 回 数	120回	50回	60回	10回	－
従 業 員 数	500人	300人	150人	35人	15人

4．当工場の年間予定直接作業時間

第1製造部門：4,200時間　　　第2製造部門：2,520時間

答案用紙

問1

製造間接費予算部門別配賦表　　　　　（単位：円）

摘　　要	合　　計	製造部門 第1製造部門	製造部門 第2製造部門	補助部門 修繕部門	補助部門 工場事務部門
部門個別費	5,752,000	2,892,000	1,596,000	850,000	414,000
部門共通費					
建物減価償却費					
福利厚生費					
部　門　費					
修繕部門費					
工場事務部門費					
製造部門費					

問2　第1製造部門の予定配賦率：_____円/時間

　　　第2製造部門の予定配賦率：_____円/時間

問3

製造間接費（第1製造部門）

実際発生額	350,000	予定配賦額	（　　　　）
		配賦差異	（　　　　）
	350,000		350,000

> **解き方の道しるべ**

製造間接費の部門別配賦に関する問題です。

製造間接費の部門別配賦法には、**直接配賦法**と**相互配賦法**がありますが、2級でよく出題されるのは**直接配賦法（本問）**です。

STEP 1 部門共通費を配賦する

製造間接費の部門別配賦では、**部門個別費**（製造間接費のうち、特定の部門で固有に発生した原価）は各部門に**賦課**し、**部門共通費**（製造間接費のうち、複数の部門に共通して発生した原価）は各部門に**配賦**します。

この例題では、部門個別費はすでに答案用紙に記入済みなので、部門共通費の配賦から行います。

(1) 建物減価償却費の配賦

建物減価償却費について、占有面積を基準に各部門に配賦しましょう。

1．部門共通費年間予算額

部門共通費	建物減価償却費
年間予算	600,000円

2．部門共通費配賦基準

配賦基準	合計	製造部門		補助部門	
		第1製造部門	第2製造部門	修繕部門	工場事務部門
占有面積	10,000㎡	5,000㎡	3,500㎡	1,000㎡	500㎡

製造間接費予算部門別配賦表　　　　　　（単位：円）

摘要	合計	製造部門		補助部門	
		第1製造部門	第2製造部門	修繕部門	工場事務部門
部門個別費	5,752,000	2,892,000	1,596,000	850,000	414,000
部門共通費					
建物減価償却費					

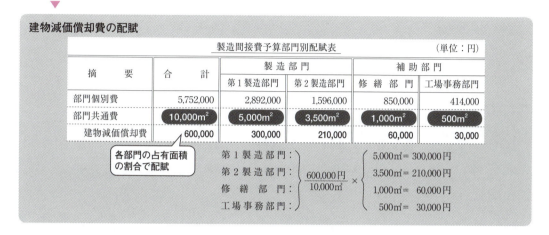

(2) 福利厚生費の配賦

福利厚生費について、従業員数を基準に各部門に配賦し、部門費を計算しましょう。

1. 部門共通費年間予算額

部門共通費	福利厚生費
年間予算	200,000円

2. 部門共通費配賦基準

配賦基準	合　計	製造部門		補助部門	
^	^	第1製造部門	第2製造部門	修　繕　部　門	工場事務部門
従業員数	500人	300人	150人	35人	15人

製造間接費予算部門別配賦表　　　　　　（単位：円）

摘　　　要	合　計	製造部門		補助部門	
^	^	第1製造部門	第2製造部門	修　繕　部　門	工場事務部門
部門個別費	5,752,000	2,892,000	1,596,000	850,000	414,000
部門共通費					
建物減価償却費	600,000	300,000	210,000	60,000	30,000
福利厚生費					
部　門　費					

道しるべ
にしたがって
記入すると

福利厚生費の配賦

製造間接費予算部門別配賦表　　　　　（単位：円）

摘　要	合　計	製造部門		補助部門	
		第1製造部門	第2製造部門	修繕部門	工場事務部門
部門個別費	5,752,000	2,892,000	1,596,000	850,000	414,000
部門共通費	500人	300人	150人	35人	15人
建物減価償却費	600,000	300,000	210,000	60,000	30,000
福利厚生費	200,000	120,000	60,000	14,000	6,000
部　門　費	6,552,000	3,312,000	1,866,000	924,000	450,000

各部門の従業員数の割合で配賦

第1製造部門：　　　　　　　　　　　300人 ＝ 120,000円
第2製造部門：　200,000円　　　　　150人 ＝ 　60,000円
修　繕　部　門：　──────── ×　 35人 ＝ 　14,000円
工場事務部門：　　500人　　　　　　15人 ＝ 　 6,000円

STEP 2　補助部門費を製造部門に配賦する

　部門共通費を配賦したら、補助部門費を製造部門に配賦します。補助部門費の製造部門への配賦方法には、**直接配賦法**と**相互配賦法**がありますが、この例題は**直接配賦法**なので、補助部門費を製造部門のみに配賦します。

> 試験では、相互配賦法はほとんど出題されていません。

(1)　修繕部門費の配賦

　修繕部門費を各製造部門に配賦しましょう。

3．補助部門費配賦基準

配賦基準	合　計	製造部門		補助部門	
		第1製造部門	第2製造部門	修繕部門	工場事務部門
修　繕　回　数	120回	50回	60回	10回	―

製造間接費予算部門別配賦表　　　　　（単位：円）

摘　要	合　計	製造部門		補助部門	
		第1製造部門	第2製造部門	修繕部門	工場事務部門
部　門　費	6,552,000	3,312,000	1,866,000	924,000	450,000
修繕部門費					

修繕部門費の配賦

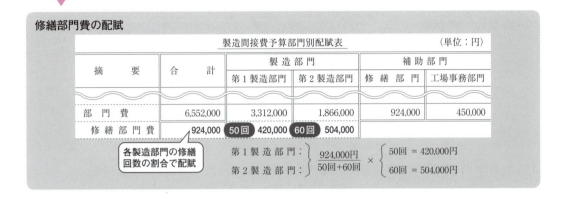

(2) **工場事務部門費の配賦**

工場事務部門費を各製造部門に配賦し、製造部門費を計算しましょう。

3．補助部門費配賦基準

配賦基準	合 計	製 造 部 門		補 助 部 門	
^^	^^	第1製造部門	第2製造部門	修 繕 部 門	工場事務部門
従業員数	500人	300人	150人	35人	15人

製造間接費予算部門別配賦表　　　　　　（単位：円）

摘　　要	合　計	製 造 部 門		補 助 部 門	
^^	^^	第1製造部門	第2製造部門	修 繕 部 門	工場事務部門
部 門 費	6,552,000	3,312,000	1,866,000	924,000	450,000
修 繕 部 門 費	924,000	420,000	504,000		
工場事務部門費					
製造部門費					

工場事務部門費の配賦

製造間接費予算部門別配賦表　　　　　　　　　(単位：円)

摘　要	合　計	製造部門 第1製造部門	製造部門 第2製造部門	補助部門 修繕部門	補助部門 工場事務部門
部　門　費	6,552,000	3,312,000	1,866,000	924,000	450,000
修繕部門費	924,000	420,000	504,000		
工場事務部門費	450,000	300人 300,000	150人 150,000		
製造部門費	6,552,000	4,032,000	2,520,000		

各製造部門の従業員数の割合で配賦

第1製造部門： $\dfrac{450,000円}{300人+150人} \times \begin{cases} 300人 = 300,000円 \\ 150人 = 150,000円 \end{cases}$
第2製造部門：

これ、だいじょうぶ？　　直接配賦法と相互配賦法

直接配賦法は、**補助部門間のサービスのやりとりを無視**して、補助部門費を直接、製造部門に配賦する方法です。

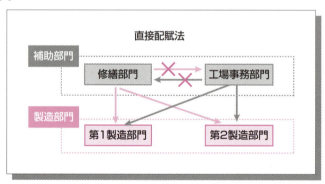

一方、**相互配賦法**は、補助部門間のサービスのやりとりを考慮して補助部門費を配賦する方法です。相互配賦法では計算を2回に分けて行い、1回目の配賦計算では、自部門以外の部門へのサービス提供割合で、補助部門費を**製造部門とほかの補助部門に配賦**します（第1次配賦）。

そして、2回目の配賦計算では、**ほかの補助部門から配賦された補助部門費を製造部門のみに配賦**します（第2次配賦）。

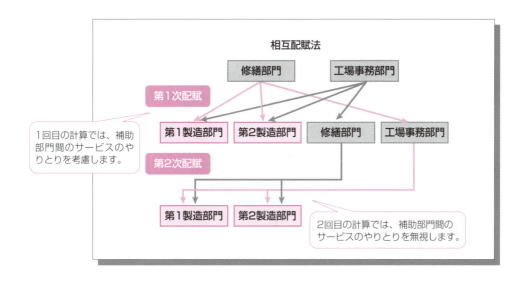

STEP 3 部門別予定配賦率を計算する

STEP 2 で計算した製造部門費予算額を各製造部門の年間配賦基準値（この例題では年間予定直接作業時間）で割って、部門別予定配賦率を計算します。

4．当工場の年間予定直接作業時間
　　第1製造部門：4,200時間　　　第2製造部門：2,520時間

製造間接費予算部門別配賦表　　　　　　　　　　（単位：円）

摘　　要	合　　計	製　造　部　門		補　助　部　門	
		第1製造部門	第2製造部門	修　繕　部　門	工場事務部門
製造部門費	6,552,000	4,032,000	2,520,000		

問2　第1製造部門の予定配賦率：＿＿＿＿＿円/時間

　　　第2製造部門の予定配賦率：＿＿＿＿＿円/時間

部門別予定配賦率

第1製造部門の予定配賦率：$\dfrac{4,032,000 円}{4,200 時間}$ = 960円/時間

第2製造部門の予定配賦率：$\dfrac{2,520,000 円}{2,520 時間}$ = 1,000円/時間

STEP 4 部門別（予定）配賦額を計算する

STEP 3 で計算した部門別予定配賦率に当月の実際配賦基準値（この例題では実際直接作業時間）を掛けて、当月の製造部門費予定配賦額を計算し、答案用紙の勘定に金額を記入します。なお、実際発生額と予定配賦額との差額は**配賦差異**として処理します。

> 問3　第1製造部門の当月の実際直接作業時間が360時間であった場合の答案用紙の製造間接費勘定（第1製造部門）の（　　）内に適当な金額を記入しなさい。
> 〔第1製造部門の予定配賦率：960円／時間、第2製造部門の予定配賦率：1,000円／時間〕

製造間接費（第1製造部門）

実 際 発 生 額	350,000	予 定 配 賦 額	（　　　　　）
		配 賦 差 異	（　　　　　）
	350,000		350,000

道しるべ
にしたがって
記入すると ▶▶▶

製造部門費予定配賦額と勘定の記入

製造間接費（第1製造部門）

実 際 発 生 額	350,000	予 定 配 賦 額	（　345,600*1）
		配 賦 差 異	（　4,400*2）
	350,000		350,000

＊1　予定配賦額：@960円×360時間＝345,600円
＊2　貸借差額。実際発生額が予定配賦額よりも多いので**不利差異（借方差異）**です。

以上より、この例題の解答は次のようになります。

解答

問1

製造間接費予算部門別配賦表　　　　　　　　（単位：円）

| 摘　　　　要 | 合　　　計 | 製 造 部 門 | | 補 助 部 門 | |
		第 1 製造部門	第 2 製造部門	修 繕 部 門	工場事務部門
部門個別費	5,752,000	2,892,000	1,596,000	850,000	414,000
部門共通費					
建物減価償却費	600,000	300,000	210,000	60,000	30,000
福 利 厚 生 費	200,000	120,000	60,000	14,000	6,000
部 　門 　費	6,552,000	3,312,000	1,866,000	924,000	450,000
修 繕 部 門 費	924,000	420,000	504,000		
工 場事務部門費	450,000	300,000	150,000		
製 造 部 門 費	6,552,000	4,032,000	2,520,000		

問2　第1製造部門の予定配賦率：_960_ 円／時間
　　　　第2製造部門の予定配賦率：_1,000_ 円／時間

問3

@960円×360時間

製造間接費（第1製造部門）

実 際 発 生 額	350,000	予 定 配 賦 額	（　345,600　）
		配 賦 差 異	（　4,400　）
	350,000		350,000

貸借差額

製造間接費の部門別配賦

STEP 1 部門共通費を配賦する
STEP 2 補助部門費を製造部門に配賦する
STEP 3 部門別配賦率を計算する
STEP 4 部門別配賦額を計算する

電卓の連続計算機能でスピードアップ！

　たとえば、建物減価償却費（部門共通費）600,000円を第1製造部門（5,000㎡）、第2製造部門（3,500㎡）、修繕部門（1,000㎡）、工場事務部門（500㎡）に配賦する（占有面積の合計は10,000㎡）とき、建物減価償却費600,000円を占有面積の合計（10,000㎡）で割って、いったん配賦率（@60円）を計算し、この配賦率に各部門の占有面積を掛けて配賦額を計算します。

　この計算を電卓で行うとき、通常、@60円×5,000㎡＝300,000円（第1製造部門の配賦額）を計算し、答案用紙に金額を書いたら電卓の金額をクリアして、@60円×3,500㎡＝210,000円（第2製造部門の配賦額）を計算…としていきますが、この方法だと計算のつど、電卓に@60円を入れるので少々面倒です。

　そこで、配賦率@60円を計算したら（電卓に@60円を入れたら）、✕ を2度（カシオ電卓の場合。シャープ電卓等の場合は1度）押します。そして、第1製造部門の占有面積5,000（㎡）を入れて、= を押します。電卓上の金額は300,000円（第1製造部門の配賦額）です。

　ここで、電卓上に300,000円を残したまま、第2製造部門の占有面積3,500（㎡）を入れて、= を押してください。

　電卓上の金額は210,000円（第2製造部門の配賦額）になりましたよね。

　さらに電卓上に210,000円を残したまま、修繕部門の占有面積1,000（㎡）を入れて、= を押すと60,000円（修繕部門の配賦額）が計算できます。

　この機能（連続計算機能）を使うと、配賦率（@60円）を、計算のつど電卓に入れなくてすむのでスピードアップにつながります。

　部門共通費を各部門に配賦するときや、補助部門費を製造部門に配賦するときなどに使って、試してみてくださいね。

第4問対策　実践問題

問題 1　工業簿記の勘定の流れ　⏱ 20分

答案用紙…別冊 P.39　解答…解答解説編 P.444

次の資料にもとづいて、答案用紙に記載した各勘定と損益計算書を完成させなさい。なお、製造間接費は予定配賦をしており、製造間接費配賦差異は売上原価に賦課する。

〔資　料〕（単位：円）

⑴　素材　期首棚卸高20,000円、当期購入代価408,000円、当期引取費用6,000円、
　　期末帳簿棚卸高24,000円、期末実地棚卸高23,400円。
　　なお、期末帳簿棚卸高と期末実地棚卸高との差額は正常な差額である。

⑵　補修用材料　期首棚卸高1,800円、当期仕入高21,600円、期末棚卸高2,200円

⑶　工場固定資産税1,200円

⑷　組立工の賃金　前期未払高69,600円、当期賃金支払高300,000円、
　　当期直接作業賃金264,000円、当期間接作業賃金？円、当期未払高74,000円

⑸　工場の運搬工賃金　当期要支払額25,000円

⑹　本社建物減価償却費81,000円

⑺　工場事務員の給料　当期要支払額21,000円

⑻　製造用機械油などの当期消費額12,000円

⑼　製造間接費予定配賦額207,000円

⑽　販売員給料　当期要支払額120,000円

⑾　製造用工具など消耗工具器具備品13,200円

⑿　工員用住宅など福利厚生施設負担額6,000円

⒀　外注加工賃（材料は無償で支給しており、納入品はただちに消費している）26,000円

⒁　工場電力料、水道料、ガス代14,400円

⒂　工場建物減価償却費73,200円

⒃　本社役員給料62,000円

⒄　その他の販売費80,000円

⒅　その他の一般管理費100,000円

問題 2 費目別計算（仕訳） ⏱ **10分**

答案用紙…別冊P.41　解答…解答解説編P.446

次の一連の取引の仕訳をしなさい。ただし、勘定科目は次の中からもっとも適当と思われるものを選ぶこと。

材　　　料　　　材　料　副　費　　　買　　掛　　金　　　材料副費差異
賃　金・給　料　　　仕　　掛　　品　　　製　造　間　接　費　　　製造間接費配賦差異

⑴　当月中に材料300,000円を掛けで購入した。なお、当社は材料の購入に際して、購入代価の
　　5％を材料副費として予定配賦している。

⑵　当月の材料副費の実際発生額は17,000円であった。⑴の材料副費予定配賦額との差額を材料
　　副費差異勘定に振り替える。

⑶　直接工の賃金消費額を予定賃率900円を用いて計上する。なお、直接工の作業時間のうち、
　　特定の製造指図書にかかった作業時間は300時間、それ以外の作業時間は12時間であった。

⑷　当月の間接工の賃金実際消費額を計上する。なお、当月賃金支払額は90,000円、前月未払額
　　は12,000円、当月未払額は15,000円であった。

⑸　当月の直接工の直接作業時間300時間にもとづいて、製造間接費を予定配賦する。なお、製
　　造間接費年間予算額は2,100,000円、年間の予定総直接作業時間（基準操業度）は3,500時間で
　　ある。

⑹　当月の製造間接費実際発生額は179,000円であった。⑸の予定配賦額との差額を製造間接費
　　配賦差異勘定に振り替える。

| 問題 | **3** | **費目別計算（仕訳）** | ⏰ **15分** |

答案用紙…別冊P.42　解答…解答解説編P.446

次の一連の取引について仕訳しなさい。ただし、勘定科目は次の中からもっとも適当と思われるものを選ぶこと。なお、材料の払出単価の算定は先入先出法による実際購入原価で行っているものとする。材料の前月繰越高は61,500円（30個）であった。

　材　　料　　買　掛　金　　当　座　預　金　　仕　掛　品
　製　造　間　接　費

7月4日　A材料400個（@2,000円）を掛けで購入した。なお、引取運賃8,000円は当社が負担することとなっており、小切手を振り出して支払った。

　　7日　A材料200個を直接材料として生産現場に払い出した。

　　17日　A材料800個（@1,900円）を掛けで購入した。なお、引取運賃8,000円は当社が負担することとなっており、小切手を振り出して支払った。

　　21日　A材料900個を直接材料として生産現場に払い出した。

　　23日　7月21日に払い出したA材料のうち20個が生産現場から倉庫に戻された。

　　31日　実地棚卸の結果、A材料は実際残高が帳簿残高より2個少ないことが判明した。

| 問題 | **4** | **本社工場会計（仕訳）** | ⏰ **10分** |

答案用紙…別冊P.43　解答…解答解説編P.448

江島工業株式会社（本社・東京）は、川崎に工場を有しており、本社会計と工場会計は独立している。

次の取引について、工場において行われる仕訳を示しなさい。ただし、工場で使用する勘定科目は次の中からもっとも適当と思われるものを選ぶこと。なお、材料の購入などの支払い関係はすべて本社が行っており、本社工場間で内部利益は付加していない。

　材　　料　　賃　金・給　料　　製　造　間　接　費　　仕　掛　品
　本　　社

(1)　東京本社は、材料600,000円を掛けで購入し、川崎工場の倉庫に受け入れた。

(2)　川崎工場は、素材の塗装作業をY社に依頼するため、素材420,000円を出庫し、無償でY社に引き渡した。

(3)　Y社に外注していた(2)の素材が塗装され、納品されたので、これをただちに製造現場に引き渡した。なお、Y社に対する外注加工賃80,000円は来月末に支払う予定である。

(4)　川崎工場で直接工の労働力を消費した（直接作業分360,000円、間接作業分55,000円）。

(5)　当月の福利厚生施設負担額のうち、140,000円を川崎工場の負担分として計上した。

(6)　川崎工場は、当月分の機械設備減価償却費を計上した。なお、機械設備減価償却費の年間見積額は1,440,000円である。

(7)　製品1,400,000円が完成したので、川崎工場はただちに得意先N社に1,680,000円（代金は掛けとした）で送付後、本社にその旨を連絡した。

問題 5 個別原価計算の勘定記入 ⏰ **20分**

答案用紙…別冊P.44 解答…解答解説編P.449

当工場は実際個別原価計算を採用している。次の資料にもとづいて、答案用紙の仕掛品勘定と製品勘定を完成させなさい。なお、直接材料は製造着手時にすべて投入している。

〔資 料〕

製造指図書番号	901	902	903	1001	1002
製 造 着 手 日	9 /12	9 /20	9 /28	10/ 1	10/20
完 成 日	9 /30	10/15	10/18	10/31	11/19予定
引 渡 日	10/ 2	10/16	10/20	11/ 2 予定	11/20予定
製造原価：					
直 接 材 料 費	294,000円	150,000円	120,000円	185,000円	180,000円
直 接 労 務 費	245,000	125,000	100,000	155,000	145,000
製 造 間 接 費	147,000	75,000	60,000	93,000	90,000
合 計	686,000円	350,000円	280,000円	433,000円	415,000円
（内10月集計分）	0円	120,000円	144,000円	433,000円	415,000円

307

問題 6　製造間接費の部門別配賦　⏰ 15分

答案用紙…別冊P.45　解答…解答解説編P.451

当工場は実際個別原価計算を採用し、製造間接費の計算は部門別計算を行っている。

次の資料にもとづいて、(A)直接配賦法によって答案用紙の部門別配賦表を完成させるとともに、(B) (A)の部門別配賦表にもとづいて、補助部門費を製造部門に配賦するための仕訳をしなさい。ただし、使用する勘定科目は次の中から選ぶこと。

第1製造部門費、第2製造部門費、修繕部門費、材料倉庫部門費、工場事務部門費

〔資　料〕

1．部門共通費実際発生額

部門共通費	実際発生額
機械保険料	240,000円

2．部門共通費配賦基準

配賦基準	合　計	製造部門		補助部門		
		第1製造部門	第2製造部門	修繕部門	材料倉庫部門	工場事務部門
機械帳簿価額	2,000,000円	600,000円	800,000円	300,000円	200,000円	100,000円

3．補助部門費配賦基準

配賦基準	合　計	製造部門		補助部門		
		第1製造部門	第2製造部門	修繕部門	材料倉庫部門	工場事務部門
従業員数	145人	60人	40人	10人	20人	15人
修繕回数	60回	25回	10回	10回	5回	10回
材料出庫額	760,000円	400,000円	300,000円	60,000円	－	－

第5問対策

第5問では、総合原価計算や標準原価計算、直接原価計算などが出題されています（これらの問題が第4問で出題されることもあります）。
仕掛品のボックス図や標準原価計算の差異分析図など、図を使って解くようにしましょう。

………第5問でよく出題される問題…………
①総合原価計算
　単純総合原価計算、工程別総合原価計算、組別総合原価計算、等級別総合原価計算
②標準原価計算
　勘定記入、差異分析
③直接原価計算
　損益計算書の作成、CVP分析

第5問対策 例題

1. 単純総合原価計算（仕損の処理）

例題 1 当工場は単純総合原価計算を採用している。次の資料にもとづいて、総合原価計算表を完成させなさい。なお、原価配分方法は先入先出法により、正常仕損の処理は度外視法によること。また、正常仕損は工程の20%の時点で発生しているので、正常仕損費は完成品と月末仕掛品に負担させる（仕損品の評価額は0円である）。

⏰15分

〔資　料〕
(1) 生産データ

月 初 仕 掛 品	1,500 個	（50%）
当 月 投 入	7,250	
合　　　　計	8,750 個	
正 常 仕 損	250	（20%）
月 末 仕 掛 品	1,000	（80%）
完　成　品	7,500 個	

＊1　直接材料はすべて工程の始点で投入される。
＊2　（　）内は加工進捗度を示す。

総合原価計算表　　　　　（単位：円）

	直接材料費	加工費	合　　計
月初仕掛品原価	547,500	172,500	720,000
当月製造費用	2,520,000	1,812,000	4,332,000
合　　計	3,067,500	1,984,500	5,052,000
月末仕掛品原価			
完成品総合原価			
完成品単位原価			

答案用紙に記入したら、で答えを CHECK!

310

解き方の道しるべ

単純総合原価計算（先入先出法）で、正常仕損費を完成品と月末仕掛品の両者に負担させる問題です。

総合原価計算を解く際には、必ず、原価の配分方法をチェックし、ボックス図をつくるようにしましょう。

STEP 1　問題文の確認

（　）の語句にまるをつけましょう。

総合原価計算における原価の配分方法には、先入先出法と平均法があります。そこで、最初に原価の配分方法をチェックしてください。また、仕損や減損の有無、材料の追加投入があるかどうかもチェックしましょう。

> ・原価配分方法は？…（先入先出法・平均法）
> ・仕損や減損は？…（ある・ない）
> ・材料の追加投入は？…（ある・ない）

> ・原価配分方法は？…（㊀先入先出法・平均法）
> ・仕損や減損は？…（ある・ない）
> ・材料の追加投入は？…（ある・ない）

STEP 2　ボックス図を作成する

次に仕掛品のボックス図をつくり、資料のデータを記入します。

(1) 資料のデータを記入する

ボックス図は直接材料費（または素材費）と加工費に分けて作成し、ボックス図の右上に原価配分方法を記入しておきましょう。そして、問題文の資料と答案用紙から数量と金額を記入していきます。このとき、加工費のデータには（　　）をつけておくと、直接材料費と区別でき、ミスが減ります。

なお、加工費を計算する際の数量は、加工進捗度を加味した**完成品換算量**を用いることに注意してください。

(1) 生産データ

月初仕掛品	1,500個	(50％)
当月投入	7,250	
合　　計	8,750個	
正常仕損	250	(20％)
月末仕掛品	1,000	(80％)
完成品	7,500個	

＊1　直接材料はすべて工程の始点で投入される。
＊2　（　）内は加工進捗度を示す。

総合原価計算表　　　　（単位：円）

	直接材料費	加工費	合　　計
月初仕掛品原価	547,500	172,500	720,000
当月製造費用	2,520,000	1,812,000	4,332,000

生産データと原価データをボックス図に記入しましょう。

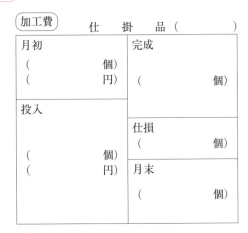

道しるべ
にしたがって
記入すると

直材費　仕　掛　品（先入先出法）

月初	1,500個 547,500円	完成	7,500個
投入	7,250個 2,520,000円	仕損	250個
		月末	1,000個

完成品の数量は直接材料費、加工費ともに7,500個です。

加工費　仕　掛　品（先入先出法）

月初	(　　750個) ＊1 (　172,500円)	完成	(　7,500個)
投入	(　7,600個) ＊4 (　1,812,000円)	仕損	(　50個) ＊2
		月末	(　800個) ＊3

＊1　1,500個×50％＝750個
＊2　250個×20％＝50個
＊3　1,000個×80％＝800個
＊4　差引
　　（7,500個＋50個＋800個－750個＝7,600個）

(2) 仕損、減損の資料をボックス図に反映させる

度外視法とは、正常仕損品にかかった原価（正常仕損費）を別個に計算せず、計算上、良品（完成品や仕掛品）の原価として計算する方法（2級で出題される方法）をいいます。

仕損や減損がある場合、仕損や減損の状況をボックス図に反映させますが、仕損の場合は、最初にその仕損品に評価額（処分価額）があるかどうかをチェックしましょう。そして、評価額がある場合は、ボックス図（通常、直接材料費）の仕損の横に「⑲××円」と書いておきます（この例題は評価額が0円なので、この処理は不要です）。

なお、減損は形が残らないので、評価額はありません。

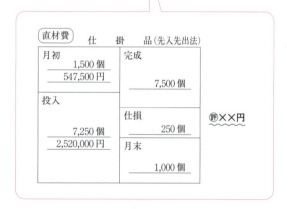

次に、正常仕損費や正常減損費の負担方法をチェックします。正常仕損費や正常減損費の負担方法には、完成品のみに負担させる方法（**完成品のみ負担**）と、完成品と月末仕掛品の両方に負担させる方法（**両者負担**）があります。

完成品のみ負担の場合は、**正常仕損費**（または正常減損費）を完成品が負担するため、**ボックス図の完成品と仕損（または減損）を囲んでおきます**。

一方、**両者負担の場合**は、仕損（または減損）がなかったものとして、正常仕損費（または正常減損費）を完成品と月末仕掛品で負担するため、**ボックス図の仕損（または減損）に×をつけます**。なお、原価配分方法が先入先出法の場合、仕損（または減損）は当月投入分から生じたと考えるため、当月投入分の数量データから仕損（または減損）の数量を差し引いておきます。

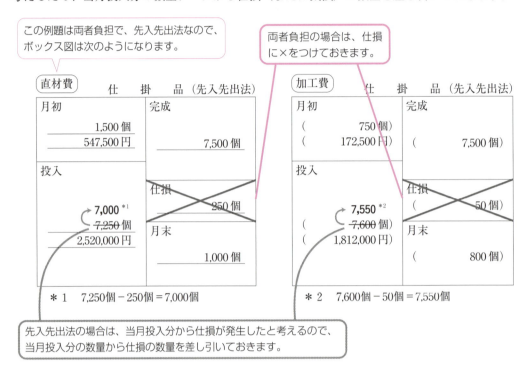

STEP 3 ボックス図を完成させる

STEP 2 で資料のデータをボックス図に記入し終わったら、原価配分方法に注意して、月末仕掛品原価と完成品総合原価を計算します。

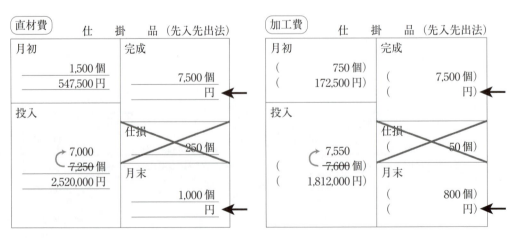

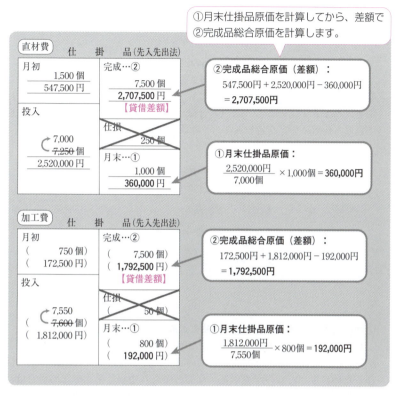

STEP 4 答案用紙に記入する

STEP 3のボックス図から答案用紙の総合原価計算表に金額を記入します。

総合原価計算表			（単位：円）
	直接材料費	加 工 費	合　　計
月初仕掛品原価	547,500	172,500	720,000
当月製造費用	2,520,000	1,812,000	4,332,000
合　　計	3,067,500	1,984,500	5,052,000
月末仕掛品原価	360,000	192,000	552,000
完成品総合原価	2,707,500	1,792,500	4,500,000
完成品単位原価	361	239	600

$\dfrac{2,707,500円}{7,500個} = @361円$

$\dfrac{1,792,500円}{7,500個} = @239円$

これ、だいじょうぶ？　　　　　　　　　仕損と減損の処理

(1) 完成品のみ負担と両者負担

正常仕損費（または正常減損費）を完成品のみに負担させるか、完成品と月末仕掛品に負担させるかは、仕損（または減損）の発生点によって異なります。

①仕損（または減損）が月末仕掛品の進捗度よりも後で発生した場合

たとえば、仕損（または減損）が工程の終点（100％）で発生した場合、月末仕掛品（加工進捗度80％）は仕損の発生点を通過していません。つまり、月末仕掛品からは、仕損が生じていないことになります。そこで、この場合は正常仕損費（または正常減損費）を完成品総合原価に含めて処理（仕損品を完成品とみなして計算）します（**完成品のみ負担**）。

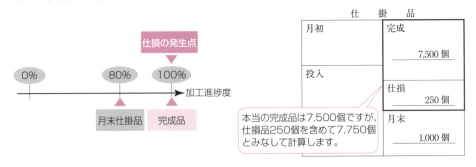

②仕損（または減損）が月末仕掛品の進捗度よりも前で発生した場合

たとえば、仕損（または減損）が工程の始点（0％）で発生した場合、月末仕掛品（加工進捗度80％）は、仕損の発生点を通過しています。つまり、その仕損は、完成品と月末仕掛品の両方を作るために生じたものであるということになります。そこでこの場合は、正常仕損費（または正常減損費）を完成品と月末仕掛品の両方に負担させます（**両者負担**）。

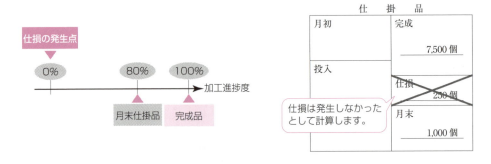

(2) 仕損品に評価額がある場合

仕損品に評価額（処分価値）がある場合は、仕損品の原価から仕損品評価額を差し引いた金額が正常仕損費となります。

> 正常仕損費＝仕損品の原価－仕損品評価額

仮に、例題１（**両者負担**）の仕損品評価額が14,000円（すべて材料の価値）であったとした場合の直接材料費の計算は、次のようになります。

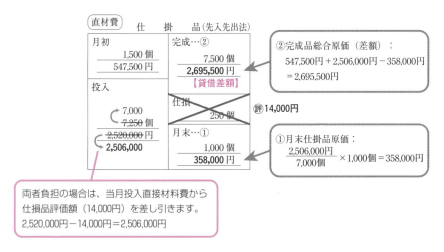

なお、**完成品のみ負担の場合**は、いったん月末仕掛品原価と完成品総合原価を計算したあと、完成品総合原価から仕損品の評価額を差し引きます。

総合原価計算（仕損、減損がある場合）の解き方

STEP 1　問題文の確認
- 原価配分方法は？…（先入先出法・平均法）
- 仕損や減損は？…（ある・ない）
- 材料の追加投入は？…（ある・ない）

STEP 2　ボックス図を作成する
(1) 資料のデータを記入する
- 直接材料費と加工費は分けて記入する（加工費の数値には（　）をつける）。
- 加工費を計算する際の数量は完成品換算量を用いる。

(2) 仕損、減損の資料をボックス図に反映させる
- 完成品のみ負担の場合 → 仕損、減損は完成品とみなして計算する。
- 両者負担の場合 → 仕損、減損が発生しなかったものとみなして計算する。

> ボックス図の完成品と仕損（または減損）を囲んでおきます。

> ボックス図の仕損（または減損）に×をつけておきます。

STEP 3　ボックス図を完成させる
STEP 2 のボックス図から月末仕掛品原価と完成品総合原価を計算する。

STEP 4　答案用紙に記入する

フィードバック問題

例題1が解けなかった人はフィードバック問題を解いて基礎を確認しましょう。

次の各問に答えましょう。

問1　次の資料にもとづいて、平均法により①月末仕掛品原価、②完成品総合原価、③完成品単位原価を計算しなさい。

(1)　生産データ

月初仕掛品	600 個 (50%)
当 月 投 入	2,900
合　　　計	3,500 個
正 常 仕 損	100
月 末 仕 掛 品	400　(75%)
完　成　品	3,000 個

(2)　製造原価データ

	直接材料費	加 工 費
月初仕掛品原価	43,500円	17,700円
当月製造費用	261,000円	130,200円

＊1　直接材料はすべて工程の始点で投入される。
＊2　（　）内は加工進捗度を示す。
＊3　正常仕損は工程の終点で発生しているため、正常仕損費はすべて完成品に負担させる（仕損品の評価額は0円である）。

①月末仕掛品原価 ＿＿＿＿＿＿＿ 円

②完成品総合原価 ＿＿＿＿＿＿＿ 円

③完成品単位原価 ＿＿＿＿＿＿＿ 円

問2　次の資料にもとづいて、平均法により①月末仕掛品原価、②完成品総合原価、③完成品単位原価を計算しなさい。

(1)　生産データ

月初仕掛品	400 個 (70%)
当 月 投 入	2,300
合　　　計	2,700 個
正 常 仕 損	100
月 末 仕 掛 品	600　(40%)
完　成　品	2,000 個

(2)　製造原価データ

	直接材料費	加 工 費
月初仕掛品原価	47,400円	16,800円
当月製造費用	303,600円	117,600円

＊1　直接材料はすべて工程の始点で投入される。
＊2　（　）内は加工進捗度を示す。
＊3　正常仕損は工程の始点で発生しているため、正常仕損費は完成品と月末仕掛品の両者に負担させる（仕損品の評価額は0円である）。

①月末仕掛品原価 ＿＿＿＿＿＿＿ 円

②完成品総合原価 ＿＿＿＿＿＿＿ 円

③完成品単位原価 ＿＿＿＿＿＿＿ 円

解答

問1　①月末仕掛品原価　　47,850円
　　　②完成品総合原価　　404,550円
　　　③完成品単位原価　　134.85円

問2　①月末仕掛品原価　　95,400円
　　　②完成品総合原価　　390,000円
　　　③完成品単位原価　　195円

問1

①月末仕掛品原価：34,800円 + 13,050円 = 47,850円
②完成品総合原価：269,700円 + 134,850円 = 404,550円
③完成品単位原価：404,550円 ÷ 3,000個 = @134.85円

問2

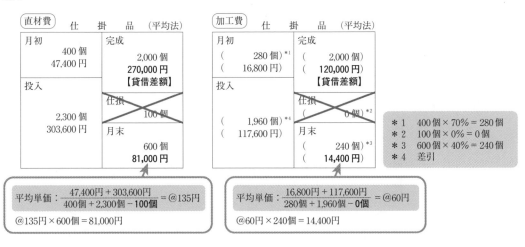

①月末仕掛品原価：81,000円 + 14,400円 = 95,400円
②完成品総合原価：270,000円 + 120,000円 = 390,000円
③完成品単位原価：390,000円 ÷ 2,000個 = @195円

第5問対策 例題

2. 単純総合原価計算（材料の追加投入）

例題 2 当工場は製品Xを製造しており単純総合原価計算を採用している。次の資料にもとづいて、仕掛品勘定と製品勘定への記入を行いなさい。なお、月末仕掛品原価は平均法、月末製品原価は先入先出法によって計算すること。 ⏰15分

〔資　料〕

(1) 当月の生産・販売データ

月初仕掛品	300個（40%）	月初製品	150個
当月投入	2,400	当月完成品	2,450
合計	2,700個	合計	2,600個
月末仕掛品	250　（60%）	月末製品	100
当月完成品	2,450個	当月販売	2,500個

　　＊（　）内は加工進捗度を示す。

(2) 製品Xを製造するために必要なA材料は工程の始点で、B材料は工程の50%の時点で、C材料は工程の終点でそれぞれ投入している。

　　　　　　　　　　　　　　　仕　掛　品　　　　　　　　（単位：円）

月初有高：		当月完成高：	
A　材　料　費	151,200	A　材　料　費	（　　　　　）
B　材　料　費	0	B　材　料　費	（　　　　　）
C　材　料　費	0	C　材　料　費	（　　　　　）
加　工　費	47,920	加　工　費	（　　　　　）
小　　計	199,120	小　　計	（　　　　　）
当月製造費用：		月末有高：	
A　材　料　費	1,166,400	A　材　料　費	（　　　　　）
B　材　料　費	864,000	B　材　料　費	（　　　　　）
C　材　料　費	367,500	C　材　料　費	（　　　　　）
加　工　費	1,044,080	加　工　費	（　　　　　）
小　　計	3,441,980	小　　計	（　　　　　）
（　　　　　）			

　　　　　　　　　　　　　　　製　　品　　　　　　　　　（単位：円）

月初有高	207,000	当月売上原価	（　　　　　）
当月完成高	（　　　　　）	月末有高	（　　　　　）
	（　　　　　）		（　　　　　）

答案用紙に記入したら、で答えを

材料の追加投入がある場合の単純総合原価計算の問題です。
材料の投入時点によって、計算の仕方が異なるので、しっかり確認しておきましょう。

STEP 1 問題文の確認

- 原価配分方法は？…（仕掛品 → 先入先出法・(平均法)）
  （製　品 → (先入先出法)・平均法）
- 仕損や減損は？…（ある・(ない)）
- 材料の追加投入は？…((ある)・ない）

STEP 2 ボックス図を作成する

材料の追加投入がある場合、材料の種類ごとにわけてボックス図をつくります。

材料の投入点に注意して、資料または答案用紙の
データをボックス図に記入していきましょう。

A材料費　仕　掛　品（　　　）
月初
　　　　　個
　　　　　円　　　完成
　　　　　　　　　　　　個
投入
　　　　　個　　　月末
　　　　　円　　　　　　個

B材料費　仕　掛　品（　　　）
月初
　　　　　個
　　　　　円　　　完成
　　　　　　　　　　　　個
投入
　　　　　個　　　月末
　　　　　円　　　　　　個

C材料費　仕　掛　品（　　　）
月初
　　　　　個
　　　　　円　　　完成
　　　　　　　　　　　　個
投入
　　　　　個　　　月末
　　　　　円　　　　　　個

加工費　仕　掛　品（　　　）
月初
（　　　個）
（　　　円）　　完成
　　　　　　　（　　　個）
投入
（　　　個）　　月末
（　　　円）　（　　　個）

製　品（　　　）
月初
　　　　　個
　　　　　円　　　販売
　　　　　　　　　　　　個
完成
　　　　　個　　　月末
　　　　　　　　　　　　個

321

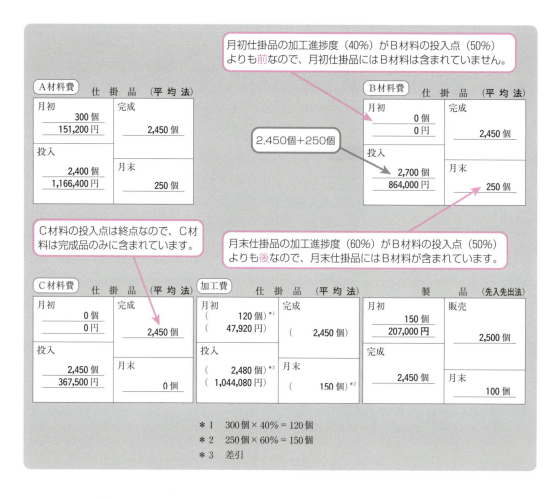

STEP 3 ボックス図を完成させる

STEP 2で資料のデータをボックス図に記入し終わったら、原価配分方法に注意して、月末仕掛品原価と完成品総合原価を計算しましょう。

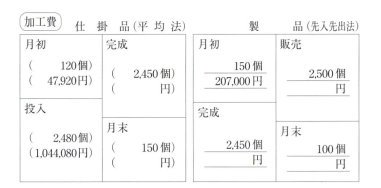
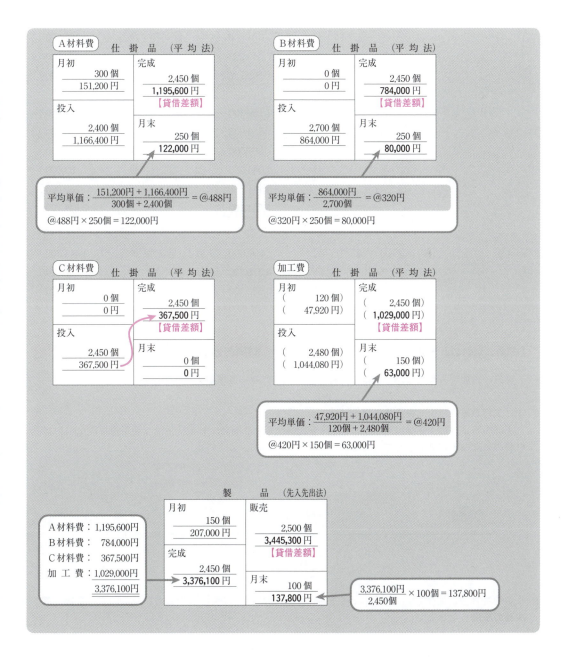

STEP 4 答案用紙に記入する

STEP 3 のボックス図から答案用紙の仕掛品勘定と製品勘定に金額を記入します。

道しるべ
にしたがって
記入すると ▶▶▶

解答

仕　　掛　　品				（単位：円）
月初有高：		当月完成高：		
A　材　料　費	151,200	A　材　料　費	（	1,195,600 ）
B　材　料　費	0	B　材　料　費	（	784,000 ）
C　材　料　費	0	C　材　料　費	（	367,500 ）
加　工　費	47,920	加　工　費	（	1,029,000 ）
小　　　計	199,120	小　　　計	（	3,376,100 ）
当月製造費用：		月末有高：		
A　材　料　費	1,166,400	A　材　料　費	（	122,000 ）
B　材　料　費	864,000	B　材　料　費	（	80,000 ）
C　材　料　費	367,500	C　材　料　費	（	0 ）
加　工　費	1,044,080	加　工　費	（	63,000 ）
小　　　計	3,441,980	小　　　計	（	265,000 ）
	（ 3,641,100 ）		（	3,641,100 ）

製　　　　品				（単位：円）
月　初　有　高	207,000	当月売上原価	（	3,445,300 ）
当　月　完　成　高	（ 3,376,100 ）	月　末　有　高	（	137,800 ）
	（ 3,583,100 ）		（	3,583,100 ）

これ、だいじょうぶ？　　　　　材料の追加投入

材料の追加投入があったときは、材料の投入点によって処理が異なります。

(1) 工程の終点で追加投入する場合

工程の終点（加工進捗度100％）で材料を追加投入する場合、月末仕掛品（加工進捗度60％）は材料の追加投入点を通過していません。

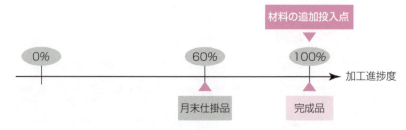

この場合、追加投入した材料は、完成品を作るためだけに使われたことになるので、**全額、完成品の原価**となります。

(2) **工程の途中で追加投入する場合**

材料を工程の途中で追加投入する場合は、材料の追加投入点と月初仕掛品および月末仕掛品の加工進捗度を比べ、追加材料が月初仕掛品や月末仕掛品に含まれているかどうかを考えます。

たとえば、例題2のB材料は、加工進捗度50％で追加投入されています。したがって、加工進捗度が40％の月初仕掛品にはB材料は含まれていませんが、加工進捗度が60％の月末仕掛品にはB材料が含まれていることになります。

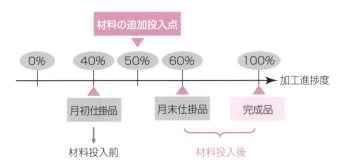

そこで、B材料費を完成品と月末仕掛品に配分します。

(3) **工程を通じて平均的に追加投入する場合**

材料を工程を通じて平均的に追加投入する場合は、加工進捗度が進めば進むほど、直接材料費が多く発生することになります。

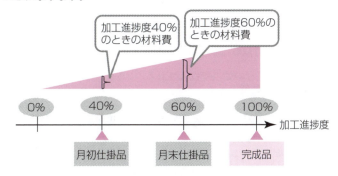

これは、加工費の発生の仕方に似ています。したがって、この場合は、**加工費の計算と同様**に、加工進捗度を考慮した完成品換算量にもとづいて計算します。

材料の追加投入

1. 終点投入の場合 → 全額、完成品の原価として処理する。
2. 途中点投入の場合 → 材料の追加投入点と月初仕掛品および月末仕掛品の加工進捗度に応じて計算する。
3. 平均投入の場合 → 加工費と同様に完成品換算量を用いて計算する。

第5問対策 例題

3. 工程別総合原価計算

例題 3　当工場では2つの工程を経て製品Zを製造しており、原価計算の方法は累加法による工程別総合原価計算を採用している。次の資料にもとづいて、工程別総合原価計算表を完成させなさい。ただし、原価投入額を完成品総合原価と月末仕掛品原価に配分する方法として、第1工程は平均法、第2工程は先入先出法を用いている。

⏱15分

〔資　料〕

(1) 生産データ

	第1工程	第2工程
月初仕掛品	300個 (1/3)	200個 (4/5)
当月投入	900	1,000
合　　計	1,200個	1,200個
月末仕掛品	200 (1/4)	100 (1/5)
正常仕損	―	10
完成品	1,000個	1,090個

＊1　原料はすべて第1工程の始点で投入される。
＊2　（　）内は加工進捗度を示す。

(2) 正常仕損は、第2工程の終点で発生しているため、正常仕損費はすべて完成品に負担させる。なお、仕損品の処分価値は0円である。

工程別総合原価計算表　　　　　　（単位：円）

	第1工程			第2工程		
	原料費	加工費	合　計	前工程費	加工費	合　計
月初仕掛品原価	61,800	21,050	82,850	100,400	26,480	126,880
当月製造費用	178,200	209,950	388,150		364,800	
合　　計	240,000	231,000	471,000			
月末仕掛品原価						
完成品総合原価						

答案用紙に記入したら、で答えを CHECK!

解き方の
道しるべ

正常仕損の処理を含む工程別総合原価計算の問題です。

累加法とは、第1工程完成品総合原価を第2工程に振り替え、前工程費として計算する方法をいいます。したがって、まずは第1工程の計算をしたあと、第2工程の計算をします。

なお、この例題のように、第1工程と第2工程の原価配分方法が異なる場合があるので、注意しましょう。

STEP **1** 問題文の確認

・原価配分方法は？…第1工程→（先入先出法・平均法）
　　　　　　　　　　　　第2工程→（先入先出法・平均法）

STEP **2** ボックス図を作成する

第1工程と第2工程の仕掛品のボックス図をつくり、資料と工程別総合原価計算表からボックス図に生産データと原価データを記入しましょう。

原料費　　　仕掛品－第1工程（　　　　　）

月初	完成
個	
円	個
投入	
個	月末
円	個

加工費　　　仕掛品－第1工程（　　　　　）

月初	完成
（　　　個）	
（　　　円）	（　　　個）
投入	
（　　　個）	月末
（　　　円）	（　　　個）

前工程費　　　仕掛品－第2工程（　　　　　）

月初	完成
個	
円	個
投入	仕損
	個
個	月末
	個

加工費　　　仕掛品－第2工程（　　　　　）

月初	完成
（　　　個）	
（　　　円）	（　　　個）
投入	仕損
	（　　　個）
（　　　個）	月末
（　　　円）	（　　　個）

327

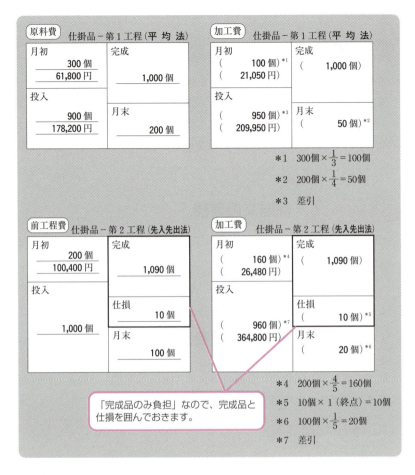

STEP 3 ボックス図を完成させる

STEP 2 で資料のデータをボックス図に記入し終わったら、原価配分方法に注意して、第1工程と第2工程の月末仕掛品原価および完成品総合原価を計算します。

この例題は累加法なので、第1工程の完成品総合原価は第2工程に振り替え、前工程費として計算します。なお、前工程費の計算は直接材料費（原料費）の計算と同様です。

●第1工程完成品総合原価：＿＿＿＿＿＿＿円 → 第2工程に振り替える

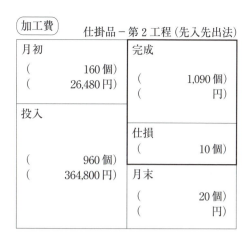

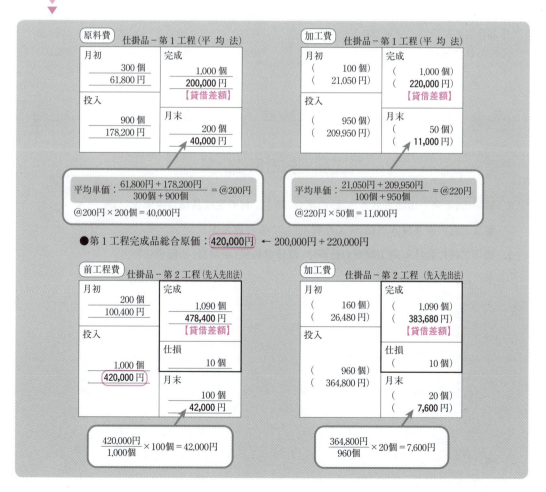

STEP 4 答案用紙に記入する

STEP 3 のボックス図から答案用紙の工程別総合原価計算表に金額を記入します。

道しるべ
にしたがって
記入すると

解答

工程別総合原価計算表 （単位：円）

	第1工程 原料費	加工費	合計	第2工程 前工程費	加工費	合計
月初仕掛品原価	61,800	21,050	82,850	100,400	26,480	126,880
当月製造費用	178,200	209,950	388,150	420,000	364,800	784,800
合計	240,000	231,000	471,000	520,400	391,280	911,680
月末仕掛品原価	40,000	11,000	51,000	42,000	7,600	49,600
完成品総合原価	200,000	220,000	420,000	478,400	383,680	862,080

工程別総合原価計算

1. 累加法（2級で出題される方法）の場合、第1工程の完成品総合原価を第2工程の当月投入原価（前工程費）として振り替える。
2. 第2工程における前工程費の計算は、直接材料費（原料費）と同様に行う。

フィードバック問題

例題3が解けなかった人はフィードバック問題を解いて基礎を確認しましょう。

次の資料にもとづいて、工程別総合原価計算表を完成させましょう。

〔資　料〕

⑴ 当社は2つの工程を経て製品Qを製造しており、原価計算の方法は工程別総合原価計算を採用している。なお、第1工程、第2工程とも先入先出法を用いること。

⑵ 生産データ

	第1工程	第2工程
月初仕掛品	750 kg（40%）	500 kg（80%）
当月投入	2,250	2,500
合　計	3,000 kg	3,000 kg
月末仕掛品	500　（50%）	1,000　（25%）
完成品	2,500 kg	2,000 kg

＊1　原料はすべて第1工程の始点で投入される。
＊2　（　）内は加工進捗度を示す。

工程別総合原価計算表　　　　　　（単位：円）

	第1工程			第2工程		
	原　料　費	加　工　費	合　　　計	前工程費	加　工　費	合　　　計
月初仕掛品原価	196,250	99,700	295,950	296,500	184,000	480,500
当月製造費用	596,250	793,800	1,390,050		943,500	
合　　　計	792,500	893,500	1,686,000			
月末仕掛品原価						
完成品総合原価						

解答

工程別総合原価計算表　　　　　　（単位：円）

	第1工程			第2工程		
	原　料　費	加　工　費	合　　　計	前工程費	加　工　費	合　　　計
月初仕掛品原価	196,250	99,700	295,950	296,500	184,000	480,500
当月製造費用	596,250	793,800	1,390,050	**1,472,500**	943,500	**2,416,000**
合　　　計	792,500	893,500	1,686,000	**1,769,000**	**1,127,500**	**2,896,500**
月末仕掛品原価	**132,500**	**81,000**	**213,500**	**589,000**	**127,500**	**716,500**
完成品総合原価	**660,000**	**812,500**	**1,472,500**	**1,180,000**	**1,000,000**	**2,180,000**

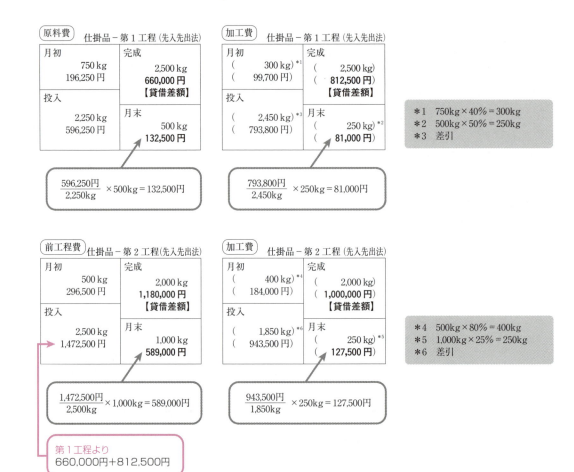

MEMO

第5問対策 例題

4. 組別総合原価計算

例題 4　当社は製品Aと製品Bの2種類の製品を製造しており、原価計算の方法は組別総合原価計算を採用している。直接材料費と直接労務費は各組製品に直課し、製造間接費は機械作業時間にもとづいて予定配賦している。次の資料にもとづいて、組別総合原価計算表を完成させなさい。ただし、原価配分方法は平均法によること。

⏰**15分**

〔資　料〕

(1)　当月の生産データ

	製品A		製品B	
月 初 仕 掛 品	120 個	(50%)	300 個	(40%)
当 月 投 入	4,680		5,700	
合　　　計	4,800 個		6,000 個	
月 末 仕 掛 品	300	(60%)	600	(80%)
当 月 完 成 品	4,500 個		5,400 個	

＊1　直接材料はすべて工程の始点で投入される。
＊2　（　　）内は加工進捗度を示す。

(2)　原価データ

	製品A	製品B
月初仕掛品：直接材料費	129,600 円	174,900 円
直接労務費	25,620 円	29,280 円
製造間接費	16,560 円	23,520 円
当 月 投 入：直接材料費	5,400,000 円	5,603,100 円
直接労務費	891,660 円	1,123,200 円

(3)　製造間接費予定配賦率は@980円で、当月実際機械作業時間は製品Aが900時間、製品Bが1,200時間である。

組別総合原価計算表　（単位：円）

	製品A	製品B
月初仕掛品原価		
当月直接材料費		
当月直接労務費		
当月製造間接費		
合　　計		
月末仕掛品原価		
完成品総合原価		
完成品単位原価		

答案用紙に記入したら、で答えを

組別総合原価計算では、製品別に月末仕掛品原価、完成品総合原価、完成品単位原価を計算します。なお、直接労務費と製造間接費は加工費なので、完成品換算量を用いて計算します。

STEP 1　問題文の確認

・原価配分方法は？…（先入先出法・平均法）

STEP 2　ボックス図を作成する

製品Aと製品Bについて、それぞれ仕掛品のボックス図をつくり、資料の生産データと原価データを記入しましょう。なお、直接労務費と製造間接費は加工費のボックス図に記入し、当月投入の製造間接費は予定配賦率を用いて計算します。

〔資 料〕
(1) 当月の生産データ

	製品A	製品B
月初仕掛品	120 個 (50%)	300 個 (40%)
当月投入	4,680	5,700
合計	4,800 個	6,000 個
月末仕掛品	300 (60%)	600 (80%)
当月完成品	4,500 個	5,400 個

*1 直接材料はすべて工程の始点で投入される。
*2 （ ）内は加工進捗度を示す。

(2) 原価データ

	製品A	製品B
月初仕掛品：直接材料費	129,600 円	174,900 円
直接労務費	25,620 円	29,280 円
製造間接費	16,560 円	23,520 円
当月投入：直接材料費	5,400,000 円	5,603,100 円
直接労務費	891,660 円	1,123,200 円

(3) 製造間接費予定配賦率は@980円で、当月実際機械作業時間は製品Aが900時間、製品Bが1,200時間である。

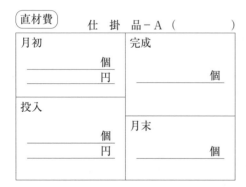

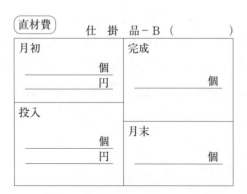

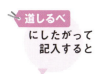

道しるべ
にしたがって
記入すると

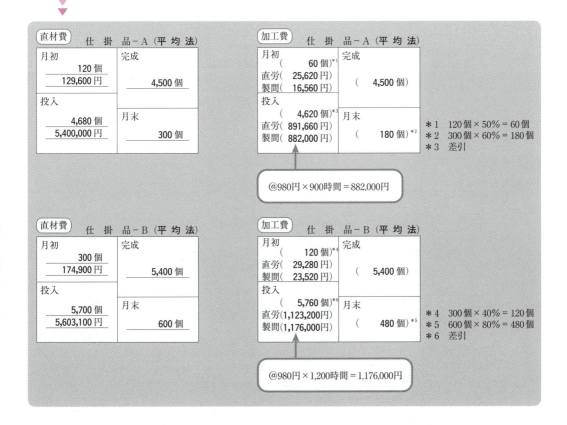

STEP 3 ボックス図を完成させる

STEP 2 で資料のデータをボックス図に記入し終わったら、原価配分方法に注意して、月末仕掛品原価と完成品総合原価を計算します。

なお、加工費の計算をするときは、直接労務費と製造間接費を合算して計算しましょう。

直材費	仕 掛 品－A （平 均 法）		
月初		完成	
	120個		4,500個
	129,600円		円
投入		月末	
	4,680個		300個
	5,400,000円		円

加工費	仕 掛 品－A （平 均 法）		
月初		完成	
	（ 60個）	（	4,500個）
直労（	25,620円）	（	円）
製間（	16,560円）		
投入		月末	
	（ 4,620個）	（	180個）
直労（	891,660円）	（	円）
製間（	882,000円）		

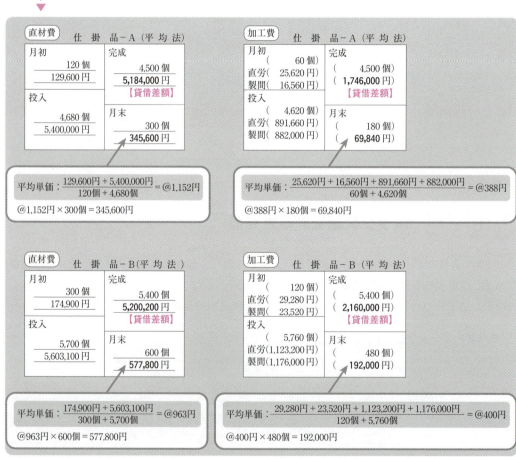

STEP 4 答案用紙に記入する

STEP 3 のボックス図から答案用紙の組別総合原価計算表に金額を記入します。

道しるべ
にしたがって
記入すると ▶▶▶

解答

組別総合原価計算表　　（単位：円）

	製　品　A	製　品　B
月初仕掛品原価	171,780 *1	227,700 *5
当月直接材料費	5,400,000	5,603,100
当月直接労務費	891,660	1,123,200
当月製造間接費	882,000	1,176,000
合　　　計	7,345,440	8,130,000
月末仕掛品原価	415,440 *2	769,800 *6
完成品総合原価	6,930,000 *3	7,360,200 *7
完成品単位原価	1,540 *4	1,363 *8

*1　129,600円 + 25,620円 + 16,560円 = 171,780円
*2　345,600円 + 69,840円 = 415,440円
*3　5,184,000円 + 1,746,000円 = 6,930,000円
*4　6,930,000円 ÷ 4,500個 = @1,540円
*5　174,900円 + 29,280円 + 23,520円 = 227,700円
*6　577,800円 + 192,000円 = 769,800円
*7　5,200,200円 + 2,160,000円 = 7,360,200円
*8　7,360,200円 ÷ 5,400個 = @1,363円

組別総合原価計算

1. **組直接費は各組製品に直課**、**組間接費は作業時間などを基準に各組製品に配賦する**。

2. （組別総合原価計算に限らず）**直接労務費と製造間接費は加工費**なので、**完成品換算量を用いて計算する**。

第5問対策 例題

5. 等級別総合原価計算

例題 5 当工場では等級製品を生産している。次の資料にもとづき、平均法により各等級製品の完成品総合原価と完成品単位原価を計算しなさい。　⏱15分

〔資 料〕

(1) 生産データ

　　月初仕掛品　　1,000 個（20％）
　　当月投入　　　9,000
　　　合　計　　　10,000 個
　　月末仕掛品　　2,000　（80％）
　　完　成　品　　8,000 個

　＊1　直接材料はすべて工程の始点で投入される。
　＊2　（　）内は加工進捗度を示す。

(2) 製造原価データ

	直接材料費	加工費
月初仕掛品原価	182,000 円	88,000 円
当月製造費用	1,458,000 円	1,880,000 円

(3) 完成品数量

　　製品A　3,000 個　　製品B　3,000 個　　製品C　2,000 個

(4) 等価係数

　　製品A　0.8　　製品B　1　　製品C　1.4

	製品 A	製品 B	製品 C
完成品総合原価	円	円	円
完成品単位原価	円	円	円

答案用紙に記入したら、で答えを

解き方の
道しるべ

　等級別総合原価計算では、等価係数を考慮する前の完成品数量にもとづいて完成品総合原価を計算したあと、**等価係数を考慮した積数**によって、完成品総合原価を各等級製品に按分します。

STEP 1　問題文の確認

・原価配分方法は？…（先入先出法・平均法）

STEP 2　ボックス図を作成する

　仕掛品のボックス図をつくり、資料のデータを記入します。なお、このときの数量は等価係数を考慮する前の数量を用います。

ボックス図をつくって、等価係数を考慮する前の月末仕掛品
原価および完成品総合原価を計算しましょう。

直材費　　　仕　掛　品（　　　）

月初		完成	
	個		
	円		個
			円
投入		月末	
	個		個
	円		円

加工費　　　仕　掛　品（　　　）

月初		完成	
（	個)		
（	円)	（	個)
		（	円)
投入		月末	
（	個)	（	個)
（	円)	（	円)

①月末仕掛品原価：＿＿＿＿＿＿＿円

②完成品総合原価：＿＿＿＿＿＿＿円

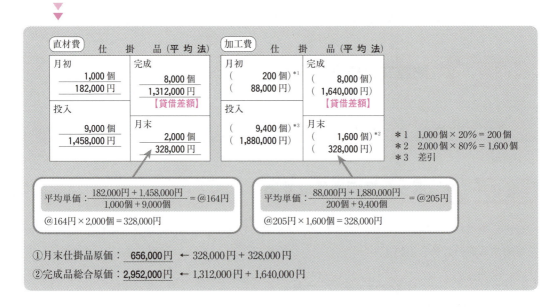

STEP 3 等級製品の完成品総合原価と完成品単位原価を計算する

STEP 2 で計算した完成品総合原価（2,952,000円）を各等級製品の積数（各等級製品の数量に等価係数を掛けた数値）の比によって、按分します。

なお、**各等級製品の完成品単位原価を計算する際**には、各等級製品の完成品総合原価を**完成品の数量で割る**ことに注意しましょう。

〔資　料〕（STEP 2 によって計算した完成品総合原価は2,952,000円）
(3) 完成品数量
　　　製品A　3,000個　　　製品B　3,000個　　　製品C　2,000個
(4) 等価係数
　　　製品A　0.8　　　　　製品B　1　　　　　　製品C　1.4

	製品A	製品B	製品C
積　　　　数			
完成品総合原価	円	円	円
完成品単位原価	円	円	円

道しるべ
にしたがって
記入すると

	製品 A	製品 B	製品 C
積　　数	2,400	3,000	2,800
完成品総合原価	864,000 円	1,080,000 円	1,008,000 円
完成品単位原価	288 円	360 円	504 円

積数

製品A：3,000個 × 0.8 = 2,400

製品B：3,000個 × 1 = 3,000

製品C：2,000個 × 1.4 = 2,800

完成品総合原価

製品A：
製品B： $\dfrac{2,952,000 円}{2,400 + 3,000 + 2,800} \times$ 　$\begin{cases} 2,400 = 864,000 円 \\ 3,000 = 1,080,000 円 \\ 2,800 = 1,008,000 円 \end{cases}$
製品C：

完成品単位原価

製品A：864,000 円 ÷ 3,000 個 = @288 円

製品B：1,080,000 円 ÷ 3,000 個 = @360 円

製品C：1,008,000 円 ÷ 2,000 個 = @504 円

等級別総合原価計算

1. 等価係数を考慮する前の完成品数量にもとづいて、完成品総合原価を計算したあと、積数（等価係数を考慮した数値）の比によって各等級製品に按分する。
2. 各等級製品の完成品単位原価を計算する際の数量は、完成品数量を用いる（積数を用いないように注意）。

第5問対策 例題

6. 標準原価計算

例題 6　当工場ではパーシャル・プランによる標準原価計算を採用している。次の資料にもとづいて、以下の各問に答えなさい。　⏰**25分**

問1　直接材料費差異を計算し、分析しなさい。

問2　直接労務費差異を計算し、分析しなさい。

問3　製造間接費差異を計算し、公式法変動予算を前提に分析しなさい。なお、能率差異は（標準配賦率）×（標準直接作業時間－実際直接作業時間）で計算する。

問4　仕掛品勘定の（　　）内に適切な数字を記入しなさい（原価差異には、直接材料費、直接労務費、製造間接費の総差異の合計額を記入すること）。

〔資　料〕

(1)　生産データ

```
月 初 仕 掛 品        0 個
当 月 投 入    1,000
  合     計    1,000 個
月 末 仕 掛 品     100    （50%）
完   成   品     900 個
```

＊1　直接材料はすべて工程の始点で投入される。
＊2　（　　）内は加工進捗度を示す。

(2)　当月実際発生額

直接材料費：@410円（実際消費単価）× 2,200kg（実際消費量）＝ 902,000円

直接労務費：@280円（実際消費賃率）× 4,800時間（実際直接作業時間）＝ 1,344,000円

製造間接費：1,192,000円

(3)　標準原価に関する資料

直接材料費の標準消費単価：@400円　　直接材料費の標準消費量：2kg／個

直接労務費の標準消費賃率：@300円　　直接労務費の標準直接作業時間：5時間／個

製造間接費予算（月額）：1,250,000円（うち固定費予算額は750,000円）

＊　製造間接費は、直接作業時間をもとにして製品に標準配賦している。なお、月間の基準操業度は5,000時間である。

344

問1　直接材料費差異（総差異）　＿＿＿＿＿円（　　　）差異

　　　①価　格　差　異　＿＿＿＿＿円（　　　）差異

　　　②数　量　差　異　＿＿＿＿＿円（　　　）差異

問2　直接労務費差異（総差異）　＿＿＿＿＿円（　　　）差異

　　　①賃　率　差　異　＿＿＿＿＿円（　　　）差異

　　　②時　間　差　異　＿＿＿＿＿円（　　　）差異

問3　製造間接費差異（総差異）　＿＿＿＿＿円（　　　）差異

　　　①予　算　差　異　＿＿＿＿＿円（　　　）差異

　　　②操業度差異　＿＿＿＿＿円（　　　）差異

　　　③能　率　差　異　＿＿＿＿＿円（　　　）差異

　　　＊（　　）には「有利」または「不利」を記入すること。

問4

	仕　掛　品	（単位：円）
月　初　有　高	0	完成品原価（　　　）
直　接　材　料　費	（　　　）	月　末　有　高（　　　）
直　接　労　務　費	（　　　）	原　価　差　異（　　　）
製　造　間　接　費	（　　　）	
原　価　差　異	（　　　）	
	（　　　）	（　　　）

　　　＊　原価差異は借方または貸方のいずれかに記入すること。

標準原価計算による差異分析と勘定記入の問題です。
標準原価計算による差異分析を行うときは、必ず差異分析図を使って解くようにしましょう。

STEP 1 生産データを整理する

標準原価計算では、当月投入量にもとづいて差異を分析していきます。したがって、最初に仕掛品のボックス図をつくって生産データを整理しておきましょう。

〔資　料〕
(1) 生産データ

月 初 仕 掛 品　　　　0 個
当 月 投 入　　1,000
合　　　計　　1,000 個
月 末 仕 掛 品　　　100　　(50%)
完　成　品　　　900 個

＊1　直接材料はすべて工程の始点で投入される。
＊2　(　　)内は加工進捗度を示す。

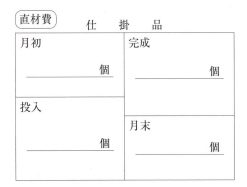

＊1　100個×50％＝50個
＊2　差引

STEP 2　差異分析図を作成して分析する

　直接材料費、直接労務費、製造間接費の差異を分析するため、それぞれの差異分析図を作成します。

(1) 直接材料費の差異分析

　直接材料費に関する資料から、直接材料費の差異分析図（ボックス図）にデータを記入しましょう。なお、ボックス図の縦軸には単価を、横軸には数量を記入し、それぞれ標準の数値を内側に、実際の数値を外側に記入してください。

> ボックス図の形式は特に決まっていませんが、本書では、この形式のボックス図で解説していきます。

　ボックス図を作成したら、直接材料費総差異、価格差異、数量差異を計算します。

　差異を計算するときは、**必ず標準の数値から実際の数値を差し引く**ようにしましょう。そして、標準の数値から実際の数値を差し引いて**プラスなら有利差異（貸方差異）**、**マイナスなら不利差異（借方差異）**と判断します。

〔資　料〕
(2) 当月実際発生額
　　直接材料費：@410円（実際消費単価）×2,200kg（実際消費量）＝902,000円
(3) 標準原価に関する資料
　　直接材料費の標準消費単価：@400円　　直接材料費の標準消費量：2kg/個

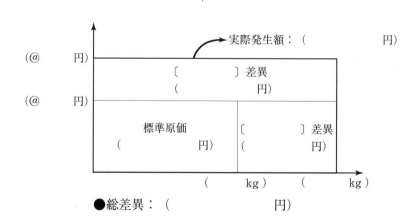

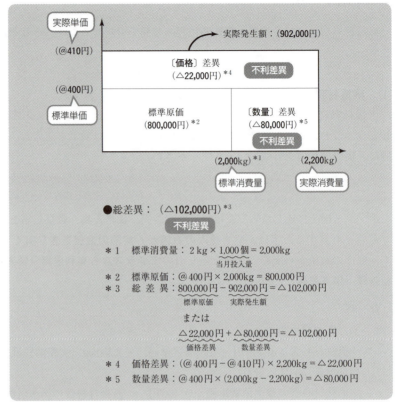

(2) 直接労務費の差異分析

直接労務費に関する資料から、直接労務費差異の差異分析図（ボックス図）にデータを記入しましょう。なお、縦軸には賃率を、横軸には直接作業時間を記入し、それぞれ標準の数値を内側に、実際の数値を外側に記入してください。その後、直接労務費のボックス図から、直接労務費総差異、賃率差異、時間差異を計算しましょう。

〔資 料〕
(2) 当月実際発生額
　　直接労務費：@280円（実際消費賃率）× 4,800時間（実際直接作業時間）= 1,344,000円
(3) 標準原価に関する資料
　　直接労務費の標準消費賃率：@300円　　直接労務費の標準直接作業時間：5時間／個

加工費	仕 掛 品		
月初		完成	
(	0個)	(	900個)
投入		月末	
(	950個)	(	50個)

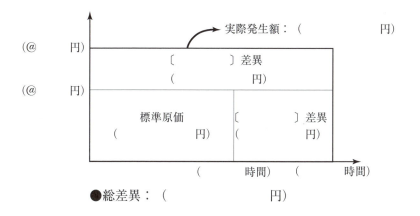

●総差異：（　　　　　　円）

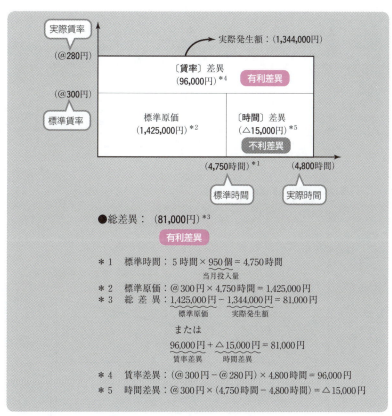

(3) 製造間接費の差異分析

　製造間接費に関する資料から、製造間接費の差異分析図にデータを記入しましょう。なお、この例題は公式法変動予算を前提としているので、製造間接費予算を変動費部分と固定費部分に分けて記入します。

〔資　料〕
(2) 当月実際発生額

　　製造間接費：1,192,000円（実際 直接作業時間 は4,800時間）

(3) 標準原価に関する資料

　　直接労務費の標準消費賃率：@300円　直接労務費の標準 直接作業時間 ：5時間／個

　　製造間接費予算（月額）：1,250,000円（うち固定費予算額は750,000円）

　＊　製造間接費は、 直接作業時間 をもとにして製品に標準配賦している。なお、月間の基準操業度は5,000時間である。

まずは、差異分析図にデータを記入しましょう。

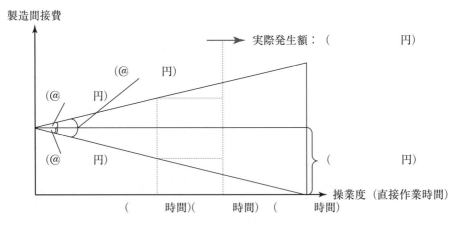

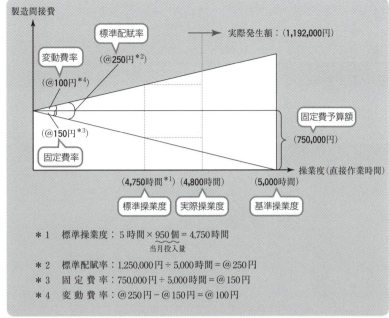

次に、製造間接費の差異分析図から、総差異、予算差異、操業度差異、能率差異を計算しましょう。なお、問題文に「能率差異は（標準配賦率）×（標準直接作業時間－実際直接作業時間）で計算する」とあるので、能率差異はこの指示にしたがって計算してください。

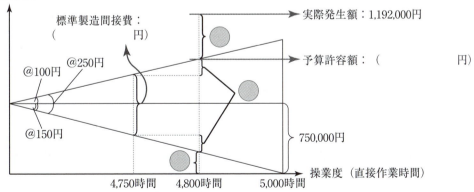

● 総　差　異：（　　　　　　　円）

よ 予 算 差 異：（　　　　　　　円）

そ 操業度差異：（　　　　　　　円）

の 能 率 差 異：（　　　　　　　円）

にしたがって
記入すると

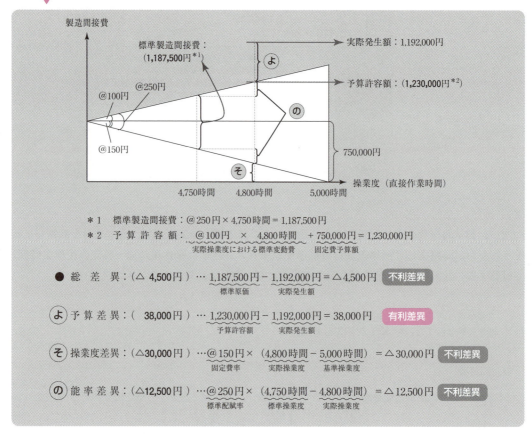

- 総　差　異：（△ 4,500 円）… 1,187,500円 − 1,192,000円 = △4,500円　不利差異
　　　　　　　　　　　　　　　　標準原価　　実際発生額

(よ) 予 算 差 異：（　38,000 円）… 1,230,000円 − 1,192,000円 = 38,000円　有利差異
　　　　　　　　　　　　　　　　予算許容額　実際発生額

(そ) 操業度差異：（△30,000円）…@150円 ×（4,800時間 − 5,000時間）= △30,000円　不利差異
　　　　　　　　　　　　　　　　固定費率　　実際操業度　　基準操業度

(の) 能 率 差 異：（△12,500円）…@250円 ×（4,750時間 − 4,800時間）= △12,500円　不利差異
　　　　　　　　　　　　　　　　標準配賦率　標準操業度　　実際操業度

STEP 3　仕掛品勘定に記入する

> 日商の試験では、ほとんどの場合、パーシャル・プランを前提にした問題が出題されます。

標準原価計算の勘定記入には、**シングル・プランとパーシャル・プラン**があります。

この例題は**パーシャル・プラン**を採用しているため、**仕掛品勘定の当月製造原価は実際原価で記入**します。なお、それ以外の**月初仕掛品原価、完成品原価、月末仕掛品原価は標準原価で記入**します。そして、仕掛品勘定の貸借差額で原価差異（直接材料費、直接労務費、製造間接費の総差異の合計額）を計算します。

(1) 製品1個あたりの標準原価

仕掛品勘定に記入する前に製品1個あたりの標準原価を計算しておきましょう。

〔資 料〕
(3) 標準原価に関する資料

　　　　直接材料費の標準消費単価：@400円　　直接材料費の標準消費量：2kg/個
　　　　直接労務費の標準消費賃率：@300円　　直接労務費の標準直接作業時間：5時間/個
　　　　製造間接費標準配賦率（STEP2より）：@250円
　　　＊ 製造間接費は、直接作業時間をもとにして製品に標準配賦している。

製品1個あたりの標準原価

①直接材料費：(@　　　円) × (　　) kg　＝ (@　　　円)

②直接労務費：(@　　　円) × (　　) 時間 ＝ (@　　　円)

③製造間接費：(@　　　円) × (　　) 時間 ＝ (@　　　円)

　製品1個あたりの標準原価　　　　　　　　　(@　　　円)

製品1個あたりの標準原価

①直接材料費：(@　400円) × (2) kg　＝ (@　800円)
②直接労務費：(@　300円) × (5) 時間 ＝ (@ 1,500円)　加工費
③製造間接費：(@　250円) × (5) 時間 ＝ (@ 1,250円)
　製品1個あたりの標準原価　　　　　　　　　(@ 3,550円)

(2) 仕掛品のボックス図に標準原価を記入する

(1)の標準原価を用いて、**完成品原価**と**月末仕掛品原価**を計算しましょう。

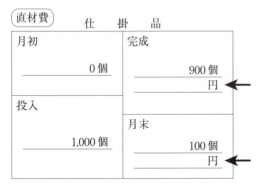

①完成品原価：　　　　　円

②月末仕掛品原価：　　　　　円

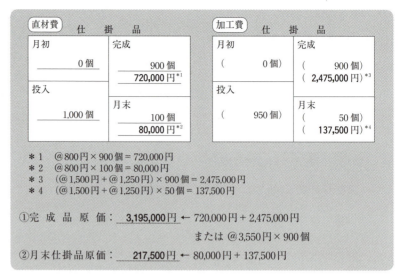

以上より、この例題の解答は次のようになります。

標準原価計算（差異分析）

STEP 1 仕掛品のボックス図を作成して、生産データを整理する

STEP 2 差異分析図を作成して分析する

① 直接材料費差異の分析

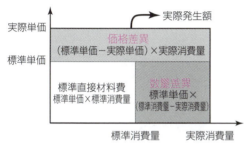

② 直接労務費差異の分析

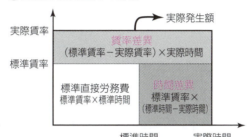

③ 製造間接費差異の分析（公式法変動予算の場合）

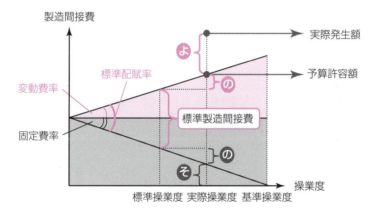

製造間接費差異（総差異）＝標準製造間接費－実際発生額
- よ 予算差異＝予算許容額－実際発生額
- そ 操業度差異＝固定費率×(実際操業度－基準操業度)
- の 能率差異＝標準配賦率×(標準操業度－実際操業度)
  - の 変動費能率差異＝変動費率×(標準操業度－実際操業度)
  - の 固定費能率差異＝固定費率×(標準操業度－実際操業度)

> 能率差異を2つに分けて分析する方法を四分法（予算差異、操業度差異、変動費能率差異、固定費能率差異）、2つに分けないで分析する方法を三分法（予算差異、操業度差異、能率差異）といいます。試験では、問題文の指示にしたがって分析してください。

これ、だいじょうぶ？　　　　　　　　　　　　　固定予算の差異分析

固定予算の場合の差異分析は、基本的に公式法変動予算の場合と同じですが、固定費と変動費を分けないため、**操業度差異は標準配賦率に実際操業度と基準操業度の差を掛ける**ことになります。また、**能率差異は変動部分と固定部分を分けません**。

したがって、例題6が固定予算であった場合の差異分析図は次のようになります。

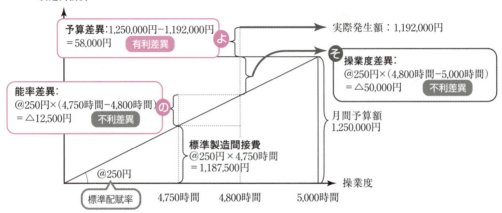

製造間接費差異（総差異）＝標準製造間接費－実際発生額

よ　予算差異＝予算許容額（月間予算額）－実際発生額

そ　操業度差異＝標準配賦率×（実際操業度－基準操業度）

の　能率差異＝標準配賦率×（標準操業度－実際操業度）

これ、だいじょうぶ？　　パーシャル・プランとシングル・プラン

標準原価計算では、仕掛品勘定の月初仕掛品原価、完成品原価、月末仕掛品原価は標準原価で記入しますが、当月製造費用については、**実際原価**で記入する方法（**パーシャル・プラン**）と**標準原価**で記入する方法（**シングル・プラン**）があります。

なお、どちらの方法でも**製品勘定はすべて標準原価**で記入します。

(1) **パーシャル・プランによる勘定記入**

パーシャル・プランでは、仕掛品勘定の当月製造費用（直接材料費、直接労務費、製造間接費）を**実際原価**で記入します。したがってパーシャル・プランでは、標準原価と実際原価の差額である原価差異は、仕掛品勘定で把握されることになります。

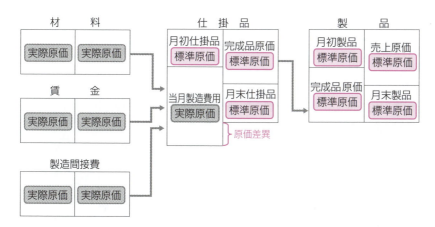

(2) **シングル・プランによる勘定記入**

シングル・プランでは、仕掛品勘定の当月製造費用（直接材料費、直接労務費、製造間接費）を**標準原価**で記入します。したがってシングル・プランでは、標準原価と実際原価の差額である原価差異は、各原価要素の勘定（材料勘定、賃金勘定、製造間接費勘定）で把握されることになります。

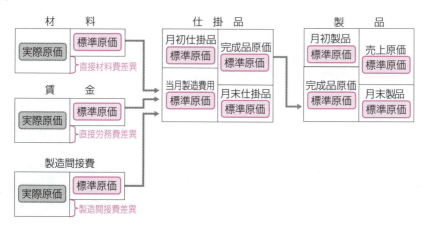

第5問対策 例題

7. 直接原価計算（損益計算書の作成）

例題 7 次の資料にもとづいて、全部原価計算による損益計算書と、直接原価計算による損益計算書を作成しなさい。なお、製品の払出単価の計算は平均法によっている。 ⏰**20分**

〔資　料〕

　第1期から第3期を通じて、販売単価、製品単位あたりの変動費、固定費の金額に変化はなく、次のとおりであった。

(1) 販売単価　@400円

(2) 製造原価

　　変動製造原価　@120円　固定製造原価（期間総額）　280,000円

(3) 販売費及び一般管理費

　　変動販売費　@50円　固定販売費及び一般管理費　140,000円

(4) 生産・販売データ

	第1期	第2期	第3期
期首製品在庫量	0 個	0 個	500 個
当 期 生 産 量	4,000 個	3,500 個	4,500 個
当 期 販 売 量	4,000 個	3,000 個	4,400 個
期末製品在庫量	0 個	500 個	600 個

＊　期首および期末に仕掛品はない。

(1) 全部原価計算による損益計算書

損益計算書（全部原価計算） （単位：円）

	第1期	第2期	第3期
Ⅰ. 売 上 高			
Ⅱ. 売 上 原 価			
（　　　　）			
Ⅲ. 販売費及び一般管理費			
営 業 利 益			

(2) 直接原価計算による損益計算書

損益計算書（直接原価計算） （単位：円）

	第1期	第2期	第3期
Ⅰ. 売 上 高			
Ⅱ. 変 動 売 上 原 価			
（　　　　）			
Ⅲ. 変 動 販 売 費			
（　　　　）			
Ⅳ. 固 定 費			
営 業 利 益			

答案用紙に記入したら、 解答 P.367 **で答えを** CHECK!

・解けた人 ➡ 次の 例題 へ

・解けなかった人 ➡ 解き方の道しるべ へ！

解き方の道しるべ

全部原価計算と直接原価計算の損益計算書を作成する問題です。

全部原価計算では、固定製造費用を製品原価として計算しますが、直接原価計算では固定製造費用を期間原価として計算する点が異なります。

STEP 1 問題文の確認

・原価配分方法は？…（先入先出法・平均法）

STEP 2 ボックス図を作成してデータを記入する

下書き用紙に製品のボックス図（3期分）を作成して、資料のデータを記入します。

(1) 生産・販売データを記入する

まずは、生産・販売データを記入します。

(4) 生産・販売データ

	第1期	第2期	第3期
期首製品在庫量	0個	0個	500個
当 期 生 産 量	4,000個	3,500個	4,500個
当 期 販 売 量	4,000個	3,000個	4,400個
期末製品在庫量	0個	500個	600個

＊ 期首および期末に仕掛品はない。

「期首および期末に仕掛品はない」より、当期生産量（投入量）＝当期完成量であることがわかります。

製品－第1期

期首 ___個	販売 ___個
生産＝完成 ___個	期末 ___個

製品－第2期

期首 ___個	販売 ___個
生産＝完成 ___個	期末 ___個

製品－第3期

期首 ___個	販売 ___個
生産＝完成 ___個	期末 ___個

(2) 原価データを記入する

生産・販売データをボックス図に記入したら、次は原価データをボックス図に記入します。

クロキチの㊙合格テクニック

変動製造原価と固定製造原価は、分けて記入しよう!

固定製造原価は、直接原価計算では固定費（期間原価）として処理します（製品原価の計算では用いません）が、全部原価計算では製品原価として処理します。

そこで、全部原価計算と直接原価計算の損益計算書を作成する場合は、変動製造原価と固定製造原価に分けてボックス図に記入しておくと、あとの計算で便利です。

(2) 製造原価
　　変動製造原価　@120円　固定製造原価（期間総額）　280,000円

㊛…変動製造原価
㊐…固定製造原価

損益計算書の売上原価の欄が期首製品棚卸高、当期製品製造原価、期末製品棚卸高に分かれていないので、売上原価だけ計算してもかまいません。

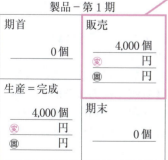

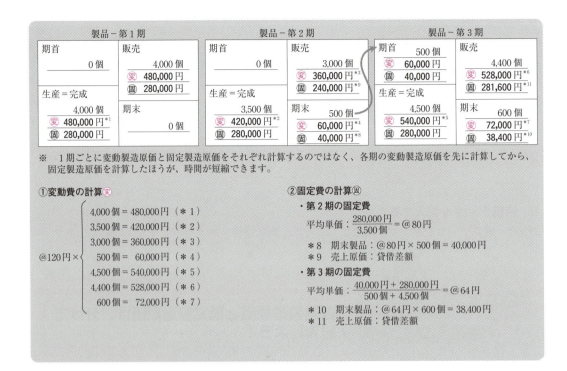

※ 1期ごとに変動製造原価と固定製造原価をそれぞれ計算するのではなく、各期の変動製造原価を先に計算してから、固定製造原価を計算したほうが、時間が短縮できます。

①変動費の計算変

②固定費の計算固

- 第2期の固定費

  平均単価：$\dfrac{280{,}000\text{円}}{3{,}500\text{個}} = @80\text{円}$

  ＊8　期末製品：@80円 × 500個 = 40,000円
  ＊9　売上原価：貸借差額

- 第3期の固定費

  平均単価：$\dfrac{40{,}000\text{円} + 280{,}000\text{円}}{500\text{個} + 4{,}500\text{個}} = @64\text{円}$

  ＊10　期末製品：@64円 × 600個 = 38,400円
  ＊11　売上原価：貸借差額

STEP 3　答案用紙に記入する

問題文の資料とSTEP2のボックス図から、答案用紙の損益計算書に金額を記入します。

クロキチの㊙合格テクニック

1期ごとにタテに計算するのではなく、項目ごとにヨコに計算しよう！

　この例題のように数期間の損益計算書を作成するときは、1期分ごとにタテに金額をうめていくのではなく、売上高や売上原価などの項目ごとにヨコに金額をうめていきましょう。

　たとえば、販売単価@400円に各期の販売量を掛けて各期の売上高を計算し、次に各期の売上原価（全部原価計算の場合）を計算していくのです。

　このように計算することで、資料やボックス図をあちこち見なくてすむので計算ミスを防ぐことができます。また、売上高や直接原価計算の変動販売費のように、単価に各期の販売量を掛けて金額を求める項目については、電卓の連続計算機能（P.249参照）を使えば、一気に計算できてしまうので、時間の短縮にもつながります。

(1) 全部原価計算による損益計算書

まずは、全部原価計算による損益計算書を作成しましょう。

①売上高、売上原価

販売単価（@400円）とボックス図から売上高と売上原価を計算します。
そして、売上高から売上原価を差し引いて、**売上総利益**を計算してください。

製品−第1期

期首	販売
0個	4,000個
	変 480,000円
	固 280,000円
生産＝完成	期末
4,000個	0個
変 480,000円	
固 280,000円	

製品−第2期

期首	販売
0個	3,000個
	変 360,000円
	固 240,000円
生産＝完成	期末
3,500個	500個
変 420,000円	変 60,000円
固 280,000円	固 40,000円

製品−第3期

期首	販売
500個	4,400個
変 60,000円	変 528,000円
固 40,000円	固 281,600円
生産＝完成	期末
4,500個	600個
変 540,000円	変 72,000円
固 280,000円	固 38,400円

損益計算書（全部原価計算）　　　（単位：円）

	第1期	第2期	第3期
Ⅰ．売　上　高			
Ⅱ．売　上　原　価			
（　　　　　　）			

道しるべ
にしたがって
記入すると ▶▶▶

損益計算書（全部原価計算）　　　（単位：円）

	第1期	第2期	第3期
Ⅰ．売　上　高	1,600,000 *1	1,200,000 *2	1,760,000 *3
Ⅱ．売　上　原　価	760,000 *4	600,000 *5	809,600 *6
（売　上　総　利　益）	840,000	600,000	950,400

Ⅰ．売上高の計算
@400円 × { 4,000個＝1,600,000円（*1）
3,000個＝1,200,000円（*2）
4,400個＝1,760,000円（*3）

Ⅱ．売上原価の計算
*4　480,000円＋280,000円＝760,000円
*5　360,000円＋240,000円＝600,000円
*6　528,000円＋281,600円＝809,600円

②販売費及び一般管理費

次に、販売費及び一般管理費を計算します。
そして、売上総利益から販売費及び一般管理費を差し引いて**営業利益**を計算してください。

(3) 販売費及び一般管理費
　　変動販売費　＠50円　固定販売費及び一般管理費　140,000円

製品－第1期
- 期首　0個
- 生産＝完成　4,000個　変480,000円　固280,000円
- 販売　4,000個　変480,000円　固280,000円
- 期末　0個

製品－第2期
- 期首　0個
- 生産＝完成　3,500個　変420,000円　固280,000円
- 販売　3,000個　変360,000円　固240,000円
- 期末　500個　変60,000円　固40,000円

製品－第3期
- 期首　500個　変60,000円　固40,000円
- 生産＝完成　4,500個　変540,000円　固280,000円
- 販売　4,400個　変528,000円　固281,600円
- 期末　600個　変72,000円　固38,400円

損益計算書（全部原価計算）　　　　　　　（単位：円）

	第1期	第2期	第3期
⋮	⋮	⋮	⋮
（売上総利益）	840,000	600,000	950,400
Ⅲ．販売費及び一般管理費			
営　業　利　益			

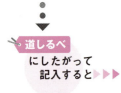

道しるべ
にしたがって
記入すると ▶▶▶

損益計算書（全部原価計算）　　　　　　　（単位：円）

	第1期	第2期	第3期
⋮	⋮	⋮	⋮
（売上総利益）	840,000	600,000	950,400
Ⅲ．販売費及び一般管理費	340,000[*1]	290,000[*2]	360,000[*3]
営　業　利　益	500,000	310,000	590,400

Ⅲ．販売費及び一般管理費の計算
＊1　＠50円×4,000個＋140,000円＝340,000円
＊2　＠50円×3,000個＋140,000円＝290,000円
＊3　＠50円×4,400個＋140,000円＝360,000円

(2) 直接原価計算による損益計算書

今度は、直接原価計算による損益計算書を作成しましょう。

①売上高、変動売上原価

各期の売上高は全部原価計算の売上高と同じなので、全部原価計算の売上高をそのまま直接原価計算の売上高に記入します。そして、ボックス図の「販売」に集計された変動製造原価を変動売上原価として計上し、売上高から変動売上原価を差し引いて**変動製造マージン**を計算します。

> 売上高は全部原価計算も直接原価計算も同額となるため、全部原価計算の売上高を転記しましょう。

	損益計算書（直接原価計算）		（単位：円）
	第1期	第2期	第3期
Ⅰ．売 上 高	1,600,000	1,200,000	1,760,000
Ⅱ．変動売上原価	_____	_____	_____
（　　　　　）			

道しるべ
にしたがって
記入すると ▶▶▶

	損益計算書（直接原価計算）		（単位：円）
	第1期	第2期	第3期
Ⅰ．売 上 高	1,600,000	1,200,000	1,760,000
Ⅱ．変動売上原価	480,000	360,000	528,000
（変動製造マージン）	1,120,000	840,000	1,232,000

②変動販売費

変動販売費の単価（**@50円**）に販売量を掛けて変動販売費を計算しましょう。
そして、変動製造マージンから変動販売費を差し引いて**貢献利益**を計算してください。

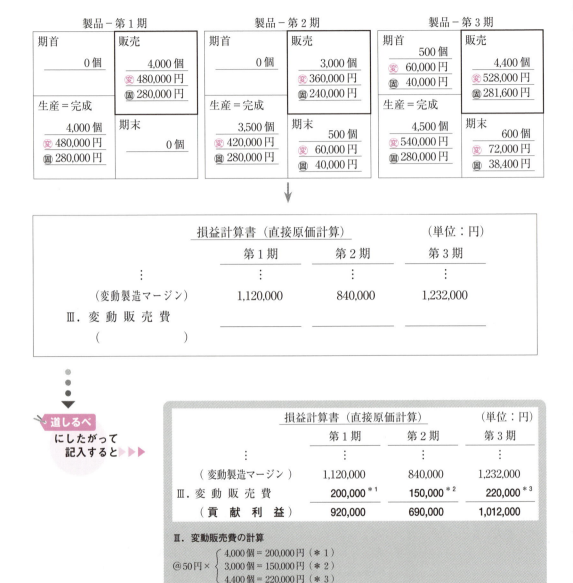

③固定費

直接原価計算では、固定製造原価は固定費（期間原価）として、当期に発生した金額を計上します。したがって、固定製造原価の発生額（**280,000円**）と固定販売費及び一般管理費（**140,000円**）を各期の固定費として計上します。

そして、貢献利益から固定費を差し引いて**営業利益**を計算します。

	損益計算書（直接原価計算）		（単位：円）
	第1期	第2期	第3期
⋮	⋮	⋮	⋮
（貢 献 利 益）	920,000	690,000	1,012,000
Ⅳ．固　定　費			
営　業　利　益			

道しるべ
にしたがって
記入すると ▶▶▶

	損益計算書（直接原価計算）		（単位：円）
	第1期	第2期	第3期
⋮	⋮	⋮	⋮
（貢 献 利 益）	920,000	690,000	1,012,000
Ⅳ．固　定　費	420,000 *	420,000 *	420,000 *
営　業　利　益	500,000	270,000	592,000

Ⅳ．固定費の計算：280,000円 + 140,000円 = 420,000円（＊）

以上より、この例題の解答は次のようになります。

道しるべ
にしたがって
記入すると ▶▶▶

(1) 全部原価計算による損益計算書

	損益計算書（全部原価計算）		（単位：円）
	第1期	第2期	第3期
Ⅰ．売　　上　　高	1,600,000	1,200,000	1,760,000
Ⅱ．売　上　原　価	760,000	600,000	809,600
（売 上 総 利 益）	840,000	600,000	950,400
Ⅲ．販売費及び一般管理費	340,000	290,000	360,000
営　業　利　益	500,000	310,000	590,400

(2) 直接原価計算による損益計算書

	損益計算書（直接原価計算）		（単位：円）
	第1期	第2期	第3期
Ⅰ．売　　上　　高	1,600,000	1,200,000	1,760,000
Ⅱ．変 動 売 上 原 価	480,000	360,000	528,000
（変動製造マージン）	1,120,000	840,000	1,232,000
Ⅲ．変 動 販 売 費	200,000	150,000	220,000
（貢 献 利 益）	920,000	690,000	1,012,000
Ⅳ．固　定　費	420,000	420,000	420,000
営　業　利　益	500,000	270,000	592,000

直接原価計算（損益計算書の作成）

1. **全部原価計算**では、固定製造原価は**製品原価**として処理する（当期の原価になるのは完成品に配分された金額のみ）。
2. **直接原価計算**では、固定製造原価は**期間原価**として処理する（当期の原価になるのは当期に発生した金額）。
3. 直接原価計算の損益計算書（例）

```
          損益計算書（直接原価計算）
Ⅰ. 売   上   高              8,000
Ⅱ. 変 動 売 上 原 価            2,000
    変動製造マージン            6,000
Ⅲ. 変 動 販 売 費               400
    貢  献  利  益             5,600
Ⅳ. 固    定    費
  1. 固 定 製 造 原 価    1,200
  2. 固定販売費及び一般管理費   900   2,100
    営  業  利  益             3,500
```

各段階利益の名称をしっかりおさえてください。

発生額を記入します。

8. 直接原価計算（CVP分析）

例題 8 当社は製品Xを製造・販売している。次の資料にもとづいて、下記の各問に答えなさい。

⏰15分

〔資　料〕当期の業績

売上高 ……………………………………@2,000円×1,000個
変動費　変動製造原価 ……………………@　900円×1,000個
　　　　変 動 販 売 費 ……………………@　300円×1,000個
固定費　固定製造原価 ……………………………………475,000円
　　　　固定販売費及び一般管理費 ………………………25,000円

問1　(1)　当期の貢献利益と営業利益を計算しなさい。
　　　(2)　当期の損益分岐点における売上高を計算しなさい。
　　　(3)　当期の安全余裕率を計算しなさい。
問2　(1)　次期において販売単価、製品1個あたりの変動費、固定費が当期と同額であると仮定した場合、次期の目標営業利益400,000円を達成する販売量を計算しなさい。
　　　(2)　次期において販売単価、製品1個あたりの変動費、固定費が当期と同額であると仮定した場合、次期の目標売上高営業利益率30％を達成する売上高を計算しなさい。
問3　次期において製品1個あたりの変動販売費を200円増やすことによって、1,200個の販売が可能となる。この場合の営業利益を計算しなさい。なお、販売単価、製品1個あたりの変動製造原価、固定費は当期と同額であると仮定する。

問1　(1)　貢献利益：＿＿＿＿＿＿＿円　営業利益：＿＿＿＿＿＿＿円
　　　(2)　＿＿＿＿＿＿＿円　　(3)　＿＿＿＿＿＿＿％
問2　(1)　＿＿＿＿＿＿＿個　　(2)　＿＿＿＿＿＿＿円
問3　＿＿＿＿＿＿＿円

答案用紙に記入したら、で答えを CHECK! ▶

解き方の道しるべ

CVP分析に関する問題です。
CVP分析の問題では、直接原価計算による損益計算書（略式）を下書き用紙につくって、求めるべき個数や売上高をX（個）やS（円）として解いていきましょう。

> CVP分析の公式を用いて計算することができますが、公式を忘れてしまうと問題が解けないので、なるべく損益計算書で解くことをおすすめします。

[問1]
(1) 当期の貢献利益と営業利益

問題文の資料から、当期の貢献利益と営業利益を計算しましょう。

[資 料] 当期の業績
売上高 …………………………………… @2,000円×1,000個
変動費　変動製造原価 ………………… @ 900円×1,000個
　　　　変動販売費 …………………… @ 300円×1,000個
固定費　固定製造原価 …………………475,000円
　　　　固定販売費及び一般管理費 …25,000円

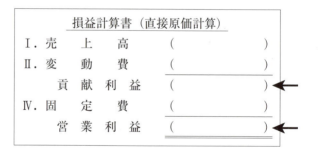

道しるべ
にしたがって
記入すると ▶▶▶

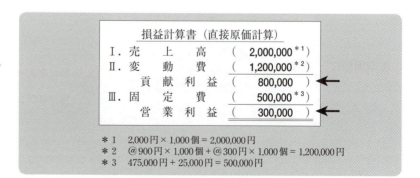

(2) 当期の損益分岐点における売上高

損益分岐点における売上高とは、**営業利益がちょうどゼロとなる売上高**をいいます。したがって、損益分岐点における販売量をX（個）、または損益分岐点における売上高をS（円）とし、**営業利益を0円**とした直接原価計算による損益計算書を作成して計算します。

なお、損益分岐点における売上高をS（円）として計算する場合は、**変動費率**（売上高に占める変動費の割合）、または**貢献利益率**を計算する必要があります。

なお、売上高から変動費を差し引いた金額が貢献利益なので、変動費率と貢献利益率の合計はつねに1となります。

> ですから、変動費率を求めたら、貢献利益率は「1－変動費率」で求めることができますね。

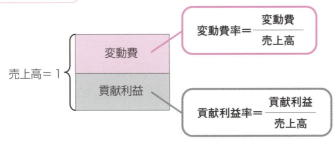

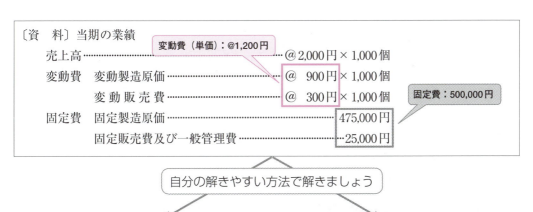

●当期の損益分岐点における売上高：＿＿＿＿＿＿＿円

当期の損益分岐点における売上高

販売量をX（個）とした場合

損益計算書（直接原価計算）
Ⅰ．売　上　高（　2,000 X　）
Ⅱ．変　動　費（　1,200 X　）
　　貢　献　利　益（　800 X　）
Ⅲ．固　定　費（　500,000　）
　　営　業　利　益（　　　0　）

販売量：800 X − 500,000 = 0
　　　　　800 X = 0 + 500,000
　　　　　　X = 625（個）
売上高：@2,000円 × 625個
　　　　　= 1,250,000円

売上高をS（円）とした場合

損益計算書（直接原価計算）
Ⅰ．売　上　高（　　　　S　）
Ⅱ．変　動　費（　　0.6 S　）
　　貢　献　利　益（　0.4 S　）
Ⅲ．固　定　費（　500,000　）
　　営　業　利　益（　　　0　）

変動費率：$\dfrac{@1,200円}{@2,000円} = 0.6$
売上高：0.4 S − 500,000 = 0
　　　　　0.4 S = 0 + 500,000
　　　　　　S = 1,250,000（円）

(3) 当期の安全余裕率

安全余裕率とは、予想売上高（または実際売上高）が損益分岐点をどれだけ上回っているかを表す比率をいいます。

$$安全余裕率 = \frac{予想（実際）売上高 － 損益分岐点の売上高}{予想（実際）売上高} \times 100$$

この例題の当期の売上高（2,000,000円）と損益分岐点の売上高（1,250,000円）から安全余裕率を計算してみましょう。

●当期の安全余裕率　　　　　　　％

当期の安全余裕率
$$\frac{2,000,000円 － 1,250,000円}{2,000,000円} \times 100 = 37.5\%$$

〔問2〕
(1) 目標営業利益を達成する販売量

目標営業利益を達成する販売量は、目標営業利益を直接原価計算による営業利益に代入して計算します。

目標営業利益400,000円を達成する販売量

自分の解きやすい方法で解きましょう

販売量をX（個）とした場合	売上高をS（円）とした場合
損益計算書（直接原価計算）	損益計算書（直接原価計算）
Ⅰ．売　上　高　（　　2,000 X　）	Ⅰ．売　上　高　（　　　　 S　）
Ⅱ．変　動　費　（　　1,200 X　）	Ⅱ．変　動　費　（　　　0.6 S　）
貢　献　利　益　（　　　800 X　）	貢　献　利　益　（　　　0.4 S　）
Ⅲ．固　定　費　（　　500,000　）	Ⅲ．固　定　費　（　　500,000　）
営　業　利　益　（　　　　　　）	営　業　利　益　（　　　　　　）

● 目標営業利益（400,000円）を達成する販売量　＿＿＿＿＿＿＿　個

道しるべ
にしたがって
記入すると ▶▶▶

目標営業利益を達成する販売量

販売量をX（個）とした場合	売上高をS（円）とした場合
損益計算書（直接原価計算）	損益計算書（直接原価計算）
Ⅰ．売　上　高　（　　2,000 X　）	Ⅰ．売　上　高　（　　　　 S　）
Ⅱ．変　動　費　（　　1,200 X　）	Ⅱ．変　動　費　（　　　0.6 S　）
貢　献　利　益　（　　　800 X　）	貢　献　利　益　（　　　0.4 S　）
Ⅲ．固　定　費　（　　500,000　）	Ⅲ．固　定　費　（　　500,000　）
営　業　利　益　（　　**400,000**　）	営　業　利　益　（　　**400,000**　）

販売量：800 X － 500,000 ＝ 400,000
　　　　　X ＝ **1,125**（個）

売上高：0.4 S － 500,000 ＝ 400,000
　　　　　S ＝ 2,250,000（円）
販売量：2,250,000円 ÷ ＠2,000円
　　　　＝ 1,125個

(2) 目標売上高営業利益率を達成する売上高

売上高営業利益率とは、売上高に占める営業利益の割合をいいます。

$$売上高営業利益率 = \frac{営業利益}{売上高} \times 100$$

上記の式からわかるように、売上高営業利益率に売上高を掛ければ、営業利益を計算することができます。

$$営業利益 = 売上高営業利益率 \times 売上高$$

そこで、目標売上高営業利益率を達成する売上高は、目標売上高営業利益率に売上高を掛けた値（目標営業利益）を直接原価計算による営業利益に代入して計算します。

目標売上高営業利益率30%を達成する売上高

自分の解きやすい方法で解きましょう

販売量をX（個）とした場合

損益計算書（直接原価計算）
Ⅰ．売　　上　　高　　（　　　　2,000 X ）
Ⅱ．変　　動　　費　　（　　　　1,200 X ）
　　　貢　献　利　益　（　　　　　800 X ）
Ⅲ．固　　定　　費　　（　　　　500,000 ）
　　　営　業　利　益　（　　　　　　　　）

売上高をS（円）とした場合

損益計算書（直接原価計算）
Ⅰ．売　　上　　高　　（　　　　　　　S ）
Ⅱ．変　　動　　費　　（　　　　　0.6 S ）
　　　貢　献　利　益　（　　　　　0.4 S ）
Ⅲ．固　　定　　費　　（　　　　500,000 ）
　　　営　業　利　益　（　　　　　　　　）

●目標売上高営業利益率（30%）を達成する売上高　＿＿＿＿＿＿円

道しるべ
にしたがって
記入すると ▶▶▶

目標売上高営業利益率を達成する売上高

販売量をX（個）とした場合

損益計算書（直接原価計算）
Ⅰ．売　　上　　高　　（　　2,000 X ）
Ⅱ．変　　動　　費　　（　　1,200 X ）
　　貢　献　利　益　（　　　800 X ）
Ⅲ．固　　定　　費　　（　　500,000 ）
　　営　業　利　益　（ 0.3 × 2,000 X ）

販売量：800 X − 500,000 = 0.3 × 2,000 X
　　　　800 X − 500,000 = 600 X
　　　　X = 2,500（個）
売上高：@2,000円 × 2,500個
　　　　= 5,000,000 円

売上高をS（円）とした場合

損益計算書（直接原価計算）
Ⅰ．売　　上　　高　　（　　　　S ）
Ⅱ．変　　動　　費　　（　　0.6 S ）
　　貢　献　利　益　（　　0.4 S ）
Ⅲ．固　　定　　費　　（　500,000 ）
　　営　業　利　益　（　　0.3 S ）

売上高：0.4 S − 500,000 = 0.3 S
　　　　S = **5,000,000**（円）

〔問3〕
　条件を変更したときは、条件を変更したあとの直接原価計算による損益計算書を作成して、問1や問2と同様に解くだけです。

〔資　料〕当期の業績
　　売上高　　　　　　　　　　　　　　　　　@2,000円×1,000個
　　変動費　変動製造原価　　　　　　　　　　@　900円×1,000個
　　　　　　変動販売費　　　　　　　　　　　@　300円×1,000個
　　固定費　固定製造原価　　　　　　　　　475,000円
　　　　　　固定販売費及び一般管理費　　　　25,000円

問3　次期において製品1個あたりの変動販売費を200円増やすことによって、1,200個の販売が可能となる。この場合の営業利益を計算しなさい。なお、販売単価、製品1個あたりの変動製造原価、固定費は当期と同額であると仮定する。

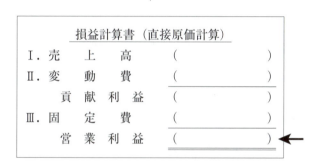

損益計算書（直接原価計算）
Ⅰ.売　上　高　　（　2,400,000 ＊1　）
Ⅱ.変　動　費　　（　1,680,000 ＊2　）
　　貢　献　利　益　（　　720,000　）
Ⅲ.固　定　費　　（　　500,000 ＊3　）
　　営　業　利　益　（　　220,000　）←

＊1　@2,000円×1,200個＝2,400,000円
＊2　（@900円＋@300円＋@200円）×1,200個＝1,680,000円
＊3　475,000円＋25,000円＝500,000円

以上より、この例題の解答は次のようになります。

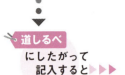

問1　(1)　貢献利益：800,000円　営業利益：300,000円
　　　(2)　1,250,000円　　(3)　37.5％
問2　(1)　1,125個　　(2)　5,000,000円
問3　220,000円

直接原価計算（CVP分析）

1. CVP分析は直接原価計算による損益計算書を使って解こう！
   ①販売量をX（個）、または売上高をS（円）とした損益計算書をつくる。
   ②損益分岐点における売上高…営業利益＝0円として計算する。
   ③目標営業利益を達成する売上高…営業利益＝目標営業利益として計算する。

2. 安全余裕率＝$\dfrac{予想（実際）売上高－損益分岐点の売上高}{予想（実際）売上高}$×100

3. 売上高営業利益率＝$\dfrac{営業利益}{売上高}$×100

これ、だいじょうぶ？　　　　　　　　　　**高低点法**

　高低点法は、原価を変動費と固定費に分ける方法のひとつで、過去の一定期間における生産量とそのときの原価データにもとづいて、原価を変動費と固定費に分ける方法です。

　高低点法では、まず、資料から最高の生産量（最高点）と最低の生産量（最低点）およびそのときの各原価を抜き出し、最高点と最低点の生産量および原価の差額から、**変動費率（製品1個あたりの変動費）**を計算します。

$$変動費率＝\frac{最高点の原価－最低点の原価}{最高点の生産量－最低点の生産量}$$

〔例〕

	製品生産量	原価発生額
1月	10個	5,600円
2月	4個	5,200円
3月	12個	6,200円
4月	6個	5,440円
5月	16個	6,400円
6月	14個	6,320円

2月 → 最低生産量（最低点）
5月 → 最高生産量（最高点）

$$変動費率：\frac{6,400円－5,200円}{16個－4個}＝＠100円$$

　そして、変動費率に最低点（または最高点）の生産量を掛けて、最低点（または最高点）の変動費を計算します。

どちらか一方を計算すればOK！

・最低点（　4個）の変動費：＠100円×　4個＝　　400円
・最高点（16個）の変動費：＠100円×16個＝1,600円

　最後に、最低点（または最高点）の原価から変動費を差し引いて固定費を計算します。

・最低点（　4個）の固定費：　5,200円　－　400円　＝4,800円
　　　　　　　　　　　　　　　最低点の原価　　最低点の変動費

・最高点（16個）の固定費：　6,400円　－　1,600円　＝4,800円
　　　　　　　　　　　　　　　最高点の原価　　最高点の変動費

377

第5問対策　実践問題

問題 1　単純総合原価計算　⏰ 15分

答案用紙…別冊P.46　解答…解答解説編P.452

　当工場では製品Rを製造しており、原価計算の方法は実際単純総合原価計算を採用している。次の資料にもとづいて、以下の各問に答えなさい。

　なお、原価投入額を完成品総合原価と月末仕掛品原価に配分する方法として平均法を採用しており、製品の倉出単価（売上原価）を計算する方法として先入先出法を採用している。

〔資　料〕

(1)　当月の生産・販売データ

月 初 仕 掛 品	500 個（60%）	月 初 製 品	300 個	
当 月 投 入	5,500	当 月 完 成 品	5,300	
合　　　計	6,000 個	合　　　計	5,600 個	
正 常 減 損	100　（20%）	当 月 販 売	5,000	
月 末 仕 掛 品	600　（50%）	月 末 製 品	600	
当 月 完 成 品	5,300 個	合　　　計	5,600 個	

＊（　　）内は加工進捗度を示す。

(2)　製品Rを製造するために必要なA材料は工程の始点で、B材料は工程の終点でそれぞれ投入している。

(3)　正常減損は工程の20%の時点で発生するため、正常減損費は度外視法（正常減損は最初から投入されなかったと考える方法）により、完成品と月末仕掛品の両者に負担させる。

問1　答案用紙の総合原価計算表を完成させなさい。
問2　売上原価を計算しなさい。なお、月初製品原価は243,800円である。

378

問題 2 　**単純総合原価計算** 　⏰ **25分**

答案用紙…別冊P.47　解答…解答解説編P.453

当工場では製品Qを製造しており、原価計算の方法は単純総合原価計算を採用している。次の資料にもとづいて、以下の各問に答えなさい。

なお、原価投入額を完成品総合原価と月末仕掛品原価に配分する方法として、先入先出法を採用している。また、正常仕損の処理は度外視法によること。

〔資　料〕　生産データ

月 初 仕 掛 品	2,000	個（50％）
当 月 投 入	21,000	
合　　　計	23,000	個
正 常 仕 損	600	
月 末 仕 掛 品	1,000	（40％）
完 　成 　品	21,400	個

＊1　直接材料はすべて工程の始点で投入される。
＊2　（　　）内は加工進捗度を示す。
＊3　仕損は工程の途中で発生している。

問1　答案用紙の総合原価計算表を完成させなさい。ただし、仕損品の評価額はないものとする。

問2　上記の資料について、仕損品の評価額は10,200円で、その価値は材料の価値である場合の完成品総合原価を計算しなさい。

問3　上記の資料について、仮に、正常仕損が工程の終点で発生しているものとし、正常仕損費は完成品のみに負担させるものとした場合の完成品総合原価を計算しなさい。ただし、仕損品の評価額は10,200円で、その価値は材料の価値である。

問題 3 工程別総合原価計算 ⏰ 15分

答案用紙…別冊P.49　解答…解答解説編P.456

当工場では2つの工程を経て製品Sを製造しており、原価計算の方法は累加法による工程別総合原価計算を採用している。次の資料にもとづいて、答案用紙の工程別仕掛品勘定を完成させなさい。ただし、原価投入額を完成品総合原価と月末仕掛品原価に配分する方法として、第1工程は先入先出法、第2工程は平均法を用いている。

〔資　料〕

(1)　生産データ

	第1工程		第2工程	
月 初 仕 掛 品	400 個	(1/4)	800 個	(4/5)
当 月 投 入	15,600		14,400	
合　　　計	16,000 個		15,200 個	
月 末 仕 掛 品	1,600	(1/5)	500	(3/5)
正 常 仕 損	—		200	
完 　 成 　 品	14,400 個		14,500 個	

＊1　直接材料はすべて工程の始点で投入される。
＊2　（　）内は加工進捗度を示す。

(2)　正常仕損は、第2工程の終点で発生しているため、正常仕損費はすべて完成品に負担させる。なお、仕損品の処分価値は0円である。

問題 4 工程別総合原価計算 ⏰20分

答案用紙…別冊P.51　解答…解答解説編P.457

当工場では2つの工程を経て製品Tを製造しており、原価計算の方法は累加法による工程別総合原価計算を採用している。次の資料にもとづいて、答案用紙の工程別総合原価計算表を完成させなさい。ただし、原価投入額を完成品総合原価と月末仕掛品原価に配分する方法として、第1工程は先入先出法、第2工程は平均法を用いている。

〔資　料〕

(1) 生産データ

	第1工程		第2工程	
月 初 仕 掛 品	0 個		1,000 個	（20％）
当 月 投 入	22,500		20,000	
合　　　計	22,500 個		21,000 個	
月 末 仕 掛 品	2,000	（50％）	3,000	（60％）
正 常 仕 損	500		—	
完 成 品	20,000 個		18,000 個	

＊（　）内は加工進捗度を示す。

(2) A原料は第1工程の始点で投入される。また、B原料は第2工程の加工進捗度40％の時点で投入される。

(3) 正常仕損は、第1工程の終点で発生しているため、正常仕損費はすべて完成品に負担させる。なお、仕損品の処分価値は0円である。

問題 **5** 組別総合原価計算 ⏰ 20分

答案用紙…別冊P.53　解答…解答解説編P.458

当工場ではA製品とB製品という異種製品を同一工程で製造し、販売している。なお、製品原価の計算方法はA製品とB製品を組別に計算する組別総合原価計算を採用している。

次の資料にもとづいて、下記の各問に答えなさい。ただし、原価投入額を完成品総合原価と月末仕掛品原価に配分する方法として先入先出法を採用しており、製品の倉出単価（売上原価）を計算する方法として平均法を採用している。

〔資　料〕

(1)　生産データ

	A 製品	B 製品
月 初 仕 掛 品	350 個（40%）	200 個（60%）
月 末 仕 掛 品	500 個（68%）	300 個（20%）
当 月 完 成 品	22,000 個	4,900 個

＊（　　）内は加工進捗度を示す。

(2)　原価データ

	月初仕掛品原価		当月製造費用	
	原料費	加工費	原料費	加工費
A 製品	53,475 円	41,600 円	1,295,775 円	3,955,000 円
B 製品	16,650 円	18,550 円	477,500 円	

＊　原料はすべて工程の始点で投入している。

(3)　原料費は各組に直課し、加工費は直接作業時間を配賦基準として各組に実際配賦している。
なお、当月の直接作業時間は次のとおりである。

　　　当月の直接作業時間合計　11,300時間（A製品 8,880時間、B製品 2,420時間）

(4)　販売データ

	A 製品	B 製品
月 初 製 品	400 個*	200 個*
月 末 製 品	600 個	300 個
当 月 販 売 量	21,800 個	4,800 個
当月実際販売単価	＠350 円	＠400 円

＊　A製品の月初製品原価は80,400円、B製品の月初製品原価は53,900円である。

問1　答案用紙の組別総合原価計算表を完成させなさい。

問2　答案用紙の損益計算書を完成させなさい。

| 問題 | **6** | 等級別総合原価計算 | ⏰ **20分** |

答案用紙…別冊P.54　解答…解答解説編P.461

　当工場では製品X、製品Y、製品Zの3つの等級製品を製造している。なお、原価計算の方法は1か月間の完成品の総合原価を、各等級製品の等価係数に完成品量を乗じた積数の比で各等級製品に按分する方法を採用している。

　次の資料にもとづき、(A)月末仕掛品原価、製品Yの完成品総合原価、製品Zの完成品単位原価を計算し、(B)答案用紙の損益計算書を完成させなさい。ただし、原価投入額を完成品総合原価と月末仕掛品原価に配分する方法として平均法を採用している。

〔資　料〕

(1)　生産データ

月 初 仕 掛 品	1,800 個	（70％）
当 月 投 入	19,800	
合　　　計	21,600 個	
月 末 仕 掛 品	3,600	（50％）
完　　成　　品	18,000 個	

　　＊1　直接材料はすべて工程の始点で投入される。
　　＊2　（　）内は加工進捗度を示す。

(2)　製造原価データ

	直接材料費	加　工　費
月初仕掛品原価	558,000 円	376,380 円
当 月 製 造 費 用	5,662,800 円	5,246,820 円

(3)　当月完成品数量

　　　製品X　9,000個　　　　製品Y　5,000個　　　　製品Z　4,000個

(4)　当月販売数量

　　　製品X　8,600個　　　　製品Y　5,000個　　　　製品Z　4,400個

(5)　等価係数

　　　製品X　　0.5　　　　　製品Y　　1　　　　　製品Z　　1.2

(6)　実際販売単価

　　　製品X　440円／個　　　製品Y　950円／個　　　製品Z　1,000円／個

(7)　加工費は予定配賦率を用いた正常配賦を行っており、当月に生じた加工費配賦差異100,120円（借方差異）は全額、原価差異として当月の売上原価に賦課する。

問題 7 **標準原価計算** ⏰ **20分**

答案用紙…別冊P.55　解答…解答解説編P.462

当社では標準原価計算制度を採用している。

問1　次の資料にもとづいて、答案用紙の月次予算損益計算書を完成させなさい。

〔資　料〕
(1)　月間の予算生産・販売量は10,000個、予算販売単価は6,000円である。
(2)　製品1個あたりの標準製造原価は次のとおりである。

直接材料費　　30円/kg　×　50kg　＝　1,500円

直接労務費　700円/時間×2時間＝1,400円

製造間接費　800円/時間×2時間＝ 1,600円

4,500円

(3)　製造間接費には、公式法変動予算を設定しており、変動費率は500円/時間、月間固定費予算額は6,000,000円である。
(4)　販売費及び一般管理費の年間予算額は48,000,000円である。

問2　問1の資料および当月の実績データ（下記）にもとづいて、答案用紙の標準製造原価差異分析表を完成させなさい。なお、能率差異は変動費および固定費からなるものとする。

〔当月の実績データ〕

生産・販売量　9,000個

直接材料費　28円/kg×456,000kg＝12,768,000円

直接労務費　710円/時間×18,200時間＝12,922,000円

製造間接費　15,550,000円

問題 8　直接原価計算　⏰ 20分

答案用紙…別冊P.57　解答…解答解説編P.464

当社の6月の生産・販売データにもとづいて、以下の各問に答えなさい。

〔6月の生産・販売データ〕

(1)　6月の生産量は9,000個、販売量は8,000個であった（月初製品在庫量は0個）。

(2)　販売単価は5,000円であった。

(3)　6月の原価データは次のとおりである。

　　　①直接材料費　　7,200,000円（全額、変動費）

　　　②直接労務費　　9,000,000円（全額、変動費）

　　　③製造間接費　14,400,000円（うち変動費　10,800,000円、固定費　3,600,000円）

　　　④変動販売費　　2,000,000円（当月の販売量に対して発生したものである）

　　　⑤固定販売費及び一般管理費　2,700,000円

(4)　月初仕掛品および月末仕掛品はないものとする。

問1　全部原価計算方式の損益計算書を完成させなさい。

問2　直接原価計算方式の損益計算書を完成させなさい。

問3　直接原価計算方式の損益計算書を作成していることを前提に、(A)貢献利益率、(B) 売上高営業利益率、(C) 損益分岐点売上高を計算しなさい。なお、売上高営業利益率は1％未満を四捨五入すること。

　　（例）8.5%→9%

問題 9 **直接原価計算** ⏰ **10分**

答案用紙…別冊P.58 解答…解答解説編P.466

当社は製品Uを生産・販売している。次の資料にもとづき、以下の問いに答えなさい。

〔資　料〕

(1) 過去6か月の生産・販売量と総原価

	生産・販売量	総　原　価
1月	42,800 個	3,852,000 円
2月	40,500 個	3,885,000 円
3月	48,400 個	4,297,000 円
4月	55,320 個	4,911,400 円
5月	55,900 個	4,963,000 円
6月	54,620 個	4,854,300 円

＊　生産量はすべて正常操業圏内である。

(2) 製品Uの販売単価は100円である。

問1　上記のデータにもとづいて、高低点法により製品Uの総原価の原価分解を行い、製品1個あたりの変動費と月間固定費を計算しなさい。

問2　問1の結果を利用し、次の数値を計算しなさい。

(A) 月間損益分岐点における売上高

(B) 実際売上高が5,000,000円のときの安全余裕率

(C) 営業利益750,000円を達成するための売上高

(D) 売上高営業利益率14％を達成するための販売数量

実践問題
解答解説

第1問対策　実践問題（解答解説）

問題 1

	借方科目	金額	貸方科目	金額
1	当座預金	40,000	未払金	40,000
2	繰越利益剰余金	874,000	損益	874,000
3	支払手数料	6,000*1	売上	150,000
	クレジット売掛金	144,000 ← 貸借差額		
4	売掛金	37,200	売上	37,200*2
	売上原価	30,000	商品	30,000*3
5	未収入金	250,000	車両運搬具	1,000,000
	車両運搬具減価償却累計額	641,250*4	固定資産売却益	8,250 → 貸借差額
	減価償却費	117,000*5		

- *1　¥150,000 × 4 % ＝ ¥6,000
- *2　@¥620 × 60個 ＝ ¥37,200
- *3　@¥500 × 60個 ＝ ¥30,000
- *4　$(¥1,000,000 - ¥100,000) \times \dfrac{28,500km}{40,000km} = ¥641,250$
- *5　$(¥1,000,000 - ¥100,000) \times \dfrac{5,200km}{40,000km} = ¥117,000$

解説

1．未渡小切手は**当座預金（資産）の増加**として処理します。また、消耗品費（費用）の支払いのために作成した未渡小切手なので、貸方は**未払金（負債）**で処理します。
2．当期純損失は損益勘定から**繰越利益剰余金勘定の借方**に振り替えます。
3．クレジット払いの条件で商品を販売したときの、あとで商品代金を受け取る権利は**クレジット売掛金（資産）**で処理します。また、信販会社に支払う手数料は**支払手数料（費用）**で処理します。
4．売上原価対立法では、商品を売り上げたときは、売価で**売上（収益）**を計上するとともに、その原価を**商品（資産）**から**売上原価（費用）**に振り替えます。
5．前期末までの実際走行距離から前期末における減価償却累計額を計算します。また、期末に売却しているので、当期分の減価償却費を計上します。

問題 2

	借方科目	金額	貸方科目	金額
1	当座預金	1,000,000*1	資本金	500,000*2
			資本準備金	500,000
	株式交付費	3,000	現金	3,000
2	減価償却費	151,200*3	車両運搬具減価償却累計額	151,200
3	買掛金	200,000	電子記録債権	200,000
4	建物	600,000	当座預金	965,000
	修繕費	365,000*4		
5	売上割引	6,000*5	売掛金	300,000
	現金	294,000		

- *1　@¥2,000 × 500株 ＝ ¥1,000,000
- *2　$¥1,000,000 \times \dfrac{1}{2} = ¥500,000$
- *3　$¥800,000 \times 0.9 \times \dfrac{4,200km}{20,000km}$
　　　＝ ¥151,200
- *4　¥965,000 － ¥600,000 ＝ ¥365,000
- *5　¥300,000 × 2 % ＝ ¥6,000

解説

1．問題文に「払込金額のうち2分の1は資本金として計上しないこととした」とあるので、払込金額のうち2分の1は**資本準備金**として処理します。また、株券印刷のための費用（新株発行のための費用）は**株式交付費（原則：費用）**として処理します。

2．生産高比例法による減価償却費の計算です。残存価額を考慮することに注意しましょう。

3．買掛金の支払いのために所有する電子記録債権の譲渡記録をしているため、**買掛金（負債）**を減少させるとともに、**電子記録債権（資産）**を減少させます。

4．耐用年数延長のための支出（資本的支出）は**建物の取得原価に含めて処理**し、定期修繕のための支出（収益的支出）は**修繕費（費用）**で処理します。

5．売上割引をしたときは、**売上割引（費用）**として処理します。

問題 3

	借 方 科 目	金 額	貸 方 科 目	金 額
1	営 業 外 支 払 手 形	365,000	当 座 預 金	365,000
	支 払 利 息	5,000*1	前 払 利 息	5,000
2	未 収 入 金	1,000,000	未 決 算	1,110,000
	火 災 損 失	110,000 ← 貸借差額		
3	前 受 金	200,000	役 務 収 益	200,000*2
4	不 渡 手 形	201,000*3	当 座 預 金	200,000
			現 金	1,000
5	未 収 入 金	396,080*5	売買目的有価証券	390,000
			有 価 証 券 利 息	4,080*4
	貸借差額 →		有価証券売却益	2,000

*1 ①割賦代金合計：￥365,000 × 5枚
　　　　 ＝￥1,825,000
　 ②利息相当額合計：￥1,825,000
　　　　 －￥1,800,000 ＝￥25,000
　 ③利息相当額（1回分）：￥25,000
　　　　 ÷ 5枚 ＝￥5,000

*2 ￥600,000 × $\frac{1}{3}$ ＝￥200,000

*3 ￥200,000 ＋ ￥1,000 ＝￥201,000

*4 ￥400,000 × 7.3% × $\frac{51日}{365日}$
　　 ＝￥4,080

*5 ＠￥98 × 4,000口 ＋ ￥4,080
　　 ＝￥396,080

解説

1．固定資産を割賦購入したときは、現金販売価額を取得原価として計上し、割賦代金合計と現金販売価額の差額は利息として処理します（本問では問題文の指示にしたがい、購入時に前払利息勘定で処理します）。

　車両を購入したときの仕訳は次のとおりです。

購　入　時：（車 両 運 搬 具）1,800,000　（営 業 外 支 払 手 形）1,825,000*1
　　　　　　（前 払 利 息）　　25,000*2

　　*1　￥365,000 × 5枚 ＝￥1,825,000
　　*2　￥1,825,000 － ￥1,800,000 ＝￥25,000

　約束手形の代金を支払ったときは、**営業外支払手形（負債）の減少**で処理します。また、利息相当額については、問題文の指示にしたがい、手形代金を支払った分だけ**前払利息（資産）**から**支払利息（費用）**に振り替えます。

2．建物が焼失したときの仕訳は次のとおりです。

建物焼失時：（建物減価償却累計額）1,890,000*1　（建　　　　物）3,000,000
　　　　　　（未　　決　　算）1,110,000*2

　　*1　￥3,000,000 × 0.9 × $\frac{14年}{20年}$ ＝￥1,890,000
　　*2　貸借差額

389

受け取る保険金額（¥1,000,000）が未決算の額（¥1,110,000＝建物の帳簿価額）よりも少ないので、差額は**火災損失（費用）**で処理します。

3．サービス業において、サービスの提供前に受け取った代金は**前受金（負債）**で処理します。そして、サービスの提供が終了した分だけ**前受金（負債）**から**役務収益（収益）**に振り替えます。

4．割り引いていた手形が不渡りとなったときは、**不渡手形（資産）**で処理します。なお、期限後利息などの費用を支払ったときは、不渡手形の金額に含めて処理します。

5．売主は、前回の利払日の翌日（7月1日）から売却日（8月20日）までの51日分の利息を買主から受け取ることができるので、**有価証券利息（収益）**を計上します。

問題 4

	借方科目	金　額	貸方科目	金　額
1	貯　蔵　品	100,000	備　　　品	337,500
	減 価 償 却 費	84,375*1		
	固定資産除却損	153,125 ← 貸借差額		
2	法人税、住民税及び事業税	427,000*2	仮 払 法 人 税 等	180,000
	貸借差額 →		未 払 法 人 税 等	247,000
3	その他有価証券	500,000*3	その他有価証券評価差額金	500,000
4	貸倒引当金繰入	316,000*4	貸 倒 引 当 金	316,000
5	繰越利益剰余金 →	520,000	未 払 配 当 金	400,000
	貸方合計		別 途 積 立 金	80,000
			利 益 準 備 金	40,000*5

```
＊1　¥337,500 × 0.25 ＝ ¥84,375
＊2　¥356,000 ＋ ¥71,000 ＝ ¥427,000
＊3　（@¥1,600 － @¥1,500）× 5,000株
　　　＝ ¥500,000
＊4　①（¥800,000 ＋ ¥1,000,000）× 2％
　　　　＝ ¥36,000
　　　②¥600,000 × 50％ ＝ ¥300,000
　　　③（¥36,000 ＋ ¥300,000）－ ¥20,000
　　　　＝ ¥316,000
＊5　①¥4,000,000 × 1/4 －（¥400,000
　　　　＋ ¥350,000）＝ ¥250,000
　　　②¥400,000 × 1/10 ＝ ¥40,000
　　　③①と②のいずれか小さいほう
　　　　→ ¥40,000
```

解説

1．直接法で記帳しているため、帳簿価額（¥337,500）を減額します。また、当期末に除却しているので、当期分の減価償却費を計上します。なお、処分価値は**貯蔵品（資産）**で処理します。

2．決算において確定した法人税、住民税、事業税は**法人税、住民税及び事業税**で処理します。なお、中間納付額と確定額との差額は**未払法人税等（負債）**で処理します。

3．川崎商事株式会社の株式は、長期にわたる取引関係を維持するために保有しているため、**その他有価証券（資産）**に分類されます。また、その他有価証券は決算において時価に評価替えし、評価差額は**その他有価証券評価差額金（純資産）**で処理します。

4．売掛金と電子記録債権については貸倒実績率2％で貸倒引当金を設定し、貸付金については債権金額の50％を貸倒引当金として設定します。

5．資本準備金と利益準備金の合計額が資本金の4分の1に達するまで、株主配当金の10分の1を利益準備金として積み立てます。また、株主総会の決議があった時点では、株主配当金は**未払配当金（負債）**で処理しておきます。

問題 5

	借方科目	金額	貸方科目	金額
1	仕　　　　入	6,000*1	売　掛　金	10,000
	返品調整引当金	4,000*2		
2	租　税　公　課	125,000	未払消費税	125,000*3
3	賞与引当金	2,000,000	所得税預り金	300,000
	賞　　　　与	1,000,000*4	普通預金	2,700,000*5
4	現　　　　金	134,400*6	売買目的有価証券	123,900*7
	貸借差額 →		有価証券売却益	10,500
5	社会保険料預り金	310,000*8	現　　　　金	620,000
	福利厚生費	310,000*8		

*1　¥10,000 × 60% = ¥6,000
*2　¥10,000 × 40% = ¥4,000
*3　¥225,000 − ¥100,000 = ¥125,000
*4　¥3,000,000 − ¥2,000,000
　　 = ¥1,000,000
*5　¥3,000,000 − ¥300,000
　　 = ¥2,700,000
*6　@¥450 × 300株 − ¥600 = ¥134,400
*7　$\dfrac{@¥406 × 200株 + @¥420 × 200株}{200株 + 200株}$
　　 = @¥413
　　@¥413 × 300株 = ¥123,900
*8　¥620,000 × $\dfrac{1}{2}$ = ¥310,000

解説

1. 前期に販売した商品（返品調整引当金が設定されている）が当期に返品されたときには、その商品の原価を新たな**仕入（費用）**として処理します。また、利益部分については設定している**返品調整引当金（負債）**を取り崩します。
2. 税込方式で処理しているので、消費税の仮受分（¥225,000）と仮払分（¥100,000）の差額を**未払消費税（負債）**または**未収還付消費税（資産）**で処理します。この問題は仮受分のほうが多い（預った消費税のほうが支払った消費税より多いので、あとで納付しなければならない）ため、仮受分と仮払分の差額は**未払消費税（負債）**で処理します。なお、この場合の相手科目（借方）は**租税公課（費用）**で処理します。
3. 賞与を支給したときは、設定している**賞与引当金（負債）**を取り崩し、賞与引当金を超える額（当期の費用）については**賞与（費用）**で処理します。
4. 第1回目（前期）に取得した株式の取得原価は@¥400ですが、前期末に@¥406に評価替えされています。そして、「当期首において取得原価に振り戻さない方法（切放法）により処理している」ため、前期に取得した株式の帳簿価額は@¥406のままです。したがって、払出単価は前期に取得した株式の帳簿価額（@¥406 × 200株）と当期に取得した株式の取得原価（@¥420 × 200株）を用いて計算することになります。

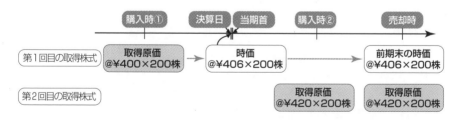

また、有価証券の購入にかかった費用は有価証券の取得原価に含めて処理しますが、有価証券の売却にかかった費用は**支払手数料（費用）**で処理するか、**売却損益に含めて処理**します。この問題は、「売買手数料は有価証券売却益または有価証券売却損に含めて処理すること」と指示があるので、売却損益に含めて処理（支払手数料勘定を用いないで処理）します。

有価証券の売却にかかる費用の処理は、あまり出題されていませんが、出題されるときはこの問題のように必ず指示がつくので、問題文の指示にしたがって処理してください。

5．社会保険料の従業員負担分を給料から控除したときに、**社会保険料預り金（負債）**で処理しているため、社会保険料を支払ったときにはこれを減らします。また、会社負担分の社会保険料は**福利厚生費（費用）**で処理します。

社会保険料の従業員負担分：¥620,000 × $\frac{1}{2}$ ＝ ¥310,000

問題 6

	借方科目	金　額	貸方科目	金　額
1	リ ー ス 資 産	250,000[*1]	リ ー ス 債 務	250,000
2	買　　掛　　金	4,000	為 替 差 損 益	4,000
3	買　　掛　　金	204,000[*2]	当 座 預 金	204,000
4	備　　　　　品	1,400,000	未　　払　　金	1,400,000
	固 定 資 産 圧 縮 損	500,000	備　　　　　品	500,000
5	資　　本　　金	800,000	子 会 社 株 式	680,000
	資 本 剰 余 金	100,000	非支配株主持分	440,000[*3]
	利 益 剰 余 金	200,000		
	の　　れ　　ん	20,000[*4]		

＊1　¥50,000 × 5年 ＝ ¥250,000
＊2　2,000ドル × ¥102 ＝ ¥204,000
＊3　（¥800,000 ＋ ¥100,000 ＋ ¥200,000）× 40% ＝ ¥440,000
＊4　貸借差額

解説

1．利子込み法の場合、リース料総額をリース資産の取得価額として計上します。

2．輸入取引後に為替予約を付した場合には、予約レートで換算するとともに、換算差額は**為替差損益**で処理します。

購　入　時： （仕　　　　入）208,000　（買　　掛　　金）208,000[*1]

　　　　＊1　2,000ドル × ¥104 ＝ ¥208,000

為替予約時： （買　　掛　　金）4,000[*2]　（為 替 差 損 益）4,000

　　　　＊2　①買掛金の帳簿価額：¥208,000
　　　　　　②予約レートで換算した金額：2,000ドル × ¥102 ＝ ¥204,000
　　　　　　③為替差損益：¥204,000 － ¥208,000 ＝ △¥4,000（買掛金の減少）

3．為替予約を付した買掛金を決済したときは、為替予約時の予約レートで決済が行われます。そのため、為替差損益は生じません。

4．圧縮記帳時は、受け取った補助金の分だけ、**固定資産圧縮損（費用）**を計上するとともに、固定資産の取得原価を減額します。

5．連結会計において、支配獲得時には、親会社の投資と子会社の資本を相殺消去する仕訳をします。なお、子会社の資本のうち、非支配株主持分に相当する部分（40%）は**非支配株主持分**に振り替え、投資消去差額は**のれん**で処理します。

第2問対策　実践問題（解答解説）

問題 1

問1

売　買　目　的　有　価　証　券　　　　　　　　　8

日付 年	月	日	摘　要	仕丁	借　方	貸　方	借/貸	残　高
×1	5	1	未　払　金	4	9,760,000		借	9,760,000
	10	31	諸　　　口	14		2,928,000	〃	6,832,000
×2	1	31	未　収　入　金	21		1,952,000	〃	4,880,000
	3	31	有価証券評価益	25	15,000		〃	4,895,000
	〃		次　期　繰　越	✓		4,895,000		
					9,775,000	9,775,000		
	4	1	前　期　繰　越	✓	4,895,000		借	4,895,000

有　価　証　券　利　息　　　　　　　　　26

日付 年	月	日	摘　要	仕丁	借　方	貸　方	借/貸	残　高
×1	5	1	未　払　金	4	24,000		借	24,000
	6	30	普　通　預　金	7		36,000	貸	12,000
	10	31	諸　　　口	14		7,200	〃	19,200
	12	31	普　通　預　金	20		25,200	〃	44,400
×2	1	31	未　収　入　金	21		1,200	〃	45,600
	3	31	未収有価証券利息	25		9,000	〃	54,600
	〃		損　　　益	25	54,600			
					78,600	78,600		
	4	1	未収有価証券利息	1	9,000		借	9,000

（別解）有価証券利息勘定の10/31の摘要欄は「未収入金」でもよい。

問2　有価証券売却（**損**）：¥ **14,000**
　　　※（　）内には「損」または「益」を記入すること。

問3　（A）当期末時点での満期保有目的債券勘定の次期繰越額：¥ **9,842,500**
　　　（B）有価証券利息の当期発生額　　　　　　　　　：¥ **148,500**

解説

　有価証券の取引について、勘定記入等を行う問題です。

問1　勘定記入

　取引の仕訳をして、各勘定に記入します。

393

(1) ×1年の仕訳

①5月1日（取得日）の仕訳…仕訳帳のページ数は「4」

（売買目的有価証券）	9,760,000*	（未　払　金）	9,784,000
（有 価 証 券 利 息）	24,000		

$$* \quad ￥10,000,000 \times \frac{￥97.6}{￥100} = ￥9,760,000$$

②6月30日（利払日）の仕訳…仕訳帳のページ数は「7」

　利払日には前回の利払日の翌日（発行日：1月1日）から今回の利払日（6月30日）までの6か月分の利息が現在の所有者に支払われます。

（普 通 預 金）	36,000	（有 価 証 券 利 息）	36,000*

$$* \quad ￥10,000,000 \times 0.72\% \times \frac{6\text{か月}}{12\text{か月}} = ￥36,000$$

　なお、取得日に、1月1日から4月30日（取得日の前日）までの利息を前の所有者に支払っているため、上記の仕訳をすることによって、所有期間に対応する利息が計上されることになります。

③10月31日（売却日）の仕訳…仕訳帳のページ数は「14」

（未 収 入 金）	2,911,200*2	（売買目的有価証券）	2,928,000*1
（有価証券売却損）	24,000*3	（有 価 証 券 利 息）	7,200

$$*1 \quad ￥9,760,000 \times \frac{￥3,000,000}{￥10,000,000} = ￥2,928,000$$

$$*2 \quad ①売却代金￥3,000,000 \times \frac{￥96.8}{￥100} = ￥2,904,000$$
$$②売却代金＋利息：￥2,904,000 + ￥7,200 = ￥2,911,200$$

$$*3 \quad ￥2,904,000 - ￥2,928,000 = △￥24,000（売却損）$$

④12月31日（利払日）の仕訳…仕訳帳のページ数は「20」

　10月31日に額面￥3,000,000を売却しているので、額面￥7,000,000（￥10,000,000 − ￥3,000,000）に対応する利息を計上します。

（普 通 預 金）	25,200	（有 価 証 券 利 息）	25,200*

$$* \quad ￥7,000,000 \times 0.72\% \times \frac{6\text{か月}}{12\text{か月}} = ￥25,200$$

(2) ×2年の仕訳

①1月31日（売却日）の仕訳…仕訳帳のページ数は「21」

（未 収 入 金）	1,963,200*2	（売買目的有価証券）	1,952,000*1
		（有 価 証 券 利 息）	1,200
		（有価証券売却益）	10,000*3

$$*1 \quad ￥9,760,000 \times \frac{￥2,000,000}{￥10,000,000} = ￥1,952,000$$

$$*2 \quad ①売却代金￥2,000,000 \times \frac{￥98.1}{￥100} = ￥1,962,000$$
$$②売却代金＋利息：￥1,962,000 + ￥1,200 = ￥1,963,200$$

$$*3 \quad ￥1,962,000 - ￥1,952,000 = ￥10,000（売却益）$$

②3月31日（決算日）の仕訳…仕訳帳のページ数は「25」

　売買目的有価証券の評価替えを行うとともに、利息の未収計上をします。最後に、有価証券利息勘定の残高（￥54,600）を損益勘定に振り替えます（損益振替）。

ⓐ売買目的有価証券の評価替え

（売買目的有価証券）	15,000*	（有価証券評価益）	15,000

$$* \quad ①売買目的有価証券の期末残高：￥9,760,000 - ￥2,928,000 - ￥1,952,000 = ￥4,880,000$$
$$②残っている国債（額面金額）：￥10,000,000 - ￥3,000,000 - ￥2,000,000 = ￥5,000,000$$
$$③期末時価：￥5,000,000 \times \frac{￥97.9}{￥100} = ￥4,895,000$$
$$④有価証券評価損益：￥4,895,000 - ￥4,880,000 = ￥15,000（評価益）$$

ⓑ**利息の未収計上**

1月1日から3月31日までの3か月分の利息を未収計上します。

（未収有価証券利息）	9,000	（有価証券利息）	9,000*

> $*\quad ¥5,000,000 × 0.72\% × \dfrac{3か月}{12か月} = ¥9,000$

ⓒ**損益振替（解答要求のみ）**

（有価証券利息）	54,600*	（損　　　益）	54,600

> $*\quad \underset{×1年5/1}{△¥24,000} + \underset{6/30}{¥36,000} + \underset{10/31}{¥7,200} + \underset{12/31}{¥25,200} + \underset{×2年1/31}{¥1,200} + \underset{3/31}{¥9,000} = ¥54,600$

③4月1日（期首）の仕訳…仕訳帳のページ数は「1」

期首において、前期末に計上した利息の未収額を振り戻します（再振替仕訳）。

（有価証券利息）	9,000	（未収有価証券利息）	9,000

問2　有価証券売却損益の計算

前記の仕訳から有価証券売却損益を計算します。

有価証券売却損益：$\underset{10/31(売却損)}{△¥24,000} + \underset{1/31(売却益)}{¥10,000} = △¥14,000$（売却損）

問3　満期保有目的債券の場合

本問の国債を満期保有目的で取得したと仮定した場合（期中売却はなし）の、当期に必要な仕訳は次のようになります。

(1)　×1年の仕訳

①5月1日（取得日）の仕訳

（満期保有目的債券）	9,760,000*	（未　払　金）	9,784,000
（有価証券利息）	24,000		

> $*\quad ¥10,000,000 × \dfrac{¥97.6}{¥100} = ¥9,760,000$

②6月30日（利払日）の仕訳

（普通預金）	36,000	（有価証券利息）	36,000*

> $*\quad ¥10,000,000 × 0.72\%$
> $\quad × \dfrac{6か月}{12か月} = ¥36,000$

③12月31日（利払日）の仕訳

（普通預金）	36,000	（有価証券利息）	36,000*

> $*\quad ¥10,000,000 × 0.72\%$
> $\quad × \dfrac{6か月}{12か月} = ¥36,000$

(2)　×2年3月31日（決算日）の仕訳

決算日において、償却原価法（定額法）によって、満期保有目的債券の帳簿価額を調整します。また、利息の未収計上を行います。

①償却原価法による帳簿価額の調整

発行日からではなく、取得日から償還日までの期間32か月（×1年5月1日から×3年12月31日まで）で償却することに注意します。当期の保有期間が11か月（5月1日から3月31日まで）なので、当期の償却額は次のように計算します。

（満期保有目的債券）	82,500*	（有価証券利息）	82,500

> $*\quad (¥10,000,000 - ¥9,760,000) × \dfrac{11か月}{32か月} = ¥82,500$

②利息の未収計上

| （未収有価証券利息） | 18,000 | （有 価 証 券 利 息） | 18,000* |

> * $¥10,000,000 × 0.72\%$
> $× \dfrac{3 \text{か月}}{12 \text{か月}} = ¥18,000$

　以上より、（A）当期末時点での満期保有目的債券勘定の次期繰越額と（B）有価証券利息の当期発生額は次のようになります。

（A）　当期末時点での満期保有目的債券勘定の次期繰越額

　　　$¥9,760,000 + ¥82,500 = ¥9,842,500$

（B）　有価証券利息の当期発生額

　　　$\underset{×1年5/1}{△¥24,000} + \underset{6/30}{¥36,000} + \underset{12/31}{¥36,000} + \underset{×2年3/31}{¥82,500} + \underset{3/31}{¥18,000} = ¥148,500$

問題 2

（単位：円）

	（A）利子込み法	（B）利子抜き法
㋐リース資産（取得原価）	5,010,000	4,440,000
㋑減価償却費	768,000	682,000
㋒リース債務 （未払利息を含む）	4,510,000	4,026,000
㋓支払利息	———	86,000
㋔支払リース料	120,000	120,000

解 説

　リース取引の問題です。

　A備品とC備品はファイナンス・リース取引、B備品はオペレーティング・リース取引です。なお、ファイナンス・リース取引の処理には、**利子込み法**と**利子抜き法**があります。

（A）　利子込み法

　利子込み法の場合、リース取引によって取得した資産の取得原価はリース料総額となります。

［A備品（ファイナンス・リース取引）］
①取得時の仕訳

| （リ ー ス 資 産） | 3,000,000* | （リ ー ス 債 務） | 3,000,000 |

> * $¥500,000 × 6 \text{年} = ¥3,000,000$

②リース料支払時の仕訳

| （リ ー ス 債 務） | 500,000 | （現 金 預 金） | 500,000 |

③決算時の仕訳

| （減 価 償 却 費） | 500,000* | （リース資産減価償却累計額） | 500,000 |

> * $¥3,000,000 ÷ 6 \text{年} = ¥500,000$

[C備品の仕訳（ファイナンス・リース取引）]
①取得時の仕訳

　　　（リ ー ス 資 産）　　2,010,000*　　（リ ー ス 債 務）　　　2,010,000

> *　¥402,000×5年＝¥2,010,000

②決算時の仕訳
　　×2年8月1日から×3年3月31日までの8か月分の減価償却費を計上します。
　　　（減 価 償 却 費）　　268,000*　　（リース資産減価償却累計額）　　268,000

> *　$¥2,010,000÷5年×\dfrac{8か月}{12か月}=¥268,000$

[B備品（オペレーティング・リース取引）]
①取得時の仕訳
　　　　仕訳なし
②決算時の仕訳
　決算日までに4か月（×2年12月1日から×3年3月31日）が経過しているので、支払リース料の未払計上を行います。
　　　　（支 払 リ ー ス 料）　　120,000*　　（未 払 リ ー ス 料）　　　120,000

> *　$¥360,000×\dfrac{4か月}{12か月}=¥120,000$

　　以上より、(A)利子込み法の場合の各金額は次のようになります。
㋐リ ー ス 資 産：¥3,000,000＋¥2,010,000＝¥5,010,000
㋑減 価 償 却 費：¥500,000＋¥268,000＝¥768,000
㋒リ ー ス 債 務：¥3,000,000－¥500,000＋¥2,010,000＝¥4,510,000
㋓支 払 利 息：なし
㋔支払リース料：¥120,000

（B）利子抜き法
　利子抜き法の場合、リース取引によって取得した資産の取得原価は見積現金購入価額となります。また、リース料支払時に、減少する**リース債務（負債）**にかかる**支払利息（費用）**を計上します。

[A備品（ファイナンス・リース取引）]
①取得時の仕訳

　　　（リ ー ス 資 産）　　2,700,000　　（リ ー ス 債 務）　　　2,700,000
②リース料支払時の仕訳
　　　（リ ー ス 債 務）　　450,000*1　　（現 金 預 金）　　　500,000
　　　（支 払 利 息）　　　50,000*2

> *1　¥2,700,000÷6年＝¥450,000
> *2　①リース料総額：¥500,000×6年＝¥3,000,000
> 　　②支払利息の総額：¥3,000,000－¥2,700,000
> 　　　＝¥300,000
> 　　③当期の支払利息：¥300,000÷6年＝¥50,000

③決算時の仕訳
　　　（減 価 償 却 費）　　450,000*　　（リース資産減価償却累計額）　　450,000

> *　¥2,700,000÷6年＝¥450,000

397

［C備品の仕訳（ファイナンス・リース取引）］

①取得時の仕訳

（リ ー ス 資 産） 1,740,000 （リ ー ス 債 務） 1,740,000

②決算時の仕訳

×2年8月1日から×3年3月31日までの8か月分の減価償却費を計上します。

（減 価 償 却 費） 232,000* （リース資産減価償却累計額） 232,000

* $¥1,740,000 ÷ 5年 × \dfrac{8か月}{12か月} = ¥232,000$

また、リース料の支払いはありませんが、決算日までに8か月が経過しているので、支払利息の未払計上を行います。

（支 払 利 息） 36,000* （未 払 利 息） 36,000

* ①リース料総額：$¥402,000 × 5年 = ¥2,010,000$
  ②支払利息の総額：$¥2,010,000 - ¥1,740,000$
    $= ¥270,000$
  ③当期の支払利息：$¥270,000 ÷ 5年 × \dfrac{8か月}{12か月} = ¥36,000$

［B備品（オペレーティング・リース取引）］

①取得時の仕訳

仕訳なし

②決算時の仕訳

決算日までに4か月（×2年12月1日から×3年3月31日）が経過しているので、支払リース料の未払計上を行います。

（支 払 リ ー ス 料） 120,000* （未 払 リ ー ス 料） 120,000

* $¥360,000 × \dfrac{4か月}{12か月} = ¥120,000$

以上より、(B)利子抜き法の場合の各金額は次のようになります。

㋐リ ー ス 資 産：$¥2,700,000 + ¥1,740,000 = ¥4,440,000$
㋑減 価 償 却 費：$¥450,000 + ¥232,000 = ¥682,000$
㋒リ ー ス 債 務：$¥2,700,000 - ¥450,000 + ¥1,740,000 + ¥36,000 = ¥4,026,000$
　（未払利息を含む）　　　　　　　　　　　　　　　　未払利息
㋓支 払 利 息：$¥50,000 + ¥36,000 = ¥86,000$
㋔支払リース料：$¥120,000$

問題 3

問1

	借方科目	金　額	貸方科目	金　額
(1)	現 金 預 金	4,500,000	国庫補助金受贈益	4,500,000
(2)	固定資産圧縮損	4,500,000	建　　　　物	4,500,000
(3)	減 価 償 却 費	350,000	減価償却累計額	350,000

問2

借方科目	金　額	貸方科目	金　額
減価償却累計額	784,000	備　　　品	1,000,000
減 価 償 却 費	90,000		
貯 蔵 品	50,000		
固定資産除却損	76,000		

問3

	借方科目	金　額	貸方科目	金　額
(1)	車　　　　　両	600,000	現 金 預 金	150,000
	仮 払 消 費 税	60,000	長 期 未 払 金	543,000
	長 期 前 払 費 用	33,000		
(2)	長 期 未 払 金	9,050	現 金 預 金	9,050
(3)	支 払 利 息	3,300	長 期 前 払 費 用	3,300
	減 価 償 却 費	150,000	減価償却累計額	150,000

解説

固定資産の取得、圧縮記帳、除却、減価償却に関する問題です。

問1　圧縮記帳

(1) 補助金受入時

国庫補助金を受け入れたときは、**国庫補助金受贈益（収益）**で処理します。

(2) 圧縮記帳時

固定資産の取得後、圧縮記帳をするときは、受け入れた国庫補助金の分だけ**建物（資産）**を減少させます。また、同額の**固定資産圧縮損（費用）**を計上します。

(3) 決算時

決算において、減価償却をするときは、圧縮記帳後の取得原価をもとに行います。

圧縮記帳後の取得原価：￥15,000,000 − ￥4,500,000 ＝ ￥10,500,000

減価償却費：￥10,500,000 ÷ 30 年 ＝ ￥350,000

問2　除却、改定償却率

耐用年数5年の備品を、3年10か月使用したあとに除却しているので、当初の償却率で算定した減価償却費が償却保証額を下回っている可能性があります（当初の償却率で算定した減価償却費が償却保証額を下回っている場合には改定償却率を用いた均等償却に切り替える必要があります）。そのため、当初の償却率で算定した減価償却費が償却保証額を下回っているかどうかの判定を行ってから、当期の減価償却費を計算します（本問では問題文にこれらの指示がありますが、本試験ではこれらの指示がない場合も考えられます。指示がなくても解けるようにしておきましょう）。

(1) 期首減価償却累計額

×5年度（1年目）

①当初の償却率（0.4）で算定した減価償却費：￥1,000,000 × 0.4 ＝ ￥400,000

②償却保証額：￥1,000,000 × 0.108 ＝ ￥108,000
　　　　　　　　　　　　　保証率

③判定：①＞②→減価償却費：①￥400,000

×6年度（2年目）

①当初の償却率（0.4）で算定した減価償却費：（￥1,000,000 − ￥400,000）× 0.4 ＝ ￥240,000

②償却保証額：￥1,000,000 × 0.108 ＝ ￥108,000

③判定：①＞②→減価償却費：①￥240,000

×7年度（3年目）

①当初の償却率（0.4）で算定した減価償却費：（￥1,000,000 − ￥400,000 − ￥240,000）× 0.4 ＝ ￥144,000

②償却保証額：￥1,000,000 × 0.108 ＝ ￥108,000

③判定：①＞②→減価償却費：①￥144,000

×8年度期首減価償却累計額

減価償却累計額：￥400,000 ＋ ￥240,000 ＋ ￥144,000 ＝ ￥784,000

⑵　当期の減価償却費
　　①当初の償却率（0.4）で算定した減価償却費：（¥1,000,000 − ¥784,000）× 0.4 = ¥86,400
　　②償却保証額：¥1,000,000 × 0.108 = ¥108,000
　　③判定：①＜②→改定償却率（0.500）による均等償却に切り替える

当期の減価償却費
　　①改定取得価額：¥1,000,000 − ¥784,000 = ¥216,000
　　②減価償却費：$¥216,000 × 0.500 × \dfrac{10か月（×8年4/1〜×9年1/31）}{12か月} = ¥90,000$

問3　固定資産の割賦購入、200%定率法

⑴　取得時

　利息は取得原価に含めず、「支払利息」や「前払費用」などで処理します。なお、本問では問題文に「利息の処理方法は取得時に資産の勘定で処理し」とあるので、「前払費用」で処理することがわかります。ただし、本問では支払期間が60か月間（5年間）であり、また、指定勘定科目に「長期前払費用」がある（「前払費用」がない）ので、「長期前払費用」で処理します。

　　①仮払消費税：¥660,000 − ¥600,000 = ¥60,000
　　②長期前払費用：$¥9,050 × 60か月 + \underset{頭金}{¥150,000} − \underset{税込価額}{¥660,000} = ¥33,000$
　　③長期未払金：$\underset{税込価額}{¥660,000} + \underset{利息分}{¥33,000} − \underset{頭金}{¥150,000} = ¥543,000$

⑵　初回の分割代金支払時

　支払った金額だけ、**長期未払金（負債）**を減額します。

⑶　決算時

　問題文に「利息の処理方法は…決算時に定額法により費用計上する方法」とあるので、当期に支払った割賦代金（×8年10月から×9年3月までの6か月分）に対応する利息を**長期前払費用（資産）**から**支払利息（費用）**に振り替えます。

　　　支払利息：$¥33,000 × \dfrac{6か月}{60か月} = ¥3,300$

　また、決算日につき減価償却費を計上しますが、本問では償却率の指示がないので、自分で償却率を計算します。

　　①償　却　率：$\dfrac{1年}{4年} × 200\% = 0.5$
　　②減価償却費：$¥600,000 × 0.5 × \dfrac{6か月}{12か月} = ¥150,000$

問題 4

問1

銀 行 勘 定 調 整 表
×年3月31日

当座預金勘定の残高			（	286,000 ）
（加算）［　ア　］	（	15,000 ）		
［　イ　］	（	20,000 ）	（	35,000 ）
（減算）［　エ　］	（	18,000 ）		
［　ウ　］	（	24,000 ）		
［　オ　］	（	50,000 ）	（	92,000 ）
銀行残高証明書の残高			（	229,000 ）

※（加算）内、（減算）内は順不同

問2 〔資料1〕

借方科目	金 額	貸方科目	金 額
当座預金	15,000	未 払 金	15,000
水道光熱費	18,000	当 座 預 金	18,000

〔資料2〕

借方科目	金 額	貸方科目	金 額
現 金	5,000	受取配当金	5,000
雑 損	800	現 金	800

問3 現　　　　金 ¥ **120,200**　　　当 座 預 金 ¥ **283,000**

解説

銀行勘定調整表の作成と、現金および当座預金に関する問題です。

問1　銀行勘定調整表の作成

本問は企業残高基準法による銀行勘定調整表を作成する問題ですが、下書き用紙には両者区分調整法による銀行勘定調整表を作って、それをもとに解答するようにしましょう。

(1) 修正仕訳

両者区分調整法による銀行勘定調整表では、修正仕訳が必要な項目については、企業の残高に加減し、修正仕訳が不要な項目については、銀行の残高に加減するので、まずは〔資料1〕から修正仕訳が必要なものにつき、修正仕訳をします。

ア．未渡小切手…修正仕訳が必要

　（当 座 預 金）　　15,000　　（未　払　金）　　　15,000

イ．未取付小切手…修正仕訳は不要

　　　　　　　　　　　　　仕訳なし

ウ．未取立小切手…修正仕訳は不要

　　　　　　　　　　　　　仕訳なし

エ．連絡未通知（未処理）…修正仕訳が必要

　（水 道 光 熱 費）　　18,000　　（当 座 預 金）　　　18,000

オ．時間外預入…修正仕訳は不要

　　　　　　　　　　　　　仕訳なし

401

(2) 銀行勘定調整表の作成

両者区分調整法による銀行勘定調整表を下書き用紙（下書きシート）に記入してから、答案用紙の企業残高基準法による銀行勘定調整表に記入します。

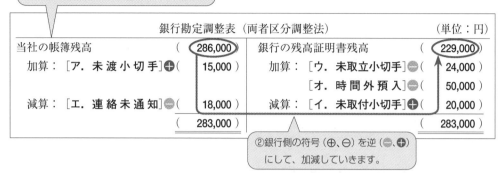

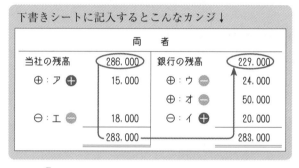

問2　決算整理仕訳

(1)〔資料1〕に関する決算整理仕訳（当座預金に関する決算整理仕訳）

当座預金に関する決算整理仕訳は、問1の解説で示した修正仕訳となります。

(2)〔資料2〕に関する決算整理仕訳（現金に関する決算整理仕訳）

①未処理事項の仕訳

配当金領収証は**現金（資産）**で処理します。なお、相手科目は**受取配当金（収益）**です。

（現　　　　金）　　5,000　　（受取配当金）　　　　5,000

この時点で、当社の現金勘定の残高は¥121,000となります。

現金勘定の残高：¥116,000 + ¥5,000 = ¥121,000

②現金過不足の仕訳

〔資料2〕の金庫の中に入っていたものから、現金の実際有高を計算します。なお、簿記上、現金として扱うものには次のものがあります。

> **簿記上、現金として扱うもの**
> ・紙幣・硬貨
> ・他人振出小切手
> ・送金小切手
> ・配当金領収証
> ・期限到来後の公社債利札　など

現金の実際有高：¥105,200 + ¥10,000 + ¥5,000 = ¥120,200
　　　　　　　　紙幣・硬貨　他人振出小切手 配当金領収証

①の現金勘定の残高（¥121,000）と実際有高（¥120,200）の差額を**雑損（費用）**として処理します。

（雑　　　　損）　　800*　（現　　　　金）　　800*

> ＊　¥120,200 − ¥121,000 = △¥800
> 　　実際有高　＜　帳簿残高　→　雑損

問3　貸借対照表に計上される現金および当座預金の金額

〔資料〕に記載されている現金勘定の期末残高（¥116,000）や当座預金勘定の期末残高（¥286,000）に、問2の決算整理仕訳を加減して、貸借対照表に計上される現金および当座預金の金額を計算します。

現　　金：¥116,000 + ¥5,000 − ¥800 = ¥120,200 ← 実際有高と一致
当座預金：¥286,000 + ¥15,000 − ¥18,000 = ¥283,000

問題 5

株 主 資 本 等 変 動 計 算 書
自×3年4月1日　至×4年3月31日　　　　　（単位：千円）

| | | 株　主　資　本 | | | |
| | 資　本　金 | 資　本　剰　余　金 | | | |
		資本準備金	その他資本剰余金	資本剰余金合計
当 期 首 残 高	（　　　80,000）	（　　　8,000）	（　　　1,000）	（　　　9,000）
当 期 変 動 額				
剰余金の配当等				
新 株 の 発 行	（　　　6,250）	（　　　6,250）		（　　　6,250）
吸 収 合 併	（　　　6,000）	（　　　3,000）	（　　　1,400）	（　　　4,400）
当 期 純 利 益				
当 期 変 動 額 合 計	（　　　12,250）	（　　　9,250）	（　　　1,400）	（　　　10,650）
当 期 末 残 高	（　　　92,250）	（　　　17,250）	（　　　2,400）	（　　　19,650）

下段へ続く

上段より続く

	株主資本					株主資本合計
	利益剰余金					
	利益準備金	その他利益剰余金			利益剰余金合計	
		新築積立金	別途積立金	繰越利益剰余金		
当 期 首 残 高	(4,000)	0	(400)	(10,000)	(14,400)	(103,400)
当 期 変 動 額						
剰余金の配当等	(240)	(300)		(△2,940)	(△2,400)	(△2,400)
新 株 の 発 行						(12,500)
吸 収 合 併						(10,400)
当 期 純 利 益				(1,000)	(1,000)	(1,000)
当期変動額合計	(240)	(300)	0	(△1,940)	(△1,400)	(21,500)
当 期 末 残 高	(4,240)	(300)	(400)	(8,060)	(13,000)	(124,900)

解説

株主資本等変動計算書を作成する問題です。

各取引の仕訳を示すと、次のとおりです（仕訳の単位：千円）。

①剰余金の配当等

（繰越利益剰余金）	2,940[*3]	（未 払 配 当 金）	2,400 [*1]
		（利 益 準 備 金）	240 [*2]
		（新 築 積 立 金）	300

> * 1 @60円×40,000株＝2,400千円
> * 2 ①2,400千円×$\frac{1}{10}$＝240千円
>
> ②80,000千円×$\frac{1}{4}$－（8,000千円＋4,000千円）＝8,000千円
>
> 　資本金　　　　資本準備金　　利益準備金
> 　当期首残高　　当期首残高　　当期首残高
>
> ③①＜②より①240千円
> * 3 貸方合計

②新株の発行

（当 座 預 金）	12,500[*1]	（資　本　金）	6,250 [*2]
		（資 本 準 備 金）	6,250 [*3]

> * 1 @2,500円×5,000株＝12,500千円
> * 2 12,500千円×$\frac{1}{2}$＝6,250千円
> * 3 12,500千円－6,250千円＝6,250千円

③吸収合併

（諸　資　産）	154,000	（諸　負　債）	143,600
		（資　本　金）	6,000
		（資 本 準 備 金）	3,000
		（その他資本剰余金）	1,400

④当期純利益の計上

（損　　益）	1,000	（繰越利益剰余金）	1,000

問題 6

ア	イ	ウ	エ	オ	カ	キ	ク	ケ	コ
10	17	26	15	24	28	32	2	5	1

サ	シ	ス	セ	ソ	タ	チ	ツ	テ
11	34	22	14	37	38	7	8	36

解説

理論問題（穴埋め問題）です。
空欄を埋めると、次のとおりです。

⑴ 定款作成費用や会社設立登記のための登録免許税など、会社の設立時にかかる費用は（ア.**創立費**）で処理する。

⑵ 剰余金の配当において、配当財源が繰越利益剰余金の場合には、（イ.**利益準備金**）を積み立てなければならない。この場合の（イ.**利益準備金**）積立額は、配当金の（ウ.**10分の1**）であるが、上限が定められており、その上限は資本準備金と利益準備金の合計額が（エ.**資本金**）の（オ.**4分の1**）に達するまでとなる。

⑶ 消費税の処理において税抜方式を採用している場合、商品を売り上げたときに受け取った消費税額は（カ.**仮受消費税**）で処理する。

⑷ 銀行勘定調整表のうち、銀行の残高証明書残高に不一致原因を加減して、最終的に企業の当座預金勘定残高に一致させる方法を（キ.**銀行残高基準法**）という。

⑸ 売上原価対立法は、商品を仕入れたときに（ク.**原価**）で商品勘定の（ケ.**借方**）に記入し、商品を売り上げたときに、（コ.**売価**）で売上を計上するとともに、その商品の（ク.**原価**）を商品勘定から（サ.**売上原価**）勘定に振り替える方法をいう。

⑹ 損益計算書上、棚卸減耗損は売上原価の内訳項目または（シ.**販売費及び一般管理費**）に表示する。

⑺ 営業に関して生じた債権ではない貸付金にかかる貸倒引当金繰入は、損益計算書上、（ス.**営業外費用**）に表示する。

⑻ 決算において、その他有価証券を時価に評価替えしたときに生じたその他有価証券評価差額金は貸借対照表の（セ.**純資産の部**）に表示する。

⑼ リース取引は、①リース期間に中途解約できず、②リース物件からもたらされる経済的利益を享受し、かつ使用に伴って生じるコストを負担する（ソ.**ファイナンス・リース**）取引と、（ソ.**ファイナンス・リース**）取引以外の（タ.**オペレーティング・リース**）取引とに区分される。

⑽ 他の企業の株主総会など意思決定機関を支配している会社を（チ.**親会社**）といい、支配されている当該企業を（ツ.**子会社**）という。支配従属の関係にある企業からなる企業集団の財政状態および経営成績などを示す書類は、（テ.**連結財務諸表**）と呼ばれる。

問題 7

(1)	(2)	(3)	(4)	(5)	(6)	(7)	(8)	(9)	(10)
×	○	×	○	×	×	○	×	×	×

解説

理論問題（正誤問題）です。

(1) 株式を発行したときは、**原則として全額を資本金**として処理します。

(2) 出荷基準は出荷時に売上を計上する方法で、検収基準は相手先に商品が到着し、検収した旨の連絡を受けたときに売上を計上する方法です。したがって、検収基準によった場合のほうが、収益に計上されるタイミングは一般に遅くなります。

(3) 他人振出小切手は簿記上、**現金（資産）**で処理します。

(4) 売買目的有価証券は、決算時に時価で評価し、評価差額は**有価証券評価損（費用）**または**有価証券評価益（収益）**として処理（当期の損益として処理）します。

(5) 広告宣伝費など、費用の支払いのために振り出した小切手が、決算日現在、未渡しである場合、修正仕訳の借方は**当座預金（資産）**、貸方は**未払金（負債）**で処理します。

(6) 200%定率法の償却率は、定額法の償却率を2倍した率です。なお、定額法の償却率は「1÷耐用年数」で求めるので、定額法の耐用年数が5年である場合、200%定率法の償却率は年40%となります。

定額法の償却率：$\dfrac{1}{5\,年} = 0.2$

200%定率法の償却率：$0.2 \times 2 = 0.4 \rightarrow 40\%$

(7) 営業利益に営業外収益を加え、営業外費用を差し引いた利益は、継続的な経営活動によってもたらされた利益なので、「経常利益」とよばれます。

```
              損 益 計 算 書
Ⅰ 売     上     高              ××
Ⅱ 売   上   原   価            ××
      売 上 総 利 益            ××
Ⅲ 販売費及び一般管理費          ××
      営 業 利 益              ××
Ⅳ 営 業 外 収 益              ××
Ⅴ 営 業 外 費 用              ××
      経 常 利 益              ××
Ⅵ 特   別   利   益            ××
Ⅶ 特   別   損   失            ××
      税 引 前 当 期 純 利 益    ××
      法人税、住民税及び事業税    ××
      当   期   純   利   益      ××
```

(8) 再振替仕訳は、期首に必ず行わなければならないというものではありません。

(9) 国庫補助金を受領し、直接控除方式により圧縮記帳を行った場合、国庫補助金に相当する金額だけ固定資産の取得価額が減額されるため、圧縮記帳を行った場合のほうが、圧縮記帳を行わなかった場合に比べて、毎期計上される減価償却費は**少なく**なります。

(10) 売掛金や買掛金に為替予約を付した場合には、決算時において換算替えを行いません。

第３問対策　実践問題（解答解説）

問題 1

精　算　表

勘定科目	残高試算表 借方	残高試算表 貸方	修正記入 借方	修正記入 貸方	損益計算書 借方	損益計算書 貸方	貸借対照表 借方	貸借対照表 貸方
現 金 預 金	180,260		4,800				185,060	
受 取 手 形	45,800						45,800	
売 掛 金	80,000			4,800			75,200	
売買目的有価証券	64,800			1,600			63,200	
繰 越 商 品	16,800		18,000	16,800			16,725	
				150				
				1,125				
建 物	1,680,000						1,680,000	
備 品	130,000						130,000	
ソフトウェア	10,000			2,000			8,000	
満期保有目的債券	29,600		100				29,700	
その他有価証券	14,500		200				14,700	
支 払 手 形		13,000						13,000
買 掛 金		67,600						67,600
借 入 金		200,000						200,000
貸 倒 引 当 金		420		2,000				2,420
建物減価償却累計額		806,400		50,400				856,800
備品減価償却累計額		46,800		16,640				63,440
資 本 金		700,000						700,000
利 益 準 備 金		72,000						72,000
任 意 積 立 金		207,000						207,000
繰 越 利 益 剰 余 金		63,000						63,000
売 上		1,254,500				1,254,500		
有 価 証 券 利 息		900		100		1,000		
仕 入	970,300		16,800	18,000	969,100			
給 料	200,500				200,500			
支 払 家 賃	4,560			3,800	760			
支 払 利 息	4,500		1,500		6,000			
	3,431,620	3,431,620						
貸 倒 引 当 金 繰 入			2,000		2,000			
有価証券評価（損）			1,600		1,600			
その他有価証券評価差額金				200				200
商 品 評 価 損			150		150			
棚 卸 減 耗 損			1,125		1,125			
減 価 償 却 費			67,040		67,040			
（ソフトウェア）償却			2,000		2,000			
（前 払）家 賃			3,800				3,800	
（未 払）利 息				1,500				1,500
当 期 純（利 益）					5,225			5,225
			119,115	119,115	1,255,500	1,255,500	2,252,185	2,252,185

407

解説

決算整理仕訳を示すと次のとおりです。

1．当座預金の調整
(1) （当 座 預 金） 4,800 （売　掛　金） 4,800
(2) 　仕訳なし*

* 仕入先が小切手を銀行に持ち込んでいないだけ（未取付小切手）なので、修正仕訳は不要です。

2．貸倒引当金の設定
（貸倒引当金繰入） 2,000* （貸 倒 引 当 金） 2,000

* 貸倒引当金：（¥45,800 ＋ ¥80,000 － ¥4,800）× 2 ％ ＝ ¥2,420
  貸倒引当金繰入：¥2,420 － ¥420 ＝ ¥2,000

3．有価証券の評価替え
(1) 売買目的有価証券
（有価証券評価損） 1,600* （売買目的有価証券） 1,600

* 　　　　　時　価　　　帳簿価額
  A社株式：¥28,000　　¥27,000
  B社株式：¥35,200　　¥37,800
  　　　　　¥63,200　　¥64,800
  ¥63,200 － ¥64,800 ＝ △¥1,600

(2) 満期保有目的債券
（満期保有目的債券） 100* （有 価 証 券 利 息） 100

* 償還期間が 5 年、取得日が前期首なので、額面金額と帳簿価額との差額 ¥400（¥30,000 － ¥29,600）を、あと 4 年で償却します。
  $¥400 × \dfrac{1 年}{4 年} = ¥100$

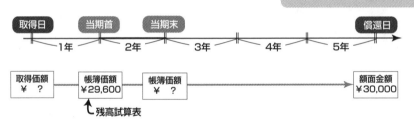

(3) その他有価証券
（その他有価証券） 200 （その他有価証券評価差額金） 200*

* ¥14,700 － ¥14,500 ＝ ¥200
  時価　＞　原価　→評価差益

4．売上原価の計算
（仕　　　　　入） 16,800 （繰 越 商 品） 16,800
（繰 越 商 品） 18,000*1 （仕　　　　　入） 18,000
（商 品 評 価 損） 150*2 （繰 越 商 品） 150
（棚 卸 減 耗 損） 1,125*3 （繰 越 商 品） 1,125

5．減価償却費の計上

(減 価 償 却 費) 67,040 (建物減価償却累計額) 50,400 *1
　　　　　　　　　　　　　　(備品減価償却累計額) 16,640 *2

* 1　$¥1,680,000 × 0.9 × \frac{1年}{30年}$
　　　$= ¥50,400$
* 2　$(¥130,000 - ¥46,800) × 20\%$
　　　$= ¥16,640$

6．ソフトウェアの償却

(ソフトウェア償却) 2,000 (ソフトウェア) 2,000*

* $¥10,000 × \frac{1年}{5年} = ¥2,000$

7．支払家賃の前払い

(前 払 家 賃) 3,800 (支 払 家 賃) 3,800*

* $¥4,560 × \frac{10か月}{12か月} = ¥3,800$

```
当期首  家賃の    当期末
        支払い
  ‖──────┼──────┼──────────────┤
        2/1    3/31    10か月    1/31
```

8．支払利息の未払い

(支 払 利 息) 1,500 (未 払 利 息) 1,500

問題 2

精　算　表

勘定科目	残高試算表 借方	残高試算表 貸方	修正記入 借方	修正記入 貸方	損益計算書 借方	損益計算書 貸方	貸借対照表 借方	貸借対照表 貸方
現　　　　金	96,650			13,000			83,650	
当 座 預 金	246,750		40,500				322,450	
			35,200					
受 取 手 形	270,000						270,000	
売 掛 金	261,000			40,500			220,500	
売買目的有価証券	679,250		6,200				685,450	
繰 越 商 品	210,000		232,000	210,000			222,600	
				1,400				
				8,000				
建　　　　物	2,250,000		600,000				2,850,000	
備　　　　品	675,000						675,000	
建 設 仮 勘 定	600,000			600,000				
満期保有目的債券	588,000		4,000				592,000	
支 払 手 形		238,250						238,250
買 掛 金		200,000		2,000				202,000
未 払 金		15,000		35,200				50,200
貸 倒 引 当 金		10,000		14,215				24,215
商品保証引当金		13,000	13,000	81,294				81,294
借 入 金		300,000						300,000
建物減価償却累計額		1,316,250		51,875				1,368,125
備品減価償却累計額		329,400		69,120				398,520
資 本 金		2,125,000						2,125,000
利 益 準 備 金		98,000						98,000
繰越利益剰余金		84,000						84,000
売　　　　上		8,129,400				8,129,400		
有価証券利息		24,600		4,000		28,600		
仕　　　　入	5,723,250			5,723,250				
給　　　　料	1,140,000				1,140,000			
保 険 料	136,000			34,000	102,000			
支 払 利 息	7,000		5,000		12,000			
	12,882,900	12,882,900						
貸倒引当金繰入			14,215		14,215			
有価証券評価（益）				6,200		6,200		
売 上 原 価			210,000	232,000	5,702,650			
			5,723,250					
			1,400					
商 品 評 価 損			1,400	1,400				
棚 卸 減 耗 損			8,000		8,000			
（為 替 差 損 益）			2,000		2,000			
減 価 償 却 費			120,995		120,995			
商品保証引当金（繰入）			81,294		81,294			
（前 払）保険料			34,000				34,000	
（未 払）利 息				5,000				5,000
当期純（利 益）					981,046			981,046
			7,132,454	7,132,454	8,164,200	8,164,200	5,955,650	5,955,650

解説

未処理事項等と決算整理事項の仕訳を示すと次のとおりです。

〔資料1〕 未処理事項等
1．当座預金の修正

(1) 仕訳なし*¹

(2) (当 座 預 金)　40,500　(売 　掛 　金)　40,500

(3) (当 座 預 金)　35,200　(未 　払 　金)*²　35,200

> ＊1　未取付小切手なので修正仕訳は不要です。
> ＊2　費用の支払いのために振り出した小切手が未渡しのときは**未払金（負債）**で処理します。

2．建物の完成

(建 　　　　物)　600,000　(建 設 仮 勘 定)　600,000

3．商品保証引当金の取り崩し

(商品保証引当金)*　13,000　(現 　　　　金)　13,000

> ＊　設定してある商品保証引当金を取り崩します。

〔資料2〕 決算整理事項
1．貸倒引当金の設定

(貸倒引当金繰入)　14,215*　(貸 倒 引 当 金)　14,215

> ＊　X社に対する売掛金にかかる貸倒引当金：（¥30,000 − ¥10,000）× 50% ＝ ¥10,000
> 　Y社に対する売掛金にかかる貸倒引当金：¥20,000 × 5 ％ ＝ ¥1,000
> 　その他の売上債権にかかる貸倒引当金：（¥270,000 ＋ ¥261,000 − ¥40,500 − ¥30,000 − ¥20,000）× 3 ％
> 　　　　　　　　　　　　　　　　　　　　　　　　　　当座振込　X社に対する　Y社に対する
> 　　　　　　　　　　　　　　　　　　　　　　　　　　　　　　　　売掛金　　　　売掛金
> 　　　　　　　　　　　　　　　　 ＝ ¥13,215
> 　貸倒引当金繰入：（¥10,000 ＋ ¥1,000 ＋ ¥13,215）− ¥10,000 ＝ ¥14,215

2．売買目的有価証券の評価替え

(売買目的有価証券)　6,200　(有価証券評価益)　6,200*

> ＊　　　　　　　　　時　価　　　帳簿価額
> 　A社株式：(@¥　140 − @¥ 150) × 1,000株 ＝ △¥ 10,000
> 　B社社債：(@¥ 98.9 − @¥ 98.5) × 　500口 ＝ 　¥ 　200
> 　C社株式：(@¥1,240 − @¥1,200) × 　400株 ＝ 　¥ 16,000
> 　　　　　　　　　　　　　　　　　　　　　　　¥ 6,200

3．売上原価の計算

問題文の指示にしたがって、売上原価の計算は「売上原価」の行で行います。なお、精算表の売上原価の修正記入欄（借方）に¥210,000（期首商品棚卸高）と¥5,723,250（当期商品仕入高）が記入されているため、次の仕訳によって売上原価を計算することがわかります。

(売 上 原 価)　210,000*¹　(繰 越 商 品)　210,000

(売 上 原 価)　5,723,250*²　(仕 　　　　入)　5,723,250

(繰 越 商 品)　232,000*³　(売 上 原 価)　232,000

(商 品 評 価 損)　1,400*⁴　(繰 越 商 品)　1,400

(売 上 原 価)　1,400*⁴　(商 品 評 価 損)　1,400

(棚 卸 減 耗 損)　8,000*⁵　(繰 越 商 品)　8,000

> ＊1　期首商品棚卸高を売上原価勘定に振り替えます。
> 　　（精算表・修正記入欄の記入より）
> ＊2　当期商品仕入高を売上原価勘定に振り替えます。
> 　　（精算表・修正記入欄の記入より）
> ＊3　帳簿棚卸高を計算し、売上原価勘定から繰越商品勘定に振り替えます。
> ＊4　商品評価損を計算し、売上原価勘定に振り替えます。

411

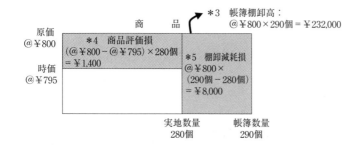

4．外貨建て買掛金の換算

外貨建ての資産および負債のうち貨幣項目（現金預金、売掛金、買掛金など）については、決算時の為替相場（ＣＲ）によって換算替えをします。

（為 替 差 損 益） 2,000 （買　　掛　　金） 2,000＊

＊ ①買掛金の帳簿価額：¥50,000
②外貨建て買掛金：¥50,000 ÷ ¥100 ＝ 500ドル
③ＣＲで換算した金額：500ドル × ¥104 ＝ ¥52,000
④為替差損益：¥52,000 − ¥50,000 ＝ ¥2,000 → 買掛金の増加

5．減価償却費の計上

（減 価 償 却 費） 120,995 （建物減価償却累計額） 51,875 ＊1
　　　　　　　　　　　　　　（備品減価償却累計額） 69,120 ＊2

＊1 ①旧建物：¥2,250,000 × 0.9 × $\frac{1年}{40年}$ ＝ ¥50,625

②新建物：¥600,000 × $\frac{1年}{40年}$ × $\frac{1か月}{12か月}$ ＝ ¥1,250

③¥50,625 ＋ ¥1,250 ＝ ¥51,875

＊2 （¥675,000 − ¥329,400）× 20％ ＝ ¥69,120

6．満期保有目的債券の評価

（満期保有目的債券） 4,000 ＊ （有 価 証 券 利 息） 4,000

＊ ①取得価額：¥600,000 × $\frac{¥96}{¥100}$ ＝ ¥576,000

②金利調整差額：¥600,000 − ¥576,000 ＝ ¥24,000

③¥24,000 × $\frac{1年}{6年}$ ＝ ¥4,000

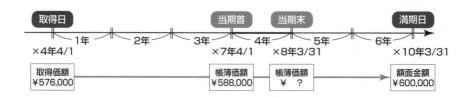

7．商品保証引当金の設定

問題文の指示にしたがって、当期の商品保証引当金を設定します。

（商品保証引当金繰入） 81,294 （商品保証引当金） 81,294 ＊　　　＊ ¥8,129,400 × 1％ ＝ ¥81,294

8．保険料の前払い

（前 払 保 険 料）　34,000　（保　険　　料）　34,000*

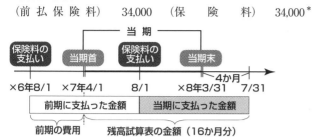

> ＊　残高試算表の保険料（¥136,000）は×7年4月1日から×8年7月31日までの16か月分が計上されています。そこで、このうち4か月分（×8年4月1日から×8年7月31日）を前払処理します。
>
> $¥136,000 \times \dfrac{4か月}{16か月} = ¥34,000$

9．支払利息の未払い

（支 払 利 息）　5,000　（未 払 利 息）　5,000*

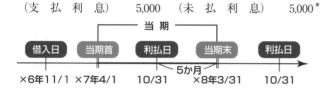

＊ $¥300,000 \times 4\% \times \dfrac{5か月}{12か月} = ¥5,000$

問題 3

損 益 計 算 書

自×8年4月1日　至×9年3月31日　　　　（単位：円）

I	売　上　高		（　　　　8,798,000)
II	売 上 原 価		
1	期首商品棚卸高	（　　　1,326,000)	
2	当期商品仕入高	（　　　4,656,000)	
	合　　　計	（　　　5,982,000)	
3	期末商品棚卸高	（⊖　1,924,800)	
	差　　　引	（　　　4,057,200)	
4	棚 卸 減 耗 損	（⊕　　3,000)	
5	（商 品 評 価 損)	（⊕　　8,000)	（　　　4,068,200)
	（売 上 総 利 益)		（　　　4,729,800)
III	販売費及び一般管理費		
1	給　　　料	（　　　1,400,000)	
2	旅 費 交 通 費	（　　　100,900)	
3	水 道 光 熱 費	（　　　128,500)	
4	通　信　費	（　　　104,300)	
5	保　険　料	（　　　48,000)	
6	減 価 償 却 費	（　　　78,000)	
7	（ソフトウェア)償却	（　　　1,200)	
8	貸 倒 引 当 金 繰 入	（　　　52,000)	
9	貸 倒 損 失	（　　　4,000)	
10	退 職 給 付 費 用	（　　　41,000)	（　　　1,957,900)
	（営 業 利 益)		（　　　2,771,900)
IV	営 業 外 収 益		
1	受 取 利 息	（　　　8,700)	
2	有価証券（売却益)	（　　　600)	
3	（為 替 差 益)	（　　　1,000)	（　　　10,300)
V	営 業 外 費 用		
1	支 払 利 息	（　　　1,200)	
2	（貸倒引当金繰入)	（　　　6,000)	（　　　7,200)
	（経 常 利 益)		（　　　2,775,000)
VI	特 別 利 益		
1	（固 定 資 産 売 却 益)		（　　　10,000)
VII	特 別 損 失		
1	（固 定 資 産 除 却 損)		（　　　2,000)
	税引前当期純利益		（　　　2,783,000)
	法人税,住民税及び事業税	（　　　1,114,000)	
	法 人 税 等 調 整 額	（　　　△800)	（　　　1,113,200)
	当 期 純 利 益		（　　　1,669,800)

¥8,804,000－¥6,000
＝¥8,798,000

解説

損益計算書を作成する問題です。問題文のいいまわしが少し難しいですが、このような問題が出題されることもあるので、慣れておきましょう。

未処理事項および決算整理事項の仕訳を示すと次のとおりです（損益計算書のみを作成するので、損益項目には□をつけています）。

1．手形の不渡り

満期日に**受取手形（資産）**を減少させる処理をしていますが、この受取手形が不渡りとなっているため、処理済みの仕訳を取り消し、**受取手形（資産）**を**不渡手形（資産）**に振り替える仕訳をします。

①満期日の仕訳

（現　金　預　金）　4,000　（受　取　手　形）　4,000

②①を取り消す仕訳

（~~受　取　手　形~~）　~~4,000~~　（現　金　預　金）　4,000

③不渡手形に振り替える仕訳

（不　渡　手　形）　4,000　（~~受　取　手　形~~）　~~4,000~~

④決算で行う仕訳（②＋③）

（不　渡　手　形）　4,000　（現　金　預　金）　4,000

2．売上戻り

（売　　　　　上）　6,000　（売　掛　金）　6,000

3．貸倒損失の計上

（貸　倒　損　失）　4,000　（不　渡　手　形）　4,000

4．貸倒引当金の設定

損益計算書上、売上債権（受取手形、売掛金）にかかる貸倒引当金繰入は、**販売費及び一般管理費**に表示し、営業外債権（貸付金）にかかる貸倒引当金繰入は、**営業外費用**に表示するので、売上債権にかかるものと貸付金にかかるものを分けて仕訳しておきます。

①**売上債権にかかる貸倒引当金**

（貸倒引当金繰入）　52,000*¹（貸　倒　引　当　金）　52,000

②**貸付金にかかる貸倒引当金**

（貸倒引当金繰入）　6,000*²（貸　倒　引　当　金）　6,000

＊1　X社に対する売掛金にかかる貸倒引当金：（¥200,000 − ¥100,000）× 50 ％ ＝ ¥50,000
　　　その他の売上債権にかかる貸倒引当金：（¥70,000 ＋ ¥986,000 − ¥6,000 − ¥200,000）× 2 ％ ＝ ¥17,000
　　　　　　　　　　　　　　　　　　　　　　　　　　　　　　　　　　　売上戻り　X社に対する
　　売掛金

　　　貸倒引当金繰入：（¥50,000 ＋ ¥17,000）− ¥15,000 ＝ ¥52,000
＊2　貸付金にかかる貸倒引当金：¥800,000 × 2 ％ ＝ ¥16,000
　　　貸倒引当金繰入：¥16,000 − ¥10,000 ＝ ¥6,000

5．外貨建て買掛金の換算

外貨建ての資産および負債のうち貨幣項目（現金預金、売掛金、買掛金など）については、決算時の為替相場（**CR**）によって換算替えをします。

（買　　掛　　金）　1,600*（為　替　差　損　益）　1,600

> * ①買掛金の帳簿価額：¥84,000
> ②外貨建て買掛金：¥84,000÷¥105＝800ドル
> ③ＣＲで換算した金額：800ドル×¥103＝¥82,400
> ④為替差損益：¥82,400－¥84,000＝△¥1,600→買掛金の減少

為替差損益：¥600－¥1,600＝△¥1,000（貸方） → 為替差益
　　　　　　残高試算表　（貸方）
　　　　　　（借方）

6．再振替仕訳と費用の未払い

当期首において再振替仕訳を行っていないため、決算において再振替仕訳を行います。また、当期末における費用の未払処理を行います。

①再振替仕訳

（未 払 費 用）	7,000	（水 道 光 熱 費）	4,000
		（通 信 費）	3,000

②当期末における費用の未払い

（水 道 光 熱 費）	4,500	（未 払 費 用）	7,800
（通 信 費）	3,300		

7．売上原価の計算（期末商品の評価）

①期末商品棚卸高

期末商品棚卸高は、〔資料〕２．で返品された商品の原価（¥4,800）を含んだ帳簿棚卸高となります。

期末商品棚卸高：¥1,920,000＋¥4,800＝¥1,924,800

②棚卸減耗損

棚卸減耗損：¥1,924,800－¥1,921,800＝¥3,000
　　　　　　期末商品棚卸高　　実地棚卸高

③商品評価損

商品評価損：¥20,000×（1－0.6）＝¥8,000

8．受取利息の前受け

×９年３月１日に、貸付金の利息４か月分を受け取っていますが、このうち１か月分（×９年３月１日～３月31日）は当期の収益（受取利息）で、残りの３か月分（４月１日～６月30日）は次期の収益（前受利息）です。

本問では、利息を受け取ったときに全額、**前受収益（負債）**として処理しているので、当期分（１か月分）を**受取利息（収益）**に振り替えます。

（前 受 収 益）	800	（受 取 利 息）	800*

> * ¥3,200×$\frac{1か月}{4か月}$＝¥800

当期首　　受取日　　当期末

×8年4/1　×9年3/1　3/31　6/30

1か月

4か月

9．減価償却費の計上

本問は、固定資産の期首の残高を基礎として毎月、減価償却費を計上しており、４月から２月までの11か月分が計上済みなので、問題文の指示にしたがって、決算月（３月分）の減価償却費を計上します。

（減 価 償 却 費）	6,500	（建物減価償却累計額）	2,500
		（備品減価償却累計額）	4,000

10. 建設仮勘定の除却

残高試算表の建設仮勘定のうち、¥2,000を除却処理します。なお、建設仮勘定については減価償却をしないため、残りの建設仮勘定について減価償却をしないように気をつけましょう。

(固定資産除却損)　2,000　(建 設 仮 勘 定)　2,000

11. 退職給付引当金の設定

(退 職 給 付 費 用)　41,000[*]　(退職給付引当金)　41,000

> ＊　¥250,000 － ¥209,000 ＝ ¥41,000

12. ソフトウェアの償却

(ソフトウェア償却)　1,200[*]　(ソ フ ト ウ ェ ア)　1,200

> ＊　$¥6,000 × \dfrac{1 年}{5 年} = ¥1,200$

13. 法人税、住民税及び事業税の計上

(法人税,住民税及び事業税)　1,114,000　(未 払 法 人 税 等)　1,114,000

14. 税効果会計

貸倒引当金の損金算入限度超過額について、税効果会計を適用します。

(繰 延 税 金 資 産)　800　(法人税等調整額)　800[*]

> ＊　税効果の金額：(¥3,000 － ¥1,000) × 40％ ＝ ¥800
>
> 　　会計上の仕訳：(貸倒引当金繰入)　××　(貸 倒 引 当 金)　××
>
> 　　　　　　　　**損益項目**
>
> 　　税効果の仕訳：(繰 延 税 金 資 産)　800　(法人税等調整額)　800

問題 4

貸 借 対 照 表
×8年3月31日 （単位：円）

資 産 の 部			負 債 の 部		
I 流 動 資 産			I 流 動 負 債		
1 現 金 預 金		(838,300)	1 支 払 手 形		(160,000)
2 受 取 手 形	(220,000)		2 買 掛 金		(144,000)
3 売 掛 金	(240,000)		3 未 払 消 費 税		(85,400)
貸 倒 引 当 金	(9,200)	(450,800)	4 未 払 法 人 税 等		(114,400)
4 商 品		(306,000)	5 短 期 借 入 金		(200,000)
5 前 払 費 用		(1,500)	6 未 払 費 用		(1,200)
6 未 収 入 金		(70,000)	7 未 払 金		(60,000)
流 動 資 産 合 計		(1,666,600)	8 リ ー ス 債 務		(40,000)
II 固 定 資 産			流 動 負 債 合 計		(805,000)
1 有 形 固 定 資 産			II 固 定 負 債		
(1) 建 物	(1,600,000)		1 退 職 給 付 引 当 金		(310,000)
減価償却累計額	(768,000)	(832,000)	2 長 期 借 入 金		(500,000)
(2) 備 品	(400,000)		3 リ ー ス 債 務		(120,000)
減価償却累計額	(175,000)	(225,000)	4 （繰 延 税 金 負 債)		(400)
(3) 車 両	(200,000)		固 定 負 債 合 計		(930,400)
減価償却累計額	(40,000)	(160,000)	負 債 合 計		(1,735,400)
有 形 固 定 資 産 合 計		(1,217,000)	純 資 産 の 部		
2 無 形 固 定 資 産			I 株 主 資 本		
(1) （の れ ん)		(340,000)	1 資 本 金		(800,000)
無 形 固 定 資 産 合 計		(340,000)	2 資 本 準 備 金		(100,000)
3 投資その他の資産			3 利 益 剰 余 金		
(1) その他有価証券		(36,000)	(1) 利 益 準 備 金	(80,000)	
投資その他の資産合計		(36,000)	(2) 繰越利益剰余金	(543,600)	(623,600)
固 定 資 産 合 計		(1,593,000)	株 主 資 本 合 計		(1,523,600)
			II 評価・換算差額等		
			1 （その他有価証券評価差額金)		(600)
			評価・換算差額等合計		(600)
			純 資 産 合 計		(1,524,200)
資 産 合 計		(3,259,600)	負債・純資産合計		(3,259,600)

解 説

貸借対照表を作成する問題です。

未処理事項と決算整理事項の仕訳を示すと次のとおりです（貸借対照表のみを作成するので、資産、負債、純資産の項目には□をつけています）。

〔資料1〕 未処理事項等
1．未決算の処理
　保険金の受領額が確定したときの処理をします。なお、保険金と未決算の差額は**保険差益（収益）**または**火災損失（費用）**で処理します。

| （未 収 入 金） | 70,000 | （未 　決 　算） | 68,000 |
| | | （保 険 差 益） | 2,000 |

2．当座預金の修正
　(1)（当 座 預 金） 10,000 （買 　掛 　金） 10,000
　(2) 仕訳なし*

> ＊ 取引先が銀行に小切手を持ち込んでいないだけ（未取付小切手）なので、修正仕訳は不要です。

〔資料2〕 決算整理事項
1．貸倒引当金の設定
　　（貸倒引当金繰入） 6,000* （貸 倒 引 当 金） 6,000

> ＊ 貸 倒 引 当 金：（¥220,000＋¥240,000）×2％＝¥9,200
> 　　貸倒引当金繰入：¥9,200－¥3,200＝¥6,000

2．売上原価の計算（期末商品の評価）
(1) 掛け仕入（未処理）

| （仕 　　　入） | 10,000 | （買 　掛 　金） | 11,000* |
| （仮 払 消 費 税） | 1,000 | | |

> ＊ ¥10,000×1.1＝¥11,000

(2) 貸借対照表の「商品」の金額
　貸借対照表の「商品」の金額は、実地棚卸高（時価）となります。
　問題文より、実地棚卸高（原価）が¥325,000で、商品評価損が¥19,000なので、実地棚卸高（時価）は¥306,000となります。

　　実地棚卸高（時価）：¥325,000－¥19,000＝¥306,000←商品

3．減価償却費の計上
　本問は、減価償却の記帳方法が直接法なので、残高試算表の建物と備品の金額は帳簿価額（取得原価－減価償却累計額）となっています。定額法の場合には、取得原価が判明していないと減価償却費が計算できません。また、答案用紙の貸借対照表には間接控除方式で表示するため、建物と備品について取得原価および前期末における減価償却累計額を計算しておく必要があります。

(1) 取得原価の計算
　建物の取得原価をX、備品の取得原価をYとして算式を立てると、次のようになります。

①建物の取得原価
　前期末における減価償却累計額：$X \times 0.9 \times \dfrac{15年}{30年} \longrightarrow 0.45X$
　帳簿価額：$X - 0.45X = 880,000$（残高試算表）
　　　　　　$0.55X = 880,000$
　　　　　　　$X = 1,600,000 \rightarrow$ 建物の取得原価：¥1,600,000

②備品の取得原価
　前期末における減価償却累計額：$Y \times 0.25 \longrightarrow 0.25Y$
　帳簿価額：$Y - 0.25Y = 300,000$（残高試算表）
　　　　　　$0.75Y = 300,000$
　　　　　　　$Y = 400,000 \rightarrow$ 備品の取得原価：¥400,000

(2) 前期末における減価償却累計額

建物減価償却累計額：$¥1,600,000 × 0.9 × \dfrac{15年}{30年} = ¥720,000$ ←経過年数15年

備品減価償却累計額：$¥400,000 × 25\% = ¥100,000$ ←経過年数1年

(3) 当期の減価償却費の計上

（減 価 償 却 費）	163,000	（建物減価償却累計額）	48,000*1
		（備品減価償却累計額）	75,000*2
		（車両減価償却累計額）	40,000*3

*1　$¥1,600,000 × 0.9 × \dfrac{1年}{30年} = ¥48,000$
*2　$(¥400,000 - ¥100,000) × 25\% = ¥75,000$
*3　$¥200,000 ÷ 5年 = ¥40,000$

4．その他有価証券の評価と税効果会計

（その他有価証券）	1,000	（その他有価証券評価差額金）	1,000*1
（その他有価証券評価差額金）	400*2	（繰 延 税 金 負 債）	400

*1　$¥36,000 - ¥35,000 = ¥1,000$
　　時価　＞　原価　→　評価差益
*2　$¥1,000 × 40\% = ¥400$

5．消費税の処理

消費税を税抜方式で処理している場合には、決算において**仮払消費税（資産）**と**仮受消費税（負債）**を相殺し、差額を**未収還付消費税（資産）**または**未払消費税（負債）**で処理します。

（仮 受 消 費 税）	356,400	（仮 払 消 費 税）	271,000*1
		（未 払 消 費 税）	85,400*2

*1　$¥270,000 + ¥1,000 = ¥271,000$
*2　$¥356,400 - ¥271,000 = ¥85,400$

6．退職給付引当金の設定

（退 職 給 付 費 用）	30,000	（退 職 給 付 引 当 金）	30,000

7．借入金の分類、支払利息の未払い

(1) 借入金の分類

借入金のうち、¥200,000は返済期日が決算日の翌日から1年以内（×9年2月28日）であるため、貸借対照表上、**短期借入金（流動負債）**に表示します。一方、¥500,000は返済期日が決算日の翌日から1年超（×12年2月28日）であるため、貸借対照表上、**長期借入金（固定負債）**に表示します。

(2) 支払利息の未払い

（支 払 利 息）	1,200*	（未 払 利 息）	1,200
		未払費用	

*　$\left(¥200,000 × 1.2\% × \dfrac{1か月}{12か月}\right) + \left(¥500,000 × 2.4\% × \dfrac{1か月}{12か月}\right) = ¥1,200$

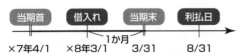

8．保険料の前払い

（前 払 保 険 料）	1,500	（保　険　料）	1,500
前払費用			

9．のれんの償却

のれんは当期首から2年前に取得しているので、2年分が償却済みです。したがって、残高試算表の金額をあと18年（20年－2年）で償却します。

　　　（の れ ん 償 却）　20,000*　（の　　れ　　ん）　20,000

$* \quad ¥360,000 \times \dfrac{1年}{18年} = ¥20,000$

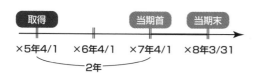

10．法人税、住民税及び事業税の計上

　　　（法人税、住民税及び事業税）　130,400　（仮 払 法 人 税 等）　16,000
　　　　　　　　　　　　　　　　　　　　　　　（未 払 法 人 税 等）　114,400

11．リース債務の表示

リース債務のうち、¥40,000は次の支払日（×9年3月31日）が決算日の翌日（×8年4月1日）から1年以内であるため、流動負債に表示します。残りの¥120,000（¥160,000－¥40,000）は支払日が決算日の翌日（×8年4月1日）から1年超であるため、固定負債に表示します。

リース債務(流動負債)：¥ 40,000
リース債務(固定負債)：¥120,000

12．繰越利益剰余金

当 期 純 利 益：¥326,000 － ¥130,400 ＝ ¥195,600
　　　　　　　　　税引前当期純利益　法人税、住民税
　　　　　　　　　　　　　　　　　及び事業税

繰越利益剰余金：¥348,000 ＋ ¥195,600 ＝ ¥543,600
　　　　　　　　　残高試算表

問題 5

損 益 計 算 書
自×7年4月1日　至×8年3月31日　　　　（単位：千円）

Ⅰ	役 務 収 益		（4,470,300)
Ⅱ	役 務 原 価		
	報　　　　酬	（3,252,990)	
	そ　の　他	（50,010)	（3,303,000)
	売 上 総 利 益		（1,167,300)
Ⅲ	販売費及び一般管理費		
1	給　　　　料	（360,000)	
2	旅 費 交 通 費	（3,000)	
3	水 道 光 熱 費	（3,900)	
4	通　信　費	（15,900)	
5	支 払 家 賃	（211,500)	
6	賞 与 引 当 金 繰 入	（125,500)	
7	貸 倒 損 失	（1,500)	
8	貸 倒 引 当 金 繰 入	（7,500)	
9	減 価 償 却 費	（40,000)	
10	（ソフトウェア）償却	（13,200)	
11	退 職 給 付 費 用	（7,500)	（789,500)
	営 業 利 益		（377,800)
Ⅳ	営 業 外 収 益		
1	（受　取　利　息）		（1,200)
Ⅴ	営 業 外 費 用		
1	（支　払　利　息）		（3,000)
	経 常 利 益		（376,000)
Ⅵ	特 別 利 益		
1	その他有価証券売却益		（9,000)
Ⅶ	特 別 損 失		
1	（ソフトウェア除却損）		（36,000)
	税引前当期純利益		（349,000)
	法人税、住民税及び事業税		（139,600)
	当 期 純 利 益		（209,400)

422

解 説

サービス業における財務諸表を作成する問題です。

Ⅰ ［事業の内容］の整理

［事業の内容］を整理すると、次のとおりです。

	①について	②について
内容	1時間当たりの請求額が契約上定められており、勤務報告書に記入された時間にもとづき請求・計上	一定の作業が完了後に一括して契約額総額を請求・計上
給与の処理	勤務報告書で報告された時間に1時間当たりの給与額を乗じたもので支払われ、役務原価（報酬）に計上	
役務収益の計上	1時間当たりの給与額は顧客への請求額の75％で設定されている	請求額に関係なく、別々に決められる

> 計算式にすると…
> 給与支払額＝役務収益×75％
> …ということは、
> 役務収益＝給与支払額÷75％
> ということ！

> 給与支払額＝時給×時間
> →役務原価（報酬）に計上

Ⅱ 決算整理事項

決算整理仕訳を示すと次のとおりです（仕訳の単位：千円。損益計算書のみを作成するので、損益項目には ☐ をつけています）。

1．売掛金の貸倒れ

前期発生分の売掛金600千円については、設定している貸倒引当金を取り崩します。また、当期発生分の売掛金1,500千円については、**貸倒損失（費用）** で処理します。

（貸倒引当金）　　600　　（売　掛　金）　2,100
（貸　倒　損　失）　1,500

2．役務原価の処理

問題文の指示により、残高試算表の仕掛品1,650千円を**役務原価・報酬（費用）** に振り替えます。

（役務原価（報酬））　1,650　　（仕　掛　品）　1,650

また、「4月以降に請求（売上計上）されるものに対する3月給与の支払額で役務原価に計上されたものが1,950千円ある」とありますが、これは「役務原価（当期の費用）として1,950千円を計上してしまっているが、これは次期の売上（4月以降の売上）に対応するものである」ということをいっています。そのため、1,950千円を**役務原価・報酬（費用）** から**仕掛品（資産）** に振り替えます。

（仕　掛　品）　1,950　　（役務原価（報酬））　1,950

3．役務収益と役務費用の追加計上

(1) 役務費用の追加計上

勤務報告書の提出漏れについて、**役務原価・報酬（費用）** を計上します。なお、実際はまだ給与を支払っていないため、相手科目は**未払金（負債）** で処理します。

（役務原価（報酬））　90*　　（未　払　金）　90　　｜　＊　＠¥900×100時間＝90千円

(2) 役務収益の追加計上

［事業の内容］の①の形態は、「1時間当たりの給与額は顧客への請求額の75％で設定されている」ため、「給与額÷75％」の金額を**役務収益（収益）** に計上します。なお、売上に対する未収額なので、相

423

手科目は**売掛金（資産）**で処理します。

(売　掛　金) 120 (役　務　収　益) 120＊ ＊ 90千円÷0.75＝120千円

4．貸倒引当金の設定

(貸倒引当金繰入) 7,500＊ (貸倒引当金) 7,500

＊ 売掛金の期末残高：889,980千円－2,100千円＋120千円＝888,000千円
　　　　　　　　　　　　　　　　　貸倒れ　　　役務収益の
　　　　　　　　　　　　　　　　　　　　　　追加計上

　貸倒引当金の期末残高：1,980千円－600千円＝1,380千円
　　　　　　　　　　　　　　　　　　貸倒れ

　貸倒引当金繰入：888,000千円×1％－1,380千円＝7,500千円

5．再振替仕訳、費用の処理

(1) 再振替仕訳

決算整理前残高試算表の前払費用と未払費用は前期末の決算整理で計上されたものであり、当期の期首に再振替仕訳が行われていないため、これらについて再振替仕訳をします。

(支　払　家　賃) 15,600 (前　払　費　用) 15,600
(未　払　費　用) 480 (水　道　光　熱　費) 480

(2) 費用の前払い・未払い

(前　払　費　用) 20,400 (支　払　家　賃) 20,400
(水　道　光　熱　費) 540 (未　払　費　用) 540

6．固定資産の減価償却

(減　価　償　却　費) 40,000＊ (備品減価償却累計額) 40,000

＊ $240,000千円 \times \dfrac{1年}{6年} = 40,000千円$

7．ソフトウェアの償却、除却

(1) ソフトウェアの償却

期首残高のソフトウェアについて、期首時点で取得後6年経過しているため、期首残高43,200千円をあと4年（10年－6年）で償却します。また、新経理システムの稼働（12月1日に取得）にともなって、期首残高のソフトウェアを除却しているため、期首残高のソフトウェアについて、当期分の償却費は8か月分（×7年4月1日から×7年11月30日まで）の月割償却で計算します。

一方、当期取得分（新経理システム）のソフトウェアについては、×7年12月1日から×8年3月31日までの4か月分の償却費を計上します。

(ソフトウェア償却) 13,200＊ (ソフトウェア) 13,200

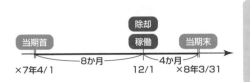

＊ 期首残高分：$43,200千円 \times \dfrac{1年}{4年} \times \dfrac{8か月}{12か月} = 7,200千円$

当期取得分：$180,000千円 \times \dfrac{1年}{10年} \times \dfrac{4か月}{12か月} = 6,000千円$

合　計：7,200千円＋6,000千円＝13,200千円

(2) ソフトウェアの除却

期首残高のソフトウェアについて、除却の処理をします（帳簿価額を**ソフトウェア除却損（費用）**に振り替えます）。

(ソフトウェア除却損) 36,000 (ソフトウェア) 36,000＊

＊ 43,200千円－7,200千円＝36,000千円（帳簿価額）
　　　　　　　　当期の償却額

8．引当金の計上

(1) 退職給付引当金の計上

（退 職 給 付 費 用） 7,500 （退職給付引当金） 7,500

(2) 賞与引当金の計上

当期の支給見込額が125,500千円であるため、残高試算表の賞与引当金（110,000千円：2月までの計上分）との差額15,500千円（125,500千円－110,000千円）を**賞与引当金（負債）**として追加計上します。

（賞与引当金繰入） 15,500 （賞 与 引 当 金） 15,500

9．法人税、住民税及び事業税の計上

損益計算書の税引前当期純利益に40％を掛けて、当期の法人税、住民税及び事業税を計算します。

なお、残高試算表に「法人税、住民税及び事業税60,000千円」とあるので、決算において、その差額だけ追加計上する仕訳をします。

（法人税、住民税及び事業税） 79,600* （未 払 法 人 税 等） 79,600

> ＊ 法人税、住民税及び事業税：349,000千円×40％＝139,600千円
> 追加計上額：139,600千円－60,000千円＝79,600千円

問題 6

本支店合併損益計算書
自×10年4月1日 至×11年3月31日

費 用	金 額	収 益	金 額
期首商品棚卸高	(803,000)	売 上 高	(8,904,200)
当期商品仕入高	(7,381,500)	期末商品棚卸高	(791,600)
給 料	(340,400)	受 取 手 数 料	(93,000)
旅 費 交 通 費	(113,200)		
貸倒引当金繰入	(18,830)		
減 価 償 却 費	(74,756)		
支 払 利 息	(13,250)		
当 期 純 利 益	(1,043,864)		
	(9,788,800) 貸借差額		(9,788,800)

本支店合併貸借対照表
×11年3月31日

資 産	金	額	負債・純資産	金 額
現 金 預 金		(1,277,370)	支 払 手 形	(495,000)
受 取 手 形	(717,000)		買 掛 金	(340,800)
売 掛 金	(180,000)		短 期 借 入 金	(250,000)
貸 倒 引 当 金	(35,880)	(861,120)	前 受 収 益	(18,200)
商 品		(791,600)	未 払 費 用	(1,250)
建 物	(990,000)		資 本 金	(1,300,000)
減価償却累計額	(421,200)	(568,800)	任 意 積 立 金	(230,000)
備 品	(387,000)		繰越利益剰余金	(1,043,864)
減価償却累計額	(206,776)	(180,224)	貸借差額。または損益計算書の当期純利益	
		(3,679,114)		(3,679,114)

425

解 説

本支店合併財務諸表（のみ）を作成する問題です。
決算整理事項の仕訳を示すと次のとおりです。

1．貸倒引当金の設定

（貸倒引当金繰入）　18,830*　（貸 倒 引 当 金）　18,830

* ①受取手形：¥585,000 + ¥132,000 = ¥717,000
　　　　　　　　本店　　　　支店
② 売 掛 金：¥100,000 + ¥80,000 = ¥180,000
　　　　　　　　本店　　　支店
③貸倒引当金：（¥717,000 + ¥180,000）× 4％ = ¥35,880
④貸倒引当金繰入：¥35,880 －（¥16,500 + ¥550）= ¥18,830

2．売上原価の計算

(1) 期首商品棚卸高：¥588,000 + ¥215,000 = ¥803,000
　　　　　　　　　　　本店　　　　支店

(2) 期末商品棚卸高：¥556,600 + ¥235,000 = ¥791,600
　　　　　　　　　　　本店　　　　支店

3．減価償却費の計上

（減 価 償 却 費）　74,756　（建物減価償却累計額）　29,700 *1
　　　　　　　　　　　　　　（備品減価償却累計額）　45,056 *2

*1　建物
①本店：$¥675,000 × 0.9 × \dfrac{1年}{30年} = ¥20,250$
②支店：$¥315,000 × 0.9 × \dfrac{1年}{30年} = ¥9,450$
③¥20,250 + ¥9,450 = ¥29,700

*2　備品
①本店：（¥320,000 － ¥137,600）× 20% = ¥36,480
②支店：（¥67,000 － ¥24,120）× 20% = ¥8,576
③¥36,480 + ¥8,576 = ¥45,056

4．受取手数料の前受け

（受 取 手 数 料）　18,200*　（前 受 手 数 料）　18,200
　　　　　　　　　　　　　　　　前受収益

*　¥13,000 + ¥5,200 = ¥18,200
　　本店　　　支店

5．支払利息の未払い

（支 払 利 息）　1,250*　（未 払 利 息）　1,250
　　　　　　　　　　　　　　未払費用

*　$¥100,000 × 3\% × \dfrac{5か月}{12か月} = ¥1,250$

問題 7

問1 本店の利益 ¥ **443,000**

　　支店の利益 ¥ **202,000**

問2

損 益 計 算 書
×8年4月1日から×9年3月31日　　　　　　（単位：円）

Ⅰ 売 上 高		（	5,393,800）
Ⅱ 売 上 原 価			
1 期 首 商 品 棚 卸 高	（ 176,900）		
2 当 期 商 品 仕 入 高	（ 3,097,300）		
計	（ 3,274,200）		
3 期 末 商 品 棚 卸 高	（ 238,800）	（	3,035,400）
売 上 総 利 益		（	2,358,400）
Ⅲ 販売費及び一般管理費			
1 給 料	（ 972,000）		
2 支 払 家 賃	（ 190,800）		
3 通 信 費	（ 170,450）		
4 旅 費 交 通 費	（ 154,750）		
5 貸 倒 引 当 金 繰 入	（ 27,000）		
6 減 価 償 却 費	（ 190,000）	（	1,705,000）
営 業 利 益		（	653,400）
Ⅳ 営 業 外 費 用			
1 支 払 利 息		（	8,400）
税引前当期純利益		（	645,000）
法人税、住民税及び事業税		（	258,000）
当 期 純 利 益		（	387,000）

問3 支店勘定の次期繰越額 ¥ **543,700**

解 説

本支店会計に関する問題です。

本店の利益と支店の利益を求めるため、決算整理仕訳は本店と支店を分けて行いましょう。

Ⅰ　決算整理仕訳

1．売掛金の回収

本店：（当 座 預 金）　20,000　（売 　掛 　金）　20,000
　　　　　現金預金

2．売上原価の算定

本店：（仕 　　　 入）　 89,600　（繰 越 商 品）　 89,600
　　　（繰 越 商 品）　141,000　（仕 　　　 入）　141,000

支店：（仕 　　　 入）　 87,300　（繰 越 商 品）　 87,300
　　　（繰 越 商 品）　 97,800　（仕 　　　 入）　 97,800

(1) 期首商品棚卸高：¥89,600 + ¥87,300 = ¥176,900

(2) 期末商品棚卸高：¥141,000 + ¥97,800 = ¥238,800

3．貸倒引当金の設定

本店：（貸倒引当金繰入）　17,800 *1　（貸　倒　引　当　金）　17,800
支店：（貸倒引当金繰入）　 9,200 *2　（貸　倒　引　当　金）　 9,200

> *1　貸倒引当金：（¥580,000 + ¥490,000 − ¥20,000）× 2% = ¥21,000
> 　　　　　　　　　　　　　　　　　　　　売掛金の回収
> 　　　貸倒引当金繰入：¥21,000 − ¥3,200 = ¥17,800
> *2　貸倒引当金：（¥320,000 + ¥250,000）× 2% = ¥11,400
> 　　　貸倒引当金繰入：¥11,400 − ¥2,200 = ¥9,200

4．減価償却費の計上

本店：（減　価　償　却　費）　133,750　（建物減価償却累計額）　40,000 *1
　　　　　　　　　　　　　　　　　　　　（備品減価償却累計額）　93,750 *2
支店：（減　価　償　却　費）　 56,250　（備品減価償却累計額）　56,250 *3

> *1　$¥1,000,000 \times \dfrac{1年}{25年} = ¥40,000$
> *2　（¥500,000 − ¥125,000）× 25% = ¥93,750
> *3　（¥300,000 − ¥75,000）× 25% = ¥56,250

5．支払家賃の前払い

本店：（前　払　家　賃）　45,000　（支　払　家　賃）　45,000
支店：（前　払　家　賃）　 3,600　（支　払　家　賃）　 3,600

6．支払利息の未払い

本店：（支　払　利　息）　2,800 *　（未　払　利　息）　2,800

> *　$¥350,000 \times 2.4\% \times \dfrac{4か月}{12か月} = ¥2,800$

7．法人税、住民税及び事業税の計上

本店：（法人税、住民税及び事業税）　258,000　（未払法人税等）　258,000

Ⅱ　本店と支店の利益…問1

下書き用紙に本店および支店の損益勘定を作って、税引前の利益を計算します。

```
                    損              益           ［本店］
仕        入   1,927,600 *1   売      上   3,852,000
給        料     844,000
支  払  家  賃    180,000 *2
通   信   費    154,650
旅 費 交 通 費   142,800
貸倒引当金繰入     17,800
減 価 償 却 費   133,750
支  払  利  息     8,400 *3
本 店 の 利 益    443,000
```

> *1　¥1,979,000 + ¥89,600 − ¥141,000 = ¥1,927,600
> *2　¥225,000 − ¥45,000 = ¥180,000
> *3　¥5,600 + ¥2,800 = ¥8,400

	損	益	[支店]	
仕　　　　入	1,107,800 [*1]	売　　　　上		1,541,800
給　　　　料	128,000			
支　払　家　賃	10,800 [*2]			
通　信　費	15,800			
旅　費　交　通　費	11,950			
貸倒引当金繰入	9,200			
減　価　償　却　費	56,250			
支　店　の　利　益	202,000			

*1　￥1,118,300 + ￥87,300 − ￥97,800 = ￥1,107,800
*2　￥14,400 − ￥3,600 = ￥10,800

Ⅲ　支店勘定の次期繰越額…問3

　支店の利益（￥202,000）は本店の支店勘定に振り替えます。また、決算整理前の支店勘定の残高は￥341,700なので、支店勘定の次期繰越額は￥543,700となります。

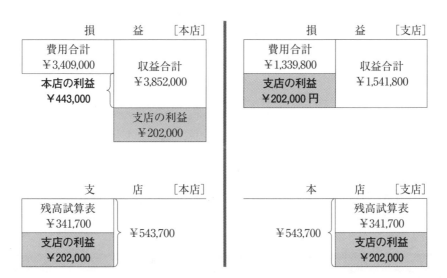

問題 8

連 結 損 益 計 算 書
自×1年4月1日　至×2年3月31日

(単位：円)

売　　　　上　　　　高	(	115,680,000)
売　　上　　原　　価	(	85,280,000)
売　上　総　利　益	(	30,400,000)
販 売 費 及 び 一 般 管 理 費	(	19,727,000)
営　　業　　利　　益	(	10,673,000)
営　業　外　収　益	(	6,720,000)
営　業　外　費　用	(	5,760,000)
当　期　純　利　益	(	11,633,000)
非支配株主に帰属する当期純利益	(	2,304,000)
親会社株主に帰属する当期純利益	(	9,329,000)

連結貸借対照表（×2年3月31日）の金額

	金　　額
商　　　　　　　　品	￥　22,336,000
の　　れ　　ん	￥　　135,000
利　益　剰　余　金	￥　9,969,000
非 支 配 株 主 持 分	￥　7,808,000

解説

連結第1年度における連結財務諸表を作成する問題です。

　(A)連結修正仕訳を積み上げて解く方法と、(B)タイムテーブルを作って解く方法に分けて解説します。

(A) 連結修正仕訳を積み上げて解く方法

1．支配獲得日の連結修正仕訳

支配獲得日（×1年3月31日）には、投資と資本の相殺消去をします。

(資　本　金)	9,600,000	(S　社　株　式)	9,366,000
(資 本 剰 余 金)	2,560,000	(非支配株主持分)	6,144,000 *1
(利 益 剰 余 金)	3,200,000		
(の　れ　ん)	150,000 *2		

> ＊1　(￥9,600,000 + ￥2,560,000 + ￥3,200,000)×40％ = ￥6,144,000
> ＊2　貸借差額

430

2．連結第1年度の連結修正仕訳

(1) 開始仕訳

支配獲得時に行った連結修正仕訳（投資と資本の相殺消去）を再度行います。

（資　本　金）9,600,000	（S　社　株　式）9,366,000
（資本剰余金）2,560,000	（非支配株主持分）6,144,000
（利益剰余金）3,200,000	
（の　れ　ん）150,000	

(2) 連結第1年度の連結修正仕訳

①のれんの償却

（のれん償却） 販売費及び一般管理費　15,000	（の　れ　ん）　15,000*

＊　¥150,000÷10年＝¥15,000

②子会社の当期純利益の振り替え

（非支配株主に帰属する 当 期 純 損 益）2,304,000	（非支配株主持分）2,304,000*

＊　¥5,760,000×40％＝¥2,304,000
　　　 S社当期純利益

③子会社の配当金の修正

（受 取 配 当 金）960,000*1 営業外収益	（剰余金の配当）1,600,000
（非支配株主持分）640,000*2	

＊1　¥1,600,000×60％＝¥960,000
＊2　¥1,600,000×40％＝¥640,000

④売上高と売上原価の相殺消去

（売　　上　　高）21,120,000	（売　上　原　価）21,120,000

⑤期末商品に含まれる未実現利益の消去

（売　上　原　価）320,000	（商　　　　　品）320,000*

＊　$¥3,520,000×\dfrac{0.1}{1.1}＝¥320,000$

⑥債権債務の相殺消去

（買　　掛　　金）3,200,000	（売　　掛　　金）3,200,000

⑦期末貸倒引当金の修正

（貸 倒 引 当 金）128,000	（貸倒引当金繰入） 　販売費及び一般管理費　128,000

＊　¥3,200,000×4％＝¥128,000

(B) タイムテーブルを作って解く方法

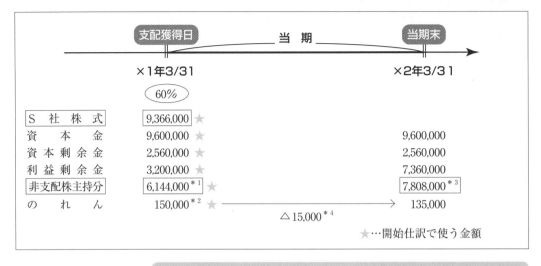

* 1　（¥9,600,000 + ¥2,560,000 + ¥3,200,000）× 40％ = ¥6,144,000
* 2　（¥9,366,000 + ¥6,144,000）-（¥9,600,000 + ¥2,560,000 + ¥3,200,000）= ¥150,000
* 3　（¥9,600,000 + ¥2,560,000 + ¥7,360,000）× 40％ = ¥7,808,000
* 4　¥150,000 ÷ 10年 = ¥15,000

● 連結第1年度の連結修正仕訳

(1) 開始仕訳

（資　本　金）	9,600,000	（S　社　株　式）	9,366,000
（資本剰余金）	2,560,000	（非支配株主持分）	6,144,000
（利益剰余金）	3,200,000		
（の　れ　ん）	150,000		

(2) 連結第1年度の連結修正仕訳

①のれんの償却

（のれん償却）　15,000　（の　れ　ん）　15,000
販売費及び一般管理費

②子会社の当期純利益の振り替え…(A)連結修正仕訳を積み上げて解く方法と同じ

（非支配株主に帰属する当期純損益）2,304,000　（非支配株主持分）2,304,000*

＊　¥5,760,000×40％ = ¥2,304,000
S社当期純利益

③子会社の配当金の修正…(A)連結修正仕訳を積み上げて解く方法と同じ

（受取配当金）　960,000*1　（剰余金の配当）1,600,000
営業外収益
（非支配株主持分）　640,000*2

* 1　¥1,600,000×60％ = ¥960,000
* 2　¥1,600,000×40％ = ¥640,000

④売上高と売上原価の相殺消去…(A)連結修正仕訳を積み上げて解く方法と同じ

(売 上 高)21,120,000 (売 上 原 価)21,120,000

⑤期末商品に含まれる未実現利益の消去…(A)連結修正仕訳を積み上げて解く方法と同じ

(売 上 原 価) 320,000 (商 品) 320,000*

> * $¥3,520,000 × \dfrac{0.1}{1.1} = ¥320,000$

⑥債権債務の相殺消去…(A)連結修正仕訳を積み上げて解く方法と同じ

(買 掛 金)3,200,000 (売 掛 金)3,200,000

⑦期末貸倒引当金の修正…(A)連結修正仕訳を積み上げて解く方法と同じ

(貸 倒 引 当 金) 128,000* (貸倒引当金繰入) 128,000
　　　　　　　　　　　　　　販売費及び一般管理費

> * $¥3,200,000 × 4\% = ¥128,000$

解答の金額

(1) 連結損益計算書

①売 上 高：$\underset{\text{P社}}{¥76,800,000} + \underset{\text{S社}}{¥60,000,000} - \underset{\substack{\text{売上高と売上原価}\\\text{の相殺消去}}}{¥21,120,000} = ¥115,680,000$

②売上原価：$\underset{\text{P社}}{¥57,600,000} + \underset{\text{S社}}{¥48,480,000} - \underset{\substack{\text{売上高と売上原価}\\\text{の相殺消去}}}{¥21,120,000} + \underset{\substack{\text{期末商品に含まれる}\\\text{未実現利益の消去}}}{¥320,000} = ¥85,280,000$

③販売費及び一般管理費：$\underset{\text{P社}}{¥12,800,000} + \underset{\text{S社}}{¥7,040,000} + \underset{\text{のれん償却}}{¥15,000} - \underset{\text{貸倒引当金繰入}}{¥128,000} = ¥19,727,000$

④営業外収益：$\underset{\text{P社}}{¥4,480,000} + \underset{\text{S社}}{¥3,200,000} - \underset{\text{受取配当金}}{¥960,000} = ¥6,720,000$

⑤営業外費用：$\underset{\text{P社}}{¥3,840,000} + \underset{\text{S社}}{¥1,920,000} = ¥5,760,000$

⑥非支配株主に帰属する当期純利益：¥2,304,000

(2) 連結貸借対照表

①商 品：$\underset{\text{P社}}{¥16,000,000} + \underset{\text{S社}}{¥6,656,000} - \underset{\substack{\text{期末商品に含まれる}\\\text{未実現利益の消去}}}{¥320,000} = ¥22,336,000$

②の れ ん：$¥150,000 - \underset{\text{のれん償却}}{¥15,000} = ¥135,000$

③利益剰余金：$\underset{\text{P社}}{¥7,680,000} + \underset{\text{S社}}{¥7,360,000} - \underset{\text{開始仕訳}}{¥3,200,000} - \underset{\substack{\text{当期の連結修正仕訳}\\\text{の損益項目合計}}}{¥3,471,000^{*}} + \underset{\text{剰余金の配当}}{¥1,600,000}$

$= ¥9,969,000$

> * 当期の連結修正仕訳の損益項目合計：
> 借方：$\underset{\text{のれん償却}}{¥15,000} + \underset{\substack{\text{非支配株主に}\\\text{帰属する}\\\text{当期純損益}}}{¥2,304,000} + \underset{\text{受取配当金}}{¥960,000} + \underset{\text{売上高}}{¥21,120,000} + \underset{\text{売上原価}}{¥320,000} = ¥24,719,000$
>
> 貸方：$\underset{\text{売上原価}}{¥21,120,000} + \underset{\substack{\text{貸倒引当金}\\\text{繰入}}}{¥128,000} = ¥21,248,000$
>
> 差額：$¥24,719,000 - ¥21,248,000 = ¥3,471,000$（借方）

④非支配株主持分： <u>¥6,144,000</u> + <u>¥2,304,000</u> − <u>¥640,000</u> = ¥7,808,000
　　　　　　　　　開始仕訳　　　子会社当期純利益　配当金の修正
　　　　　　　　　　　　　　　　の振り替え

　　　または
　　　(<u>¥9,600,000 + ¥2,560,000 + ¥7,360,000</u>) × 40% = <u>¥7,808,000</u>
　　　　　　　　　当期末のS社の純資産合計　　　　　　　　　　タイムテーブルの当期
　　　　　　　　　　　　　　　　　　　　　　　　　　　　　末の非支配株主持分

問題 9

連結第2年度　　　　　　　　　　　連 結 精 算 表　　　　　　　　　（単位：千円）

科　目	個別財務諸表		修正・消去		連結財務諸表
	P　社	S　社	借　方	貸　方	
貸 借 対 照 表					連結貸借対照表
諸　　資　　産	1,310,000	286,000			1,596,000
売　　掛　　金	180,000	98,000		50,000	228,000
商　　　　　品	80,000	31,600		3,600	108,000
S　社　株　式	192,000			192,000	
（の　れ　ん）			3,960	440	3,520
資　産　合　計	1,762,000	415,600	3,960	246,040	1,935,520
諸　　負　　債	(600,400)	(53,640)			(654,040)
買　　掛　　金	(94,000)	(60,000)	50,000		(104,000)
貸 倒 引 当 金	(3,600)	(1,960)	1,000		(4,560)
資　　本　　金	(480,000)	(160,000)	160,000		(480,000)
資 本 剰 余 金	(160,000)	(60,000)	60,000		(160,000)
利 益 剰 余 金	(424,000)	(80,000)	52,040	10,000	
			156,040	137,000	(442,920)
非 支 配 株 主 持 分			3,000	84,000	
				9,000	(90,000)
負債・純資産合計	(1,762,000)	(415,600)	482,080	240,000	(1,935,520)
損 益 計 算 書					連結損益計算書
売　　上　　高	(960,000)	(340,000)	136,000		(1,164,000)
売　上　原　価	460,000	230,000	3,600	136,000	557,600
販売費及び一般管理費	360,000	86,000		1,000	445,000
営 業 外 収 益	(12,000)	(10,000)	7,000		(15,000)
営 業 外 費 用	8,000	4,000			12,000
（の れ ん） 償却			440		440
当 期 純 利 益	(144,000)	(30,000)	147,040	137,000	(163,960)
非支配株主に帰属する当期純利益			9,000		9,000
親会社株主に帰属する当期純利益			156,040	137,000	(154,960)

435

（仕訳の単位：千円）

解 説

連結第 2 年度における連結精算表を作成する問題です。

（A）連結修正仕訳を積み上げて解く方法と、（B）タイムテーブルを作って解く方法に分けて解説します。

（A）連結修正仕訳を積み上げて解く方法

1．支配獲得日の連結修正仕訳

支配獲得日（×1年 3 月31日）には、投資と資本の相殺消去をします。

（資　本　金）	160,000	（S　社　株　式）	192,000
（資 本 剰 余 金）	60,000	（非支配株主持分）	80,400[*1]
（利 益 剰 余 金）	48,000		
（の　れ　ん）	4,400[*2]		

> ＊1　(160,000千円＋60,000千円＋48,000千円)×30%＝80,400千円
> ＊2　貸借差額

2．連結第 1 年度の連結修正仕訳

（1）　開始仕訳

支配獲得時に行った連結修正仕訳（投資と資本の相殺消去）を再度行います。

（資　本　金）	160,000	（S　社　株　式）	192,000
（資 本 剰 余 金）	60,000	（非支配株主持分）	80,400
（利 益 剰 余 金）	48,000		
（の　れ　ん）	4,400		

（2）　連結第 1 年度の連結修正仕訳

①のれんの償却

（の れ ん 償 却）	440	（の　れ　ん）	440[*]

> ＊　4,400千円÷10年＝440千円

②子会社の当期純利益の振り替え

非支配株主に帰属する 当 期 純 損 益	3,600	（非支配株主持分）	3,600[*]

> ＊　$\underset{\text{S社当期純利益}}{\underline{12,000千円}}×30\%＝3,600千円$

3．連結第 2 年度の連結修正仕訳

（1）　開始仕訳

連結第 1 年度に行った連結修正仕訳を再度行います（開始仕訳）。そのさい、損益項目については「利益剰余金」で仕訳します。

(資 本 金)	160,000	(S 社 株 式)	192,000	
(資 本 剰 余 金)	60,000	(非支配株主持分)	84,000[*3]	
(利 益 剰 余 金)	52,040[*1]			
(の れ ん)	3,960[*2]			

> *1　48,000千円 + 440千円 + 3,600千円 ＝ 52,040千円
> 　　　支配獲得日の　のれん償却　非支配株主に帰属
> 　　　連結修正仕訳　　　　　　　する当期純損益
> *2　4,400千円 − 440千円 ＝ 3,960千円
> *3　80,400千円 + 3,600千円 ＝ 84,000千円
> 　　　支配獲得日の　子会社の当期純利益
> 　　　連結修正仕訳　　の振り替え

⑵　連結第2年度の連結修正仕訳

①のれんの償却

(の れ ん 償 却)	440	(の れ ん)	440[*]	

> *　4,400千円 ÷ 10年 ＝ 440千円

②子会社の当期純利益の振り替え

(非支配株主に帰属する 当 期 純 損 益)	9,000	(非支配株主持分)	9,000[*]	

> *　30,000千円 × 30% ＝ 9,000千円
> 　　S社の第2年度
> 　　当期純利益

③子会社の配当金の修正

(受 取 配 当 金) 営業外収益	7,000[*1]	(剰 余 金 の 配 当) 利益剰余金	10,000	
(非支配株主持分)	3,000[*2]			

> *1　10,000千円 × 70% ＝ 7,000千円
> *2　10,000千円 × 30% ＝ 3,000千円

④売上高と売上原価の相殺消去

(売 上 高)	136,000	(売 上 原 価)	136,000	

⑤期末商品に含まれる未実現利益の消去

(売 上 原 価)	3,600	(商 品)	3,600[*]	

> *　18,000千円 × 20% ＝ 3,600千円

⑥債権債務の相殺消去

(買 掛 金)	50,000	(売 掛 金)	50,000	

⑦期末貸倒引当金の修正

(貸 倒 引 当 金)	1,000	(貸倒引当金繰入) 販売費及び一般管理費	1,000[*]	

> *　50,000千円 × 2% ＝ 1,000千円

(B) タイムテーブルを作って解く方法

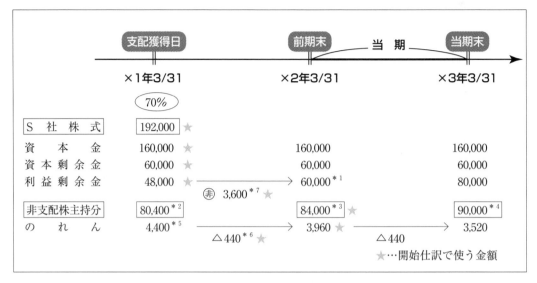

* 1　48,000千円 + 12,000千円 = 60,000千円
　　　　　　　　連結第1年度の
　　　　　　　　当期純利益
* 2　(160,000千円 + 60,000千円 + 48,000千円) × 30% = 80,400千円
* 3　(160,000千円 + 60,000千円 + 60,000千円) × 30% = 84,000千円
* 4　(160,000千円 + 60,000千円 + 80,000千円) × 30% = 90,000千円
* 5　(192,000千円 + 80,400千円) − (160,000千円 + 60,000千円 + 48,000千円) = 4,400千円
* 6　4,400千円 ÷ 10年 = 440千円
* 7　(60,000千円 − 48,000千円) × 30% = 3,600千円

●連結第2年度の連結修正仕訳
(1) 開始仕訳

（資　本　金）　160,000　（S 社 株 式）　192,000
（資本剰余金）　 60,000　（非支配株主持分） 84,000
（利益剰余金）　 52,040 *
（の れ ん）　 3,960

*　48,000千円　+　3,600千円　+ 440千円 = 52,040千円
　支配獲得日の　　支配獲得日から前期末までの利　前期末までの
　利益剰余金　　　益剰余金の増加分のうち、非支　のれん償却
　　　　　　　　配株主持分に帰属する金額

(2) 連結第2年度の連結修正仕訳
①のれんの償却

（のれん償却）　440　（の れ ん）　440

②子会社の当期純利益の振り替え…(A) 連結修正仕訳を積み上げて解く方法と同じ

（非支配株主に帰属する　　　　　　　　　　　　　　　　　　　*　30,000千円 × 30% = 9,000千円
　当期純損益）　9,000　（非支配株主持分）　9,000 *　　　　　　　S社の第2年度
　　　　　　　　　　　　　　　　　　　　　　　　　　　　　　　　当期純利益

③子会社の配当金の修正…(A)連結修正仕訳を積み上げて解く方法と同じ

（受　取　配　当　金）　　7,000^{*1}　（剰　余　金　の　配　当）　　10,000
　　　営業外収益　　　　　　　　　　　　利益剰余金

（非支配株主持分）　　　3,000^{*2}

> *1　10,000千円×70％＝7,000千円
> *2　10,000千円×30％＝3,000千円

④売上高と売上原価の相殺消去…(A)連結修正仕訳を積み上げて解く方法と同じ

（売　　　上　　　高）　136,000　（売　上　原　価）　136,000

⑤期末商品に含まれる未実現利益の消去…(A)連結修正仕訳を積み上げて解く方法と同じ

（売　上　原　価）　　　3,600　（商　　　　　品）　　　3,600*

> *　18,000千円×20％＝3,600千円

⑥債権債務の相殺消去…(A)連結修正仕訳を積み上げて解く方法と同じ

（買　　掛　　金）　　50,000　（売　　掛　　金）　　50,000

⑦期末貸倒引当金の修正…(A)連結修正仕訳を積み上げて解く方法と同じ

（貸　倒　引　当　金）　　1,000　（貸倒引当金繰入）　　　1,000*
　　　　　　　　　　　　　　　　　販売費及び一般管理費

> *　50,000千円×2％＝1,000千円

問題 10

貸 借 対 照 表
×8年3月31日　　　　　　　　　　　　　　　　（単位：円）

資 産 の 部			負 債 の 部	
I 流 動 資 産			I 流 動 負 債	
現 金 預 金		（　9,214,970　）	支 払 手 形	266,000
受 取 手 形		（　1,672,500　）	買 掛 金	（　476,000　）
売 掛 金		（　1,278,500　）	未 払 法 人 税 等	（　96,600　）
材 料		（　24,000　）	（**製品保証**）引当金	（　2,500　）
仕 掛 品		（　30,000　）	流 動 負 債 合 計	（　841,100　）
製 品		（　16,500　）	II 固 定 負 債	
短 期 貸 付 金		（　45,000　）	長 期 借 入 金	400,000
貸 倒 引 当 金	△	（　30,410　）	（**退職給付**）引当金	（　750,740　）
流 動 資 産 合 計		（　12,251,060　）	固 定 負 債 合 計	（　1,150,740　）
II 固 定 資 産			負 債 の 部 合 計	（　1,991,840　）
建 物	（　720,000　）		純 資 産 の 部	
減価償却累計額	（　66,000　）	（　654,000　）	資 本 金	6,512,700
機 械 装 置	（　540,000　）		利 益 準 備 金	（　1,309,000　）
減価償却累計額	（　250,600　）	（　289,400　）	繰 越 利 益 剰 余 金	（　3,380,920※　）
固 定 資 産 合 計		（　943,400　）	純 資 産 の 部 合 計	（　11,202,620　）
資 産 の 部 合 計		（　13,194,460　）	負債・純資産合計	（　13,194,460　）

区分式損益計算書に表示される利益

①	売上総利益	¥	679,720
②	営業利益	¥	424,900
③	経常利益	¥	416,500
④	当期純利益	¥	257,400

※　繰越利益剰余金：¥3,123,520 ＋ ¥257,400 ＝ ¥3,380,920
　　　　　　　　　　残高試算表　　　　　当期純利益
　　　　　　　　　　利益剰余金

解 説

　3月の取引の仕訳、決算整理仕訳を示すと次のとおりです。

1．3月の取引
(1) 材料の購入、消費

（材　　　　料）	45,000	（買　　掛　　金）	45,000
（仕　掛　品）	35,000	（材　　　　料）	45,000
（製 造 間 接 費）	10,000		

(2) **賃金の支払い、消費**

（賃　　　　　金）	40,000	（現　　　　　金）	40,000
		現金預金	
（仕　掛　品）	40,000	（賃　　　　　金）	40,000

(3) **製造間接費の予定配賦**

（仕　掛　品）	45,000	（製　造　間　接　費）	45,000

(4) **製造間接費の支払い（間接材料費と以下の事項以外）**

（製　造　間　接　費）	16,250	（現　　　　　金）	16,250
		現金預金	

(5) **製品の完成**

（製　　　　　品）	115,000	（仕　掛　品）	115,000

(6) **製品の売上**

（売　上　原　価）	110,000	（製　　　　　品）	110,000
（売　掛　金）	160,000	（売　　　　　上）	160,000

2．棚卸減耗

(1) **材料の棚卸減耗**

（棚　卸　減　耗　費）	50	（材　　　　　料）	50*
（製　造　間　接　費）	50	（棚　卸　減　耗　費）	50

> ＊　材料帳簿残高：¥24,050 ＋ ¥45,000 － ¥45,000 ＝ ¥24,050
> 　　　　　　　残高試算表　　　　1.(1)
> 　材料棚卸減耗費：¥24,050 － ¥24,000 ＝ ¥50

(2) **製品の棚卸減耗**

（売　上　原　価）	1,000	（製　　　　　品）	1,000*

> ＊　製品帳簿残高：¥12,500 ＋ ¥115,000 － ¥110,000 ＝ ¥17,500
> 　　　　　　　残高試算表　　1.(5)　　　1.(6)
> 　製品棚卸減耗費：¥17,500 － ¥16,500 ＝ ¥1,000

3．固定資産の減価償却

（減　価　償　却　費）	7,600	（建物減価償却累計額）	2,000
		（機械装置減価償却累計額）	5,600
（製　造　間　接　費）	6,900*	（減　価　償　却　費）	7,600
（販売費及び一般管理費）	700		

> ＊　¥1,300 ＋ ¥5,600 ＝ ¥6,900

4．貸倒引当金の設定

（貸倒引当金繰入）	7,000	（貸　倒　引　当　金）	7,000*1
販売費及び一般管理費			
（貸倒引当金繰入）	900	（貸　倒　引　当　金）	900*2
営業外費用			

> ＊1　期末売上債権：¥1,672,500 ＋ ¥1,118,500 ＋ ¥160,000 ＝ ¥2,951,000
> 　　　　　　　　残高試算表の受取手形・売掛金　　　1.(6)
> 　　　　　　　　　　　　　　　　　　　　　　　売掛金
> 　　貸倒引当金：¥2,951,000 × 1％ ＝ ¥29,510
> 　　貸倒引当金繰入：¥29,510 － ¥22,510 ＝ ¥7,000
> ＊2　期末営業外債権：¥45,000
> 　　　　　　　　残高試算表の
> 　　　　　　　　短期貸付金
> 　　貸倒引当金：¥45,000 × 2％ ＝ ¥900
> 　　貸倒引当金繰入：¥900 － ¥0 ＝ ¥900

5．退職給付引当金の設定と原価差異

(1) 退職給付引当金の設定

（退 職 給 付 費 用）	20,000	（退 職 給 付 引 当 金）	20,000
（製 造 間 接 費）	12,000	（退 職 給 付 費 用）	20,000
（販売費及び一般管理費）	8,000		

(2) 原価差異

（原 価 差 異） 製造間接費配賦差異	740	（退 職 給 付 引 当 金）	740

6．製品保証引当金の設定

(1) 製品保証引当金の設定と戻入れ

（製品保証引当金繰入）	2,500	（製 品 保 証 引 当 金）	2,500
（製 品 保 証 引 当 金）	3,000	（製品保証引当金戻入）	3,000

(2) 営業外収益への振り替え

（製品保証引当金戻入）	3,000	（製品保証引当金繰入）	2,500
		（営 業 外 収 益）	500*

> *　￥3,000 − ￥2,500 ＝ ￥500

7．製造間接費配賦差異の把握と振り替え

(1) 退職給付引当金の繰入額以外の原価差異の把握

（原 価 差 異） 製造間接費配賦差異	200*	（製 造 間 接 費）	200

> *　製造間接費の予定配賦額：$\underset{1.(3)}{￥45,000}$
>
> 製造間接費の実際発生額：$\underset{1.(1)}{￥10,000} + \underset{1.(4)}{￥16,250} + \underset{2.(1)}{￥50} + \underset{3.}{￥6,900} + \underset{5.(1)}{￥12,000} = ￥45,200$
>
> 退職給付引当金の繰入額以外の原価差異：
>
> ￥45,000 − ￥45,200 ＝ △￥200（不利差異・借方差異）

(2) 原価差異の振り替え

（売 上 原 価）	940	（原 価 差 異） 製造間接費配賦差異	940*

> *　退職給付引当金の繰入額の原価差異：￥740（借方）…5.(2)
> 退職給付引当金の繰入額以外の原価差異：￥200（借方）…7.(1)
> 　　　　　　　　　　　　　　　　　　　　￥940

8．決算整理後の損益計算書の金額

(1) 売上高

$\underset{残高試算表}{￥1,765,000} + \underset{1.(6)}{￥160,000} = ￥1,925,000$

(2) 売上原価

$\underset{残高試算表}{￥1,133,340} + \underset{1.(6)}{￥110,000} + \underset{2.(2)}{￥1,000} + \underset{7.(2)}{￥940} = ￥1,245,280$

(3) 売上総利益

$\underset{(1)売上高}{￥1,925,000} - \underset{(2)売上原価}{￥1,245,280} = ￥679,720$

(4) 販売費及び一般管理費

$\underset{残高試算表}{￥239,120} + \underset{3.}{￥700} + \underset{4.}{￥7,000} + \underset{5.(1)}{￥8,000} = ￥254,820$

(5) **営業利益**

$\underset{\text{(3)売上総利益}}{\underline{¥679,720}} - \underset{\substack{\text{(4)販売費及び}\\\text{一般管理費}}}{\underline{¥254,820}} = ¥424,900$

(6) **営業外収益**

$\underset{\text{6.(2)}}{\underline{¥500}}$

(7) **営業外費用**

$\underset{\substack{\text{残高試算表の}\\\text{支払利息}}}{\underline{¥8,000}} + \underset{\text{4.}}{\underline{¥900}} = ¥8,900$

(8) **経常利益**

$\underset{\text{(5)営業利益}}{\underline{¥424,900}} + \underset{\text{(6)営業外収益}}{\underline{¥500}} - \underset{\text{(7)営業外費用}}{\underline{¥8,900}} = ¥416,500$

(9) **特別利益**

$\underset{\substack{\text{残高試算表の}\\\text{固定資産売却益}}}{\underline{¥12,500}}$

(10) **特別損失**

¥0

(11) **税引前当期純利益**

$\underset{\text{(8)経常利益}}{\underline{¥416,500}} + \underset{\text{(9)特別利益}}{\underline{¥12,500}} - \underset{\text{(10)特別損失}}{\underline{¥0}} = ¥429,000$

(12) **法人税、住民税及び事業税**

| (法人税、住民税及び事業税) | 171,600* | (仮払法人税等) | 75,000 |
| | | (未払法人税等) | 96,600 |

> * ¥429,000 × 40% = ¥171,600

(13) **当期純利益**

$\underset{\text{(11)税引前当期純利益}}{\underline{¥429,000}} - \underset{\substack{\text{(12)法人税、住民税}\\\text{及び事業税}}}{\underline{¥171,600}} = ¥257,400$

第4問対策　実践問題（解答解説）

問題 1

製造間接費

間 接 材 料 費 （	46,400）	仕 掛 品 （	207,000）
間 接 労 務 費 （	86,400）	原 価 差 異 （	21,200）
間 接 経 費 （	95,400）		
（	228,200）	（	228,200）

仕 掛 品

期 首 有 高	22,400	当 期 完 成 高 （	899,400）
直 接 材 料 費 （	410,000）	期 末 有 高	30,000
直 接 労 務 費 （	264,000）		
直 接 経 費 （	26,000）		
製 造 間 接 費 （	207,000）		
（	929,400）	（	929,400）

損 益 計 算 書

（単位：円）

Ⅰ 売 上 高			1,380,000
Ⅱ 売 上 原 価			
（1） 期首製品棚卸高		24,000	
（2） 当期製品製造原価	（	899,400）	
合 計	（	923,400）	
（3） 期末製品棚卸高		36,000	
差 引	（	887,400）	
（4） 原 価 差 異	（ ➕	21,200）	（ 908,600）
売 上 総 利 益			（ 471,400）
Ⅲ 販売費及び一般管理費			（ 443,000）
営 業 利 益			（ 28,400）

> 製造間接費配賦差異が不利差異なので、売上原価に加算します。

解説

資料の原価から答案用紙の勘定に記入し、損益計算書を完成させる問題です。

まずは原価を**製造原価**（材料費、労務費、経費）と**販売費及び一般管理費**に分類し、製造原価はさらに**製造直接費**と**製造間接費**に分類します。なお、製造間接費を予定配賦しているため、製造間接費配賦差異（原価差異）は売上原価に賦課します。

(1) 原価の分類

資料の原価を分類すると次のとおりです。

製造原価	材料費	直接材料費	(1)素材費
		間接材料費	(2)補修用材料費　(8)製造用機械油（工場消耗品）の消費額　(11)消耗工具器具備品費
	労務費	直接労務費	(4)組立工（直接工）の直接賃金
		間接労務費	(4)組立工（直接工）の間接賃金　(5)運搬工（間接工）の賃金　(7)工場事務員の給料
	経費	直接経費	(13)外注加工賃
		間接経費	(1)材料棚卸減耗費　(3)工場固定資産税　(12)福利厚生施設負担額　(14)工場電力料、水道料、ガス代　(15)工場建物減価償却費
販売費及び一般管理費			(6)本社建物減価償却費　(10)販売員給料　(16)本社役員給料　(17)その他の販売費　(18)その他の一般管理費

(2) 勘定の流れ

勘定の流れを示すと次のとおりです。

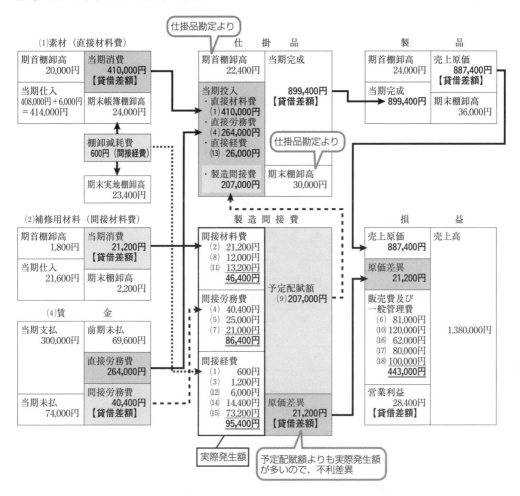

問題 2

	借方科目	金額	貸方科目	金額
(1)	材　　　料	315,000	買　掛　金 材　料　副　費	300,000 15,000 *1
(2)	材料副費差異	2,000 *2	材　料　副　費	2,000
(3)	仕　　掛　　品 製 造 間 接 費	270,000 *3 10,800 *4	賃 金 ・ 給 料	280,800
(4)	製 造 間 接 費	93,000	賃 金 ・ 給 料	93,000 *5
(5)	仕　　掛　　品	180,000 *6	製 造 間 接 費	180,000
(6)	製 造 間 接 費	1,000	製造間接費配賦差異	1,000 *7

```
*1  300,000円×5％＝15,000円
*2  15,000円－17,000円＝△2,000円
    予定配賦額 ＜ 実際発生額→不利差異（借方差異）
*3  @900円×300時間＝270,000円
*4  @900円×12時間＝10,800円
*5  90,000円＋15,000円－12,000円
    ＝93,000円
*6  ① 2,100,000円 ＝@600円
        3,500時間
    ②@600円×300時間＝180,000円
*7  180,000円－179,000円＝1,000円
    予定配賦額 ＞ 実際発生額→有利差異（貸方差異）
```

解説

⑴ 材料の**購入代価に材料副費予定配賦額を加算した金額**を材料の購入原価として計上します。

⑵ 材料副費の予定配賦額（15,000円）より実際発生額（17,000円）が多いので、**不利差異（借方差異）** となります。

⑶ 直接工の**直接賃金は仕掛品勘定、間接賃金は製造間接費勘定**で処理します。

⑷ 当月賃金実際消費額は、当月賃金支払額（90,000円）に当月未払額（15,000円）を足し、前月未払額（12,000円）を差し引いて計算します。

⑸ 製造間接費予定配賦率に配賦基準（直接作業時間）を掛けて、当月の製造間接費予定配賦額を計算します。

⑹ 製造間接費の予定配賦額（180,000円）より実際発生額（179,000円）が少ないので、**有利差異（貸方差異）** となります。

問題 3

	借方科目	金額	貸方科目	金額
7/4	材　　　料	808,000	買　掛　金 当 座 預 金	800,000 8,000
7/7	仕　　掛　　品	404,900	材　　　料	404,900
7/17	材　　　料	1,528,000	買　掛　金 当 座 預 金	1,520,000 8,000
7/21	仕　　掛　　品	1,744,300	材　　　料	1,744,300
7/23	材　　　料	38,200	仕　　掛　　品	38,200
7/31	製 造 間 接 費	3,820	材　　　料	3,820

解説

7/4　材料の購入代価に付随費用（引取運賃）を加算した金額を材料の購入原価として計上します。

購入原価：@2,000円×400個＋8,000円＝808,000円

なお、購入単価を計算すると次のようになります。

購入単価：$\dfrac{808,000円}{400個}$＝@2,020円

この時点の在庫：**前月繰越分　30個　　7/4購入分　400個**

446

7/7　先入先出法なので、前月繰越分から**30個**、7月4日購入分から**170個**（200個 − 30個）を払い出したとして計算します。
　　　①前月繰越分：61,500円
　　　②7/4購入分：@2,020円×170個＝343,400円
　　　③61,500円＋343,400円＝404,900円
　　　この時点の在庫：**7/4購入分　230個**（400個 − 170個）

7/17　購入原価：@1,900円×800個＋8,000円＝1,528,000円

　　　購入単価：$\dfrac{1,528,000円}{800個}$＝@1,910円

　　　この時点の在庫：**7/4購入分　230個　　7/17購入分　800個**

7/21　7月4日購入分から230個、7月17日購入分から670個（900個 − 230個）を払い出したとして計算します。
　　　①7/4購入分：@2,020円×230個＝464,600円
　　　②7/17購入分：@1,910円×670個＝1,279,700円
　　　③464,600円＋1,279,700円＝1,744,300円
　　　この時点の在庫：**7/17購入分　130個**（800個 − 670個）

7/23　先入先出法なので、7月21日出庫分のうち、後から購入した分（7月17日購入分）を倉庫に戻した（7月17日購入分が倉庫に残る）として、7月21日の出庫を取り消します。
　　　@1,910円×20個＝38,200円
　　　_{7/17の購入単価}
　　　この時点の在庫：**7/17購入分　150個**（130個＋20個）

7/31　7月17日の購入単価に棚卸減耗数量を掛けて棚卸減耗費を計算します。なお、棚卸減耗費は**間接経費**なので、**製造間接費**として処理します。
　　　@1,910円×2個＝3,820円
　　　_{7/17の購入単価}

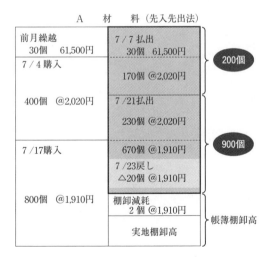

問題 4

	借方科目	金額	貸方科目	金額
(1)	材　　　料	600,000	本　　　社	600,000
(2)	仕　掛　品	420,000[*1]	材　　　料	420,000
(3)	仕　掛　品	80,000[*2]	本　　　社	80,000
(4)	仕　掛　品 製 造 間 接 費	360,000 55,000	賃 金 ・ 給 料	415,000
(5)	製 造 間 接 費	140,000	本　　　社	140,000
(6)	製 造 間 接 費	120,000[*3]	本　　　社	120,000
(7)	本　　　社	1,400,000	仕　掛　品	1,400,000

*1 材料の加工を外注先に依頼するための材料の出庫は製造現場への出庫と考えて処理します。
*2 外注加工賃は直接経費なので仕掛品で処理します。
*3 $1,440,000円 \times \dfrac{1か月}{12か月} = 120,000円$

解説

各取引について、①取引の仕訳、②本社の仕訳、③工場の仕訳を示すと次のとおりです。

(1)①取引の仕訳： （材　　　　料） 600,000 （買　　掛　　金） 600,000
　②本社の仕訳： （工　　　　場） 600,000 （買　　掛　　金） 600,000
　③工場の仕訳： （材　　　　料） 600,000 （本　　　　社） 600,000

(2)①取引の仕訳： （仕　　掛　　品） 420,000 （材　　　　料） 420,000
　②本社の仕訳： 仕訳なし
　③工場の仕訳： （仕　　掛　　品） 420,000 （材　　　　料） 420,000

(3)①取引の仕訳： （仕　　掛　　品） 80,000 （買　　掛　　金） 80,000
　②本社の仕訳： （工　　　　場） 80,000 （買　　掛　　金） 80,000
　③工場の仕訳： （仕　　掛　　品） 80,000 （本　　　　社） 80,000

(4)①取引の仕訳： （仕　　掛　　品） 360,000 （賃 金 ・ 給 料） 415,000
　　　　　　　　 （製 造 間 接 費） 55,000
　②本社の仕訳： 仕訳なし
　③工場の仕訳： （仕　　掛　　品） 360,000 （賃 金 ・ 給 料） 415,000
　　　　　　　　 （製 造 間 接 費） 55,000

(5)①取引の仕訳： （製 造 間 接 費） 140,000 （現 金 な ど） 140,000
　②本社の仕訳： （工　　　　場） 140,000 （現 金 な ど） 140,000
　③工場の仕訳： （製 造 間 接 費） 140,000 （本　　　　社） 140,000

(6)①取引の仕訳： （製 造 間 接 費） 120,000 （減価償却累計額） 120,000
　②本社の仕訳： （工　　　　場） 120,000 （減価償却累計額） 120,000
　③工場の仕訳： （製 造 間 接 費） 120,000 （本　　　　社） 120,000

(7)①取引の仕訳：a. (製　　　　　品)　　1,400,000　　(仕　掛　　品)　　1,400,000
　　　　　　　　b. (売　掛　　金)　　1,680,000　　(売　　　　上)　　1,680,000
　　②本社の仕訳：a. (製　　　　　品)　　1,400,000　　(工　　　　場)　　1,400,000
　　　　　　　　b. (売　掛　　金)　　1,680,000　　(売　　　　上)　　1,680,000
　　③工場の仕訳：a. (**本　　　　　社**)　　**1,400,000**　　(**仕　掛　　品**)　　**1,400,000**
　　　　　　　　b. 仕訳なし

問題 5

仕 掛 品

10/ 1	月初有高	(	366,000)	10/31	当月完成高	(	1,063,000)
31	直接材料費	(	365,000)	〃	月末有高	(	415,000)
〃	直接労務費	(	495,000)				
〃	製造間接費		252,000				
		(	1,478,000)			(	1,478,000)

製 品

10/ 1	月初有高	(	686,000)	10/31	売上原価	(	1,316,000)
31	当月完成高	(	1,063,000)	〃	月末有高	(	433,000)
		(	1,749,000)			(	1,749,000)

解説

　個別原価計算の勘定記入の問題です。仕掛品のボックス図をつくって、問題文の資料を整理してから答案用紙の勘定に記入しましょう。

　資料の各製造指図書の原価合計額のうち、10月集計分を仕掛品勘定の直接材料費、直接労務費、製造間接費に計上します。そこで、10月集計分を直接材料費、直接労務費、製造間接費に分ける必要があります。

　問題文に「直接材料は製造着手時にすべて投入している」とあるので、仕掛品勘定の当月投入直接材料費は、資料の直接材料費のうち、当月（10月）に製造を着手したNo.1001とNo.1002の金額ということになります。

　また、当月投入製造間接費は答案用紙に記入済みなので、資料の10月集計分の原価合計から上記の当月投入直接材料費と当月投入製造間接費を差し引いた金額が、当月投入直接労務費となります。

　仕掛品のボックス図を示すと次のとおりです。

（直材…直接材料費、直労…直接労務費、製間…製造間接費）

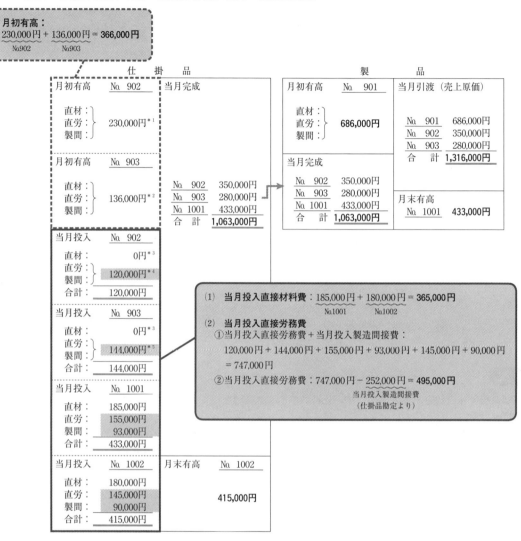

(A)

製造間接費部門別配賦表　　　　　　　　（単位：円）

摘　　要	合　計	製造部門		補助部門		
		第1製造部門	第2製造部門	修繕部門	材料倉庫部門	工場事務部門
部門個別費	7,250,000	3,200,000	2,880,000	384,000	508,000	278,000
部門共通費						
機械保険料	240,000	72,000	96,000	36,000	24,000	12,000
部　門　費	7,490,000	3,272,000	2,976,000	420,000	532,000	290,000
修繕部門費	420,000	300,000	120,000			
材料倉庫部門費	532,000	304,000	228,000			
工場事務部門費	290,000	174,000	116,000			
製造部門費	7,490,000	4,050,000	3,440,000			

(B)

借方科目	金　額	貸方科目	金　額
第1製造部門費	778,000	修繕部門費	420,000
第2製造部門費	464,000	材料倉庫部門費	532,000
		工場事務部門費	290,000

解説

製造間接費の部門別配賦の問題です。
部門共通費と補助部門費の配賦計算は次のとおりです。

(1) **部門共通費の配賦**

第1製造部門：　　　　　　　　　　600,000円 = 72,000円
第2製造部門：　　　　　　　　　　800,000円 = 96,000円
修　繕　部　門：　$\dfrac{240,000円}{2,000,000円} \times$　300,000円 = 36,000円
材料倉庫部門：　　　　　　　　　　200,000円 = 24,000円
工場事務部門：　　　　　　　　　　100,000円 = 12,000円

(2) **補助部門費の配賦**

① **修　繕　部　門　費**

第1製造部門：　$\dfrac{420,000円}{25回 + 10回} \times$　25回 = 300,000円
第2製造部門：　　　　　　　　　　　10回 = 120,000円

② **材料倉庫部門費**

第1製造部門：　$\dfrac{532,000円}{400,000円 + 300,000円} \times$　400,000円 = 304,000円
第2製造部門：　　　　　　　　　　　　　　　　　　　　300,000円 = 228,000円

③ **工場事務部門費**

第1製造部門：　$\dfrac{290,000円}{60人 + 40人} \times$　60人 = 174,000円
第2製造部門：　　　　　　　　　　　40人 = 116,000円

第5問対策　実践問題（解答解説）

問題 1

問1

総合原価計算表　　　　　　　（単位：円）

	Ａ材料費	Ｂ材料費	加工費	合計
月初仕掛品原価	123,000	0	122,000	245,000
当月製造費用	1,647,000	556,500	2,056,400	4,259,900
合計	1,770,000	556,500	2,178,400	4,504,900
差引：月末仕掛品原価	180,000	0	116,700	296,700
完成品総合原価	1,590,000	556,500	2,061,700	4,208,200
完成品単位原価	300	105	389	794

÷5,300個

問2　売上原価＝ 3,975,600 円

解説

減損と材料の追加投入がある場合の単純総合原価計算の問題です。

正常減損費は、問題文の指示により、**両者負担**として計算します。また、Ｂ材料は工程の終点で投入しているので、当月投入額（当月製造費用）を全額、完成品原価として計算します。

問1

仕掛品のボックス図を示すと次のとおりです。

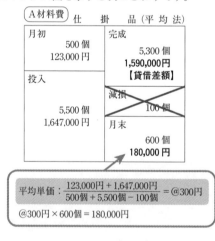
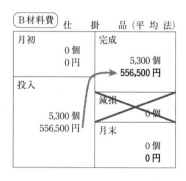

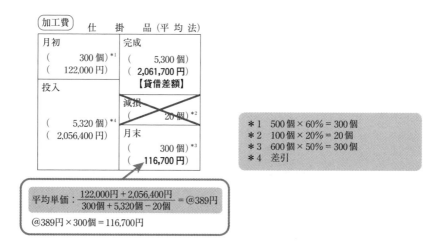

問2

問1の完成品総合原価を用いて製品のボックス図を作成し、売上原価を計算します。

完成品総合原価：1,590,000円 + 556,500円 + 2,061,700円 = 4,208,200円

問題 2

問1

総合原価計算表　　　　（単位：円）

	直接材料費	加工費	合　計
月初仕掛品原価	371,400	128,400	499,800
当月製造費用	3,570,000	4,451,200	8,021,200
合　　計	3,941,400	4,579,600	8,521,000
差引：月末仕掛品原価	175,000	85,600	260,600
完成品総合原価	3,766,400	4,494,000	8,260,400
完成品単位原価	176	210	386

÷21,400個

問2　完成品総合原価＝ 8,250,700 円
問3　完成品総合原価＝ 8,257,600 円

解説

仕損がある場合の単純総合原価計算の問題です。

問題文に「仕損は工程の途中で発生している」とあるだけで、具体的な仕損の発生点（加工進捗度）は示されていません。この場合、仕損の完成品換算量を計算することができないため、完成品のみ負担（仕損の数量を完成品に含めて処理する方法）として計算することができません。したがって、問1と問2については**両者負担**で計算することになります。

また、仕損品に評価額がある場合の両者負担と完成品負担の処理（問2と問3）の違いを確認しておいてください。

問1

仕掛品のボックス図を示すと次のとおりです。

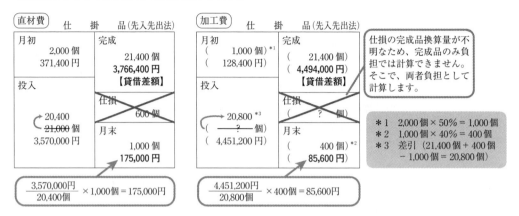

問2

仕損品に評価額（処分価値）がある場合で、正常仕損費の処理が両者負担のときは、当月製造費用から仕損品の評価額（処分価値）を控除した金額を完成品と月末仕掛品に配分します。なお、問題文に「その価値は材料の価値である」と指示があるので、仕損品の評価額（処分価値）は直接材料費から控除します。また、加工費の計算は問1と同じです。

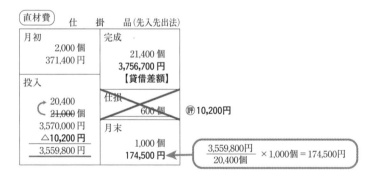

したがって、問2の完成品総合原価は次のようになります。

$\underbrace{3,756,700円}_{直接材料費} + \underbrace{4,494,000円}_{加工費(問1より)} = 8,250,700円$

問3

仕損品に評価額（処分価値）がある場合で、正常仕損費の処理が完成品のみ負担のときは、完成品総合原価から仕損品の評価額（処分価値）を控除します。

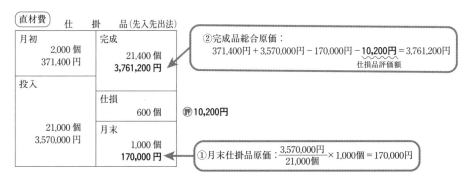

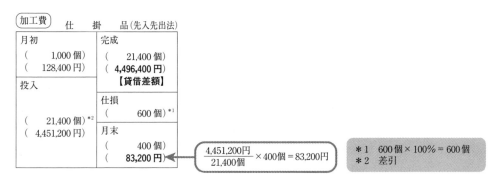

したがって、問3の完成品総合原価は次のようになります。

3,761,200円 + 4,496,400円 = 8,257,600円
（直接材料費）　（加工費）

問題 3

仕掛品－第1工程　　　　　　　　（単位：円）

月初有高：		次工程振替高：	
直接材料費	242,000	直接材料費	(7,200,000)
加　工　費	48,300	加　工　費	(4,896,000)
小　　　計	290,300	小　　　計	(12,096,000)
当月製造費用：		月末有高：	
直接材料費	7,753,200	直接材料費	(795,200)
加　工　費	4,956,180	加　工　費	(108,480)
小　　　計	12,709,380	小　　　計	(903,680)
	(12,999,680)		(12,999,680)

仕掛品－第2工程　　　　　　　　（単位：円）

月初有高：		当月完成高：	
前　工　程　費	702,400	前　工　程　費	(12,377,400)
加　工　費	233,520	加　工　費	(4,704,000)
小　　　計	935,920	小　　　計	(17,081,400)
当月製造費用：		月末有高：	
前　工　程　費	(12,096,000)	前　工　程　費	(421,000)
加　工　費	4,566,480	加　工　費	(96,000)
小　　　計	(16,662,480)	小　　　計	(517,000)
	(17,598,400)		(17,598,400)

解説

仕損がある場合の工程別総合原価計算の問題です。

正常仕損の処理は、問題文の指示にしたがい、**完成品のみ負担**として処理します。したがって、仕損の数量を完成品に含めて計算します。

以下、第1工程と第2工程の仕掛品のボックス図を示すと次のとおりです。

①**第1工程**

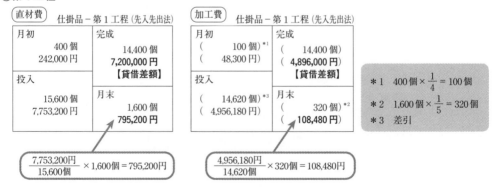

②第2工程

問題 4

工程別総合原価計算表　　　　　　　　　　（単位：円）

	第 1 工程			第 2 工程			
	原 料 費	加 工 費	合　　計	前工程費	原 料 費	加 工 費	合　　計
月初仕掛品原価	0	0	0	154,000	0	35,600	189,600
当月製造費用	900,000	2,150,000	3,050,000	2,870,000	378,000	1,548,400	4,796,400
合　　計	900,000	2,150,000	3,050,000	3,024,000	378,000	1,584,000	4,986,000
月末仕掛品原価	80,000	100,000	180,000	432,000	54,000	144,000	630,000
完成品総合原価	820,000	2,050,000	2,870,000	2,592,000	324,000	1,440,000	4,356,000

解説

仕損と材料の追加投入がある場合の工程別総合原価計算の問題です。
正常仕損費の処理は〔資料〕(3)の指示にしたがい、**完成品のみ負担**として処理します。
B原料は、第2工程の加工進捗度40％の時点で投入していますので、加工進捗度が20％の月初仕掛品にはB原料は含まれていませんが、加工進捗度が60％の月末仕掛品にはB原料が含まれています。
以下、第1工程と第2工程の仕掛品のボックス図を示すと次のとおりです。

①第1工程

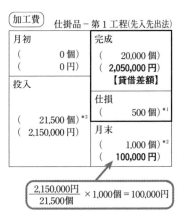

②第2工程

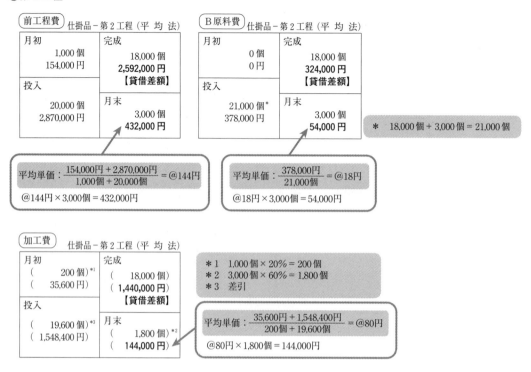

問題 5

問1

組別総合原価計算表 (単位：円)

	A 製 品	B 製 品
月初仕掛品原価	95,075[*1]	35,200[*4]
当 月 原 料 費	1,295,775	477,500
当 月 加 工 費	3,108,000	847,000
合 計	4,498,850	1,359,700
月末仕掛品原価	76,850[*2]	39,150[*5]
完成品総合原価	4,422,000[*3]	1,320,550[*6]

*1 53,475円 + 41,600円 = 95,075円
*2 29,250円 + 47,600円 = 76,850円
*3 1,320,000円 + 3,102,000円 = 4,422,000円

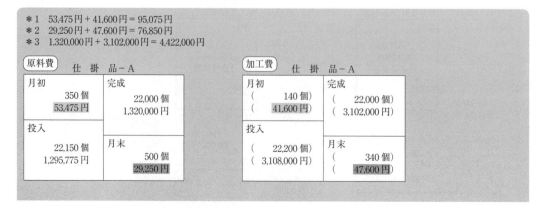

＊4　16,650円 + 18,550円 = 35,200円
＊5　28,650円 + 10,500円 = 39,150円
＊6　465,500円 + 855,050円 = 1,320,550円

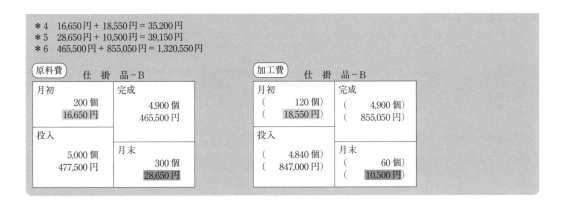

問2

	損　益　計　算　書	（単位：円）
Ⅰ．売　上　高		（　9,550,000＊1　）
Ⅱ．売　上　原　価		
1．月初製品棚卸高	134,300	
2．当月製品製造原価	（　5,742,550＊2　）	
合　　　計	（　5,876,850　）	
3．月末製品棚卸高	（　201,450＊3　）	（　5,675,400＊4　）
売 上 総 利 益		（　3,874,600　）

＊1　当月売上高：@350円 × 21,800個 + @400円 × 4,800個 = 9,550,000円
＊2　当月製品製造原価（当月完成分の原価）：4,422,000円 + 1,320,550円 = 5,742,550円
＊3　月末製品棚卸高：120,600円 + 80,850円 = 201,450円
＊4　売上原価：4,381,800円 + 1,293,600円 = 5,675,400円

	製　　品－A				製　　品－B	
月初		販売		月初		販売
	400個		21,800個		200個		4,800個
	80,400円		4,381,800円		53,900円		1,293,600円
完成		月末		完成		月末
	22,000個		600個		4,900個		300個
	4,422,000円		120,600円		1,320,550円		80,850円

解　説

組別総合原価計算の問題です。
まず、組間接費（当月加工費）をA製品とB製品に按分してから、各組製品の原価を計算します。

(1) **組間接費（当月加工費）の按分**

(2) **各組製品原価の計算**

各組製品について仕掛品と製品のボックス図を示すと次のとおりです。

①**A製品**

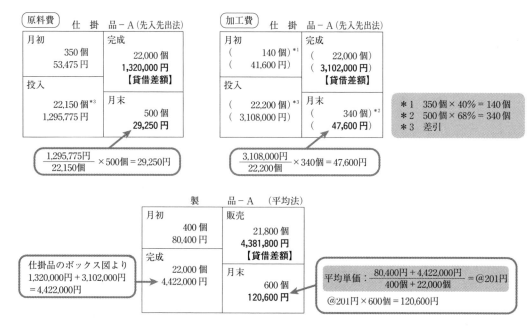

②**B製品**

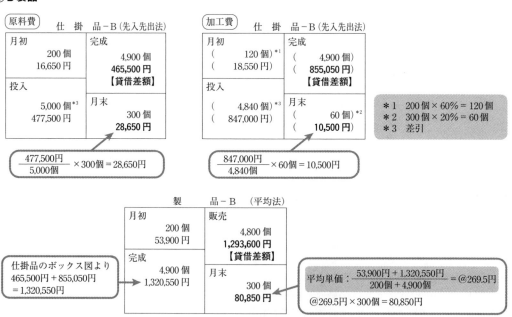

問題 6

(A) 月末仕掛品原価 ＝ 1,548,000 円
　　製品Ｙの完成品総合原価 ＝ 3,600,000 円
　　製品Ｚの完成品単位原価 ＝ 864 円／個

(B)

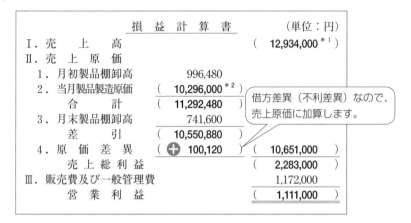

*1 @440円×8,600個＋@950円×5,000個＋@1,000円×4,400個＝12,934,000円
*2 完成品総合原価：5,184,000円＋5,112,000円＝10,296,000円

解説

等級別総合原価計算の問題です。
等級製品全体の月末仕掛品原価と完成品総合原価を計算したあと、完成品総合原価を各等級製品の積数（完成品数量×等価係数）の比で按分します。

(1) **完成品総合原価と月末仕掛品原価の計算**

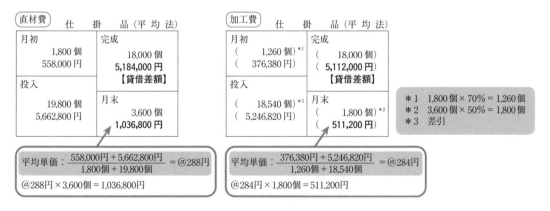

①月末仕掛品原価：1,036,800円＋511,200円＝ **1,548,000円**
②完成品総合原価：5,184,000円＋5,112,000円＝10,296,000円

(2) 各等級製品の完成品総合原価、完成品単位原価の計算

①積数

製品X：9,000個×0.5 = 4,500

製品Y：5,000個× 1 = 5,000

製品Z：4,000個×1.2 = 4,800

②各等級製品の完成品総合原価

製品X：

製品Y：$\dfrac{10{,}296{,}000\,円}{4{,}500 + 5{,}000 + 4{,}800} \times$

製品Z：

$\begin{cases} 4{,}500 = 3{,}240{,}000\,円 \\ 5{,}000 = 3{,}600{,}000\,円 \\ 4{,}800 = 3{,}456{,}000\,円 \end{cases}$

③各等級製品の完成品単位原価

製品X：3,240,000円÷9,000個 = @360円

製品Y：3,600,000円÷5,000個 = @720円

製品Z：3,456,000円÷4,000個 = @864円

問題 7

問1

月次予算損益計算書 （単位：円）

Ⅰ．売　上　高　　　　　　　（　60,000,000[*1]　）

Ⅱ．売　上　原　価　　　　　（　45,000,000[*2]　）

　　　売上総利益　　　　　　（　15,000,000　）

Ⅲ．販売費及び一般管理費　　（　4,000,000[*3]　）

　　　営　業　利　益　　　　（　11,000,000　）

* 1　@6,000円×10,000個 = 60,000,000円
* 2　@4,500円×10,000個 = 45,000,000円
* 3　48,000,000円÷12か月 = 4,000,000円

問2

直接材料費総差異	（　　732,000　）円
価　格　差　異	（　　912,000　）円
数　量　差　異	（　△180,000　）円
直接労務費総差異	（　△322,000　）円
賃　率　差　異	（　△182,000　）円
時　間　差　異	（　△140,000　）円
製造間接費総差異	（　△1,150,000　）円
予　算　差　異	（　△450,000　）円
能　率　差　異	（　△160,000　）円
操　業　度　差　異	（　△540,000　）円

※　不利差異には△をつけること。

解 説

標準原価計算による予算損益計算書の作成および差異分析の問題です。
差異分析図（ボックス図）を示すと次のとおりです。

①直接材料費差異

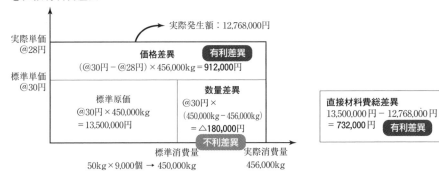

②直接労務費差異

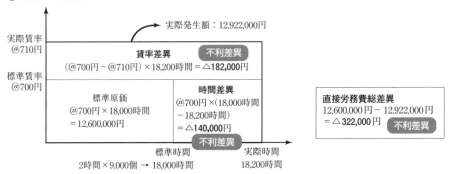

③製造間接費差異

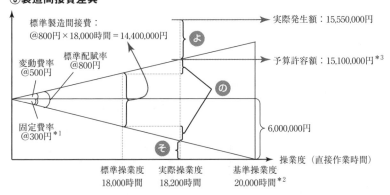

* 1　固 定 費 率：＠800円 − ＠500円 ＝ ＠300円
* 2　基準操業度：2時間 × 10,000個 ＝ 20,000時間　または　6,000,000円 ÷ ＠300円 ＝ 20,000時間
　　　　　　　　　　　　　　予算生産量　　　　　　　　　　　　　　　　固定費予算額　　固定費率
* 3　予算許容額：＠500円 × 18,200時間 ＋ 6,000,000円 ＝ 15,100,000円
　　　　　　　　　　変動費予算　　　　　固定費予算

製造間接費総差異：14,400,000円 − 15,550,000円 = △1,150,000円 不利差異
　　　　　　　　　標準製造間接費　実際発生額

- よ　予 算 差 異：15,100,000円 − 15,550,000円 = △450,000円 不利差異
- の　能 率 差 異：@800円 ×(18,000時間 − 18,200時間) = △160,000円 不利差異
- そ　操業度差異：@300円 ×(18,200時間 − 20,000時間) = △540,000円 不利差異

問題 8

問1

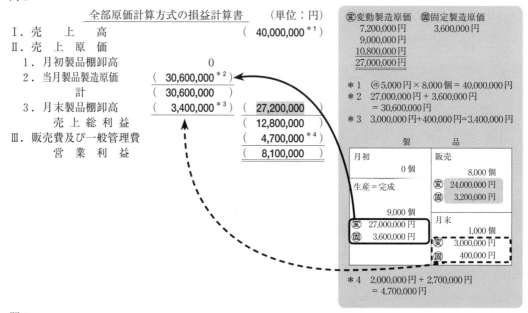

問2

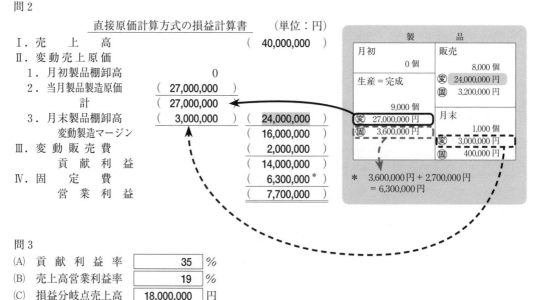

問3
(A)	貢献利益率	35	%
(B)	売上高営業利益率	19	%
(C)	損益分岐点売上高	18,000,000	円

解説

問1、問2　全部原価計算方式の損益計算書と直接原価計算方式の損益計算書

全部原価計算では、固定製造原価を製品原価として計算しますが、直接原価計算では固定製造原価を期間原価として計算します。

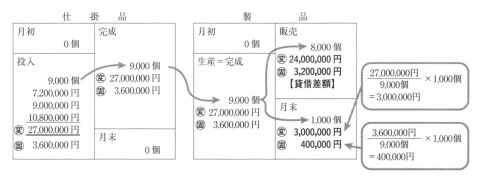

問3　CVP分析

(A)　貢献利益率

貢献利益率は貢献利益を売上高で割って求めます。

$$\frac{14,000,000 円}{40,000,000 円} \times 100 = \textbf{35\%}$$

(B)　売上高営業利益率

売上高営業利益率は営業利益を売上高で割って求めます。なお、問題文の指示にしたがい、1％未満は四捨五入します。

$$\frac{7,700,000 円}{40,000,000 円} \times 100 = 19.25\% \rightarrow \textbf{19\%}$$

(C)　損益分岐点売上高

損益分岐点売上高を求めるには、まず、製品1個あたりの変動費（変動売上原価＋変動販売費）を計算します。そして、直接原価計算方式の損益計算書（略式）を作成し、販売個数をX（個）または売上高をS（円）、営業利益を0円として損益分岐点売上高を計算します。

製品1個あたりの変動費：（24,000,000円 ＋ 2,000,000円）÷ 8,000個 ＝ ＠3,250円
　　　　　　　　　　　　　　変動売上原価　　変動販売費　　　販売量

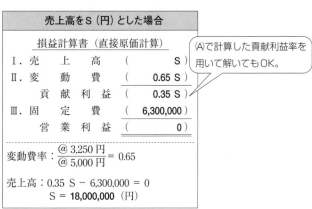

問題 9

問1　製品1個あたりの変動費 　　**70**　円／個

　　　月間固定費　　　　　**1,050,000**　円

問2　(A)　**3,500,000**　円

　　　(B)　**30**　%

　　　(C)　**6,000,000**　円

　　　(D)　**65,625**　個

解 説

　高低点法による原価の固変分解をしたあと、CVP分析を行う問題です。CVP分析の問題を解くときには、直接原価計算方式の損益計算書（略式）をつくって解くようにしましょう。

問1　高低点法による原価の固変分解

　資料の正常操業圏内の生産量のうち、最高の生産量（5月：55,900個）と最低の生産量（2月：40,500個）およびそのときの各原価を抜き出し、最高点と最低点の生産量および原価の差額から、製品1個あたりの変動費を計算します。

$$製品1個あたりの変動費：\frac{4,963,000円 - 3,885,000円}{55,900個 - 40,500個} = @70円$$

　そして、最高点（または最低点）の総原価から最高点（または最低点）の変動費を差し引いて、月間固定費を計算します。

月間固定費：$\underbrace{4,963,000円}_{最高点の総原価} - \underbrace{@70円 \times 55,900個}_{最高点の変動費} = 1,050,000円$

問2　CVP分析

　問1の製品1個あたりの変動費と月間固定費を利用して、CVP分析を行います。

(A)　月間損益分岐点における売上高

販売量をX（個）とした場合
損益計算書（直接原価計算）
Ⅰ．売　上　高　（　　100 X）
Ⅱ．変　動　費　（　　70 X）
貢　献　利　益　（　　30 X）
Ⅲ．固　定　費　（1,050,000）
営　業　利　益　（　　　　0）

販売量：30 X － 1,050,000 = 0
　　　　　X = 35,000（個）
売上高：@100円 × 35,000個
　　　　　= 3,500,000 円

売上高をS（円）とした場合
損益計算書（直接原価計算）
Ⅰ．売　上　高　（　　　　S）
Ⅱ．変　動　費　（　　0.7 S）
貢　献　利　益　（　　0.3 S）
Ⅲ．固　定　費　（1,050,000）
営　業　利　益　（　　　　0）

変動費率：$\dfrac{@70円}{@100円} = 0.7$

売上高：0.3 S － 1,050,000 = 0
　　　　　S = 3,500,000（円）

⒝ **安全余裕率**

$$\frac{5,000,000\,円 - 3,500,000\,円}{5,000,000\,円} \times 100 = 30\ (\%)$$

⒞ **目標営業利益を達成するための売上高**

販売量をX（個）とした場合
損益計算書（直接原価計算）

Ⅰ．売　上　高	（	100 X ）
Ⅱ．変　動　費	（	70 X ）
貢　献　利　益	（	30 X ）
Ⅲ．固　定　費	（	1,050,000 ）
営　業　利　益	（	750,000 ）

販売量：30 X － 1,050,000 ＝ 750,000
　　　　　X ＝ 60,000 （個）
売上高：@ 100 円× 60,000 個
　　　　　＝ 6,000,000 円

売上高をS（円）とした場合
損益計算書（直接原価計算）

Ⅰ．売　上　高	（	S ）
Ⅱ．変　動　費	（	0.7 S ）
貢　献　利　益	（	0.3 S ）
Ⅲ．固　定　費	（	1,050,000 ）
営　業　利　益	（	750,000 ）

売上高：0.3 S － 1,050,000 ＝ 750,000
　　　　　S ＝ 6,000,000 （円）

⒟ **目標売上高営業利益率（14%）を達成するための販売数量**

販売量をX（個）とした場合
損益計算書（直接原価計算）

Ⅰ．売　上　高	（	100 X ）
Ⅱ．変　動　費	（	70 X ）
貢　献　利　益	（	30 X ）
Ⅲ．固　定　費	（	1,050,000 ）
営　業　利　益	（	0.14×100 X ）

販売量：30 X － 1,050,000 ＝ 0.14×100 X
　　　　　30 X － 1,050,000 ＝ 14 X
　　　　　X ＝ 65,625 （個）

売上高をS（円）とした場合
損益計算書（直接原価計算）

Ⅰ．売　上　高	（	S ）
Ⅱ．変　動　費	（	0.7 S ）
貢　献　利　益	（	0.3 S ）
Ⅲ．固　定　費	（	1,050,000 ）
営　業　利　益	（	0.14 S ）

売上高：0.3 S － 1,050,000 ＝ 0.14 S
　　　　　S ＝ 6,562,500 （円）
販売量：6,562,500 円÷@ 100 円
　　　　　＝ 65,625 個

【著 者】
滝澤ななみ（たきざわ・ななみ）
簿記、ＦＰ、宅建士など多くの資格書を執筆している。主な著書は『スッキリわかる日商簿記』１〜３級（11年連続全国チェーン売上第１位※1）、『みんなが欲しかった　簿記の教科書・問題集』日商２・３級、『みんなが欲しかった！ＦＰの教科書』２・３級（6年連続売上第１位※2）、『みんなが欲しかった！ＦＰの問題集』２・３級、『みんなが欲しかった！宅建士の教科書・問題集』（5年連続売上第１位※3）など。

※１　紀伊國屋書店PubLine/くまざわ書店全店/三省堂書店/丸善ジュンク堂書店/未来屋書店　2009年１月〜2019年12月（各社調べ、50音順）
※２　紀伊國屋書店PubLine調べ　2014年１月〜2019年12月
※３　紀伊國屋書店PubLine/三省堂書店/TSUTAYA/丸善ジュンク堂書店　2015年度版〜2019年度版（毎年度10月〜９月で集計、各社調べ、50音順）

〈ブログ〉『滝澤ななみ　簿記とか、FPとか・・・書いて□』
URL：http://takizawa773.blog.jp/

日商簿記２級
みんなが欲しかった！やさしすぎる解き方の本　第３版

（プラス８点のための問題演習　日商簿記２級　2009年11月２日　初　版　第１刷発行）
（日商簿記２級　みんなが欲しかった問題演習の本　2013年３月５日　初　版　第１刷発行）

2017年３月17日　初　版　第１刷発行
2020年３月26日　第３版　第１刷発行

著　者	滝　澤　な　な　み	
発　行　者	多　田　敏　男	
発　行　所	TAC株式会社　出版事業部	
	（TAC出版）	

〒101-8383
東京都千代田区神田三崎町3-2-18
電　話　03（5276）9492（営業）
FAX　03（5276）9674
https://shuppan.tac-school.co.jp

イラスト	佐　藤　雅　則	
印　　刷	株式会社　ワコープラネット	
製　　本	東京美術紙工協業組合	

© Nanami Takizawa 2020　　Printed in Japan　　ISBN 978-4-8132-8604-2
N.D.C. 336
落丁・乱丁本はお取り替えいたします。

本書は、「著作権法」によって、著作権等の権利が保護されている著作物です。本書の全部または一部につき、無断で転載、複写されると、著作権等の権利侵害となります。上記のような使い方をされる場合、および本書を使用して講義・セミナー等を実施する場合には、あらかじめ小社宛許諾を求めてください。

視覚障害その他の障害により視覚による表現の認識が困難な方のためにする本書の複製にあたっては、著作権法の規定で認められる範囲内において行ってください。

簿記検定講座のご案内

選べる学習メディアでご自身に合うスタイルでご受講ください!

通学講座
3級コース / 3・2級コース / 2級コース / 1級コース / 1級上級・アドバンスコース

教室講座 （通って学ぶ）
定期的な日程で通学する学習スタイル。常に講師と接することができるという教室講座の最大のメリットがありますので、疑問点はその日のうちに解決できます。また、勉強仲間との情報交換も積極的に行えるのが特徴です。

ビデオブース（個別DVD）講座 （通って学ぶ／予約制）
ご自身のスケジュールに合わせて、TACのビデオブースで学習するスタイル。日程を自由に設定できるため、忙しい社会人に人気の講座です。

直前期教室出席制度
直前期以降、教室受講に振り替えることができます。

無料体験入学
ご自身の目で、耳で体験し納得してご入学いただくために、無料体験入学をご用意しました。

無料講座説明会
もっとTACのことを知りたいという方は、無料講座説明会にご参加ください。

予約不要※
無　料
※ビデオブース（個別DVD）講座は要予約

通信講座
3級コース / 3・2級コース / 2級コース / 1級コース / 1級上級・アドバンスコース

Web通信講座 （スマホやタブレットにも対応／見て学ぶ）
教室講座の生講義をブロードバンドを利用し動画で配信します。ご自身のペースに合わせて、24時間いつでも何度でも繰り返し受講することができます。
※Web通信講座の配信期間は、本試験日の属する月の末日までとなります。

WEB SCHOOL ホームページ
URL https://portal.tac-school.co.jp/
※お申込み前に、左記のサイトにて必ず動作環境をご確認ください。

DVD通信講座 （見て学ぶ）
講義を収録したデジタル映像をご自宅にお届けします。講義の臨場感をクリアな画像でご自宅にて再現することができます。
※DVD-Rメディア対応のDVDプレーヤーでのみ受講が可能です。
　パソコン・ゲーム機での動作保証はいたしておりません。

資料通信講座 （1級のみ）
テキスト・添削問題を中心として学習します。

Webでも無料配信中！「TAC動画チャンネル」 （スマホ・タブレット／パソコン）
- 講座説明会 ※収録内容的変更のため、配信してされない期間が生じる場合がございます。
- 1回目の講義（前半分）が視聴できます

詳しくは、TACホームページ「TAC動画チャンネル」をクリック！
[TAC動画チャンネル　簿記] 検索
https://www.tac-school.co.jp/kouza_boki/tacchannel.html

コースの詳細は、簿記検定講座パンフレット・TACホームページをご覧ください。
パンフレットのご請求・お問い合わせは、TACカスタマーセンターまで

通話無料 0120-509-117 （ゴウカク　イイナ）
受付時間　月～金　9:30～19:00／土・日・祝　9:30～18:00
※携帯電話からもご利用になれます。

TAC簿記検定講座ホームページ　[TAC 簿記] 検索
https://www.tac-school.co.jp/kouza_boki/

資格の学校 TAC

簿記検定講座

お手持ちの教材がそのまま使用可能!
【テキストなしコース】のご案内

TAC簿記検定講座のカリキュラムは市販の教材を使用しておりますので、こちらのテキストを使ってそのまま受講することができます。独学では分かりにくかった論点や本試験対策も、TAC講師の詳しい解説で理解度も120%UP!本試験合格に必要なアウトプット力が身につきます。独学との差を体感してください。

左記の各メディアが【テキストなしコース】でお得に受講可能!

こんな人にオススメ!
- テキストにした書き込みをそのまま活かしたい!
- これ以上テキストを増やしたくない!
- とにかく受講料を安く抑えたい!

※お申込前に必ずお手持ちのテキストのバージョンをご確認ください。場合によっては最新のものに買い直していただくことがございます。詳細はお問い合わせください。

お手持ちの教材をフル活用!!

合格テキスト

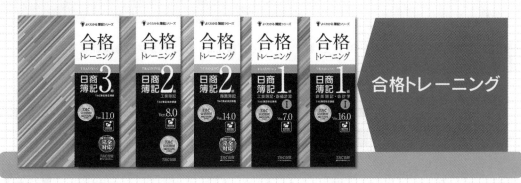

合格トレーニング

会計業界への就・転職支援サービス

TACの100％子会社であるTACプロフェッションバンク（TPB）が、会計業界の人材ニーズを的確に把握し、両者の橋渡しをします。資格を活かして働きたい方への無料支援サービスです。どうぞお気軽にご利用ください。

人材コンサルタントが無料でサポート

Step1 相談受付 完全予約制です。まずは各オフィスまでお電話ください。

Step2 面談 ご経験やご希望をお聞かせください。あなたの将来について一緒に考えましょう。

Step3 情報提供 ご希望に適うお仕事があれば、その場でご紹介します。強要はいたしませんのでご安心ください。

正社員で働く
- 安定した収入を得たい
- キャリアプランについて相談したい
- 面接日程や入社時期などの調整をしてほしい
- 今就職すべきか、勉強を優先すべきか迷っている
- 職場の雰囲気など、求人票でわからない情報がほしい

TACキャリアエージェント

https://tacnavi.com/agent/

派遣で働く（関東のみ）
- 勉強を優先して働きたい
- 将来のために実務経験を積んでおきたい
- まずは色々な職場や職種を経験したい
- 家庭との両立を第一に考えたい
- 就業環境を確認してから正社員で働きたい

TACの経理・会計派遣

https://tacnavi.com/haken/

※全ての方にお仕事の紹介ができるわけではありません。予めご了承ください。　※面談時間は原則お一人様30分とさせていただきます。

自分のペースでじっくりチョイス

正社員 アルバイトで働く
- 自分の好きなタイミングで就職活動をしたい
- どんな求人案件があるのか見たい
- 企業からのスカウトを待ちたい
- Web上で応募管理をしたい

TACキャリアナビ

https://tacnavi.com/kyujin/

就職・転職・派遣就労の強制は一切致しません。会計業界への就・転職を希望される方への無料支援サービスです。どうぞお気軽にお問合せください。

TACプロフェッションバンク

東京オフィス
〒101-0051
東京都千代田区神田神保町1-103
東京パークタワー 2F
TEL.03-3518-6775

梅田オフィス
〒530-0013
大阪府大阪市北区茶屋町6-20
吉田茶屋町ビル5F
TEL.06-6371-5851

名古屋 登録会場
〒450-0002
愛知県名古屋市中村区名駅1-2-4
名鉄バスターミナルビル10F
TEL.0120-757-655

有料職業紹介事業 許可番号13-ユ-010678　一般労働者派遣事業 許可番号(派)13-010932

2018年3月現在

TAC出版 書籍のご案内

TAC出版では、資格の学校TAC各講座の定評ある執筆陣による資格試験の参考書をはじめ、資格取得者の開業法や仕事術、実務書、ビジネス書、一般書などを発行しています！

TAC出版の書籍
*一部書籍は、早稲田経営出版のブランドにて刊行しております。

資格・検定試験の受験対策書籍

- 日商簿記検定
- 建設業経理士
- 全経簿記上級
- 税理士
- 公認会計士
- 社会保険労務士
- 中小企業診断士
- 証券アナリスト
- ファイナンシャルプランナー(FP)
- 証券外務員
- 貸金業務取扱主任者
- 不動産鑑定士
- 宅地建物取引士
- マンション管理士
- 管理業務主任者
- 司法書士
- 行政書士
- 司法試験
- 弁理士
- 公務員試験(大卒程度・高卒者)
- 情報処理試験
- 介護福祉士
- ケアマネジャー
- 社会福祉士　ほか

実務書・ビジネス書

- 会計実務、税法、税務、経理
- 総務、労務、人事
- ビジネススキル、マナー、就職、自己啓発
- 資格取得者の開業法、仕事術、営業術
- 翻訳書 (T's BUSINESS DESIGN)

一般書・エンタメ書

- エッセイ、コラム
- スポーツ
- 旅行ガイド (おとな旅プレミアム)
- 翻訳小説 (BLOOM COLLECTION)

(2018年5月現在)

書籍のご購入は

1 全国の書店、大学生協、ネット書店で

2 TAC各校の書籍コーナーで

資格の学校TACの校舎は全国に展開!
校舎のご確認はホームページにて

資格の学校TAC ホームページ
https://www.tac-school.co.jp

3 TAC出版書籍販売サイトで

24時間ご注文受付中

https://bookstore.tac-school.co.jp/

- 新刊情報をいち早くチェック!
- たっぷり読める立ち読み機能
- 学習お役立ちの特設ページも充実!

TAC出版書籍販売サイト「サイバーブックストア」では、TAC出版および早稲田経営出版から刊行されている、すべての最新書籍をお取り扱いしています。
また、無料の会員登録をしていただくことで、会員様限定キャンペーンのほか、送料無料サービス、メールマガジン配信サービス、マイページのご利用など、うれしい特典がたくさん受けられます。

サイバーブックストア会員は、特典がいっぱい! (一部抜粋)

 通常、1万円(税込)未満のご注文につきましては、送料・手数料として500円(全国一律・税込)頂戴しておりますが、1冊から無料となります。

 専用の「マイページ」は、「購入履歴・配送状況の確認」のほか、「ほしいものリスト」や「マイフォルダ」など、便利な機能が満載です。

 メールマガジンでは、キャンペーンやおすすめ書籍、新刊情報のほか、「電子ブック版TACNEWS(ダイジェスト版)」をお届けします。

 書籍の発売を、販売開始当日にメールにてお知らせします。これなら買い忘れの心配もありません。

日商簿記検定試験対策書籍のご案内

TAC出版の日商簿記検定試験対策書籍は、学習の各段階に対応していますので、あなたのステップに応じて、合格に向けてご活用ください！

3タイプのインプット教材

① 簿記を専門的な知識にしていきたい方向け

● **満点合格を目指し次の級への土台を築く**
「合格テキスト」&「合格トレーニング」

- 大判のB5判、3級〜1級累計300万部超の、信頼の定番テキスト&トレーニング！ TACの教室でも使用している公式テキストです。
- 出題論点はすべて網羅しているので、簿記をきちんと学んでいきたい方にぴったりです
- ◆3級 □2級 商簿、2級 工簿 ■1級 商・会 各3点、1級 工・原 各3点

② スタンダードにメリハリつけて学びたい方向け

● **教室講義のようなわかりやすさでしっかり学べる**
「簿記の教科書」&「簿記の問題集」 滝澤 ななみ 著

- A5判、4色オールカラーのテキスト&模擬試験つき問題集！
- 豊富な図解と実例つきのわかりやすい説明で、もうモヤモヤしない!!
- ◆3級 □2級 商簿、2級 工簿 ■1級 商・会 各3点、1級 工・原 各3点

DVDの併用で、さらに理解が深まります！

『簿記の教科書DVD』
- 「簿記の教科書」3、2級の準拠DVD。わかりやすい解説で、合格力が短時間で身につきます！
- ◆3級 □2級 商簿、2級 工簿

③ 気軽に始めて、早く全体像をつかみたい方向け

● **初学者でも楽しく続けられる！**
「スッキリわかる」
テキスト／問題集一体型
滝澤 ななみ 著（1級は商・会のみ）

- 小型のA5判によるテキスト／問題集一体型。これ一冊でOKの、圧倒的に人気の教材です。
- 豊富なイラストとわかりやすいレイアウト！ かわいいキャラの「ゴエモン」と一緒に楽しく学べます。
- ◆3級 □2級 商簿、2級 工簿 ■1級 商・会 4点、1級 工・原 4点

DVDの併用で、さらに理解が深まります！

『スッキリわかる 講義DVD』
- 「スッキリわかる」3、2級の準拠DVD。超短時間でも要点はのがさず解説。3級10時間、2級14時間＋10時間で合格へひとっとび。
- ◆3級 □2級 商簿、2級 工簿

シリーズ待望の問題集が誕生！
「スッキリとける過去＋予想問題集」
滝澤 ななみ 監修　TAC出版開発グループ 編著

- 過去問題6回分＋予想問題3回分を掲載
- 話題の新傾向対策問題で問題演習も短時間でスッキリ終わる！
- ◆3級 □2級

TAC出版

コンセプト問題集

● **得点力をつける！**
『みんなが欲しかった！ やさしすぎる解き方の本』
B5判　滝澤 ななみ 著
● 授業で解き方を教わっているような新感覚問題集。再受験にも有効。
◆3級　☐2級

本試験対策問題集

● **実施回別の定番過去問題集**
『合格するための過去問題集』
B5判
直近12回分（1級は14回分）の過去問を実施回別に収載。ていねいな「解答への道」、各問対策が充実。
◆3級　☐2級　■1級

● **知識のヌケをなくす！**
『網羅型完全予想問題集』
A4判
● オリジナル予想問題（3級10回分、2級12回分、1級8回分）で本試験の重要出題パターンを網羅。3級・2級はやさしい問題から段階的に収載。
● 実力養成にも直前の本試験対策にも有効。
◆3級　☐2級　■1級

直前予想

『第○回をあてる TAC直前予想』
A4判
● TAC講師陣による4回分の予想問題で最終仕上げ。
● 年3回（1級は年2回）、各試験に向けて発行します。
◆3級　☐2級　■1級

あなたに合った合格メソッドをもう一冊！

仕訳　『究極の仕訳集』
B6変型判
● 悩む仕訳をスッキリ整理。ハンディサイズ、一問一答式で基本の仕訳を一気に覚える。
◆3級　☐2級

仕訳　『究極の計算と仕訳集』
B6変型判　境 浩一朗 著
● 1級商会で覚えるべき計算と仕訳がすべてつまった1冊！
■1級 商・会

理論　『究極の会計学理論集』
B6変型判
● 会計学の理論問題を論点別に整理、手軽なサイズが便利です。
■1級 商・会、全経上級

電卓　『カンタン電卓操作術』
A5変型判　TAC電卓研究会 編
● 実践的な電卓の操作方法について、丁寧に説明します！

2020年3月現在　・刊行内容、表紙等は変更することがあります　・とくに記述がある商品以外は、TAC簿記検定講座編です

書籍の正誤についてのお問合わせ

万一誤りと疑われる箇所がございましたら、以下の方法にてご確認いただきますよう、お願いいたします。

なお、正誤のお問合わせ以外の書籍内容に関する解説・受験指導等は、**一切行っておりません。**
そのようなお問合わせにつきましては、お答えいたしかねますので、あらかじめご了承ください。

1 正誤表の確認方法

TAC出版書籍販売サイト「Cyber Book Store」の
トップページ内「正誤表」コーナーにて、正誤表をご確認ください。

URL:https://bookstore.tac-school.co.jp/

2 正誤のお問合わせ方法

正誤表がない場合、あるいは該当箇所が掲載されていない場合は、書名、発行年月日、お客様のお名前、ご連絡先を明記の上、下記の方法でお問合わせください。
なお、回答までに1週間前後を要する場合もございます。あらかじめご了承ください。

文書にて問合わせる

▶郵送先　〒101-8383 東京都千代田区神田三崎町3-2-18
　　　　　TAC株式会社 出版事業部 正誤問合わせ係

FAXにて問合わせる

▶FAX番号　**03-5276-9674**

e-mailにて問合わせる

▶お問合わせ先アドレス　**syuppan-h@tac-school.co.jp**

お電話でのお問合わせは、お受けできません。

(2018年1月現在)

実践問題
答案用紙

答案用紙はダウンロードもご利用いただけます。
TAC出版書籍販売サイト・サイバーブックストアにアクセスしてください。
https://bookstore.tac-school.co.jp/

―――〈答案用紙ご利用時の注意〉―――
以下の「答案用紙」は、この色紙を残したままていねいに抜き取り、ご使用ください。
また、抜取りの際の損傷についてのお取替えはご遠慮願います。

※　本試験では本冊子に収載されているような「下書きシート」は配布されません。
何も書いていない下書き用紙（計算用紙）が配布されます。

第1問対策　実践問題（答案用紙）

問題 1

	借方科目	金　額	貸方科目	金　額
1				
2				
3				
4				
5				

問題 2

	借方科目	金　額	貸方科目	金　額
1				
2				
3				
4				
5				

1

問題 3

	借方科目	金　額	貸方科目	金　額
1				
2				
3				
4				
5				

問題 4

	借方科目	金　額	貸方科目	金　額
1				
2				
3				
4				
5				

問題 5

	借方科目	金　額	貸方科目	金　額
1				
2				
3				
4				
5				

問題 6

	借方科目	金　額	貸方科目	金　額
1				
2				
3				
4				
5				

第２問対策　実践問題（答案用紙）

問題 1

問1

売 買 目 的 有 価 証 券								8

日　付		摘　　要	仕丁	借　　方	貸　　方	借／貸	残　高
年	月	日					
×1	5	1					

有 価 証 券 利 息								26

日　付		摘　　要	仕丁	借　　方	貸　　方	借／貸	残　高
年	月	日					
×1	5	1					

問2　有価証券売却（　　）：¥＿＿＿＿＿＿＿＿＿

　※（　　）内には「損」または「益」を記入すること。

問3　（A）当期末時点での満期保有目的債券勘定の次期繰越額：¥＿＿＿＿＿＿＿＿＿

　　　（B）有価証券利息の当期発生額　　　　　　　　　：¥＿＿＿＿＿＿＿＿＿

4

問題1の下書きシート（必要に応じてご利用ください。試験では下書きシートはつきません）

問1　勘定記入（取引の仕訳）

(1)　×1年の仕訳

①5月1日（取得日）の仕訳…仕訳帳のページ数は「　　　」

〔　　　　　　　〕（　　　　　　　）〔　　　　　　　　〕（　　　　　　）
〔　　　　　　　〕（　　　　　　　）〔　　　　　　　　〕（　　　　　　）

②6月30日（利払日）の仕訳…仕訳帳のページ数は「　　　」

〔　　　　　　　〕（　　　　　　　）〔　　　　　　　　〕（　　　　　　）

③10月31日（売却日）の仕訳…仕訳帳のページ数は「　　　」

〔　　　　　　　〕（　　　　　　　）〔　　　　　　　　〕（　　　　　　）
〔　　　　　　　〕（　　　　　　　）〔　　　　　　　　〕（　　　　　　）

④12月31日（利払日）の仕訳…仕訳帳のページ数は「　　　」

〔　　　　　　　〕（　　　　　　　）〔　　　　　　　　〕（　　　　　　）

(2)　×2年の仕訳

①1月31日（売却日）の仕訳…仕訳帳のページ数は「　　　」

〔　　　　　　　〕（　　　　　　　）〔　　　　　　　　〕（　　　　　　）
〔　　　　　　　〕（　　　　　　　）〔　　　　　　　　〕（　　　　　　）
〔　　　　　　　〕（　　　　　　　）〔　　　　　　　　〕（　　　　　　）

②3月31日（決算日）の仕訳…仕訳帳のページ数は「　　　」

　　ⓐ売買目的有価証券の評価替え

〔　　　　　　　〕（　　　　　　　）〔　　　　　　　　〕（　　　　　　）

　　ⓑ利息の未収計上

〔　　　　　　　〕（　　　　　　　）〔　　　　　　　　〕（　　　　　　）

　　ⓒ損益振替

〔　　　　　　　〕（　　　　　　　）〔　　　　　　　　〕（　　　　　　）

③4月1日（期首）の仕訳…仕訳帳のページ数は「　　　」

〔　　　　　　　〕（　　　　　　　）〔　　　　　　　　〕（　　　　　　）

問2　有価証券売却損益の計算

問3　満期保有目的債券の場合（取引の仕訳）

(1)　×1年の仕訳

①5月1日（取得日）の仕訳

〔　　　　　　　〕（　　　　　　　）〔　　　　　　　　〕（　　　　　　）
〔　　　　　　　〕（　　　　　　　）〔　　　　　　　　〕（　　　　　　）

5

②6月30日（利払日）の仕訳

〔　　　　　　　〕（　　　　　　　）〔　　　　　　　〕（　　　　　　　）

③12月31日（利払日）の仕訳

〔　　　　　　　〕（　　　　　　　）〔　　　　　　　〕（　　　　　　　）

(2)　×2年3月31日（決算日）の仕訳

①償却原価法による帳簿価額の調整

〔　　　　　　　〕（　　　　　　　）〔　　　　　　　〕（　　　　　　　）

②利息の未収計上

〔　　　　　　　〕（　　　　　　　）〔　　　　　　　〕（　　　　　　　）

問題 2

（単位：円）

	(A)利子込み法	(B)利子抜き法
㋐リース資産（取得原価）		
㋑減価償却費		
㋒リース債務 （未払利息を含む）		
㋓支払利息	——	
㋔支払リース料		

問題2の下書きシート（必要に応じてご利用ください。試験では下書きシートはつきません）

（A）利子込み法

［A備品（ファイナンス・リース取引）］

①取得時の仕訳

〔　　　　　　　〕（　　　　　　　）〔　　　　　　　〕（　　　　　　　）

②リース料支払時の仕訳

〔　　　　　　　〕（　　　　　　　）〔　　　　　　　〕（　　　　　　　）

③決算時の仕訳

〔　　　　　　　〕（　　　　　　　）〔　　　　　　　〕（　　　　　　　）

［C備品の仕訳（ファイナンス・リース取引）］

①取得時の仕訳

〔　　　　　　　〕（　　　　　　　）〔　　　　　　　〕（　　　　　　　）

②決算時の仕訳

〔　　　　　　　〕（　　　　　　　）〔　　　　　　　〕（　　　　　　　）

［B備品（オペレーティング・リース取引)］

①取得時の仕訳

〔　　　　　　　〕　（　　　　　）　〔　　　　　　　　　〕　（　　　　　）

②決算時の仕訳

〔　　　　　　　〕　（　　　　　）　〔　　　　　　　　　〕　（　　　　　）

（B）　利子抜き法

［A備品（ファイナンス・リース取引)］

①取得時の仕訳

〔　　　　　　　〕　（　　　　　）　〔　　　　　　　　　〕　（　　　　　）

②リース料支払時の仕訳

〔　　　　　　　〕　（　　　　　）　〔　　　　　　　　　〕　（　　　　　）
〔　　　　　　　〕　（　　　　　）　〔　　　　　　　　　〕　（　　　　　）

③決算時の仕訳

〔　　　　　　　〕　（　　　　　）　〔　　　　　　　　　〕　（　　　　　）

［C備品の仕訳（ファイナンス・リース取引)］

①取得時の仕訳

〔　　　　　　　〕　（　　　　　）　〔　　　　　　　　　〕　（　　　　　）

②決算時の仕訳

〔　　　　　　　〕　（　　　　　）　〔　　　　　　　　　〕　（　　　　　）
〔　　　　　　　〕　（　　　　　）　〔　　　　　　　　　〕　（　　　　　）

［B備品（オペレーティング・リース取引)］

①取得時の仕訳

〔　　　　　　　〕　（　　　　　）　〔　　　　　　　　　〕　（　　　　　）

②決算時の仕訳

〔　　　　　　　〕　（　　　　　）　〔　　　　　　　　　〕　（　　　　　）

問題 3

問1

	借方科目	金　額	貸方科目	金　額
(1)				
(2)				
(3)				

問2

借方科目	金　額	貸方科目	金　額

問3

	借方科目	金　額	貸方科目	金　額
(1)				
(2)				
(3)				

問題3の下書きシート（必要に応じてご利用ください。試験では下書きシートはつきません）

問2　除却、改定償却率

(1)　期首減価償却累計額

×5年度（1年目）

①当初の償却率（0.4）で算定した減価償却費：

②償却保証額：

③判定：

×6年度（2年目）

①当初の償却率（0.4）で算定した減価償却費：

②償却保証額：

③判定：

×7年度（3年目）

①当初の償却率（0.4）で算定した減価償却費：

②償却保証額：

③判定：

×8年度期首減価償却累計額

減価償却累計額：

(2)　当期の減価償却費

①当初の償却率（0.4）で算定した減価償却費：

②償却保証額：

③判定：

当期の減価償却費

9

問題 4

問1

銀 行 勘 定 調 整 表
×年3月31日

当座預金勘定の残高			(	)
(加算)［	］	(	)	
［	］	(	) (	)
(減算)［	］	(	)	
［	］	(	)	
［	］	(	) (	)
銀行残高証明書の残高			(	)

問2 〔資料1〕

借 方 科 目	金 額	貸 方 科 目	金 額

〔資料2〕

借 方 科 目	金 額	貸 方 科 目	金 額

※ 決算整理仕訳は、各行に1組ずつ記入すること。

問3 現 金 ¥＿＿＿＿＿＿ 当 座 預 金 ¥＿＿＿＿＿＿

問題4の下書きシート（必要に応じてご利用ください。試験では下書きシートはつきません）

［当座預金の修正仕訳］

ア.〔 ］ ( ) 〔 ］ ( )
イ.〔 ］ ( ) 〔 ］ ( )
ウ.〔 ］ ( ) 〔 ］ ( )
エ.〔 ］ ( ) 〔 ］ ( )
オ.〔 ］ ( ) 〔 ］ ( )

［両者区分調整法による銀行勘定調整表］

両 者

当社の残高	銀行の残高
⊕：	⊕：
	⊕：
⊖：	⊖：

問題 5

株主資本等変動計算書
自×3年4月1日　至×4年3月31日　　　　（単位：千円）

	株　主　資　本			
	資　本　金	資　本　剰　余　金		
		資本準備金	その他資本剰余金	資本剰余金合計
当 期 首 残 高	（　　　）	（　　　）	（　　　）	（　　　）
当 期 変 動 額				
剰余金の配当等				
新 株 の 発 行	（　　　）	（　　　）		（　　　）
吸 収 合 併	（　　　）	（　　　）	（　　　）	（　　　）
当 期 純 利 益				
当期変動額合計	（　　　）	（　　　）	（　　　）	（　　　）
当 期 末 残 高	（　　　）	（　　　）	（　　　）	（　　　）

下段へ続く

上段より続く

	株　主　資　本					
	利　益　剰　余　金					株 主 資 本 合　　計
	利益準備金	その他利益剰余金			利益剰余金合　　計	
		新築積立金	別途積立金	繰越利益剰余金		
当 期 首 残 高	（　　　）	0	（　　　）	（　　　）	（　　　）	（　　　）
当 期 変 動 額						
剰余金の配当等	（　　　）	（　　　）		（　　　）	（　　　）	（　　　）
新 株 の 発 行					（　　　）	（　　　）
吸 収 合 併					（　　　）	（　　　）
当 期 純 利 益				（　　　）	（　　　）	（　　　）
当期変動額合計	（　　　）	（　　　）	0	（　　　）	（　　　）	（　　　）
当 期 末 残 高	（　　　）	（　　　）	（　　　）	（　　　）	（　　　）	（　　　）

問題5の下書きシート（必要に応じてご利用ください。試験では下書きシートはつきません）

①剰余金の配当等

〔　　　　　〕（　　　　　）〔　　　　　〕（　　　　　）

〔　　　　　〕（　　　　　）〔　　　　　〕（　　　　　）

〔　　　　　〕（　　　　　）〔　　　　　〕（　　　　　）

②新株の発行

〔　　　　　〕（　　　　　）〔　　　　　〕（　　　　　）

〔　　　　　〕（　　　　　）〔　　　　　〕（　　　　　）

③吸収合併

〔　　　　　〕（　　　　　）〔　　　　　〕（　　　　　）

〔　　　　　〕（　　　　　）〔　　　　　〕（　　　　　）

〔　　　　　〕（　　　　　）〔　　　　　〕（　　　　　）

〔　　　　　〕（　　　　　）〔　　　　　〕（　　　　　）

④当期純利益の計上

〔　　　　　〕（　　　　　）〔　　　　　〕（　　　　　）

問題 6

ア	イ	ウ	エ	オ	カ	キ	ク	ケ	コ

サ	シ	ス	セ	ソ	タ	チ	ツ	テ

問題 7

(1)	(2)	(3)	(4)	(5)	(6)	(7)	(8)	(9)	(10)

第３問対策　実践問題（答案用紙）

問題 1

精　算　表

勘定科目	残高試算表 借方	残高試算表 貸方	修正記入 借方	修正記入 貸方	損益計算書 借方	損益計算書 貸方	貸借対照表 借方	貸借対照表 貸方
現 金 預 金	180,260							
受 取 手 形	45,800							
売 掛 金	80,000							
売買目的有価証券	64,800							
繰 越 商 品	16,800							
建 物	1,680,000							
備 品	130,000							
ソフトウェア	10,000							
満期保有目的債券	29,600							
その他有価証券	14,500							
支 払 手 形		13,000						
買 掛 金		67,600						
借 入 金		200,000						
貸 倒 引 当 金		420						
建物減価償却累計額		806,400						
備品減価償却累計額		46,800						
資 本 金		700,000						
利 益 準 備 金		72,000						
任 意 積 立 金		207,000						
繰越利益剰余金		63,000						
売 上		1,254,500						
有 価 証 券 利 息		900						
仕 入	970,300							
給 料	200,500							
支 払 家 賃	4,560							
支 払 利 息	4,500							
	3,431,620	3,431,620						
貸倒引当金繰入								
有価証券評価（　）								
その他有価証券評価差額金								
商 品 評 価 損								
棚 卸 減 耗 損								
減 価 償 却 費								
（　　　）償却								
（　　　）家賃								
（　　　）利息								
当 期 純（　　　）								

13

問題 2

精 算 表

勘 定 科 目	残 高 試 算 表 借 方	残 高 試 算 表 貸 方	修 正 記 入 借 方	修 正 記 入 貸 方	損 益 計 算 書 借 方	損 益 計 算 書 貸 方	貸 借 対 照 表 借 方	貸 借 対 照 表 貸 方
現 金	96,650							
当 座 預 金	246,750							
受 取 手 形	270,000							
売 掛 金	261,000							
売買目的有価証券	679,250							
繰 越 商 品	210,000			210,000				
建 物	2,250,000							
備 品	675,000							
建 設 仮 勘 定	600,000							
満期保有目的債券	588,000							
支 払 手 形		238,250						
買 掛 金		200,000						
未 払 金		15,000						
貸 倒 引 当 金		10,000						
商品保証引当金		13,000						
借 入 金		300,000						
建物減価償却累計額		1,316,250						
備品減価償却累計額		329,400						
資 本 金		2,125,000						
利 益 準 備 金		98,000						
繰越利益剰余金		84,000						
売 上		8,129,400						
有 価 証 券 利 息		24,600						
仕 入	5,723,250			5,723,250				
給 料	1,140,000							
保 険 料	136,000							
支 払 利 息	7,000							
	12,882,900	12,882,900						
貸倒引当金繰入								
有価証券評価（　）								
売 上 原 価			210,000					
			5,723,250					
商 品 評 価 損								
棚 卸 減 耗 損								
（　　）								
減 価 償 却 費								
商品保証引当金（　）								
（　　）保険料								
（　　）利 息								
当 期 純（　　）								

問題 3 次ページにこの問題の下書きシートがあります。

損 益 計 算 書
自×8年4月1日　至×9年3月31日　　　　　　（単位：円）

I 売　上　高　　　　　　　　　　　　　　　　　　　　　（　　　　　　　　）

II 売　上　原　価
　1　期首商品棚卸高　　　（　　　　　　　）
　2　当期商品仕入高　　　（　　　　　　　）
　　　　　合　　　計　　　（　　　　　　　）
　3　期末商品棚卸高　　　（　　　　　　　）
　　　　　差　　　引　　　（　　　　　　　）
　4　棚 卸 減 耗 損　　　（　　　　　　　）
　5（　　　　　　　）　　　（　　　　　　　）　　（　　　　　　　　）
　　　（　　　　　　　）　　　　　　　　　　　　　（　　　　　　　　）

III　販売費及び一般管理費
　1　給　　　料　　　　　（　　　　　　　）
　2　旅 費 交 通 費　　　（　　　　　　　）
　3　水 道 光 熱 費　　　（　　　　　　　）
　4　通　信　費　　　　　（　　　　　　　）
　5　保　険　料　　　　　（　　　　　　　）
　6　減 価 償 却 費　　　（　　　　　　　）
　7（　　　　　）償却　　（　　　　　　　）
　8　貸倒引当金繰入　　　（　　　　　　　）
　9　貸　倒　損　失　　　（　　　　　　　）
　10 退 職 給 付 費 用　　（　　　　　　　）　　（　　　　　　　　）
　　　（　　　　　　　）　　　　　　　　　　　　　（　　　　　　　　）

IV　営 業 外 収 益
　1　受　取　利　息　　　（　　　　　　　）
　2　有価証券（　　　）　（　　　　　　　）
　3（　　　　　　　）　　　（　　　　　　　）　　（　　　　　　　　）

V　営 業 外 費 用
　1　支　払　利　息　　　（　　　　　　　）
　2（　　　　　　　）　　　（　　　　　　　）　　（　　　　　　　　）
　　　（　　　　　　　）　　　　　　　　　　　　　（　　　　　　　　）

VI　特　別　利　益
　1（　　　　　　　）　　　　　　　　　　　　　　（　　　　　　　　）

VII　特　別　損　失
　1（　　　　　　　）　　　　　　　　　　　　　　（　　　　　　　　）
　　　税引前当期純利益　　　　　　　　　　　　　（　　　　　　　　）
　　　法人税、住民税及び事業税（　　　　　　　）
　　　法 人 税 等 調 整 額（　　　　　　　）　　（　　　　　　　　）
　　　当　期　純　利　益　　　　　　　　　　　　（　　　　　　　　）

15

問題3の下書きシート（必要に応じてご利用ください。試験では下書きシートはつきません）

STEP 1 問題文の確認

```
        期 首                    期 末
   ├──┤┤─────────────┤┤────────────→
   ( 　年　/　　)          ( 　年　/　　)
```

STEP 2 仕訳の作成

1．手形の不渡り

〔　　　　　　　〕（　　　　　　）■〔　　　　　　　〕（　　　　　　）■

2．売上戻り

〔　　　　　　　〕（　　　　　　）■〔　　　　　　　〕（　　　　　　）■

3．貸倒損失の計上

〔　　　　　　　〕（　　　　　　）■〔　　　　　　　〕（　　　　　　）■

4．貸倒引当金の設定

①売上債権にかかる貸倒引当金

〔　　　　　　　〕（　　　　　　）■〔　　　　　　　〕（　　　　　　）■

②貸付金にかかる貸倒引当金

〔　　　　　　　〕（　　　　　　）■〔　　　　　　　〕（　　　　　　）■

5．外貨建て買掛金の換算

〔　　　　　　　〕（　　　　　　）■〔　　　　　　　〕（　　　　　　）■

6．再振替仕訳と費用の未払い

①再振替仕訳

〔　　　　　　　〕（　　　　　　）■〔　　　　　　　〕（　　　　　　）■

〔　　　　　　　〕（　　　　　　）■〔　　　　　　　〕（　　　　　　）■

②当期末における費用の未払い

〔　　　　　　　〕（　　　　　　）■〔　　　　　　　〕（　　　　　　）■

〔　　　　　　　〕（　　　　　　）■〔　　　　　　　〕（　　　　　　）■

7．売上原価の計算（期末商品の評価）

①期末商品棚卸高

②棚卸減耗損

③商品評価損

8．受取利息の処理

〔　　　　　　　〕（　　　　　　）■〔　　　　　　　〕（　　　　　　）■

9．減価償却費の計上

〔　　　　　　　〕（　　　　　　　）■ 〔　　　　　　　〕（　　　　　　　）■

〔　　　　　　　〕（　　　　　　　）■ 〔　　　　　　　〕（　　　　　　　）■

10．建設仮勘定の除却

〔　　　　　　　〕（　　　　　　　）■ 〔　　　　　　　〕（　　　　　　　）■

11．退職給付引当金の設定

〔　　　　　　　〕（　　　　　　　）■ 〔　　　　　　　〕（　　　　　　　）■

12．ソフトウェアの償却

〔　　　　　　　〕（　　　　　　　）■ 〔　　　　　　　〕（　　　　　　　）■

13．法人税、住民税及び事業税の計上

〔　　　　　　　〕（　　　　　　　）■ 〔　　　　　　　〕（　　　　　　　）■

14．税効果会計

〔　　　　　　　〕（　　　　　　　）■ 〔　　　　　　　〕（　　　　　　　）■

STEP 3　残高試算表に転記

　資料の残高試算表と仕訳のうち、収益と費用の勘定科目を□□□で囲みましょう。そして、仕訳の金額を残高試算表に転記しましょう。

> 残高試算表に転記したら■に✓をつけておきましょう。

STEP 4　財務諸表に記入

　答案用紙の損益計算書に金額を記入しましょう。

17

問題 4

貸 借 対 照 表

×8年3月31日　　　　　　　　（単位：円）

資 産 の 部			負 債 の 部		
Ⅰ 流 動 資 産			Ⅰ 流 動 負 債		
1 現 金 預 金		（　　）	1 支 払 手 形		（　　）
2 受 取 手 形	（　　）		2 買 　掛　 金		（　　）
3 売 　掛　 金	（　　）		3 未 払 消 費 税		（　　）
貸 倒 引 当 金	（　　）	（　　）	4 未 払 法 人 税 等		（　　）
4 商 　　　 品		（　　）	5 短 期 借 入 金		（　　）
5 前 払 費 用		（　　）	6 未 払 費 用		（　　）
6 未 収 入 金		（　　）	7 未 　払　 金		（　　）
流 動 資 産 合 計		（　　）	8 リ ー ス 債 務		（　　）
Ⅱ 固 定 資 産			流 動 負 債 合 計		（　　）
1 有 形 固 定 資 産			Ⅱ 固 定 負 債		
(1) 建 　　　 物	（　　）		1 退 職 給 付 引 当 金		（　　）
減 価 償 却 累 計 額	（　　）	（　　）	2 長 期 借 入 金		（　　）
(2) 備 　　　 品	（　　）		3 リ ー ス 債 務		（　　）
減 価 償 却 累 計 額	（　　）	（　　）	4 （　　　　　）		（　　）
(3) 車 　　　 両	（　　）		固 定 負 債 合 計		（　　）
減 価 償 却 累 計 額	（　　）	（　　）	負 債 合 計		（　　）
有 形 固 定 資 産 合 計		（　　）	純 資 産 の 部		
2 無 形 固 定 資 産			Ⅰ 株 主 資 本		
(1) （　　　　　）		（　　）	1 資 　本　 金		（　　）
無 形 固 定 資 産 合 計		（　　）	2 資 本 準 備 金		（　　）
3 投 資 そ の 他 の 資 産			3 利 益 剰 余 金		
(1) そ の 他 有 価 証 券		（　　）	(1) 利 益 準 備 金	（　　）	
投資その他の資産合計		（　　）	(2) 繰 越 利 益 剰 余 金	（　　）	（　　）
固 定 資 産 合 計		（　　）	株 主 資 本 合 計		（　　）
			Ⅱ 評 価・換 算 差 額 等		
			1 （　　　　　）		（　　）
			評価・換算差額等合計		（　　）
			純 資 産 合 計		（　　）
資 産 合 計		（　　）	負 債・純 資 産 合 計		（　　）

問題4の下書きシート（必要に応じてご利用ください。試験では下書きシートはつきません）

STEP 1 問題文の確認

期 首		期 末	
（　年　／　）		（　年　／　）	

STEP 2 仕訳の作成

〔資料1〕未処理事項等

1．未決算の処理

〔　　　　　〕（　　　　　）■〔　　　　　〕（　　　　　）■

〔　　　　　〕（　　　　　）■〔　　　　　〕（　　　　　）■

2．当座預金の修正

(1)〔　　　　　〕（　　　　　）■〔　　　　　〕（　　　　　）■

(2)〔　　　　　〕（　　　　　）■〔　　　　　〕（　　　　　）■

〔資料2〕決算整理事項

1．貸倒引当金の設定

〔　　　　　〕（　　　　　）■〔　　　　　〕（　　　　　）■

2．売上原価の計算（期末商品の評価）

(1)掛け仕入（未処理）

〔　　　　　〕（　　　　　）■〔　　　　　〕（　　　　　）■

〔　　　　　〕（　　　　　）■〔　　　　　〕（　　　　　）■

(2)貸借対照表の「商品」の金額

3．減価償却費の計上

(1)取得原価の計算

(2)前期末における減価償却累計額

(3)当期の減価償却費の計上

〔　　　　　〕（　　　　　）■〔　　　　　〕（　　　　　）■

〔　　　　　〕（　　　　　）■〔　　　　　〕（　　　　　）■

〔　　　　　〕（　　　　　）■〔　　　　　〕（　　　　　）■

4．その他有価証券の評価と税効果会計

〔　　　　　〕（　　　　　）■〔　　　　　〕（　　　　　）■

〔　　　　　〕（　　　　　）■〔　　　　　〕（　　　　　）■

5．消費税の処理

〔　　　　　　　〕（　　　　　　　）■〔　　　　　　　〕（　　　　　　　）■

〔　　　　　　　〕（　　　　　　　）■〔　　　　　　　〕（　　　　　　　）■

6．退職給付引当金の設定

〔　　　　　　　〕（　　　　　　　）■〔　　　　　　　〕（　　　　　　　）■

7．借入金の分類、支払利息の処理

⑴　借入金の分類

⑵　支払利息の処理

〔　　　　　　　〕（　　　　　　　）■〔　　　　　　　〕（　　　　　　　）■

8．保険料の処理

〔　　　　　　　〕（　　　　　　　）■〔　　　　　　　〕（　　　　　　　）■

9．のれんの償却

〔　　　　　　　〕（　　　　　　　）■〔　　　　　　　〕（　　　　　　　）■

10．法人税、住民税及び事業税の計上

〔　　　　　　　〕（　　　　　　　）■〔　　　　　　　〕（　　　　　　　）■

〔　　　　　　　〕（　　　　　　　）■〔　　　　　　　〕（　　　　　　　）■

11．リース債務の表示

リース債務（流動負債）：¥＿＿＿＿＿＿＿＿

リース債務（固定負債）：¥＿＿＿＿＿＿＿＿

12．繰越利益剰余金

(STEP) **3**　残高試算表に転記

仕訳の金額を、資料の残高試算表に転記しましょう。

> 残高試算表に転記したら■に✓をつけておきましょう。

(STEP) **4**　財務諸表に記入

答案用紙の貸借対照表に金額を記入しましょう。

問題 5 次ページにこの問題の下書きシートがあります。

損 益 計 算 書
自×7年4月1日 至×8年3月31日　　　　　（単位：千円）

Ⅰ	役 務 収 益			（　　　　　）
Ⅱ	役 務 原 価				
	報　　　　　　酬	（　　　　　）			
	そ　　の　　他	（　　　　　）	（　　　　　）	
	売 上 総 利 益			（　　　　　）
Ⅲ	販売費及び一般管理費				
	1　給　　　　　料	（　　　　　）		
	2　旅 費 交 通 費	（　　　　　）		
	3　水 道 光 熱 費	（　　　　　）		
	4　通　　信　　費	（　　　　　）		
	5　支 払 家 賃	（　　　　　）		
	6　賞 与 引 当 金 繰 入	（　　　　　）		
	7　貸 倒 損 失	（　　　　　）		
	8　貸 倒 引 当 金 繰 入	（　　　　　）		
	9　減 価 償 却 費	（　　　　　）		
	10（　　　　　）償却	（　　　　　）		
	11　退 職 給 付 費 用	（　　　　　）	（　　　　　）	
	営 業 利 益			（　　　　　）
Ⅳ	営 業 外 収 益				
	1（　　　　　　　　　）		（　　　　　）	
Ⅴ	営 業 外 費 用				
	1（　　　　　　　　　）		（　　　　　）	
	経 常 利 益			（　　　　　）
Ⅵ	特 別 利 益				
	1　その他有価証券売却益		（　　　　　）	
Ⅶ	特 別 損 失				
	1（　　　　　　　　　）		（　　　　　）	
	税 引 前 当 期 純 利 益			（　　　　　）
	法人税、住民税及び事業税			（　　　　　）
	当 期 純 利 益			（　　　　　）

21

問題5の下書きシート（必要に応じてご利用ください。試験では下書きシートはつきません）

STEP 1 問題文の確認

期 首	期 末
(年 /)	(年 /)

STEP 2 仕訳の作成

1．売掛金の貸倒れ

〔　　　　　〕（　　　　　）■〔　　　　　〕（　　　　　）■

〔　　　　　〕（　　　　　）■〔　　　　　〕（　　　　　）■

2．役務原価の処理

〔　　　　　〕（　　　　　）■〔　　　　　〕（　　　　　）■

〔　　　　　〕（　　　　　）■〔　　　　　〕（　　　　　）■

3．役務収益と役務費用の追加計上

(1) 役務費用の追加計上

〔　　　　　〕（　　　　　）■〔　　　　　〕（　　　　　）■

(2) 役務収益の追加計上

〔　　　　　〕（　　　　　）■〔　　　　　〕（　　　　　）■

4．貸倒引当金の設定

〔　　　　　〕（　　　　　）■〔　　　　　〕（　　　　　）■

5．再振替仕訳、費用の処理

(1) 再振替仕訳

〔　　　　　〕（　　　　　）■〔　　　　　〕（　　　　　）■

〔　　　　　〕（　　　　　）■〔　　　　　〕（　　　　　）■

(2) 費用の前払い・未払い

〔　　　　　〕（　　　　　）■〔　　　　　〕（　　　　　）■

〔　　　　　〕（　　　　　）■〔　　　　　〕（　　　　　）■

6．固定資産の減価償却

〔　　　　　〕（　　　　　）■〔　　　　　〕（　　　　　）■

7．ソフトウェアの償却、除却

(1) ソフトウェアの償却

〔　　　　　〕（　　　　　）■〔　　　　　〕（　　　　　）■

(2) ソフトウェアの除却

〔　　　　　〕（　　　　　）■〔　　　　　〕（　　　　　）■

8．引当金の計上

⑴　退職給付引当金の計上

〔　　　　　　　〕（　　　　　　　）▨〔　　　　　　　　　　〕（　　　　　　　）▨

⑵　賞与引当金の計上

〔　　　　　　　〕（　　　　　　　）▨〔　　　　　　　　　　〕（　　　　　　　）▨

9．法人税、住民税及び事業税の計上

〔　　　　　　　〕（　　　　　　　）▨〔　　　　　　　　　　〕（　　　　　　　）▨

STEP **3**　残高試算表に転記

　仕訳の金額を資料の残高試算表に転記しましょう。

残高試算表に転記したら▨に✓をつけて
おきましょう。

STEP **4**　財務諸表に記入

　答案用紙の損益計算書に金額を記入しましょう。

23

問題 6

本支店合併損益計算書
自×10年4月1日 至×11年3月31日

費　　用	金　　額	収　　益	金　　額
期首商品棚卸高	(　　　　　　　)	売　上　高	(　　　　　　　)
当期商品仕入高	(　　　　　　　)	期末商品棚卸高	(　　　　　　　)
給　　料	(　　　　　　　)	受取手数料	(　　　　　　　)
旅費交通費	(　　　　　　　)		
貸倒引当金繰入	(　　　　　　　)		
減価償却費	(　　　　　　　)		
支払利息	(　　　　　　　)		
当期純利益	(　　　　　　　)		
	(　　　　　　　)		(　　　　　　　)

本支店合併貸借対照表
×11年3月31日

資　　産	金　　額	負債・純資産	金　　額
現金預金	(　　　　　)	支払手形	(　　　　)
受取手形	(　　　　)	買　掛　金	(　　　　)
売　掛　金	(　　　　)	短期借入金	(　　　　)
貸倒引当金	(　　　) (　　　　)	前受収益	(　　　　)
商　　品	(　　　　)	未払費用	(　　　　)
建　　物	(　　　　)	資　本　金	(　　　　)
減価償却累計額	(　　　) (　　　　)	任意積立金	(　　　　)
備　　品	(　　　　)	繰越利益剰余金	(　　　　)
減価償却累計額	(　　　) (　　　　)		
	(　　　　)		(　　　　)

問題6の下書きシート（必要に応じてご利用ください。試験では下書きシートはつきません）

STEP 1 問題文の確認

期 首			期 末	

(　年　 / 　)　　　　　　　　　　(　年　 / 　)

STEP 2 仕訳の作成

1．貸倒引当金の設定

〔　　　　　　　〕（　　　　　　　）■〔　　　　　　　〕（　　　　　　　）■

2．売上原価の計算

(1)　期首商品棚卸高：（¥　　　　　　　）

(2)　期末商品棚卸高：（¥　　　　　　　）

3．減価償却費の計上

〔　　　　　　　〕（　　　　　　　）■〔　　　　　　　〕（　　　　　　　）■

〔　　　　　　　〕（　　　　　　　）■〔　　　　　　　〕（　　　　　　　）■

4．受取手数料の処理

〔　　　　　　　〕（　　　　　　　）■〔　　　　　　　〕（　　　　　　　）■

5．支払利息の処理

〔　　　　　　　〕（　　　　　　　）■〔　　　　　　　〕（　　　　　　　）■

STEP 3 残高試算表に転記

仕訳の金額を、資料の残高試算表に転記しましょう。

> 残高試算表に転記したら■に✓をつけておきましょう。

STEP 4 本支店合併財務諸表に記入

答案用紙の本支店合併財務諸表に金額を記入しましょう。

問題 7

問1　本店の利益　¥＿＿＿＿＿＿＿＿＿

　　　支店の利益　¥＿＿＿＿＿＿＿＿＿

問2

損　益　計　算　書
×8年4月1日から×9年3月31日　　　　　（単位：円）

Ⅰ　売　上　高			（　　　　　　　　　）
Ⅱ　売　上　原　価			
1　期首商品棚卸高	（　　　　　　　）		
2　当期商品仕入高	（　　　　　　　）		
計	（　　　　　　　）		
3　期末商品棚卸高	（　　　　　　　）	（　　　　　　　　　）	
売　上　総　利　益		（　　　　　　　　　）	
Ⅲ　販売費及び一般管理費			
1　給　　　　　料	（　　　　　　　）		
2　支　払　家　賃	（　　　　　　　）		
3　通　　信　　費	（　　　　　　　）		
4　旅　費　交　通　費	（　　　　　　　）		
5　貸倒引当金繰入	（　　　　　　　）		
6　減　価　償　却　費	（　　　　　　　）	（　　　　　　　　　）	
営　業　利　益		（　　　　　　　　　）	
Ⅳ　営　業　外　費　用			
1　支　払　利　息		（　　　　　　　　　）	
税引前当期純利益		（　　　　　　　　　）	
法人税、住民税及び事業税		（　　　　　　　　　）	
当　期　純　利　益		（　　　　　　　　　）	

問3　支店勘定の次期繰越額　¥＿＿＿＿＿＿＿＿＿

問題7の下書きシート（必要に応じてご利用ください。試験では下書きシートはつきません）

STEP **1**　問題文の確認

期首　　　　　　　　　　　　　　期末
（　　年　／　　）　　　　　　　（　　年　／　　）

STEP **2**　仕訳の作成

1. 売掛金の回収

＿＿＿＿：〔　　　　　　　　　〕（　　　　　　　）■〔　　　　　　　　　〕（　　　　　　　）■

2．売上原価の算定

_____：〔　　　　　　　〕（　　　　　　）■〔　　　　　　　　　〕（　　　　　　）■

　　　　〔　　　　　　　〕（　　　　　　）■〔　　　　　　　　　〕（　　　　　　）■

_____：〔　　　　　　　〕（　　　　　　）■〔　　　　　　　　　〕（　　　　　　）■

　　　　〔　　　　　　　〕（　　　　　　）■〔　　　　　　　　　〕（　　　　　　）■

⑴　期首商品棚卸高：

⑵　期末商品棚卸高：

3．貸倒引当金の設定

_____：〔　　　　　　　〕（　　　　　　）■〔　　　　　　　　　〕（　　　　　　）■

_____：〔　　　　　　　〕（　　　　　　）■〔　　　　　　　　　〕（　　　　　　）■

4．減価償却費の計上

_____：〔　　　　　　　〕（　　　　　　）■〔　　　　　　　　　〕（　　　　　　）■

　　　　〔　　　　　　　〕（　　　　　　）■〔　　　　　　　　　〕（　　　　　　）■

_____：〔　　　　　　　〕（　　　　　　）■〔　　　　　　　　　〕（　　　　　　）■

5．支払家賃の処理

_____：〔　　　　　　　〕（　　　　　　）■〔　　　　　　　　　〕（　　　　　　）■

_____：〔　　　　　　　〕（　　　　　　）■〔　　　　　　　　　〕（　　　　　　）■

6．支払利息の処理

_____：〔　　　　　　　〕（　　　　　　）■〔　　　　　　　　　〕（　　　　　　）■

7．法人税、住民税及び事業税の計上

_____：〔　　　　　　　〕（　　　　　　）■〔　　　　　　　　　〕（　　　　　　）■

STEP 3　残高試算表に転記

仕訳の金額を、資料の残高試算表に転記しましょう。

残高試算表に転記したら■に✓をつけて
おきましょう。

STEP 4 答案用紙に記入

本店と支店の損益勘定を作成し、答案用紙に答えを記入しましょう。

損　　　益　　　［本店］

損　　　益　　　［支店］

問題 8　次ページにこの問題の下書きシートがあります。

連 結 損 益 計 算 書
自×1年4月1日　至×2年3月31日

（単位：円）

売　　　　上　　　　高	（　　　　　　　　　　）
売　　上　　原　　価	（　　　　　　　　　　）
売　上　総　利　益	（　　　　　　　　　　）
販 売 費 及 び 一 般 管 理 費	（　　　　　　　　　　）
営　　業　　利　　益	（　　　　　　　　　　）
営　業　外　収　益	（　　　　　　　　　　）
営　業　外　費　用	（　　　　　　　　　　）
当　期　純　利　益	（　　　　　　　　　　）
非支配株主に帰属する当期純利益	（　　　　　　　　　　）
親会社株主に帰属する当期純利益	（　　　　　　　　　　）

連結貸借対照表（×2年3月31日）の金額

	金　　額
商　　　　　　　品	¥
の　　れ　　ん	¥
利　益　剰　余　金	¥
非 支 配 株 主 持 分	¥

問題8の下書きシート（必要に応じてご利用ください。試験では下書きシートはつきません）

　※（A)連結修正仕訳を積み上げて解く方法と、(B)タイムテーブルを作って解く方法のいずれかをご使用ください。

（A）連結修正仕訳を積み上げて解く方法

１．支配獲得日の連結修正仕訳

〔　　　　　　　　　〕　（　　　　　　）〔　　　　　　　　　　　　〕　（　　　　　　）
〔　　　　　　　　　〕　（　　　　　　）〔　　　　　　　　　　　　〕　（　　　　　　）
〔　　　　　　　　　〕　（　　　　　　）〔　　　　　　　　　　　　〕　（　　　　　　）
〔　　　　　　　　　〕　（　　　　　　）〔　　　　　　　　　　　　〕　（　　　　　　）

２．連結第１年度の連結修正仕訳

　⑴　開始仕訳

〔　　　　　　　　　〕　（　　　　　　）〔　　　　　　　　　　　　〕　（　　　　　　）
〔　　　　　　　　　〕　（　　　　　　）〔　　　　　　　　　　　　〕　（　　　　　　）
〔　　　　　　　　　〕　（　　　　　　）〔　　　　　　　　　　　　〕　（　　　　　　）
〔　　　　　　　　　〕　（　　　　　　）〔　　　　　　　　　　　　〕　（　　　　　　）

　⑵　連結第１年度の連結修正仕訳

　　①のれんの償却

〔　　　　　　　　　〕　（　　　　　　）〔　　　　　　　　　　　　〕　（　　　　　　）

　　②子会社の当期純利益の振り替え

〔　　　　　　　　　〕　（　　　　　　）〔　　　　　　　　　　　　〕　（　　　　　　）

　　③子会社の配当金の修正

〔　　　　　　　　　〕　（　　　　　　）〔　　　　　　　　　　　　〕　（　　　　　　）
〔　　　　　　　　　〕　（　　　　　　）〔　　　　　　　　　　　　〕　（　　　　　　）

　　④売上高と売上原価の相殺消去

〔　　　　　　　　　〕　（　　　　　　）〔　　　　　　　　　　　　〕　（　　　　　　）

　　⑤期末商品に含まれる未実現利益の消去

〔　　　　　　　　　〕　（　　　　　　）〔　　　　　　　　　　　　〕　（　　　　　　）

　　⑥債権債務の相殺消去

〔　　　　　　　　　〕　（　　　　　　）〔　　　　　　　　　　　　〕　（　　　　　　）

　　⑦期末貸倒引当金の修正

〔　　　　　　　　　〕　（　　　　　　）〔　　　　　　　　　　　　〕　（　　　　　　）

（B） タイムテーブルを作って解く方法

```
           支配獲得日        当　期        当期末

     ─────┼┼─────────────────┼┼───────────────▶

           （　年　／　）              （　年　／　）

              ⬭
Ｓ 社 株 式  〔       〕
資　本　金   〔     〕          〔     〕
資本剰余金   〔     〕          〔     〕
利益剰余金   〔     〕          〔     〕
非支配株主持分 〔       〕         〔       〕
の　れ　ん   〔     〕 ──────────▶ 〔     〕
                        〔     〕
```

●連結第１年度の連結修正仕訳

(1) 開始仕訳

〔　　　　　〕 （　　　　）〔　　　　　〕 （　　　　）

〔　　　　　〕 （　　　　）〔　　　　　〕 （　　　　）

〔　　　　　〕 （　　　　）〔　　　　　〕 （　　　　）

〔　　　　　〕 （　　　　）〔　　　　　〕 （　　　　）

(2) 連結第１年度の連結修正仕訳

　①のれんの償却

〔　　　　　〕 （　　　　）〔　　　　　〕 （　　　　）

　②子会社の当期純利益の振り替え

〔　　　　　〕 （　　　　）〔　　　　　〕 （　　　　）

　③子会社の配当金の修正

〔　　　　　〕 （　　　　）〔　　　　　〕 （　　　　）

〔　　　　　〕 （　　　　）〔　　　　　〕 （　　　　）

　④売上高と売上原価の相殺消去

〔　　　　　〕 （　　　　）〔　　　　　〕 （　　　　）

　⑤期末商品に含まれる未実現利益の消去

〔　　　　　〕 （　　　　）〔　　　　　〕 （　　　　）

　⑥債権債務の相殺消去

〔　　　　　〕 （　　　　）〔　　　　　〕 （　　　　）

　⑦期末貸倒引当金の修正

〔　　　　　〕 （　　　　）〔　　　　　〕 （　　　　）

問題 9

連結第2年度 　　　　　　　　　　連 結 精 算 表 　　　　　　　　　　（単位：千円）

科　　目	個別財務諸表		修正・消去		連結財務諸表
	P　社	S　社	借　方	貸　方	
貸 借 対 照 表					連結貸借対照表
諸　　資　　産	1,310,000	286,000			
売　　掛　　金	180,000	98,000			
商　　　　品	80,000	31,600			
S　社　株　式	192,000				
（　　　　　　）					
資　産　合　計	1,762,000	415,600			
諸　　負　　債	（　600,400）	（　53,640）			（　　　　）
買　　掛　　金	（　94,000）	（　60,000）			（　　　　）
貸 倒 引 当 金	（　3,600）	（　1,960）			（　　　　）
資　　本　　金	（　480,000）	（　160,000）			（　　　　）
資 本 剰 余 金	（　160,000）	（　60,000）			（　　　　）
利 益 剰 余 金	（　424,000）	（　80,000）			
					（　　　　）
非 支 配 株 主 持 分					
					（　　　　）
負債・純資産合計	（ 1,762,000）	（　415,600）			（　　　　）
損 益 計 算 書					連結損益計算書
売　　上　　高	（　960,000）	（　340,000）			（　　　　）
売　上　原　価	460,000	230,000			
販売費及び一般管理費	360,000	86,000			
営 業 外 収 益	（　12,000）	（　10,000）			（　　　　）
営 業 外 費 用	8,000	4,000			
（　　　　）償却					
当 期 純 利 益	（　144,000）	（　30,000）			（　　　　）
非支配株主に帰属する当期純利益					
親会社株主に帰属する当期純利益					（　　　　）

32

問題9の下書きシート（必要に応じてご利用ください。試験では下書きシートはつきません）

※（A)連結修正仕訳を積み上げて解く方法と、(B)タイムテーブルを作って解く方法のいずれかをご使用ください。

(A) 連結修正仕訳を積み上げて解く方法

1．支配獲得日の連結修正仕訳

〔　　　　　　　〕（　　　　　）〔　　　　　　　　〕（　　　　　）
〔　　　　　　　〕（　　　　　）〔　　　　　　　　〕（　　　　　）
〔　　　　　　　〕（　　　　　）〔　　　　　　　　〕（　　　　　）
〔　　　　　　　〕（　　　　　）〔　　　　　　　　〕（　　　　　）

2．連結第1年度の連結修正仕訳

(1)　開始仕訳

〔　　　　　　　〕（　　　　　）〔　　　　　　　　〕（　　　　　）
〔　　　　　　　〕（　　　　　）〔　　　　　　　　〕（　　　　　）
〔　　　　　　　〕（　　　　　）〔　　　　　　　　〕（　　　　　）
〔　　　　　　　〕（　　　　　）〔　　　　　　　　〕（　　　　　）

(2)　連結第1年度の連結修正仕訳

①のれんの償却

〔　　　　　　　〕（　　　　　）〔　　　　　　　　〕（　　　　　）

②子会社の当期純利益の振り替え

〔　　　　　　　〕（　　　　　）〔　　　　　　　　〕（　　　　　）

3．連結第2年度の連結修正仕訳

(1)　開始仕訳

〔　　　　　　　〕（　　　　　）〔　　　　　　　　〕（　　　　　）
〔　　　　　　　〕（　　　　　）〔　　　　　　　　〕（　　　　　）
〔　　　　　　　〕（　　　　　）〔　　　　　　　　〕（　　　　　）
〔　　　　　　　〕（　　　　　）〔　　　　　　　　〕（　　　　　）

(2)　連結第2年度の連結修正仕訳

①のれんの償却

〔　　　　　　　〕（　　　　　）〔　　　　　　　　〕（　　　　　）

②子会社の当期純利益の振り替え

〔　　　　　　　〕（　　　　　）〔　　　　　　　　〕（　　　　　）

③子会社の配当金の修正

〔　　　　　　　〕（　　　　　）〔　　　　　　　　〕（　　　　　）
〔　　　　　　　〕（　　　　　）〔　　　　　　　　〕（　　　　　）

④売上高と売上原価の相殺消去

〔　　　　　　　〕（　　　　　）〔　　　　　　　　〕（　　　　　）

⑤期末商品に含まれる未実現利益の消去

〔　　　　　　　　〕　（　　　　　　　）　〔　　　　　　　　　　〕　（　　　　　　　）

⑥債権債務の相殺消去

〔　　　　　　　　〕　（　　　　　　　）　〔　　　　　　　　　　〕　（　　　　　　　）

⑦期末貸倒引当金の修正

〔　　　　　　　　〕　（　　　　　　　）　〔　　　　　　　　　　〕　（　　　　　　　）

（B）タイムテーブルを作って解く方法

	支配獲得日	前期末	当期	当期末
	（　年／　）	（　年／　）	（　年／　）	
S 社 株 式	〔　　　　　〕			
資　本　金	〔　　　　　〕	〔　　　　　〕	〔　　　　　〕	
資 本 剰 余 金	〔　　　　　〕	〔　　　　　〕	〔　　　　　〕	
利 益 剰 余 金	〔　　　　　〕→〔　　　　　〕	〔　　　　　〕		
	〔非〕			
非支配株主持分	〔　　　　　〕	〔　　　　　〕	〔　　　　　〕	
の　　れ　　ん	〔　　　　　〕→〔　　　　　〕→〔　　　　　〕			
	〔　　〕	〔　　〕		

●連結第2年度の連結修正仕訳

(1)　開始仕訳

〔　　　　　　　　〕　（　　　　　　　）　〔　　　　　　　　　　〕　（　　　　　　　）

〔　　　　　　　　〕　（　　　　　　　）　〔　　　　　　　　　　〕　（　　　　　　　）

〔　　　　　　　　〕　（　　　　　　　）　〔　　　　　　　　　　〕　（　　　　　　　）

〔　　　　　　　　〕　（　　　　　　　）　〔　　　　　　　　　　〕　（　　　　　　　）

(2)　連結第2年度の連結修正仕訳

①のれんの償却

〔　　　　　　　　〕　（　　　　　　　）　〔　　　　　　　　　　〕　（　　　　　　　）

②子会社の当期純利益の振り替え

〔　　　　　　　　〕　（　　　　　　　）　〔　　　　　　　　　　〕　（　　　　　　　）

③子会社の配当金の修正

〔　　　　　　　　〕　（　　　　　　　）　〔　　　　　　　　　　〕　（　　　　　　　）

〔　　　　　　　　〕　（　　　　　　　）　〔　　　　　　　　　　〕　（　　　　　　　）

④売上高と売上原価の相殺消去

〔　　　　　　　　〕　（　　　　　　　）　〔　　　　　　　　　　〕　（　　　　　　　）

⑤期末商品に含まれる未実現利益の消去

〔　　　　　　　　〕（　　　　　　）〔　　　　　　　　　〕（　　　　　　）

⑥債権債務の相殺消去

〔　　　　　　　　〕（　　　　　　）〔　　　　　　　　　〕（　　　　　　）

⑦期末貸倒引当金の修正

〔　　　　　　　　〕（　　　　　　）〔　　　　　　　　　〕（　　　　　　）

問題 10

貸 借 対 照 表
×8年3月31日

(単位：円)

資 産 の 部		負 債 の 部	
I 流 動 資 産		I 流 動 負 債	
現 金 預 金 　　　　(　　　　)		支 払 手 形 　　　　266,000	
受 取 手 形 　　　　(　　　　)		買 掛 金 　　　　(　　　　)	
売 掛 金 　　　　(　　　　)		未 払 法 人 税 等 　　(　　　　)	
材 料 　　　　(　　　　)		(　　　)引 当 金 　　(　　　　)	
仕 掛 品 　　　　(　　　　)		流 動 負 債 合 計 　　(　　　　)	
製 品 　　　　(　　　　)		II 固 定 負 債	
短 期 貸 付 金 　　　(　　　　)		長 期 借 入 金 　　　400,000	
貸 倒 引 当 金 △(　　　　)		(　　　)引 当 金 　　(　　　　)	
流 動 資 産 合 計 　　(　　　　)		固 定 負 債 合 計 　　(　　　　)	
II 固 定 資 産		負 債 の 部 合 計 　　(　　　　)	
建 物 (　　　)		純 資 産 の 部	
減 価 償 却 累 計 額 (　　　)(　　　)		資 本 金 　　　　6,512,700	
機 械 装 置 (　　　)		利 益 準 備 金 　　　(　　　　)	
減 価 償 却 累 計 額 (　　　)(　　　)		繰 越 利 益 剰 余 金 　(　　　　)	
固 定 資 産 合 計 　　(　　　　)		純 資 産 の 部 合 計 　(　　　　)	
資 産 の 部 合 計 　　　(　　　　)		負 債・純 資 産 合 計 　(　　　　)	

区分式損益計算書に表示される利益

① 売上総利益	¥
② 営業利益	¥
③ 経常利益	¥
④ 当期純利益	¥

問題10の下書きシート（必要に応じてご利用ください。試験では下書きシートはつきません）

STEP 1 問題文の確認

STEP 2 仕訳の作成

1．3月の取引

(1) 材料の購入、消費

〔　　　　　　　〕(　　　　　)　〔　　　　　　　〕(　　　　　)

〔　　　　　　　〕（　　　　　　　）■〔　　　　　　　〕（　　　　　　　）■
〔　　　　　　　〕（　　　　　　　）■〔　　　　　　　〕（　　　　　　　）■

(2)　賃金の支払い、消費

〔　　　　　　　〕（　　　　　　　）■〔　　　　　　　〕（　　　　　　　）■
〔　　　　　　　〕（　　　　　　　）■〔　　　　　　　〕（　　　　　　　）■

(3)　製造間接費の予定配賦

〔　　　　　　　〕（　　　　　　　）■〔　　　　　　　〕（　　　　　　　）■

(4)　製造間接費の支払い（間接材料費と以下の事項以外）

〔　　　　　　　〕（　　　　　　　）■〔　　　　　　　〕（　　　　　　　）■

(5)　製品の完成

〔　　　　　　　〕（　　　　　　　）■〔　　　　　　　〕（　　　　　　　）■

(6)　製品の売上

〔　　　　　　　〕（　　　　　　　）■〔　　　　　　　〕（　　　　　　　）■
〔　　　　　　　〕（　　　　　　　）■〔　　　　　　　〕（　　　　　　　）■

2．棚卸減耗

(1)　材料の棚卸減耗

〔　　　　　　　〕（　　　　　　　）■〔　　　　　　　〕（　　　　　　　）■
〔　　　　　　　〕（　　　　　　　）■〔　　　　　　　〕（，　　　　　　　）■

(2)　製品の棚卸減耗

〔　　　　　　　〕（　　　　　　　）■〔　　　　　　　〕（　　　　　　　）■

3．固定資産の減価償却

〔　　　　　　　〕（　　　　　　　）■〔　　　　　　　〕（　　　　　　　）■
〔　　　　　　　〕（　　　　　　　）■〔　　　　　　　〕（　　　　　　　）■
〔　　　　　　　〕（　　　　　　　）■〔　　　　　　　〕（　　　　　　　）■
〔　　　　　　　〕（　　　　　　　）■〔　　　　　　　〕（　　　　　　　）■

4．貸倒引当金の設定

〔　　　　　　　〕（　　　　　　　）■〔　　　　　　　〕（　　　　　　　）■
〔　　　　　　　〕（　　　　　　　）■〔　　　　　　　〕（　　　　　　　）■

5．退職給付引当金の設定と原価差異

(1)　退職給付引当金の設定

〔　　　　　　　〕（　　　　　　　）■〔　　　　　　　〕（　　　　　　　）■
〔　　　　　　　〕（　　　　　　　）■〔　　　　　　　〕（　　　　　　　）■
〔　　　　　　　〕（　　　　　　　）■〔　　　　　　　〕（　　　　　　　）■

(2)　原価差異

〔　　　　　　　〕（　　　　　　　）■〔　　　　　　　〕（　　　　　　　）■

6．製品保証引当金の設定

(1)　製品保証引当金の設定と戻入れ

〔　　　　　　　〕（　　　　　　　）■〔　　　　　　　〕（　　　　　　　）■
〔　　　　　　　〕（　　　　　　　）■〔　　　　　　　〕（　　　　　　　）■

(2) 営業外収益への振り替え

〔　　　　　　　〕（　　　　　　　）■〔　　　　　　　　　　〕（　　　　　　）■

〔　　　　　　　〕（　　　　　　　）■〔　　　　　　　　　　〕（　　　　　　）■

7．製造間接費配賦差異の把握と振り替え

(1) 退職給付引当金の繰入額以外の原価差異の把握

〔　　　　　　　〕（　　　　　　　）■〔　　　　　　　　　　〕（　　　　　　）■

(2) 原価差異の振り替え

〔　　　　　　　〕（　　　　　　　）■〔　　　　　　　　　　〕（　　　　　　）■

8．決算整理後の損益計算書の金額

(1) 売上高

(2) 売上原価

(3) 売上総利益

(4) 販売費及び一般管理費

(5) 営業利益

(6) 営業外収益

(7) 営業外費用

(8) 経常利益

(9) 特別利益

(10) 特別損失

(11) 税引前当期純利益

(12) 法人税、住民税及び事業税

〔　　　　　　　〕（　　　　　　　）■〔　　　　　　　　　　〕（　　　　　　）■

〔　　　　　　　〕（　　　　　　　）■〔　　　　　　　　　　〕（　　　　　　）■

(13) 当期純利益

STEP **3** 財務諸表に記入

　答案用紙の貸借対照表と区分損益計算書に表示される利益に金額を記入しましょう。

第4問対策　実践問題（答案用紙）

問題 1　次ページにこの問題の下書きシートがあります。

製 造 間 接 費

間 接 材 料 費	（　　　　）	仕　　掛　　品	（　　　　）
間 接 労 務 費	（　　　　）	原 価 差 異	（　　　　）
間 接 経 費	（　　　　）		
	（　　　　）		（　　　　）

仕 掛 品

期 首 有 高	22,400	当 期 完 成 高	（　　　　）
直 接 材 料 費	（　　　　）	期 末 有 高	30,000
直 接 労 務 費	（　　　　）		
直 接 経 費	（　　　　）		
製 造 間 接 費	（　　　　）		
	（　　　　）		（　　　　）

損 益 計 算 書

（単位：円）

Ⅰ　売　　上　　高			1,380,000
Ⅱ　売　上　原　価			
（1）　期首製品棚卸高		24,000	
（2）　当期製品製造原価		（　　　　）	
合　　　　計		（　　　　）	
（3）　期末製品棚卸高		36,000	
差　　　　引		（　　　　）	
（4）　原　価　差　異		（　　　　）	（　　　　）
売 上 総 利 益			（　　　　）
Ⅲ　販売費及び一般管理費			（　　　　）
営　業　利　益			（　　　　）

39

問題1の下書きシート（必要に応じてご利用ください。試験では下書きシートはつきません）

※ 資料に原価の分類を記入してから解きましょう。

直接材料費…「直材」　間接材料費…「間材」　直接労務費…「直労」　間接労務費…「間労」
直接経費…「直経」　間接経費…「間経」　販　売　費…「 ㋬ 」　一般管理費…「 ㊀ 」

(1)素　　　材

仕　掛　品

(2)補　修　用　材　料

製　造　間　接　費

間材

間労

(4)賃　　　金

間経

40

問題 2

	借 方 科 目	金　　額	貸 方 科 目	金　　額
(1)				
(2)				
(3)				
(4)				
(5)				
(6)				

問題 3

	借 方 科 目	金　額	貸 方 科 目	金　額
7/4				
7/7				
7/17				
7/21				
7/23				
7/31				

問題 3 の下書きシート（必要に応じてご利用ください。試験では下書きシートはつきません）

A　材　料

問題 4

	借方科目	金　額	貸方科目	金　額
(1)				
(2)				
(3)				
(4)				
(5)				
(6)				
(7)				

問題 5

仕 掛 品

10/ 1	月 初 有 高	(	)	10/31	当月完成高	(	)
31	直接材料費	(	)	〃	月 末 有 高	(	)
〃	直接労務費	(	)				
〃	製造間接費		252,000				
		(	)			(	)

製 品

10/ 1	月 初 有 高	(	)	10/31	売 上 原 価	(	)
31	当月完成高	(	)	〃	月 末 有 高	(	)
		(	)			(	)

問題5の下書きシート（必要に応じてご利用ください。試験では下書きシートはつきません）

仕 掛 品

製 品

問題 6

(A)

製造間接費部門別配賦表 (単位：円)

摘 要	合 計	製 造 部 門		補 助 部 門		
		第1製造部門	第2製造部門	修 繕 部 門	材料倉庫部門	工場事務部門
部門個別費	7,250,000	3,200,000	2,880,000	384,000	508,000	278,000
部門共通費						
機 械 保 険 料						
部 門 費						
修 繕 部 門 費						
材料倉庫部門費						
工場事務部門費						
製造部門費						

(B)

借 方 科 目	金 額	貸 方 科 目	金 額

45

第５問対策　実践問題（答案用紙）

問題 1

問1

総 合 原 価 計 算 表　　　　　　　（単位：円）

	A 材 料 費	B 材 料 費	加 工 費	合 計
月 初 仕 掛 品 原 価	123,000	0	122,000	245,000
当 月 製 造 費 用	1,647,000	556,500	2,056,400	4,259,900
合 計	1,770,000	556,500	2,178,400	4,504,900
差引：月末仕掛品原価				
完 成 品 総 合 原 価				
完 成 品 単 位 原 価				

問2　売上原価 ＝ 　　　　　　　　円

問題１の下書きシート（必要に応じてご利用ください。試験では下書きシートはつきません）

46

問題 2

問1

総 合 原 価 計 算 表　　　　　　（単位：円）

	直接材料費	加 工 費	合　　　計
月 初 仕 掛 品 原 価	371,400	128,400	499,800
当 月 製 造 費 用	3,570,000	4,451,200	8,021,200
合　　　　　計	3,941,400	4,579,600	8,521,000
差引：月末仕掛品原価			
完 成 品 総 合 原 価			
完 成 品 単 位 原 価			

問2　完成品総合原価 ＝ ⬚ 円

問3　完成品総合原価 ＝ ⬚ 円

問題2の下書きシート（必要に応じてご利用ください。試験では下書きシートはつきません）

問1・問2

	仕 掛 品 ( )

	仕 掛 品 ( )

問3

	仕 掛 品 ( )

	仕 掛 品 ( )

| 問題 | 3 | 次ページにこの問題の下書きシートがあります。 |

仕掛品 – 第 1 工程　　　　　　　　　　（単位：円）

月 初 有 高：		次 工 程 振 替 高：	
直 接 材 料 費	242,000	直 接 材 料 費	(　　　　　　)
加 工 費	48,300	加 工 費	(　　　　　　)
小 計	290,300	小 計	(　　　　　　)
当 月 製 造 費 用：		月 末 有 高：	
直 接 材 料 費	7,753,200	直 接 材 料 費	(　　　　　　)
加 工 費	4,956,180	加 工 費	(　　　　　　)
小 計	12,709,380	小 計	(　　　　　　)
	(　　　　　　)		(　　　　　　)

仕掛品 – 第 2 工程　　　　　　　　　　（単位：円）

月 初 有 高：		当 月 完 成 高：	
前 工 程 費	702,400	前 工 程 費	(　　　　　　)
加 工 費	233,520	加 工 費	(　　　　　　)
小 計	935,920	小 計	(　　　　　　)
当 月 製 造 費 用：		月 末 有 高：	
前 工 程 費	(　　　　　　)	前 工 程 費	(　　　　　　)
加 工 費	4,566,480	加 工 費	(　　　　　　)
小 計	(　　　　　　)	小 計	(　　　　　　)
	(　　　　　　)		(　　　　　　)

問題3の下書きシート（必要に応じてご利用ください。試験では下書きシートはつきません）

（　　　　　　）仕掛品－第1工程（　　　　　）

（　　　　　　）仕掛品－第1工程（　　　　　）

（　　　　　　）仕掛品－第2工程（　　　　　）

（　　　　　　）仕掛品－第2工程（　　　　　）

問題 4 次ページにこの問題の下書きシートがあります。

工程別総合原価計算表　　　　　　　（単位：円）

	第 1 工 程			第 2 工 程			
	原 料 費	加 工 費	合　　計	前工程費	原 料 費	加 工 費	合　　計
月初仕掛品原価	0	0	0	154,000	0	35,600	189,600
当月製造費用	900,000	2,150,000	3,050,000		378,000	1,548,400	
合　　　計	900,000	2,150,000	3,050,000		378,000	1,584,000	
月末仕掛品原価							
完成品総合原価							

問題4の下書きシート（必要に応じてご利用ください。試験では下書きシートはつきません）

仕掛品－第1工程（　　　　）

仕掛品－第1工程（　　　　）

仕掛品－第2工程（　　　　）

仕掛品－第2工程（　　　　）

仕掛品－第2工程（　　　　）

問題 5

問1

組別総合原価計算表　　（単位：円）

	A 製 品	B 製 品
月初仕掛品原価		
当 月 原 料 費		
当 月 加 工 費		
合　　　計		
月末仕掛品原価		
完成品総合原価		

問2

損　益　計　算　書　　（単位：円）

Ⅰ. 売　上　高　　　　　　　　　（　　　　　　　）
Ⅱ. 売　上　原　価
　1．月初製品棚卸高　　　　　134,300
　2．当月製品製造原価　（　　　　　　　）
　　　　合　　　計　　（　　　　　　　）
　3．月末製品棚卸高　（　　　　　　　）（　　　　　　　）
　　　売　上　総　利　益　　　　　　　　（　　　　　　　）

問題5の下書きシート（必要に応じてご利用ください。試験では下書きシートはつきません）

仕掛品－A（　　　）	仕掛品－A（　　　）	製　品－A（　　　）

仕掛品－B（　　　）	仕掛品－B（　　　）	製　品－B（　　　）

問題 6

(A)　月末仕掛品原価 = ［　　　　　　　　］円

　　　製品Yの完成品総合原価 = ［　　　　　　　　］円

　　　製品Zの完成品単位原価 = ［　　　　　　　　］円／個

(B)

損　益　計　算　書		（単位：円）
Ⅰ．売　　上　　高	（　　　　　　　）	
Ⅱ．売　上　原　価		
1．月初製品棚卸高	996,480	
2．当月製品製造原価	（　　　　　　　）	
合　　　　計	（　　　　　　　）	
3．月末製品棚卸高	741,600	
差　　　引	（　　　　　　　）	
4．原　価　差　異	（　　　　　　　）	（　　　　　　　）
売　上　総　利　益		（　　　　　　　）
Ⅲ．販売費及び一般管理費		1,172,000
営　業　利　益		（　　　　　　　）

問題6の下書きシート（必要に応じてご利用ください。試験では下書きシートはつきません）

［　　　］ 仕　掛　品（　　　）	

［　　　］ 仕　掛　品（　　　）	

54

問題	7	次ページにこの問題の下書きシートがあります。

問1

月次予算損益計算書　（単位：円）

Ⅰ．売　上　高 　　（　　　　　　　）
Ⅱ．売　上　原　価 　（　　　　　　　）
　　　売　上　総　利　益 　（　　　　　　　）
Ⅲ．販売費及び一般管理費 　（　　　　　　　）
　　　営　業　利　益 　（　　　　　　　）

問2

直接材料費総差異	（　　　　　　）円
価　格　差　異	（　　　　　　）円
数　量　差　異	（　　　　　　）円
直接労務費総差異	（　　　　　　）円
賃　率　差　異	（　　　　　　）円
時　間　差　異	（　　　　　　）円
製造間接費総差異	（　　　　　　）円
予　算　差　異	（　　　　　　）円
能　率　差　異	（　　　　　　）円
操　業　度　差　異	（　　　　　　）円

※　不利差異には△をつけること。

問題7の下書きシート（必要に応じてご利用ください。試験では下書きシートはつきません）

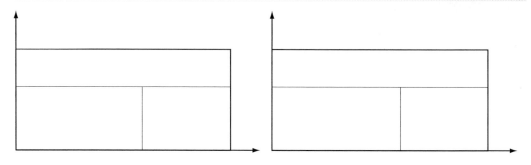

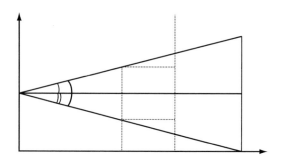

問題 8 次ページにこの問題の下書きシートがあります。

問1

全部原価計算方式の損益計算書 （単位：円）

Ⅰ．売　上　高　　　　　　　　　　　　（　　　　　　　　　）
Ⅱ．売　上　原　価
　　1．月初製品棚卸高　　　　　　　　0
　　2．当月製品製造原価　　（　　　　　　　　）
　　　　　　　計　　　　　　（　　　　　　　　）
　　3．月末製品棚卸高　　　（　　　　　　　　）（　　　　　　　　）
　　　　売　上　総　利　益　　　　　　（　　　　　　　　）
Ⅲ．販売費及び一般管理費　　　　　　　（　　　　　　　　）
　　　　営　業　利　益　　　　　　　　（　　　　　　　　）

問2

直接原価計算方式の損益計算書 （単位：円）

Ⅰ．売　上　高　　　　　　　　　　　　（　　　　　　　　　）
Ⅱ．変動売上原価
　　1．月初製品棚卸高　　　　　　　　0
　　2．当月製品製造原価　　（　　　　　　　　）
　　　　　　　計　　　　　　（　　　　　　　　）
　　3．月末製品棚卸高　　　（　　　　　　　　）（　　　　　　　　）
　　　　変動製造マージン　　　　　　　（　　　　　　　　）
Ⅲ．変　動　販　売　費　　　　　　　　（　　　　　　　　）
　　　　貢　献　利　益　　　　　　　　（　　　　　　　　）
Ⅳ．固　　定　　費　　　　　　　　　　（　　　　　　　　）
　　　　営　業　利　益　　　　　　　　（　　　　　　　　）

問3

(A)　貢　献　利　益　率　　[　　　　　　　]％

(B)　売上高営業利益率　　　[　　　　　　　]％

(C)　損益分岐点売上高　　　[　　　　　　　]円

問題8の下書きシート（必要に応じてご利用ください。試験では下書きシートはつきません）

製　　　　品

損　益　計　算　書（直接原価計算）

Ⅰ．売　上　高　　　（　　　　　）

Ⅱ．変　動　費　　　（　　　　　）

　　貢　献　利　益　（　　　　　）

Ⅲ．固　定　費　　　（　　　　　）

　　営　業　利　益　（　　　　　）

問題 9

問1　製品1個あたりの変動費　[　　　　　　]　円／個

　　　月間固定費　　　　　　[　　　　　　]　円

問2　(A)　[　　　　　　]　円

　　　(B)　[　　　　　　]　％

　　　(C)　[　　　　　　]　円

　　　(D)　[　　　　　　]　個

問題9の下書きシート（必要に応じてご利用ください。試験では下書きシートはつきません）

損　益　計　算　書（直接原価計算）

Ⅰ．売　上　高　　　（　　　　　）

Ⅱ．変　動　費　　　（　　　　　）

　　貢　献　利　益　（　　　　　）

Ⅲ．固　定　費　　　（　　　　　）

　　営　業　利　益　（　　　　　）